현대 중국 민족주의의 굴절

왕징웨이 연구

이 저서는 2007년 정부(교육인적자원부)의 재원으로
한국학술진흥재단(현 한국연구재단)의 지원을 받아 수행된 연구임(KRF-2007-812-A00035).

현대 중국
민족주의의
굴절

왕징웨이 연구

汪精衛 研究

배경한 지음

일조각

일러두기

1. 중국과 일본의 인명·지명 등의 고유명사 표기는 해당 국가의 원음을 국립국어원 외래어 표기법에 따라 표기했다.
2. 단체명, 관직명, 건물명 등은 우리 한자음으로 표기했다.
   예) 중국혁명동맹회中國革命同盟會, 태평교太平橋
3. 부호의 쓰임은 다음과 같다.
   『 』: 서명, 잡지명
   「 」: 논설·기사 제목
   ( ) : 부연 설명
   〔 〕: 우리말로 옮긴 부분의 한자 원문, 인용문에서 지은이의 부연 설명

왕징웨이汪精衛(1883～1944)

쑨원孫文, 장제스蔣介石와 함께 20세기 전반의 중국을 대표하는 정치지도자이다. 신해혁명 시기의 청조(만주족) 타도 주장부터 중일전쟁 시기 친일정권 수립에 이르는 그의 정치 생애는 현대 중국 민족주의의 변화와 굴절을 가장 잘 보여주고 있다.

책머리에

현대 중국의 정치지도자 왕징웨이汪精衛는 쑨원孫文이나 장제스蔣介石에 비해 우리에게 잘 알려지지 않은 인물이다. 여러 해 전 『색, 계』라는 영화가 상영되었을 때 왕징웨이 친일정권하의 상하이가 시대적 배경으로 알려져 주목을 받은 적이 있으나, 몇 년이 지난 지금 그에 대한 일반인들의 관심은 거의 찾아볼 수 없다.

내가 왕징웨이를 주목한 시기는 쑨원이나 장제스에 관심을 가지기 시작한 학부생 시절이다. 이미 30년도 지난 일이다. 그는 쑨원의 오른팔이면서 국민당 좌파의 지도자로서 1920년대의 국민혁명 시기에 단연 돋보인 정치지도자 가운데 한 사람이다. 뿐만 아니라 나의 첫 연구 주제였던 국민혁명 시기의 장제스와 관련해서도 피해 갈 수 없는 인물이다. 그럼에도 불구하고 왕징웨이를 단독으로 연구할 엄두를 내지 못한 이유는, 그의 정치 생애가 유독 변화가 많고 파란만장해서 일관된 설명을 해내기가 어렵다고 생각했기 때문이다.

그러나 중국의 현대 정치사에 대한 이해의 폭을 넓혀가면서 그의 파란만장한 정치 생애 자체가 현대 중국의 또 다른 면모라는 점을 깨닫기 시작했다. 역사 연구자로서 자주 느끼는 것은, 역사란 승자만의 것이 아니며 늘 일관된 것도 아니라는 점이다. 이런 생각들로 인해 파란만장한 왕징웨이의 인생과 정치 역정에 본격적인 관심을 가지게 되었다. 왕징웨이를 주제로 한 나의 첫 번째 연구는 친일정권이 성립한 이후 그가 주장한 대아시아주의를 추적하는 내용이었다. 이 연구 결과는 1997년 7월, 베이징에서 열린 중일전쟁(7·7사변) 60주년 학술대회에서 발표되었으니, 올해로 15년이 된 셈이다. 당시 우리나라에는 왕징웨이에 관한 연구가 전무했으나, 그동안 우리 학계에서도 관련 논문들이 적지 않게 발표되어, 돌아보면 격세지감을 느끼게 된다.

또 다른 격세지감은 지난 15년 사이에 중국이 아시아의 패권覇權을 넘어 G2라는 세계 최강국 가운데 하나로 변화했다는 사실에서 온다. 내가 민족주의라는 주제를 중심으로 왕징웨이를 연구한 이유 중 하나는 중국의 강대국 복귀와 그에 따른 팽창적 민족주의(혹은 중화주의)의 부활에 대한 예견 때문이었다. 그 점에서 이 연구는 시의와 맞물려 진행되는 행운을 누린 셈이다.

왕징웨이를 이야기할 때 가장 민감한 부분은 그가 만년에 친일 괴뢰정권의 수반이 되었다는 점과 이를 둘러싼 평가에 관한 문제이다. 중국이나 타이완에서 발표된 많은 연구들은 그의 친일 전향을 비난하는 입장에 섬으로써 객관적 관점을 상실했다. 이 점에서 본다면 나와 같은 제3국의 연구자가 왕징웨이를 연구하는 편이 훨씬 자유롭고 유리하다고 할 수 있다. 그러나 우리나라도 일본의 식민 지배를 경험했을 뿐만 아니라 친일 협력에 대한 평가 문제가 지금도 민감한 관심사로 남아 있다. 따라서 나로서는 이 책에서 다룬 왕징웨이의 친일 협력에 대한 평가가 우리나라 독자들에게 친일문제 일반에 대한 평가로 보일지도 모른다는 부담이 있다. 이 책의 의도는 애국과 매국의 이분법적 시각에서 벗어나 역사의 실제적 면모를 보는 데 있다. 이 점에서는 중국과 한국의 경우가 다를 수 없다. 이는 나와 같은 외국인 학자가 중국의 친일협력에 관하여 연구한 결과물이 중국의 연구자들에게 일정한 의미를 가질 수 있듯이, 중국을 비롯한 외국의 연구자들이 한국의 친일협력을 연구하여 제시하는 시각도 한국인들에게 보다 객관적으로 받아들여져야 한다는 것을 의미한다.

민족주의는 실로 다양한 면모를 가지고 있기 때문에 잦은 논란의 대상이 되고 있다. 제국주의의 침략이나 수탈에 저항하여 민족의 존립과 번영을 위한 구심점이 되는 긍정적인 면이 있는가 하면, 민족 집단의 배타적 침략 행위를 정당화하는 데 동원되는 이념으로서 부정적인 면도 있다. 이 책에서 다룬 현대 중국의 민족주의도 예외가 아니다. 성숙한 민족주의는 부정적 측면을 극복할 뿐만 아니라 세계주의에 닿아야 한다. 이 책이 우리의 민족주의뿐 아니라 동아시아의 민족주의 문제를 바라보는 데 조금이라도 역할을 하기 바라는 이유는 바로 이런 생각 때문이다.

이 책에 관련된 수많은 자료를 찾고 집필하는 과정에서 국내외의 많은 분과 기관의 도움을 받았다. 연구 초창기인 1997~1998년에 왕징웨이 친일정권이 간행한 신문, 잡지 자료들을 구할 때 베이징사범대학의 차이더진蔡德金 교수가 적지 않은 도움을 주었다. 나는 그의 애국적 입장에는 동의할 수 없었다. 그러나 자타가 공인하는 왕징웨이 연구의 선구자인 그의 해박한 지식은 지금도 그립다. 타이완의 선구자라고 부를 만한 사오밍황邵銘煌 교수의 도움도 결코 잊을 수 없다. 국민당 당사회 주임이기도 한 그는 내가 타이완에서 자료를 수집할 때 도움을 주었을 뿐 아니라, 나 같은 제3국인 학자의 왕징웨이 연구에 언제나 큰 관심을 가져주었다. 2006년 여름부터 2007년 여름까지 연구년을 보낸 미국 스탠퍼드대학 동아시아도서관의 풍부한 왕징웨이 관련 자료들도 많은 도움이 되었다. 나중에 알게 된 일이지만 왕징웨이의 후손들이 기증한 자료들이 스탠퍼드대학에 소장된 덕분이었다. 국제 학계에 많은 논란을 불러일으킨 타이완 출신의 재미 학자 왕커원王克文도 스탠퍼드대학에서 이 자료들을 가지고 학위논문을 완성했으니, 나는 그가 사용한 자료들을 따라간 셈이다. 왕징웨이 전문가는 아니지만 홍콩 주하이珠海대학의 후춘후이胡春惠 교수가 해준 격려도 잊을 수 없다. 내가 신민회 관련 글을 발표한 베이징의 한 회의에서 그는 직접 나의 방을 찾아와 밤늦게까지 왕징웨이에 대한 재평가에 적극 찬동해주었다. 절친인 일본 신슈信州대학의 구보 도루 교수에게도 감사의 뜻을 전하고 싶다. 그는 내가 국민혁명 시기의 반제 문제를 발표한 중국학회에서 내 발표문을 자세히 검토하고는 따로 찾아와, "결국 〔친일로 빠지지 않은〕 다른 정치가들과 다른 점이 없지 않느냐?"는 질문을 던졌다. 당시에는 그에게 적절한 답변을 못했지만 그 후 이 질문은 이 책을 쓰는 데 중요한 화두가 되었다. 결국 다른 정치가들과 특별히 다른 점이 없었던 왕징웨이가 친일로 빠지게 되었으며, 그런 점에서 그의 친일 전향은 특별히 다른 길이 아니라는 것이 이 책의 결론이 되었으니 말이다. 그 밖에 일일이 거명할 수는 없지만, 이 책에 실린 글들을 쓰는 과정에서 국내외 많은 연구자들의 관심과 지지가 있었음을 밝히며 감사의 뜻을 전하고자 한다.

이 책을 출판하는 데 큰 도움을 준 일조각 편집부에도 고마움을 표하고 싶다. 난삽한 글을 일일이 고치고 전체적인 짜임새를 만들어주지 않았다면 이 책은 이 정도의 모양을 갖추기 어려웠을 것이다.

마지막으로 부끄러움을 무릅쓰고, 이 책을 아내인 안미영에게 바치고자 한다. 결혼 후 30여 년을 동학으로 조력자로 일편단심 지지를 보내준 아내의 이해와 도움이 없었다면 이 책은 존재하지 않았을 것이다. 이 책으로 인한 영예가 조금이라도 있다면 그것은 전적으로 하나님의 것이다. 이 책의 구상부터 자료를 찾는 일에 이르기까지 모두 그분의 세심한 도움을 받았기 때문이다.

2012년 11월,

유난히 단풍이 아름다운 금정산 기슭에서

배경한 씀.

차례

제2편 반제민족주의의 전개

제3편 반제에서 친일로

들어가는 말

왕징웨이와 현대 중국 민족주의를 바라보는 시각

20세기 전반에 해당하는 중화민국사中華民國史(1912~1949) 전체를 놓고 볼 때, 왕징웨이汪精衛(1883~1944)는 쑨원孫文이나 장제스蔣介石 못지않은 비중을 차지하는 정치지도자이다. 잘 알려진 대로 왕징웨이는 신해혁명辛亥革命부터 국민혁명, 중일전쟁에 이르기까지 중화민국의 전 시기에 걸쳐 핵심적인 위치에 있었던 인물이다. 신해혁명, 즉 공화혁명의 중심적 이론가요 행동가였던 그는 신해혁명을 주도한 혁명파의 핵심 인물이었으며 중국혁명동맹회中國革命同盟會의 기관지 『민보民報』의 주요 필자 겸 편집인이었다. 그는 우창기의武昌起義 직전인 1910년 청조清朝의 섭정왕 짜이펑載灃을 암살하기 위해 베이징北京에서 활동하던 중 체포되었다가 우창기의 이후 석방되어 혁명운동의 영웅으로 떠올랐다.

이후 왕징웨이는 쑨원과 함께 활동하면서 국민당 좌파의 중심인물로서 국공합작 추진을 주도하고 좌파정권인 우한武漢 국민정부를 이끌었으며, 1928년 이후 장제스가 정치적 주도권을 차지한 뒤부터는 장제스의 독재정치에 반대하여 반反장제스운동의 구심점이 되었다. 또한 비록 친일 괴뢰정권 조직이라는 오명이 붙어 있기는 하지만, 1930년대 말 이후의 중일전쟁 시기에 왕징웨이정권이 보여준 역할과 비중은 결코 무시할 수 없다. 이런 면에서 볼 때 왕징웨이는 중화민국사의 모든 시기에 중심에 있었다고 할 수 있다.

그럼에도 불구하고 중화민국 시기의 정치지도자 가운데 왕징웨이만큼 객관적 연구가 적고 평가하기 어려운 인물 또한 없을 것이다. 그 이유는 그가 자신의 파란만장했던 정치역정 속에서 쉽게 이해하기 어려울 정도로 갑작스런 정치적 변신이나 사상적 변화를 여러 차례 나타냈기 때문이다. 예컨대 신해혁명이 일어난 직후 석방된 그는 혁명파에 반대하는 입장에 섰던 위안스카이袁世凱와 협력하여 톈진天津에서 국사공제회國事共濟會를 조직하고 남북의화南北議和를 추진하는 등 일대 변신을 보였다. 국민혁명 시기에도 대표적인 좌파 지도자로서 적극적으로 공산당과 합작하거나 소련과 연합하며 우한정부를 이끌다가 1927년 8월에 분공分共을 계기로 철저한 반공주의자로 변신했다. 뿐만 아니라 중일전쟁이 한창이던 1938년 당시 충칭重慶 국민정부의 제2인자로서 국민당 부총재와 국민참정회 의장직을 맡고 있던 그는 갑자기 충칭을 탈출하여 베트남의 하노이를 거쳐 일본군이 지배하던 지역인 상하이로 간 이후 전국 규모의 친일정권 수립에 나섰다.

특히 말년에 친일정권의 최고 지도자로 변신한 일은 그가 민족반역자, 곧 '한간漢奸'으로 낙인찍히는 결정적인 원인이 되었다. 오늘날 왕징웨이에 대한 부정적 역사적 평가의 대부분이 바로 친일 괴뢰정권 참여에 맞춰져 있다고 해도 과언이 아니다. 왕징웨이의 정치 생애에서 여러 차례 반복적으로 나타나는 갑작스러운 외유도 설명하기 어려운 부분이 많은데, 이것도 그의 잦은 변신과 밀접하게 연결돼 있다고 봐야 한다.

오늘날 중국이나 타이완臺灣에서는 왕징웨이에 대한 '학술적 연구'나

'객관적인 평가'가 그리 많지 않은 형편이며, 기존의 연구들도 그의 친일 매국행위를 비난하는 자료집이나 전기가 대부분이다.[1] 일본 학계는 중국이나 타이완 학계보다 형편이 낫지만, 두세 권의 연구서가 친일정권 참여 문제만을 다루거나[2] 친일정권 참여 이전까지만 다루고 있어서[3] 그의 정치 생애 전반을 관통하여 전체적인 재조명이나 재평가를 시도한 연구는 아직 나오지 못한 셈이다.

중화민국사에 대한 연구 성과가 중국이나 일본에 비해 매우 적은 국내 학계에서[4] 그나마 왕징웨이에 관한 연구가 적지 않은 이유는 식민지를 경험한 우리나라의 친일협력자에 대한 평가 문제와 관련되었기 때문이지만,[5] 학문적 입장에서 볼 때 매우 반가운 일이다. 그 이유는 그의 친일협력을 다룬 논문들의 상당수가 그를 민족배반자(한간)로 규정하는 감정적 평가로부터 벗어나는 것을 연구의 출발점으로 삼고 있기 때문이다. 또한 친일협력자로 변신하기 이전 시기를 다룬 연구들의 경우[6] 친일협력과는 관계없이 그에 대한 평가를 시도한 점이 특히 주목할 만하다. 그럼에도 불구하고 전반적으로 볼 때 한국 학계에서 논의되어온 왕징웨이는, 이 책에서 의도하는 그의 전 생애에 대한 일관된 이해와 평가에는 크게 미치지 못한다고 판단된다.

이 책에서는 그동안 강조된 민족배반자라는 평가는 물론이고 나아가 애국과 매국의 이분법적 관점으로부터도 벗어나 왕징웨이의 전체 생애를 논의의 대상으로 삼으려 한다. 이를 위해서는 먼저 친일정권과는 별개로 중일전쟁 이전 왕징웨이의 사상이나 활동의 구체적 실상을 밝히고 그 의미 또한 자리매김해야 한다. 뿐만 아니라 친일을 포함하여 그의 정치 일생에서 자주 나타난 변신을 독립적인 것으로 파악하여 각각의 정황으로만 설명할 것이 아니라, 그의 전체적인 정치사상이나 정치행동 양식과 관련하여 하나의 맥락에서 설명할 필요가 있다. 또한 그러한 정치 스타일이 현대

중국의 정치세계에서 어떻게 이해되고 수용되었는지를 일관된 논리로 설명할 필요가 있다.[7]

정치사상사 측면에서 왕징웨이를 볼 경우 가장 주목되는 분야는 민족주의와 관련된 그의 주장과 활동들이다. 초기 정치활동에 해당하는 중국혁명동맹회 시기와 뒤이은 신해혁명 시기에 그의 사상과 활동의 핵심은 만주족 왕조(청조) 타도를 통한 공화국 건립에 있었다. 즉, 그의 1차적 관심은 흔히 말하는 반만민족주의反滿民族主義에 집중되었다. 물론 이 단계의 반만민족주의가 한족漢族 중심의 종족주의적인 것인지 아니면 종족주의적 한계를 극복한 보다 넓은 의미의 민족주의인지는 논란의 여지가 많지만, 왕징웨이의 초기 정치활동의 중심 문제가 민족주의 실현에 있었던 것은 분명한 사실이다.

또한 1920년대 중국의 국민혁명에서 가장 중요했던 정치적 목표로 반제反帝민족주의를 꼽는다면, 국민혁명의 지도자 가운데 한 사람이었던 왕징웨이의 정치 행동을 반제민족주의를 축으로 하여 설명하는 것도 가능할 것이다. 물론 왕징웨이가 중심이 되었던 국민당 좌파만 반제민족주의를 강조한 것도 아니며, 국민당 내의 정치적 분파와 대립 현상을 민족주의 문제만으로 설명할 수도 없기 때문에 국민혁명의 계급적 기반 문제나 경제체제 지향 문제 등의 여러 요소를 함께 고려하지 않을 수 없다. 그러나 국민혁명의 전 단계인 신해혁명기의 반만민족주의나, 그 다음 단계인 중일전쟁기의 친일 변신 문제와 관련하여 그의 민족주의 관점이 어떻게 변화했는가에 대한 설명은 국민혁명기의 왕징웨이를 바라보는 데 중요한 초점을 제공할 것이다.

마찬가지로 민족주의 문제는 중일전쟁 단계의 왕징웨이를 설명하는 경우 유효한 잣대가 된다. 일본과의 전면전이 예상되는 단계에서 왕징웨이가 제시한 '장기항전론'이나 '일면저항一面抵抗, 일면교섭一面交涉'은 전쟁과 협상의 선택이라는 전략적 측면에 속한 문제이기도 하지만 근본적으로 민족의 생존이나 국가적 독립 유지와 연관 있기 때문에 민족주의 인식이나 실천과도 연결된 문제였다. 뿐만 아니라 이러한 '장기항전론'과 '일면저항 일면교섭'을 주장했던 그가 친일정권 수립으로 입장을 바꾸게 된 문제 또한 민족주의의 또 다른 측면이라고 볼 수 있다. 그의 친일 전향은 오늘날 부정적 평가의 주요 대상이 되고 있지만, 다른 측면에서 보면 비록 굴절된 형태이긴 하지만 민족의 생존을 도모하려는 민족주의의 또 다른 변형으로 해석할 수도 있다. 따라서 중일전쟁 시기의 왕징웨이를 이해하려는 기본적 시각으로 민족주의의 변화와 굴절이라는 측면에 주목하는 것이 이 연구의 주안점이다.

주지하듯이 근대 아시아 지역의 민족주의 사조 및 민족주의 운동은, 제국주의 열강의 침략에 대한 저항이라는 형태를 띠고 나타나 발흥했다. 근대 국민국가 건립의 가장 중요한 원동력이 되기도 했던 이러한 사조와 운동의 목표는 대개 제국주의 열강의 침략 아래 식민지로 전락하거나 식민지적 상태에 빠진 아시아 약소국가(혹은 민족)들의 해방과 독립에 있었다. 이런 점에서 민족주의 사상과 민족주의 운동은 근대 아시아 지역 역사에서 가장 중요한 맥락 가운데 하나로 자리매김되었다.

중국의 경우도 예외는 아니어서, 아편전쟁 이래로 열강의 침략에 대항하여 국가적 자유와 독립을 쟁취하려는 반제국주의 사상과 반제 운동이 근대국가 성립의 가장 중요한 전제조건으로 간주되었다. 물론 반제 인식이나 제국주의에 대한 저항 방식은 시기에 따라 달라지고 발전되었다. 예컨대 청말 초기 유신파의 경우 근대적 국가 주권의 개념을 이해하고는 있었지만 국가 독립에 대한 주장을 명확히 제기하지 못했던 반면, 무술변법戊戌維新의 주동자였던 캉유웨이康有爲는 불평등조약의 폐해를 인식하고 폐기를 주장했다. 그러나 그 역시 제국주의에 대한 명확한 이해는 결여하고 있었다. 쑨원이 중심이 된 혁명파도 민족주의를 첫 번째 정치 주장으로 내세웠지만, 이 초기 민족주의는 이민족 왕조인 청조의 지배 청산이라는 한족 중심의 종족주의적 민족혁명을 목표로 했다는 점에서 반제에 대한 인식에 기본적인 한계를 드러냈다.

제국주의에 대한 본격적인 이해가 바탕이 된 진정한 의미의 반제운동은 1920년대의 국민혁명 시기에 와서야 가능했다. 이러한 변화의 배후에 레닌이 주도한 코민테른의 국제공산주의 운동과 이른바 연합전선 전략의 영향이 있었음은 물론이다.[8] 이를테면 국공합작 이후 개시된 국민혁명은 중국 혁명의 당면 과제로 반제와 반군벌(반봉건)이라는 노선을 제시함으로써 진정한 의미의 민족 독립, 국가 독립을 1차적 목표로 삼았다. 이러한 반제는 1930, 40년대의 항일전쟁을 통해 1차적인 목표가 되었으니, 그런 의미에서 반제가 중심이 된 민족주의는 근현대 중국의 중심 과제였다고 할 수 있다.

그동안 민족주의에 관해 많은 연구가 진행되었다. 그럼에도 불구하고 아직까지도 분명한 개념이나 성격 규명에 이르지 못한 것이 실상이다. 그런 까닭에 최근의 일부 연구에서는 그동안 민족 구분의 기준으로 설정되어온 인종이나 언어, 문화적 구분이라는 것 자체가 존재하지 않는다는 주장에서부터[9] 민족주의 자체가 신화와 상상에 근거한 것이라는 주장까지 제기되고 있다.[10] 이 책에서는 논의의 편의상 언어나 문화, 역사적 경험을 공통으로 소유하고 그것을 기반으로 다른 민족(혹은 집단)과 구별하고자 하는 일련의 사상과 운동을 민족주의라고 통칭하려 한다. 특히 중점적으로 다루고자 하는 20세기 전반기의 중국과 같은 약소국 식민지에서 제국주의 열강의 침략에 대항하여 국가 혹은 민족적 생존을 도모하고 나아가 독립된 국가 혹은 민족을 추구하는 이념이나 운동을 가리키는 이른바 '저항적 민족주의'에 주목하고자 한다.

물론 20세기 중국의 민족주의가 전통적 중화주의의 입장에서 주변 소수 민족이나 약소민족들을 포괄하려는 팽창주의적 면모와 서구 열강의 침략에 저항하는 저항적 면모라는 양면을 지닌 점을[11] 간과해서는 안 된다. 이러한 면에서 왕징웨이의 민족주의와 그 발전 과정을 살펴보려면 그의 민족주의가 갖는 양면적 모습, 곧 팽창주의적 면모와 저항적 면모를 함께 살펴봐야 하는 것이 당연하다. 그러나 여기서는 논의의 편의상 일본을 포함한 제국주의 열강의 침략에 대한 저항이라는 저항적 민족주의만을 논의 대상으로 삼고자 한다.

이 책에서는 왕징웨이의 민족주의를 크게 4단계로 나누어 ① 신해혁명 시기 민족주의의 핵심 주제였던 만주족의 지배에 대한 한족의 저항 이념인 반만민족주의로부터 서구 열강의 침략에 대한 저항 이념인 반제민족주의로 변화하는 과정, ② 국민혁명 시기 반제민족주의의 전개와 고양, 그리고 '혁명외교'에서 드러난 반제 실천의 이념적 한계와, 군사가 정치를 압도한 상황인 국민혁명의 구조 가운데서 군사력을 기반으로 삼은 장제스와의 권력 투쟁에서 패할 수밖에 없었던 좌파 지도자 왕징웨이의 권력적 한계와 그것이 반제 실천에 미친 영향, ③ 1931년 만주사변 이후부터 서서히 나타났다고 보이는 반제 이념의 굴절 현상, 곧 친일로의 전향이 1938년 말 충칭 이탈에서 완전한 모습을 드러낸 '친일화평론'으로 변화하기까지의 과정, ④ 1940년 신중앙정권으로서 왕징웨이정권이 수립된 이후 굴절된 민족주의의 측면으로 나타난 대아시아주의의 변용과 동아연맹, 신민회의 조직과 활용 문제 등을 차례로 추적하고자 한다.

이러한 작업을 통하여 이 책이 목표로 하는 것은, 민족주의의 변화 과정이라는 측면에서 왕징웨이의 정치 생애 전반에 접근하여 이러한 민족주의의 변화 내지는 굴절이 어떻게 이루어졌는지, 또한 그것이 어떠한 의미를 갖는지를 알아보는 것이다. 그리고 이러한 민족주의의 변화 과정을 중국

현대 민족주의의 일반적인 맥락으로 볼 수 있을 것인지, 아니라면 어떠한 성격을 가진 것으로 봐야 할지, 나아가 왕징웨이의 민족주의 전반에 대한 이해라는 관점에서 볼 때 이른바 민족적 배반, 곧 친일로의 변신은 어떠한 평가를 받는 것이 마땅할지 등의 문제에 대한 실증적 해답을 찾아보는 것이다.

제1편

반만에서 반제로

Ⅰ. 신해혁명 시기의 왕징웨이와 반만민족주의

1. 혁명가 왕징웨이와 민족주의

1911년 10월 10일의 우창기의에서 시작된 신해혁명이 두 달여에 걸쳐 이어졌다. 각 성省이 청조로부터 독립하고, 1912년 1월 1일의 중화민국 임시정부(난징 임시정부南京臨時政府) 성립으로 이어진 신해혁명은 기본적으로 황제 체제 와해와 공화제 수립이 목표였던 공화혁명이라고 볼 수 있다. 그러나 진행 과정에서 나타났듯 신해혁명은 이민족인 만주족의 지배로부터 한족의 민족적 독립을 쟁취하려는 민족주의 혁명 혹은 종족주의 혁명의 면모가 강했다. 이런 점에서 신해혁명은 '민족주의 민주혁명'으로 불리기도 한다.[1]

신해혁명 시기의 민족주의, 곧 만주족으로부터 한족이 독립해야 한다는 반만민족주의의 주창자 가운데 대표적 인물이 이 책의 주인공인 왕징웨이다. 뒤에서 자세히 설명하겠지만, 왕징웨이는 1905년 8월 일본 도쿄에서 쑨원을 중심으로 만들어진 혁명단체인 중국혁명동맹회의 핵심 구성원이

자 동맹회의 기관지 『민보』의 주요 필자로서 공화혁명과 반만민족주의의 정당성을 선전하는 데 앞장섰다. 이 시기에 왕징웨이가 주장한 반만민족주의는, 이후의 5·4운동 단계에 나타나는 제국주의 열강의 침략에 대한 저항을 주된 목표로 삼은 이른바 반제민족주의와 비교할 때 종족주의라는 상당한 한계를 지닌다는 지적을 받아왔다.

이 장에서는 왕징웨이 정치 생애의 첫 단계에 해당하는 신해혁명 시기의 활동을 집중적으로 다루고, 당시 그가 주창한 반만민족주의의 실제적 내용과 그 의미에 접근하려 한다. 좀 더 구체적으로는, 1904년의 일본 유학부터 1905년 중국혁명동맹회 성립 참여와 역할, 1907년에서 1908년까지 싱가포르에서 이어진 동맹회 남양지부 활동과 『중흥일보中興日報』 주필로서의 혁명 선전(언론)활동, 1909년에서 1910년 사이에 진행된 섭정왕 짜이펑 암살음모 사건의 전모와 여기서 나타난 그의 무정부주의에 대한 경사, 암살 미수 이후의 체포 과정과 체포 이후의 대응을 알아보려 한다. 또한 우창기의 이후의 석방과 뒤이은 위안스카이와의 협력관계, 국사공제회 조직에서 그가 맡은 역할과 입장, 그리고 동맹회의 기관지인 『민보』를 중심으로 한 공화혁명 선전활동, 『민보』와 『신민총보』 사이의 논쟁으로 널리 알려진 이른바 혁명파와 입헌파(혹은 보황파)의 논전에서 드러난 그의 반만민족주의의 내용과 성격 등을 차례로 다루고자 한다.

2. 일본 유학과 동맹회 활동

왕징웨이는 1883년, 3월 광둥 성廣東省 싼수이 현三水縣에서 태어났다. 4세 때부터 성 내 몇몇 현서縣署의 막우幕友(사설고문)였던 부친과 맏형의 지도 아래 엄격한 경전 교육을 받았다. 18세 되던 1901년에는 현시縣試와

부시府試에서 1등으로 합격하는 등 어려서부터 광둥 일대에서 문명文名을 날렸다.[2] 특히 시문에 능하여 문필가로서 재능을 유감없이 나타냈다. 19세 되던 1902년에 주즈신朱執信 등과 광저우廣州에서 군익학사群益學社라는 모임을 만들어 실학을 연구했다는 기록으로 보아[3] 이 시기부터 나름대로 새로운 세계와 학문에 대한 지향을 나타냈던 듯하다.

왕징웨이가 정치적 활동에 관심을 가지게 된 것은 21세 때인 1904년 여름, 관비유학생으로 뽑혀 일본 도쿄로 유학을 가게 되면서부터다. 1904년, 량광兩廣(광둥 성과 광시 성廣西省) 총독總督 천춘쉬안岑春煊이 '교육을 통한 인재 육성辦學育才' 정책의 일환으로 관비생을 선발하여 일본에 유학시켰는데 이 선발시험에 뽑힌 것이다. 당시 왕징웨이와 함께 선발된 56명의 유학생 가운데는 후일 동맹회 회원으로 두각을 드러내는 주즈신과 후한민胡漢民, 구잉펀古應芬 등이 있었다.[4] 이들은 훗날 동맹회의 여러 파벌 가운데 쑨원의 최측근으로서 중요한 역할을 수행한 이른바 광둥파의 중심인물들이 되었으니, 량광 총독 천춘쉬안의 관비유학생 파견은 반청反淸 공화혁명의 인재를 길러내고 그 기반을 제공하는 역설적인 결과를 낳았던 것이다.

1904년 가을 도쿄에 도착한 왕징웨이는 법정대학의 속성과에 들어가 법학을 공부하게 되었다. 법정대학 속성과는 기초적인 일본어 지식이 없는 중국인 유학생을 위하여 1904년 5월에 만들어진 일종의 예비학교로[5] 수학 기간이 1년 6개월이었고 중국어 통역이 있는 수업을 들을 수 있었다. 속성과의 교과과목은 법학통론, 민법, 상법, 헌법, 행정법, 형법, 국제법, 경제학, 재정학 등 법학의 기본 과목들로 편성되었다. 또한 속성과에서 강의하는 교수들의 상당수가 도쿄제국대학 법과 교수를 겸직하고 있었기 때문에 교육 수준을 본다면 도쿄제국대학 법과의 축소판이라고 할 만했다.

왕징웨이의 성적은 최우등에 속했다. 1904년 10월 속성과 제2회 입학

1905년 도쿄 유학 시절의 왕징웨이.

생으로 입학한 후 1905년 4월과 6월에 치러진 제1학기 시험에서 그는 수강생 223명 가운데 1등을 차지했고, 1906년 7월에 치러진 졸업고사에서는 230명 중 4등을 차지했다.[6] 함께 공부했던 후한민에 따르면 당시 왕징웨이의 재학才學은 후한민 자신을 비롯한 다른 중국인 학생들이 도저히 따라갈 수 없는 수준이었다고 한다.[7]

법정대학 속성과의 수업은 왕징웨이에게 서구적 학문과 사상, 제도를 접하는 본격적인 기회를 제공했다. 그는 국민주권(주권재민主權在民)이 바탕이 된 서구의 국가체제와 정치제도, 법률제도를 접했으며, 자연스럽게 군주제 타도와 공화혁명 사상을 받아들이게 되었다.[8] 후에 동맹회 기관지 『민보』의 중심 필진이 된 왕징웨이가 쓴 논설들의 기본적 내용들은 사실상 이 수업들을 통해 얻은 지식에 기반을 두었다고 해도 과언이 아닐 것이다.

이러한 왕징웨이에게 공화혁명의 최고 지도자 쑨원과 만난 일은 혁명에 대한 새로운 안목을 여는 중요한 계기가 되었다. 1905년 7월 중순 유럽에서 일본으로 온 쑨원은 황싱黃興, 쑹자오런宋教仁, 천톈화陳天華 등과 만나, 이전에 도쿄의 중국인 유학생들을 중심으로 만들어진 혁명단체들인 흥중회興中會와 화흥회華興會, 광복회光復會 등의 통합을 논의했고, 그 결과 7월 30일 도쿄 아카사카赤坂의 흑룡회黑龍會 본부에서 중국혁명동맹회 창립 준비회의가 열리게 되었다.[9]

왕징웨이는 중국혁명동맹회 창립 준비 모임이 열리는 단계에서부터 적극적으로 참여했는데, 이는 쑹자오런과 접촉한 결과로 짐작된다. 1903년 후난 성湖南省 창사長沙에서 설립된 혁명단체 화흥회의 중심 멤버였던 쑹자오런은 기관지 『20세기의 중국〔二十世紀之支那〕』을 창간하여 반청혁명을 고취하는 한편 1905년 6월 중순부터 법정대학 속성과에서 청강생으로 수강하고 있었다. 이를테면 쑹자오런은 왕징웨이의 후배였던 것이다.[10]

7월 30일의 준비회의에 후이성胡毅生과 함께 참석한 왕징웨이는[11] 곧바로 중국혁명동맹회 창립에서 중심적인 역할을 맡았다. 그는 황싱, 천톈화 등의 7인과 함께 동맹회 장정章程 기초위원으로 임명되었으며, 이어서 8월 20일 개최된 창립대회에서는 평의부 의장에 선임되었다.[12] 중국혁명동맹회의 성립 초기부터 쑨원과 가장 가까운 인물이 된 것이다.

중국혁명동맹회 내에서 쑨원의 최측근으로서 왕징웨이가 담당한 지위와 역할은, 몇 차례에 걸쳐 나타난 내분사태에 대한 대응에서 잘 드러난다. 동맹회가 성립한 지 두 달여 뒤인 1905년 11월 초 일본 정부가 중국인 유학생들의 정치활동을 금지하는 단속규정을 발표했다.[13] 이에 대한 대응을 놓고 유학생들의 입장이 엇갈리게 되었다. 쑹자오런과 추진秋瑾 등을 중심으로 동맹휴업과 귀국 운동이 일어났고, 사태는 천톈화의 자살로까지 확대되었다. 이와 반대로 왕징웨이는 쑨원의 지원 아래 후한민, 주즈신 등의 광둥파 인사들과 함께 '유학을 유지하자는 동지회〔維持留學界同志會〕'를 결성하여 유학생들의 귀국을 막고 학업을 계속할 것을 주장하는 데 앞장섰다. 결국 1906년 초에 동맹회 중심의 유학생들이 일본 정부와 협상하여 동맹휴업을 풀고 복교하는 것으로 사태는 일단락되었는데,[14] 이 사건은 그 후부터 본격화된 동맹회의 내분 사태에서 왕징웨이가 쑨원의 든든한 지지자 역할을 했음을 잘 보여준다.[15]

동맹회 성립 이후 왕징웨이의 혁명 활동은 주로 『민보』 편집에 집중되었다. 당시 왕징웨이의 정치적 이념도 『민보』에 실린 그의 글들에 잘 드러난다. 반만민족주의로 요약되는 이 시기의 정치적 주장과 활동은 1907년 3월 이후 동남아 지역으로 활동 무대를 옮긴 후에도 지속되었다.

동맹회 성립 후 1년 반 정도가 지난 1907년 3월 초, 청조의 요청을 받은 일본 당국이 쑨원을 압박했고, 결국 쑨원은 일본을 떠나 동남아 지역으로 옮겨 가게 되었다. 당시 법정대학 속성과를 마치고 막 본과에 전입한 왕징웨이도 학업을 포기하고 함께 활동 근거지를 옮겼다. 이후 1909년 1월 중순까지 약 2년 동안 왕징웨이는 싱가포르를 중심으로 동남아 지역에서 활동하게 된다. 이 기간 동안 그는 베트남, 싱가포르, 타이 방콕 등지에서 화교들을 대상으로 강연과 혁명자금 모금, 국내 무장폭동 지원, 동남아 각지의 동맹회 분회 조직, 그리고 『중흥일보』 등 언론매체들을 통한 문필 선전 활동에 전념했다.[16]

이 시기에 왕징웨이의 정치적 주장이 주로 표현된 『중흥일보』는 1907년 8월 중순 싱가포르 동맹회 회장이었던 천추난陳楚楠, 부회장 장융푸張永福 등이 기관지로 창간했으나 1910년 2월 초에 자금난으로 정간된 일간지였다.[17] 『중흥일보』의 주요 필진으로는 왕징웨이를 위시하여 쥐정居正, 타오청장陶成章, 후한민, 린스솽林時塽, 팡루이린方瑞麟 등이 활약했는데, 이들은 당시 동남아 지역에서 활동하던 혁명파의 대표적 인물들이었다.[18]

한편 도쿄에 남은 동맹회 회원들 사이에서는 일본 측이 쑨원에게 제공한 지원금 사용 문제를 둘러싸고 쑨원에 대한 비판이 제기되면서 심각한 내분이 일어났다.[19] 특히 광복회 계통의 장빙린章炳麟과 장지張繼 등이 중심이 되어 쑨원과 그의 측근들에게 직접적인 비난을 퍼부었고, 이러한 내분 사태는 동남아 지역에서도 그대로 이어져 나타났다.[20] 쑨원에 대한 동맹회 내부의 비판과 심각한 분열 상황 속에서 왕징웨이는 적극적으로 쑨원을 옹호했다. 또한 쑨원 비판에 적극적이던 장빙린 주도하의 『민보』가 1908년 10월에 정간되자 왕징웨이가 비밀리에 도쿄에 잠입하여 『민보』를 일시 복간하여 『민보』의 주도권을 되찾은 것 또한 쑨원을 옹호하는 입장에 섰던 왕징웨이를 잘 드러내는 대목이다.[21] 동맹회 내분 사태를 통하여 왕징웨이는 쑨원의 측근으로서 지위를 더욱 굳히게 되었다.

요컨대 1904년 일본에 유학함으로써 서구 사상과 공화혁명 사상을 접하게 된 왕징웨이는 쑨원과의 만남이나 동맹회 가입, 『민보』 편집이 중심이 된 동맹회 활동을 통하여 쑨원의 최측근으로 자리 잡았으며, 반만민족주의 혁명이념의 주창자가 되었다. 또한 1907년 동남아로 활동 근거지를 옮긴 이후에도 그의 주요 활동이 쑨원의 최측근으로서 반만민족주의 혁명이념을 확산시키는 데 집중되었음을 확인할 수 있다.

3. 무정부주의의 영향

(1) 섭정왕 암살 기도와 실패

왕징웨이가 동남아에서 활동하던 시기, 동맹회는 전난관기의鎭南關起義를 비롯하여 여러 차례 무장 기의를 일으켰으나 모두 실패하고 말았다. 뿐만 아니라 앞에서 언급한 대로 동맹회 내부의 분열과 대립 또한 그치지 않았다. 이러한 상황은 혁명파에게 심각한 타격을 가하는 동시에 그와 대조적인 입장이었던 입헌파立憲派에게는 더욱 유리한 상황을 제공했다. 특히 얼마 동안의 준비를 거쳐 입헌제를 시행하겠다는 청조의 약속(예비 입헌)은 입헌파의 주장인 평화적 개혁에 대한 전망을 밝혀주는 듯했다.

1907년을 전후하여 나타난 혁명파의 이러한 곤경은 왕징웨이로 하여금 새로운 돌파구를 찾도록 요구하였고, 이는 소규모 암살단을 조직하여 청조의 중심인물들을 암살하려는 계획으로 나타났다. 왕징웨이가 언제부터 암살 계획을 세웠는지는 분명하지 않다. 다만 그가 1908년 초 인도네시아에 혁명 자금을 모금하러 갔을 때 그곳의 혁명파 인사들에게 배척당한 일이 있는데, 그 직후 "만청滿淸의 중신重臣을 쳐서 설욕하겠다"라고 말한 적이 있다는 사실로[22] 미루어 1908년 초 전후부터 암살 계획을 품은 것으로 추측된다.

이러한 암살 계획은 러시아 무정부주의자들의 영향을 강하게 받은 것이 분명하다.[23] 잘 알려진 대로 러시아에서는 혁명 과정에서 황제(차르)와 그 측근들에 대한 테러가 중요한 혁명 활동의 수단으로 받아들여졌고, 이는 중국의 혁명파에게도 큰 영향을 미쳤다. 테러리즘은 당시 동맹회 내에서 하나의 조류로 존재하였으니, 예컨대 장빙린을 비롯한 광복회 측 인물들도 암살을 혁명의 중요한 수단으로 고취하고 있었다.[24] 뿐만 아니라 1908년 10월 중순 일본 정부의 압력으로 『민보』가 정간당한 원인 또한 명목상으로는 같은 달 『민보』에 실린 탕쩡비湯增壁의 「혁명의 심리」라는 글이 암살을 고취하고 있다는 혐의 때문이었으니, 이 역시 당시 동맹회를 중심으로 한 혁명파의 암살 중시 분위기를 어느 정도 보여준다.

1909년 왕징웨이는 1년간 싱가포르에 머무는 동안 일본과 홍콩을 두 차례 왕래했다. 이는 홍콩에 동맹회 남부지부를 만드는 한편 일본에서 『민보』를 복간하기 위해서였으나, 동시에 암살단 조직과 암살 실행을 위한 것이기도 했다. 이때 왕징웨이의 암살 계획을 알게 된 쑨원과 후한민 등은 암살이 혁명에 결코 도움이 되지 않는다며 적극 만류했지만, 그는 받아들이지 않았다.[25]

1909년 여름 도쿄에서 황푸성黃復生, 리중스黎仲實, 천비쥔陳璧君, 팡쥔잉方君瑛 등 7명과 함께 소규모 암살단을 조직한 왕징웨이는[26] 그해 말과 이듬해인 1910년 초에 후한민과 쑨원에게 편지를 보내 자신의 암살 계획과 진행 상황을 알렸다. 당시 후한민에게 보낸 편지에서 왕징웨이는 "나는 혁명을 위하여 땔감이 될 터이니 그대는 솥이 되어달라〔我今爲薪, 兄當爲

釜〕"라고 말하고 있다.[27] 이는 2월 초에 발간된 『민보』 26호에 실린 자신의 글 「혁명의 결심〔革命的決心〕」에서 혁명을 밥 짓는 일에 비유하며, 밥을 짓기 위해서는 자신을 태우는 땔감과, 열기를 이기면서 밥이 익도록 보호해주는 솥이 있어야 한다고[28] 쓴 내용을 인용한 것이다. 이제 자신은 혁명을 위하여 스스로를 태우는 땔감의 '희생' 역할을 할 테니 후한민을 비롯한 남은 사람들은 솥의 역할을 해달라는 뜻이었다. 말하자면 테러리스트의 유언이었던 셈이다. 또한 왕징웨이는 쑨원에게 쓴 편지에서 당시 동맹회 내부의 분열이 극심하다는 점을 지적하고, 이것을 해결하려면 말만 앞세우는 미봉책으로는 불가능하며 모종의 적극적인 수단이 있어야 한다고 강조했다.[29] 왕징웨이는 자신의 '희생'을 통하여 분열되고 정체된 혁명의 출로를 열고자 했던 것이다.[30]

1910년 1월 중순 리중스, 천비쥔과 함께 베이징에 온 왕징웨이는 그 전해 가을에 먼저 도착한 황푸성, 단마오신但懋辛 등과 협력하여 비밀 활동의 거점으로 삼기 위해 도심인 류리창琉璃廠 태평교太平橋 부근에 서우전사진관守眞照相館이라는 사진관을 개업했다. 이어 폭탄을 제조하고 암살 대상을 물색하는 등 준비를 진행한 이들은 당시 청 조정의 중심인물인 섭정왕 짜이펑을 암살하기로 하고, 3월 말 그가 늘 지나다니는 은정교銀錠橋 아래에 폭탄을 매설할 계획을 세웠다. 그러나 폭탄을 매설하는 과정에서 행인의 눈에 띄어 암살 계획은 결국 수포로 돌아갔다. 청조 경찰의 탐문 끝에 4월 16일 왕징웨이와 황푸성, 뤄스쉰羅世勛 세 사람이 체포되고 나머지는 베이징에서 도주했다. 왕징웨이는 신문과 재판 끝에 4월 말에 종신형을 선고받았다.[31]

섭정왕에 대한 암살 미수에도 불구하고 왕징웨이가 사형을 당하지 않은 원인에 대해서는 당시 민정부 상서로서 신문을 맡았던 숙친왕肅親王 산치善耆가 왕징웨이의 진술서를 읽고 그 글재주를 아까워했기 때문이라는 설

1910년 왕징웨이가 암살을 시도한 짜이펑. 광서황제의 동생이며 마지막 황제 푸이의 아버지로 당시 섭정왕의 지위에 있었다.

명이 있으나, 이것만으로 충분히 설명되지는 않는다. 그보다는 당시 청조가 예비 입헌을 선포하는 등 개혁을 요구하는 민심을 안정시키는 데 총력을 기울이고 있었기 때문에, 왕징웨이를 처형하여 혁명세력의 분노를 사지 않도록 숙친왕이 섭정왕을 설득한 것을 중요한 원인으로 봐야 할 듯하다.[32]

왕징웨이는 우창에서 일어난 무장폭동(우창기의)이 성공한 직후인 1911년 11월 6일에 석방되기까지 약 1년 5개월의 수감 기간 동안 숙친왕의 호의로 책을 보거나 시를 쓰는 등 상당한 대우를 받으며 생활했다.[33] 이 시기에 왕징웨이가 쓴 시편들 역시 그의 문재를 드러내는 데 손색이 없었다. 이 시편들은 당시 많은 혁명파 인사에게 알려져 암살 미수와 수감에 대한 동정과 함께 그를 신화적 인물로 만드는 데 큰 역할을 했다.

(2) 국사공제회 조직과 남북의화에서의 역할

1911년 10월 10일 우창기의가 일어난 후 청 조정이 혁명파 인사들에 대한 대사면 방침을 결정함에 따라 왕징웨이도 11월 6일에 석방되었다.[34] 이후 왕징웨이는 북방 동맹회의 지도자 우루전吳祿貞과 함께 활동하려 했으나 우루전이 갑자기 피살당하여 계획이 무산되었다. 이후 그는 청조와 남방 혁명군 사이의 평화적 타협을 주선하기 위해 위안스카이袁世凱와 협상하는 쪽으로 눈을 돌렸다.[35] 왕징웨이는 함께 출옥한 황푸성 등의 만류에도

1911년 12월 상하이에서 열린 쑨원 환영회에 참석한 왕징웨이(앞줄 왼쪽에서 세 번째)와 쑨원(앞줄 가운데).

불구하고, 위안스카이가 베이징에 와서 내각총리에 취임하기를 기다려 그와 여러 차례 협상을 벌였다.

11월 15일, 왕징웨이는 협상을 통하여 위안스카이의 심복이자 입헌파의 주요 인물 가운데 한 사람인 양두楊度와 함께 국사공제회라는 단체를 만들었다. 이 국사공제회의 성립 선언서에서 왕징웨이는 자신을 민주입헌당인民主立憲黨人이라고 칭하고, 양두를 대표로 하는 군주입헌당 측과 연합하여 남북 간의, 곧 혁명정부와 청조 사이의 정전과 협상을 통한 평화적 해결을 도모하는 것이 자신의 목표라고 밝혔다. 이어서 그는 국민들의 대의기구로 만들어질 국민회의를 발기함으로써 민주(공화)와 군주 양 체제를 국민들이 선택하도록 한 다음 어떤 결정이 나든지 양쪽 모두 이에 따르자고 제안했다.[36] 우창기의 이후 남북이 대치하는 상황을 국민회의를 통해 하루속히 평화적으로 해결하는 것이 민주파(공화파)와 입헌파가 함께 국사공제회에 참여하여 추구해야 할 목표라는 주장이었다.

국사공제회가 만들어지게 된 배경에 대해서는 위안스카이의 능란한 수완과 왕징웨이의 모험주의 혹은 충동주의의 소산이라는 해석들이 그간 제기되어왔다. 특히 섭정왕 암살 계획과 같은 왕징웨이의 무정부주의적 모험주의가 혁명이 진행되는 도중 위안스카이와의 협상이라는 무모한 행동으로 나아가게 했다는 주장은 상당한 설득력이 있다.[37] 이런 까닭에 당시 일부 동맹회 회원들 사이에서는 능수능란한 위안스카이에게 왕징웨이가 매수당했다는 소문도 나돌았다.[38]

그러나 당시 황싱을 비롯한 혁명파 지도자들의 판단과 마찬가지로 혁명파의 힘만으로는 청조를 무너뜨리는 것이 불가능했다면, 그리고 이러한 상황 판단하에서 위안스카이를 이용하여 청조를 타도하는 것만이 유일한 방안이라는 주장이 현실적 가능성을 고려한 판단이었다는 점에 동의한다면,[39] 왕징웨이가 위안스카이에게 접근하고 입헌파 인사들과 협력하여 국사공제회를 결성한 활동을 모험으로만 보기는 힘들다.[40] 사실 위안스카이에 대한 이러한 긍정적 판단은 뒤늦게 귀국한 쑨원의 경우에도 크게 다르지 않았다는 것이 확인된다. 쑨원이 중화민국 임시대총통에 취임한 후 위안스카이 측과 벌인 일련의 정치적 협상 과정이[41] 이를 잘 보여준다. 또한 국사공제회의 기본적 목표는 혁명으로 인한 혼란과 이를 틈탄 중국의 분할 위기, 곧 '과분瓜分의 위기'를 조속히 극복하자는 것이었다. 이 점에 대해서는 국사공제회를 공동 발기한 입헌파 지도자 양두와 혁명파 지도자 왕징웨이의 기본 시각이 일치했기 때문에 국사공제회 결성이 가능했다고 볼 수 있다.[42] 이러한 사실을 감안하면, 왕징웨이의 국사공제회 참여를 충동적 혹은 모험적이라거나 위안스카이의 꼬임에 속아 넘어간 것으로 해석할 수는 없다. 뒤에서 자세히 논하겠지만, 신해혁명 이전부터 왕징웨이를 비롯한 혁명파와, 량치차오梁啓超가 중심이 된 입헌파가 가장 격렬하게 대립한 부분은, 혁명이 가져올 정치적 혼란과 이를 노린 열강의 침략, 그 결과 초래될 중국의 분할 가능성 문제였다. 열강의 중국 분할을 둘러싼 혁명파와 입헌파의 논쟁에서 입헌파는 혁명의 혼란 상황에서는 불가피하게 과분이 초래될 수밖에 없기 때문에 이를 미연에 피하는 방법으로 평화적인 개혁, 곧 군주제하의 입헌을 주장했다. 그러나 왕징웨이를 비롯한 혁명파는 무능한 청조의 존재야말로 과분을 초래할 근원이기 때문에 청조를 타도해야 과분을 피할 수 있다고 공박했다. 이러한 주장을 해온 왕징웨이가 혁명의 와중에 입헌파와 협력관계를 모색하며 조속한 평화적 해결을 내세우게 된 것은 과분을 미연에 막자는 입헌파의 주장에 사실상 동조한 셈이었으니, 이 점에서 본다면 왕징웨이도 처음부터 중국 분할에 대해 우려했다고 할 수 있다.[43]

국사공제회는 성립한 지 20여 일 만인 1911년 12월 초에 별다른 성과 없이 해산했으나, 왕징웨이는 참여 당시에 내건 북방 청조와 남방 혁명정부 간의 화해 조정을 위한 활동을 계속했다. 같은 해 11월 말 왕징웨이는 우한의 후베이湖北 군정부 도독都督 리위안훙黎元洪에게 편지를 보내 위안스카이의 아들 위안커딩袁克定과 교섭하여 주만황朱芾煌을 북방의 교섭 대표로 우한에 파견한다는 사실을 알려주며 남북 정전과 청 황제의 퇴위에 남북이 협력해줄 것을 요청했으며,[44] 12월 초 황싱은 청조 타도와 정국의 조속한 안정을 위안스카이에게 권해달라고 요청하는 전보를 왕징웨이에게 보냈다.[45] 또한 왕징웨이 자신은 이어서 열린 남북의화에 북방 측의 참찬參贊 자격으로 참석하기 위해 북방 대표 탕사오이唐紹儀와 함께 12월 11일 우한으로 갔는데, 얼마 후에는 우팅팡伍廷芳을 대표로 하는 남방 측의 참찬으로도 임명되어[46] 사실상 양측의 대표 자격으로 18일부터 상하이에서 열린 정전협상에 참여하여 활동했다.

남북의화는 1912년 2월 12일의 청 황제 퇴위와 뒤이은 쑨원의 임시대총

1912년 중화민국 임시대총통에 취임한 위안스카이(가운데).

통직 사퇴, 그리고 3월 10일 위안스카이의 임시대총통 취임에 이르기까지 여러 우여곡절에도 불구하고 공화국 수립과 남북 통합을 이루는 데 나름대로 중요한 역할을 했다.[47] 남북의화에서 양측의 참찬이라는 가장 중요한 자리에 선 왕징웨이는 양측의 통합을 위하여 난징南京, 상하이, 베이징을 오가며 진력했다. 상하이에서 열린 회의에서는 양측 대표 사이의 담판보다도 왕징웨이와 탕사오이 사이의 막후협상이 더 중요한 역할을 했다는 평가를 받았다.[48]

남북의화가 어느 정도 마무리된 1912년 2월 중순, 왕징웨이는 리스쩡, 장지, 우즈후이吳稚暉 등과 함께 진덕회進德會를 발기 조직하였다. 리스쩡과 우즈후이는 당시 널리 알려진 무정부주의자였다. 섭정왕 암살 계획에서 드러났듯이 왕징웨이는 신해혁명 이전부터 무정부주의의 영향을 강하게 받았다. 이러한 무정부주의의 영향이 잘 나타난 진덕회의 회원 규정에는 도박이나 축첩을 하지 않는 것 외에 관리나 의원이 되지 않는다는 조건도 포함되어 있었다.[49] 실제로 왕징웨이는 난징 임시정부 성립 직후 쑨원

1912년 3월 광저우에서 열린 쑨원 송별회.
앞줄 오른쪽부터 왕징웨이, 황싱, 쑨원, 탕사오이, 후한민.

측으로부터 관직 취임 권유를 받았고, 위안스카이가 대총통이 된 직후에는 그로부터 고등고문으로 초빙하겠다는 제안을 받기도 했다. 또한 우창기의 직후부터는 광둥의 혁명파 인사들로부터 여러 차례 광둥 도독이 되어달라는 권유를 받았다. 그러나 왕징웨이는 모든 관직을 거부했는데, 오직 자기희생의 각오로 혁명에 참여한 혁명가가 혁명이 성공한 후 관직에 오르는 것은 혁명을 출세의 도구로 만드는 꼴이라는 이유 때문이었다. 이처럼 무정부주의자로서 도덕적 자기희생을 강조하는 처신은 당시의 중국인들, 특히 청년지식인들 사이에서 왕징웨이에 대한 존경과 추앙을 이끌어내기에 충분했다. 신해혁명을 통하여 왕징웨이는 중국인들에게 '혁명의 영웅'이 되었다.

1912년 4월 우한을 방문한 쑨원이 후베이 지역 정계인사들과 함께 찍은 사진.
앞줄 가운데부터 왼쪽으로 쑨원, 리위안훙, 왕징웨이.

4. 반만민족주의 주창과 그 의미

(1) 반만민족주의 제기

앞에서 설명한 것처럼 쑨원의 측근으로서 왕징웨이가 맡은 역할은 동맹회 내에서 벌인 여러 활동을 통해 잘 드러나 있다. 같은 시기 그의 정치적 주장, 곧 정치사상은 특히 화흥회의 기관지 『20세기의 중국』을 개편하여 동맹회의 기관지로 만든 『민보』[50]에 기고한 많은 문장과 편집 활동에서 표출되었다. 1905년 11월 『민보』 제1호의 첫 번째 글로 「민족적 국민民族的國民」을 발표한 이후 제26호에 이르기까지 왕징웨이가 『민보』에 발표한 글은 모두 31편에 달한다.[51] 이는 『민보』에 가장 많은 글을 발표한 장빙린에 이어 두 번째로 많으며, 후한민과 같은 편수에 해당한다.[52]

왕징웨이의 글은, 창간 초기인 1905년 11월 이후부터 그가 쑨원을 따라 베트남과 싱가포르 등 동남아 지역으로 떠나기 전인 1907년 6월 이전에 집중적으로 발표되었다. 그리고 일부 글은, 청조의 항의를 받아들인 일본 당국의 출판금지 조처로 『민보』가 1908년 10월부터 1910년 1월까지 일시 정간된 다음 왕징웨이가 복간한 이후인 1910년 초에 발표되었다. 이처럼 동맹회 시기 그의 핵심적 활동은 『민보』를 통한 혁명 언론활동에 집중되었다.

이 시기 왕징웨이의 글에 나타난 중심적 내용은 반만민족주의와 공화혁명이었다. 주지하듯이 반만민족주의는 쑨원이 흥중회를 창립한 1894년부터 강조한 정치적 주장의 핵심이었는데, 이를 받아들인 왕징웨이가 호소력 있는 문장으로 『민보』에 발표했다고 볼 수 있다. 이 점을 살펴보면, 당시 왕징웨이는 자신의 사상이나 이념을 새롭게 창안하는 이론가 역할을 했다기보다는 쑨원의 주장을 수용한 토대 위에서 그것을 충실하게 대변하는 선전가 역할을 맡았다.[53]

왕징웨이가 주장한 반만민족주의와 그 실현을 통한 공화혁명의 윤곽은 『민보』 제1호의 첫머리에 실린 그의 데뷔 글 「민족적 국민」에 잘 드러나 있다. 이 글에서 왕징웨이는 200년 이상에 걸친 만주족의 한족 지배가 민족 동화를 가장한 실제적인 민족 차별이라고 비판했다. 그리고 이러한 상황에서는 두 민족이 하나의 국가를 이루기가 불가능하기 때문에 만주족의 지배를 타도하고 한족에 의한 한 민족의 국가가 만들어져야 한다고 주장했다. 이어서 그는, 만주족의 우월한 지위와 만한滿漢 차별을 지지하는 청조 체제 아래서는 국민의 평등한 권리를 바탕으로 한 입헌이 불가능하다고 주장했다. 한족을 차별하는 만주족의 지배 아래에서는 국민주권에 기반을 두고 국회와 헌법에 따라 정치를 시행하는 입헌제 수립이 불가능하다는 주장이었다. 황제 체제를 유지한 채 국회를 만들고 헌법을 제정하자

民報（第壹號）

民族的國民　精衛

嗚呼滿洲入寇中國二百餘年與我民族界限分明未少淆也近者同化問題日益發生此眞我民族禍福所關不容默爾故先述民族同化之公例（凡文字必嚴着述之辨着者自發其思成一家言故有所徵引必詳所出述者本諸舊聞連綴成辭大概分譯述講述二種未嘗自居己作故所徵引可畧所出亦以難於毛擧也於此不辨而崇勦說則是以士君子而爲盜賊之行故附識於此）次論滿族之果能與吾同化否以告我民族

民族云者人種學上之用語也其定義甚繁今擧所信者曰民族者同氣類之繼續的人類團體也玆析其義於左

（一）同氣類之人類團體也玆所云氣類其條件有六一同血系（此最要件然因移

民報　一

1905년 11월 도쿄에서 발간된 동맹회 기관지 『민보』 창간호에 실린 왕징웨이의 글 「민족적 국민」.

는, 캉유웨이와 량치차오 중심의 입헌파(보황파保皇派)의 입헌군주제 주장에 정면으로 반기를 들었던 것이다.[54]

왕징웨이의 이러한 반만민족주의의 구체적인 내용은 이른바 '『민보』와 『신민총보』의 논전'에서 보황파와 벌인 일련의 논쟁에서 잘 드러난다. 이 논쟁의 핵심적 주제는, 혁명과 보황 사이의 근본적인 차이점이라고 할 수 있는 청조, 곧 만주왕조의 존속 여부를 둘러싼 이견이었다. 보황파의 주장은 대표 논자인 량치차오의 주장처럼 중국이 근대국가로 변화하려면 일정한 시간과 절차가 필요하다는 것으로 요약된다. 량치차오는 과격한 변화, 즉 혁명은 필연적으로 중국의 내분을 가져올 것이며, 그와 함께 열강의 중국 분할인 과분을 불러와 중국은 망국에 이르고 말 것이라고 주장했다. 나아가 량치차오는 이러한 내분과 과분을 막기 위해서는 일본의 메이지유신에서 볼 수 있듯이 개명된 군주가 위로부터 개혁하는 개명전제開明專制 단계가 반드시 필요하다고 봤다.[55]

보황파의 이러한 주장에 대한 왕징웨이의 반박은 「최근 신민총보의 비혁명론을 반박함〔駁新民叢報最近之非革命論〕」이라는 글과 「혁명이 과분을 불러오지 않는다〔革命不召瓜分〕」라는 글에 잘 드러난다. 1906년 5월에 출간된 『민보』 제4호에 발표된 「최근 신민총보의 비혁명론을 반박함」에서 왕징웨이는 량치차오의 「개명전제론」을 정면으로 비판했다. 그는 청조의 전제를 그대로 두면 입헌은 근본적으로 불가능하다고 주장하고, 청조의 전제를 없애는 유일한 길은 혁명뿐이며 입헌은 만주족을 몰아내는 종족혁명, 즉 민족혁명을 통해서만 가능하다고 강조했다.[56] 이어서 1906년 7월에 출간된 『민보』 제6호에 발표한 「혁명이 과분을 가져오지 않는다」에서 왕징웨이는, 오늘날 중국이 열강의 침략으로 과분과 망국의 위기에 빠진 것은 오로지 청조의 무능과 부패 때문이므로 만주정부를 하루라도 빨리 없애지 않으면 중국은 자립을 얻을 수 없으며, 과분을 막는 유일한 방안은 청조를 몰아내는 '민족혁명' 뿐이라고 다시 한 번 강조했다.[57]

왕징웨이의 이러한 반만민족주의는 1907년 이후 동남아에서 활동하던 시기에도 반복하여 나타난다. 이 시기 그의 반만민족주의는 『중흥일보』를 통해 확인할 수 있는데, 대체로 도쿄에서 활동하던 시기에 『민보』에 발표한 내용과 크게 다르지 않다. 다만 도쿄에서 『신민총보』와 논전하는 과정에서 반만민족주의와 공화혁명에 대한 주장을 분명히 나타낸 것처럼, 싱가포르에서도 보황파의 기관지였던 『남양총회보南洋總滙報』와[58] 논전하면서 보다 뚜렷한 주장을 드러내고 있다. 이러한 점에서 『중흥일보』와 『남양총회보』의 논전은 『민보』와 『신민총보』 사이에 벌어졌던 논전의 완전한 재판再版이었다.[59]

예컨대 논전의 핵심적 주제가 입헌을 위하여 만주 왕조가 존재할 필요가 있는지, 그리고 혁명이 내분이나 과분을 부를 가능성이 있는가에 집중되어 있으며, 이 문제들에 대한 왕징웨이의 주장이 『민보』에 기고하던 내용과 대동소이함이 확인된다. 왕징웨이는 과분은 만주족 타도, 곧 민족혁명 때문에 일어나는 것이 아니라 오히려 만주왕조를 타도하지 않을 경우 일어날 것이라고 주장했다.[60] 그리고 혁명이 아니라 청원을 통해 국회를 개설하자고 주장하는 보황파의 입장은 국민의 정당한 권리를 요구하는 것이 아니라 구걸하는 것에 해당한다고 봤다.[61]

요컨대 도쿄와 동남아에서 활동하던 1905년 후반부터 1909년 전후까지 왕징웨이의 중심적인 정치 주장은 반만민족주의와 이를 통한 공화혁명으로 압축된다. 그에게 반만민족주의, 곧 만주족 타도는 이민족의 지배로부터 한족의 민족적 독립을 쟁취하는 방안인 동시에 전제군주제 타도를 통한 공화제 수립의 방안으로 인식되었다.

(2) 반만민족주의 실천과 한계

왕징웨이를 비롯한 혁명파는 동맹회 활동 시기에 자신들의 반만혁명론 내지 공화혁명론이 보황파의 개명전제론이나 비혁명론을 압도했다고 주장했다. 물론 1907년 1월 중순에 이 논전에서 위기를 느낀 량치차오가 『민보』 측에 논전을 중단하자고 요청했으나 쑨원, 후한민, 황싱 등이 이를 받아들이지 않았다는 사실로[62] 미루어 사실상 량치차오가 패배를 선언했다고 볼 수 있기 때문에 논전이 『민보』 측의 일방적 승리로 끝났다는 혁명파의 주장이[63] 근거 없는 것은 아니다. 또한 1907년 초 일본당국의 『민보』 출판 금지 사태와 뒤이은 쑨원의 동남아행, 그리고 1907년 10월의 『신민총보』 정간으로 일본 내에서의 논쟁은 끝났는데, 량치차오 스스로도 정간 당시 『신민총보』의 신용이 이미 없어진 지 오래라고[64] 말한 점 등을 볼 때도 『민보』와 『신민총보』의 논전에서 『민보』 측이 '일방적으로 승리했다'는 주장은 나름대로 근거가 있다.

그러나 이러한 사실들이 곧바로 반만민족주의 또는 공화혁명론의 이론적 정확성이나 시대적 정합성을 증명해줄 수는 없는 일이다. 과분이 없을 것이라는 혁명파의 낙관적 입장은 당시 국제적 정세에 대한 일종의 환상을 전제한 것이라는 평가를 받을 만했고, 혁명으로 초래될 내분을 막을 만한 "질서 있는 혁명"에 대한 전망이나 혁명세력의 단결도 현실적 국면에서 결코 장담할 수 없는 형편이었다.[65] 보다 주목할 만한 대목은, 실제 혁명의 진행 과정에서 나타난 변강邊疆(주변) 소수민족들의 독립 요구가 중국의 분열을 가져올 만한 '과분의 위기'로 받아들여지고 있었으며, 이것이 공화국의 장래를 심각하게 위협할 것이라는 점에 혁명파 인사들도 동의하고 있었다는 사실이다.

주지하듯이 1911년 11월 한드도르지Chin Vang Khanddorj를 중심으로 한 일부 몽골 왕족들이 중국으로부터 독립을 선언한 데 이어, 1912년 6월 티베트의 종교지도자 달라이라마Dalai Lama가 티베트에 주둔하고 있던 중국 군대와 관료들을 몰아내고 독립을 선포한 것은, 신해혁명 과정에서 생긴 중앙권력의 공백 속에서 주변 약소민족들이 독립하려는 요구에서 비롯되었다. 이 소수민족들이 독립을 요구하게 된 배경은 1901년 전후부터 시작된 청조의 신정개혁에 대한 반발 때문이기도 하지만, 보다 근본적으로는 영국과 러시아라는 열강의 새로운 간섭과 지원 때문이었다.[66] 이러한 면에서 중국인들이 볼 때 이들의 독립 요구는 열강에 의한 중국 분할의 위기, 곧 '과분의 위기'로 받아들여지기에 충분했다. 혁명파와 입헌파 사이에서 '과분의 위기'를 둘러싸고 치열하게 전개된 논쟁에서 혁명파가 우세했다 하더라도, 혁명의 실제 상황에서는 입헌파의 현실 인식이 훨씬 정확했으며 왕징웨이를 비롯한 혁명파의 주장은 착오였다는 점이 사실로 확인되기에 이른 것이다. 혁명 직후 왕징웨이가 양두를 중심으로 한 입헌파와 협력하여 국사공제회를 조직하여 조속하고 평화로운 사태 수습에 나선 것은 바로 '과분의 위기'를 막으려는 충정에서 비롯되었음은 앞에서 지적했다.

한편 쑨원이나 황싱을 비롯한 혁명파 지도자들이 중화민국 임시정부 성립 직후, 공화혁명이 한족만의 성과가 아니라 한漢·만滿·몽蒙·회回·장족藏族의 5족으로 대표되는 중국 내 모든 민족의 성과라는 오족공화론을 받아들인 것은 바로 이러한 반만민족주의 혁명의 실제적 한계를 스스로 승인한 결과였다.[67] 혁명파의 입장에서는 몽골과 티베트의 독립 요구에서 드러나는 것과 같은 중국의 내분과 분열을 막기 위하여, 만주족에 대해 배타적 입장만을 강조한 기왕의 반만민족주의에서 탈피하여 만주족을 비롯한 소수 민족들의 독립 요구를 무마하면서 공화국의 영토를 보전하려는 입장을 취하지 않을 수 없었던 것이다. 물론 이러한 오족공화론은 "과분의 위기"에 대처하기 위한 임시방편 성격이 강했다. 원래 오족공화론은 우창 기의 발발 이전에는 쑨원의 정치 주장에서 전혀 나타나지 않았으며, 우창 기의 이후 벌어진 남북의화 과정에서 양두와 장젠張謇 등 입헌파가 제기한 것을[68] 임시정부 성립과 함께 쑨원이 자신의 주장으로 수용하면서 새롭게 주목받았다.[69] 이러한 면에서 쑨원을 비롯한 혁명파의 임시방편적인 오족공화론 수용은 반만민족주의의 한계를 자인한 결과였다.

뿐만 아니라 얼마 지나지 않아 쑨원이나 왕징웨이 등의 혁명파 지도자들은 본래의 한족 중심 민족융화론으로 복귀하지 않을 수 없었다. 1920년대에 쑨원이 오족공화론을 버리고 민족융화론을 제기했기 때문이다. 이는 오족공화론 자체가 임시변통에 불과했으며 혁명파의 반만민족주의가 이러한 임시변통이 필요할 만큼 커다란 한계를 가졌다는 점을 분명히 보여준다. 예컨대 1920년 11월의 한 강연에서 쑨원은 '청조는 이미 망했지만 제국주의 열강에 대항하기 위하여 민족주의가 계속 필요하다' 면서 '이제는 오족공화를 그만두고 각 민족이 융화하여 하나의 중화민족이 되어야 비로소 민족주의가 완성될 것' 이라고[70] 말했다. 또한 1921년 12월의 강연에서는 '(5족 가운데 한족을 제외한) 티베트족, 몽골족, 회족, 만주족은 모두 자위능력을 가지지 못했기 때문에 한족이 넓은 민족주의를 발휘하여 이 소수민족들이 한족에 동화하도록 함으로써 하나의 큰 민족국가를 건설해야 하는데, 이것은 한인의 결정에 달려 있다' 고[71] 주장했다. 쑨원은 오족공화 주장을 근본적으로 부인하고 한족 중심의 민족 동화를 주장하는 한편,[72] 이러한 동화정책의 원인이 다른 소수민족들의 무능력 때문이라고 말하기까지 했던 것이다.

요컨대 신해혁명의 진전 과정에서 드러난 변방 약소민족들의 독립 요구는 신해혁명 시기 왕징웨이의 중심적인 정치 주장인 반만민족주의가 상당한 한계를 안고 있었음을 보여주었다. 이러한 한계를 극복하는 단기적이고 임시적인 방안으로 제기된 오족공화론도 얼마 지나지 않아 한족 중심의 민족융화론으로 변질됨으로써 반만민족주의의 한계를 더욱 분명히 드러냈다. 그런 점에서 볼 때 반만민족주의는 부분적으로나마 신해혁명이 성공할 수 있는 기반을 제공하였으나, 다른 한편으로 결국 중국 내 여러 민족 간의 평등을 기본적으로 부정하게 되는 결정적 한계를 가졌다고 할 수 있다.

5. 반만민족주의의 의미

앞부분의 논의를 요약하면 다음과 같다. 왕징웨이가 정치적 활동을 시작한 것은 1904년 광둥 성의 관비유학생으로 뽑혀 도쿄에 유학하게 되면서부터였다. 도쿄의 법정대학 속성과에서 접하게 된 법학을 비롯한 서구 학문은 그로 하여금 공화와 반청 민족혁명에 눈뜨게 했다. 왕징웨이가 1905년 8월 도쿄에서 창립된 중국혁명동맹회에 가입할 뿐만 아니라 주도적 역할을 하게 된 것은 이러한 서구 학문을 바탕으로 공화혁명의 필요성을 확실히 인식하게 되었기 때문이다. 이후 왕징웨이는 쑨원의 영향을 직접적으로 받아들이고 최측근으로서 그것을 적극 선전하는 데 앞장섰다.

1910년 3월 말, 왕징웨이를 중심으로 결성된 소규모 암살단이 섭정왕 암살을 기도했는데, 이는 당시 동맹회가 처한 분열과 침체에서 벗어나기 위해서는 새로운 돌파구가 필요하다는 그의 판단에서 나온 것이었다. 이 암살 계획은, 혁명을 위하여 '희생'을 강조하는 그의 '영웅적 심리'와 상당한 관련이 있다. 이러한 심리의 근저에는 혁명가의 '자기희생'이라는 러시아 무정부주의의 영향이 강하게 자리 잡고 있었다. 또한 우창기의 발발 직후 석방된 왕징웨이가 일부 무정부주의자들과 함께 진덕회를 조직하고 모든 관료직 취임을 거부한 것도 혁명을 위한 개인적 희생과 혁명가의 도덕적 성취만을 강조하는 무정부주의의 영향을 그대로 보여주는 대목이다.

동맹회 시기 왕징웨이의 정치적 주장은 『민보』에 발표한 글들에 잘 드러나 있는데, 한 마디로 표현하자면 반만민족주의와 공화혁명론이다. 만주왕조 타도를 통하여 공화혁명을 달성해야 한다는 그의 반만민족주의는, 당시 경쟁 관계였던 보황파의 입헌군주제 주장과는 완전히 대립되는 입장이었다. 특히 청조의 존재 여부와 혁명이 과분을 가져올지 여부를 둘러싸고 벌어진 『민보』와 『신민총보』의 논전과, 뒤이어 1907년 이후 동남아에서 벌어진 『중흥일보』와 『남양총회보』의 논전에서 뚜렷이 드러난 것처럼 왕징웨이는 청조의 존재가 오히려 과분을 재촉할 것이며 만주족 타도를 통해서만 공화에 이를 수 있다고 주장했다. 이러한 반만민족주의는 쑨원의 민족주의를 답습한 것이었다. 그러한 면에서 왕징웨이는 혁명 사상의 창도자라기보다는 혁명 이념의 선전가로서의 면모를 강하게 띠고 있었다.

왕징웨이의 반만민족주의의 내면에는, 타도의 대상으로 제시한 만주족에 대한 멸시와 천대뿐만 아니라 몽골족, 티베트족, 회족 등 중국 내 소수민족들을 한족을 중심으로 융화시키려 하는 한족 우월주의 혹은 중화주의가 강하게 자리 잡고 있었다. 뿐만 아니라 신해혁명이 진전되는 과정에서 터져 나온 몽골과 티베트의 독립 요구와 같은 실제적인 '과분의 위기'에 대한 대처에서도 일정한 한계를 드러냈다. 쑨원을 위시한 혁명파 지도자들이 이 위기를 해결하기 위해 임시변통으로 받아들인 오족공화론도 표면적으로는 변방 소수민족들에 대한 민족적 평등을 강조하고 있었으나 실제로는 한족 중심의 민족융합 주장을 극복하지 못한 한족 중심주의에 불과했다. 공화혁명, 즉 신해혁명의 가장 중요한 원동력 중 하나였던 반만민족주의는 이처럼 몇 가지 측면에서 분명한 한계를 노정했다.

공화혁명의 목표가 국민주권을 바탕으로 한 진정한 공화국 수립에 있다고 할 때, 신해혁명은 황제체제 타도를 통한 제도적 공화국 수립을 목표로 제기한 첫 번째 단계였다. 공화제의 기반이라고 할 수 있는 진정한 의미의 공화제 내지 공화의식이 충족된 것은 뒤이은 5·4운동 단계에 가서야 가능해졌고, 그런 의미에서 5·4운동을 두 번째 단계의 공화혁명으로 불러야 한다는 주장도[73] 있다. 이러한 입장에서 볼 때 신해혁명 시기의 민족주의, 곧 왕징웨이가 주창했던 반만민족주의는 만주족과 한족 간의 불평등 해소와 한족 중심의 민족 융합에만 집착했다. 이러한 한계성은 제2차 공화혁명 단계, 곧 5·4운동 시기에 새로운 변화를 요구받을 수밖에 없었다. 반만에서 반제로의 변화라고 할 수 있는 이 문제는 다음 장에서 상세히 다룰 것이다.

Ⅱ. 5 · 4운동 시기 왕징웨이와 반제민족주의
— 파리평화회의 관련 활동과 반제 인식 형성

1. 반만과 반제

앞에서 살펴본 대로 신해혁명 시기 왕징웨이의 반만민족주의의 골자는, 공화혁명의 전제 조건으로서 만주족의 한족 지배를 종식시켜야 한다는 한족의 민족해방과 이를 위한 청조 타도에 있었다. 이 점에서 반만민족주의는 기본적으로 중국을 구성하는 여러 민족 간의 문제, 곧 국내의 민족문제에 초점을 두었다. 물론 혁명이 가져올지도 모를 중국의 내분과 열강의 간섭, 그로 인한 중국 분할(과분) 위험에 대한 문제가 반만민족주의와 동시에 제기된 점을 보면, 중국의 대외적 독립 문제와 열강의 침략에 대한 저항의 문제, 곧 제국주의에 대한 반대(반제)는 반만민족주의에도 포함되었다고 할 수 있다. 그러나 신해혁명의 기본 목표는 이민족 왕조인 청조를 타도하는 데 있었다. 또한 몽골과 티베트의 독립 요구에 대한 혁명파의 대응에 나타난 것처럼 당시의 반만민족주의는 많은 한계를 안고 있었다. 이 점으로 인해 신해혁명 시기의 반만민족주의는 충분한 반제 인식에 이르지 못

했다는 평가를 받고 있다.[74]

신해혁명의 좌절을 가져온 위안스카이가 사망한 후 쑨원과 광둥 군벌들이 연합하여 광둥 지역에 남방 군정부(호법정부)를 세웠다. 신해혁명 시기 반만민족주의의 열렬한 지지자요 선전가였던 왕징웨이가 '과분의 위기'로 표현된 제국주의 열강의 침략을 중국혁명의 당면 과제로 인식하게 된 것은 5·4운동 시기부터였다. 중국 민족주의 운동의 역사에서 본격적인 반제운동으로 평가받는 5·4운동의 도화선이 된 것은 제1차 세계대전이 끝난 후 열린 파리평화회의였다. 이 장에서는, 파리평화회의에서 논의된 중국 문제, 즉 패전국 독일의 산둥山東 이권 처리 문제를 둘러싼 중국 내외의 정치 상황에서 왕징웨이가 남방 군정부의 파견으로 파리에 건너가 중국 문제 해결을 위한 외교적 지원활동에 나선 행적을 세밀히 추적할 것이다. 이를 통하여 신해혁명 당시 왕징웨이가 제기한 반만민족주의가 어떻게 변화했는지, 특히 제국주의에 대한 그의 인식이 어떤 변화를 보였는지 구체적으로 살피고자 한다.

왕징웨이는 신해혁명 직후부터 세 차례에 걸쳐 프랑스로 외유를 떠나 중국 내 정치계에서 일종의 정치적 휴식기를 거쳤기 때문에[75] 신해혁명 이후부터 1923~1924년의 국민당 개조改組 이전의 활동은 상대적으로 주목을 받지 못했다. 특히 5·4운동과 국민당세력의 관계, 즉 5·4운동에 대한 국민당 측 인사들의 대응과 관련해서도 왕징웨이는 큰 주목을 받지 못하고 있다. 5·4운동을 거치며 잡지 『건설建設』을 중심으로 국민당 그룹의 혁명노선이 이론적으로 재정립되는 과정에서[76] 그가 중심적 역할을 하지 않았기 때문이다.

잘 알려져 있듯이 5·4운동은 문화운동이나 계몽운동 혹은 애국운동과 같은 한 측면만을 강조하기 어려운 이른바 다층적 운동이다.[77] 그럼에도 불구하고 5·4운동을 촉발한 직접적인 원인이 일본의 침략적 요구에 대한 국민적 저항이라는 점에서, 민족주의 고양이라는 측면을 5·4운동의 가장 중요한 맥락으로 보는 데는 이견이 없을 듯하다. 또한 매우 광범한 개념인 민족주의 중에서도 외세의 침략과 그로부터 연유한 국제적 불평등 체제에서 벗어나 자유롭고 평등한 국가적 지위를 회복하겠다는 인식이나 노력, 곧 반제 인식과 반제운동의 문제야말로 민족주의 고양의 핵심적 맥락이라는 데도 이견이 없을 것이다. 이런 점에서 신해혁명 시기에 민족주의 이념을 제기하고 선전하는 데 앞장섰던 왕징웨이가 5·4운동을 거치며 기존의 민족주의 인식에 어떠한 변화를 겪었는지, 특히 제국주의와 반제에 대한 인식의 내용이 어떻게 바뀌었는지를 구체적으로 살펴보는 것은 매우 의미 있는 일이다.

한편 신해혁명 이래 가장 중요한 혁명운동 세력이었던 국민당과 5·4운동의 관련성은 5·4운동사 연구에서 계속 주목받아온 주제 중 하나이다.[78] 쑨원을 비롯한 국민당 지도자들이 5·4운동을 어떻게 인식하였고, 어떤 태도를 보였으며, 운동이 경과하면서 어떠한 입장 변화를 겪었는지를 살핀 연구들은 그동안 적지 않았다. 예컨대 쑨원 중심의 혁명세력이 중화혁명당에서 중국국민당으로 당의 이름을 바꾸며 새로운 정당 체제를 구축한 것과 혁명운동의 기본 동력으로서 민중의 역량을 인식하고 받아들이게 된 것, 그리고 이러한 변화의 결과로 국민혁명이라는 새로운 길을 모색하게 된 것 등은 모두 5·4운동이 국민당 세력에 미친 영향이나 5·4운동에 대한 국민당 측의 대응으로 설명되어왔다.[79]

5·4운동에 대한 국민당 세력의 대응이라는 측면에서는 특히 5·4운동의 직접적 원인이 된 민족주의 고양과 관련한 국민당의 대응이 같은 맥락에서 연구되었다. 이러한 면에서 혁명파 내지 국민당 세력의 중심인물 가운데 한 사람인 왕징웨이의 당시 활동과 사상적 변화에 관한 연구는 5·4운동에 대한 국민당 세력의 대응에 관한 사례 연구가 된다.

또한 왕징웨이 개인에 대한 연구의 측면에서도 기존 연구들에서는 5·4 운동 시기의 활동이나 사상에 관한 연구가 상당한 공백으로 남아 있기 때문에 그의 당시 정치활동과 민족주의 사상의 변화, 특히 반제 인식의 내용과 그 변화 과정에 대한 연구는 충분한 의미가 있다.

2. 파리행과 평화회의 관련 활동

주권재민의 이념을 제도화한 것이 공화제라고 정의한다면, 공화제의 핵심은 국민의 참정을 보장하는 선거와 이를 바탕으로 한 대의기구(국회) 개설, 국회를 통한 헌법 제정(입헌)과 이를 근간으로 한 법치 실현에 있다. 이 점에서 본다면 황제의 퇴위를 가져온 신해혁명은 공화제의 제도적 기반을 마련하는 데는 성공했지만 공화제의 실질적 내용을 실현하는 데는 실패했다. 쑨원과 협상한 끝에 대총통에 선출된 위안스카이는 곧이어 국회를 해산하고 헌법을 폐지하는 등 공화제의 기본 틀을 무너뜨렸고 급기야는 황제제도 회복운동을 벌여 새로운 황제로 등극하려 하기에 이르렀다. 이런 면에서 신해혁명은 좌절된 혁명, 혹은 미완성 혁명으로 불린다.[80]

앞에서 언급한 대로 '혁명의 영웅' 왕징웨이는 남북의화 이후 모든 관직 제안을 거부한 채 1912년 8월 프랑스로 유학을 떠났다. 쑨원에게 보낸 8월 9일자 편지에서 왕징웨이는 "파괴의 시대가 지나고 공화제가 자리를 잡았으니 이제 군주국 일본에서 배운 것을 버리고 민주국인 유럽에서 새로운 학술을 배우려 합니다"라고[81] 썼다. 이후 1917년 3월까지 왕징웨이는 두 차례 귀국과 출국을 반복하며 프랑스에 머물렀다.[82] 그사이 중국에서는 위안스카이가 급사하고 중화민국(베이징정부)의 대권이 북양군벌의 영수들에게 돌아감으로써 전국에서 군벌이 할거하는 상황이 벌어졌다. 혁명이 실패한 후 다시 일본으로 망명했던 쑨원이 귀국하고 광둥지역 군벌들과 연합하여 군정부(혁명정부)를 만들면서 다시 남북이 대립하는 상황이 연출되었다. 남방 군정부 성립 직후인 1917년 9월 중순 대원수 쑨원은 왕징웨이를 자신의 비서장으로 임명했다. 한동안 주저하던 왕징웨이는 1918년 10월 중순 정식으로 군정부에 대한 지지와 참여를 선언함으로써 정계에 복귀했다.[83]

제1차세계대전이 끝난 직후인 1918년 12월 9일, 광저우의 참의원은 파리에서 개최될 평화회의에 남방 대표를 파견할 것을 촉구하는 건의안을 군정부에 제출했다.[84] 이에 호응하여 군정부 정무위원회에서는 쑨원, 왕징웨이, 우딩방吳定邦, 왕정팅王正廷, 우차오수伍朝樞 다섯 사람을 파리에 파견하도록 결의하고, 장지와 리스쩡을 먼저 유럽에 파견하여 현지 사정을 조사하도록 한다는 결정도 내렸다.[85] 그러나 이들에 대한 파견은 제대로 이루어지지 못한 채 시간만 끌었다.[86] 군정부 측의 평화회의 대표 파견이 지지부진한 채 시간을 끈 이유는 크게 두 가지로 짐작된다.

첫째는 종전 이후의 평화회의에서 중국이 어느 정도의 발언권을 가질지 분명하지 않은 상황에서, 다시 말하면 평화회의의 주도 세력인 열강이 중국의 국제적 지위 자체를 어떻게 결정할지가 미지수인 상황에서 중국대표단을 어느 규모로 어떻게 꾸릴 것인지를 제대로 거론하기 어려웠기 때문이다. 미국이 제1차세계대전에 참전한 직후인 1917년 8월에 독일과 오스트리아에 선전포고하면서 협약국에 가담할 것을 공식 선포했던 베이징정부는 처음부터 참전은 하되 전투는 하지 않는다는 소극적인 자세를 보였다.[87] 이는 미국의 참전으로 협약국의 승리가 예상되는 상황에서, 중국에 우호적 입장을 표명한다고 보았던 미국과 연대하여 종전 이후에 외교적 실리를 얻으려는 입장 때문이었다.[88] 이런 까닭에 협약국들 사이에서는 물론 중국 내에서조차 종전 후의 평화회의에서 중국이 어느 정도의 발언권

을 얻을 것인가를 두고 우려하는 목소리가 나왔다.[89]

둘째는 당시 중국의 정치 상황이 서남세력을 기반으로 한 남방 군정부와 베이징정부로 분열되어, 통일된 중국대표단을 만드는 문제를 풀기 어려웠기 때문이다. 특히 남방 군정부로서는 국제적 승인을 받기 어려운 현실적 여건 때문에 베이징정부와 대등한 대표 파견을 보장받기 어려운 상황임을 인정하지 않을 수 없었다.[90] 뿐만 아니라 당시 남방 군정부는 베이징정부가 중화민국 성립 당초의 임시헌법(임시약법臨時約法)을 어긴 불법정권이라고 규정하고 베이징정부 타도를 주장하는 이른바 호법운동護法運動을 전개하고 있었는데, 이 운동도 남방 군정부가 베이징정부의 참전 결정을 반대하기 위해 일으킨 것이라는 주장이 제기되었을 만큼[91] 군정부는 평화회의 참여 자체나 지분 확보에 처음부터 어려움을 겪었다. 베이징정부 측은 제1차세계대전 종전 직후인 1918년 11월 중순부터 곧이어 개최될 파리평화회의에 파견할 중국대표단 구성 문제를 논의했다.[92] 그 과정에서 미국 등 일부 외교단의 요구에 따라 군정부 대표를 포함하는 문제가 검토되기 시작했다. 그 결과 중국대표단의 단장을 맡게 된 베이징정부 외교총장 루정샹陸徵祥이 왕정팅을 군정부 대표로 대표단에 포함시키는 방안을 처음부터 받아들이기는 했으나,[93] 대표단 구성을 둘러싼 베이징정부와 군정부의 이러한 논쟁이 파리평화회의 대표단 구성을 지연시킨 중요한 요인이었음은 분명한 사실이다.

남방 군정부가 왕징웨이를 평화회의 대표로 지명하려 한 이유는, 그가 신해혁명 이후 세 차례나 프랑스에 외유했기 때문에[94] 프랑스를 비롯한 유럽의 사정에 대해 누구보다도 많은 지식과 정보를 가지고 있다고 여겨졌으며, 당시 군정부 내에서 상당한 신망을 얻고 있었기 때문으로 생각된다.

왕징웨이 일행은 베이징정부 대표 루정샹이 1918년 12월 4일에[95] 베이징을 출발한 후 3달가량 지난 1919년 3월 8일에 프랑스로 떠났다. 파리평화회의는 이보다 앞서 1월 18일에 정식 개막하였으니 왕징웨이 일행은 약 1달 반가량 늦게 출발했던 것이다. 마침 왕징웨이와 동행했다는 장줘빈蔣作賓의 회고에 따르면 두 사람 외에도 베이징대학 교수 타오멍허陶孟和, 난징고등사범학교 교수 궈빙원郭秉文 등이 함께 출발했다고 하는데, 장줘빈은 왕징웨이를 포함한 세 사람의 여행 목적이 파리평화회의 참석에 있었다는 점을 부인하지 않았다.[96] 그러나 왕징웨이는 당시 자신이 남방 군정부의 대표로 파리평화회의에 참석하러 떠났다는 사실을 강하게 부정했다.[97] 그 이유는 앞에서 언급한 중국대표단 구성과 관련된 군정부 측의 현실적 어려움으로 인해 공식적인 대표 활동이 실제로는 불가능해졌기 때문이었을 것이다. 장줘빈의 회고에 따르면 왕징웨이 일행은 3월 8일 일본 여객선 춘양환春陽丸을 타고 상하이를 출발하여 같은 달 12일 일본 고베神戶에 도착했고, 13일에는 도쿄에 도착하여 며칠 동안 머문 후, 17일에 미국행 배를 탔다. 요코하마橫濱를 출발한 일행은 26일에 호놀룰루에 도착했고 4월 2일에 샌프란시스코에 도착했다. 4월 4일에는 샌프란시스코를 출발하여 기차를 타고 8일에 시카고에 도착했고, 15일 뉴욕에 도착했다.[98] 일행은 4월 23일 뉴욕을 출발하는 유럽행 배를 탄 후 5월 2일 혹은 3일경 프랑스 파리에 도착했다.[99]

4월 2일부터 23일까지 20여 일간 미국에 체류한 왕징웨이는 재미화교들의 대대적인 환영을 받았다. 왕징웨이는 이들을 대상으로 강연회를 개최하는 등의 활동을 전개했다. 이때 연설한 내용의 주제는 크게 두 가지였다. 하나는 호법운동의 시말始末과 함께 남방 군정부의 정당성을 알리는 것이었고,[100] 다른 하나는 파리평화회의를 둘러싼 외교적 상황에 관한 것이었는데, 화교들의 커다란 호응을 얻었다고 한다. 한편 왕징웨이는 미국에 체류하는 동안 파리평화회의의 진전 소식에 주목하면서 독일의 산둥이권을 일본이 승계해야 한다는 일본의 주장에 협약국들이 찬동하고 있다는 등의 소식을 광둥의 군정부에 전하고, 아울러 이에 반대하는 미국 여론의 동향을 보고하는 등의 활동을 한 것으로 확인된다.[101]

왕징웨이가 파리에 도착하기 직전인 4월 하순, 산둥 문제에 대한 평화회의의 논의는 급진전을 이루어 일본의 독일 이권 승계를 사실상 인정하는 쪽으로 흐르고 있었다. 중국대표단은 평화회의 개막 직후부터 자오저우膠州 조차지와 자오저우철로를 비롯하여 산둥 지역에서 독일이 가지고 있던 모든 이권을 중국이 돌려받아야 한다는 주장을 거듭 제기하고, 일본의 부당한 간섭과 침략 의도를 밝히기 위해 그동안 맺은 중일 간의 밀약을 공개하는 등 산둥 이권을 회수하기 위해 적극 노력했다. 그러나 영국과 프랑스를 비롯한 협약국들은 일본과의 사전교섭을 이유로 일본의 주장을 편드는 상황이었다. 특히 중국의 입장을 지지해주던 '우방'으로서 중국인들의 기대를 한 몸에 모은 미국이 산둥을 협약국의 공동지배 아래 둘 것을 제안했다. 영국과 프랑스의 일본 편들기와, 일본의 21개조 요구를 비롯한 그간의 중일 간 밀약의 합법성을 인정하는 입장에 선 것이다. 미국이 사실상 산둥 이권의 중국 환수를 부정하자 중국으로서는 더 이상 기댈 곳조차 없는 상황에 몰리게 되었다.[102] 뿐만 아니라 1919년 4월 24일 이탈리아가 회의 과정에서 불만을 이유로 이탈하자 일본 측도 자신들의 이탈 가능성을 시사하며 협약국들을 압박했다. 결국 4월 30일 영국과 미국, 프랑스가 3국 수뇌회의에서 독일의 산둥 이권을 모두 일본에 승계한다는 결정을 내렸고, 5월 1일에 이를 중국대표단에게 구두로 통보했다.

왕징웨이가 파리에 도착한 5월 2, 3일 전후는 바로 영국과 미국, 프랑스 3국이 일본의 주장을 승인하기로 최종 결정을 내린 직후였다. 따라서 당시 파리평화회의를 참관하기 위해 파리에 온 중국 인사들은[103] 물론 파리의 유학생과 화교 들 사이에서도 일본의 부당한 요구와 평화회의의 부당한 결정에 대한 비판 여론이 들끓기 시작했다. 신해혁명 직후인 1912년 5

1919년 5월 파리에서 평화회의와 관련된 '국민외교' 활동에 참여하고 있는 왕징웨이(서 있는 사람들 중 왼쪽에서 세 번째).

월 말, '열심히 일하면서 열심히 공부하는〔勤功儉學〕' 것을 목표로 내세운 프랑스 유학운동인 근공검학운동이[104] 발기 조직되었다. 그 과정에서 파리에 설립되었던 화법교육회華法教育會를 중심으로 평화회의에 대한 유학생들의 여론이 결집되었다. 화법교육회를 통해 나타난 당시 분위기를 보면,[105] 일본의 산둥 이권 승계 결정이 파리의 중국인들을 격앙케 만들기에 충분했음을 알 수 있다.

왕징웨이의 활동은, 연설이나 글을 통해 파리평화회의에 대한 여론을 환기하고 중국대표단의 활동에 어떤 식으로든 영향력을 행사하는 데 집중되었다.[106] 1919년 7월 초 상하이의 『민국일보民國日報』에 뒤늦게 실린 보도 기사에 따르면, 왕징웨이는 5월 초 파리에 도착한 후 거의 매일 연설회에 참석하는 등 매우 바쁜 일정을 보냈다고 한다. 예컨대 5월 5일에는 화평촉진회가 주최한 연설회에 초청을 받고 참석하여 베이징정부의 외교 실패를 비판하는 연설을 했고,[107] 5월 9일에도 화평촉진회가 주최한 국치일國恥日 기념 집회에 참석하여 산둥 문제 결정을 비판하는 연설을 한 사실이[108] 확인된다. 뿐만 아니라 그는 프랑스에 장기 체류하면서 국제적 여론 진작을 통한 '국민외교'를 펼치고 중문 잡지와 프랑스어판 일간지 창간을 계획하는 등 장기적인 활동 계획까지 세웠던 것으로 알려졌다.[109]

중국 내에서도 국민적 저항이 번지던 5월 6일, 파리평화회의에서 전체회의가 열리고 산둥반도 이권의 일본 승계를 포함한 대독일강화조약, 즉 베르사유조약의 초안이 발표되었다. 루정샹을 비롯한 중국대표단은 대독일강화조약을 승인할 수 없다며 최종 서명을 보류한 채 재의를 요청했으나 받아들여지지 않았다. 오히려 파리평화회의 측은 중국대표단이 제기한 영사재판권 철폐, 조차지 환수, 불평등조약 철폐 등의 요구는 평화회의가 다루는 범위를 넘는 사안이라고 중국대표단에게 통보했다.[110] 베이징정부 내에서는 대독일강화조약 서명 여부를 둘러싸고 찬반 논쟁이 벌어졌으나[111] 결국 서명하는 것으로 가닥이 잡혔다. 그러나 이에 대한 국민적 저항이 다시 한 번 크게 일어나 6월 3일 이후 전국적 시위와 시민적 거부운동인 파과罷課(동맹휴업), 파업罷業, 파시罷市(상인 철시)의 삼파투쟁三罷鬪爭으로 확산되었다.

파리의 중국인들도 중국대표단의 대독일강화조약 서명을 반대하는 시위운동을 전개했다.[112] 왕징웨이는 바로 이 서명 저지운동의 중심에 서 있었다. 파리의 중국인 유학생들과 노동자들은 왕징웨이가 도착하기 전부터 화법교육회, 화평촉진회 등의 조직을 중심으로 강연회를 개최하는 등의 조직적 활동을 벌였는데, 6월 중순에 대독일강화조약에 대한 서명 문제가 현안으로 떠오르자 이에 대한 저지 운동을 본격화했다. 특히 대독일강화조약의 서명 날짜로 예정된 6월 28일을 전후하여 중국대표단의 숙소를 포위하고 서명 거부를 요구하며 시위를 벌인 사건은 서명 저지운동의 정점이 되었다.[113] 왕징웨이가 이 시위에 직접 참가했는지에 관해서는 분명한 증거가 없지만, 시위를 주도했다고 알려진 정위슈鄭毓秀와 함께 왕징웨이가 가장 중요한 역할을 했다는 당시 보도로[114] 보아 그가 이 운동에 상당한 영향력을 행사한 것은 분명한 듯하다.

물론 이러한 강화조약 서명 거부 운동이, 실제로 중국대표단이 서명 거부를 결정하는 데 어느 정도의 영향을 미쳤는지를 확인하기는 어렵다. 당시 중국대표단의 일원이었던 구웨이쥔顧維鈞의 주장에 따르면, 대표단은 강화조약 서명을 거부하는 데는 의견이 일치했으나 최종적으로는 베이징 정부의 훈령을 기다릴 수밖에 없었고, 서명을 거부하라는 베이징의 훈령 전문이 늦게 도착하는 바람에 중국대표가 서명장에 가지 못함으로써 결과적으로 서명 거부가 되었다고 한다.[115] 그러나 여러 정황을 살펴보면 베이징당국의 기본 방침은 어디까지나 강화조약에 서명한다는 쪽이었다. 이후 중국에서 국민적 저항, 즉 5·4운동이 치열하게 전개되자 정치적 고려로 인하여 결국 서명을 미루었고 최종적으로는 거부하는 상황에 이르렀다고 볼 수 있다. 이 점에서 보면 중국 내에서 일어난 5·4운동과 마찬가지로 왕징웨이가 중심이 된 파리의 서명 반대 운동 또한 중국대표단의 서명 거부에 상당한 영향을 미쳤으리라는 추측이 가능하다.

3. 국제 인식의 변화와 반제민족주의 형성

(1) 평화회의와 국제연맹에 대한 이해

왕징웨이는 파리평화회의가 마무리된 후인 9월 하순에 귀국길에 올랐다. 그는 지중해, 인도양을 거쳐[116] 11월 7일에 홍콩에 도착하였고, 이어서 11월 11일 상하이에 도착했다.[117] 이후 다시 광저우로 간 그는 11월 26일에 열린 국회에서 이번 유럽행의 결과를 최종 보고함으로써 파리평화회의에 관한 활동을 매듭지었다.

왕징웨이는 국회 보고에서, 유럽에 건너간 이유는 군정부를 대표하는 공식적 임무 때문이 아니라 이전에 프랑스에 있을 때 차이위안페이蔡元培, 리스쩡 등과 함께 만든 화법교육회를 재정비하기 위해서였다고 밝혔다. 그리고 "차제에 평화회의와 관련된 활동을 하게 되었으나 평화회의 외에 유럽인들에게 주장하고자 한 것은 두 가지였는데, 하나는 남방정부 호법운동의 정당성을 알리는 것이었고, 다른 하나는 일본의 중국 침략을 비롯한 아시아의 형세를 알리는 것이었다"라고 언급했다. 또한 그는 "베이징정부가 남방정부의 호법운동을 비난하면서 베이징정부의 참전〔독일에 대한 선전포고〕에 반대하기 위하여 일으킨 전쟁이라고 주장하고 있는데, 유럽인들에게 이는 사실이 아님을 널리 알릴 필요가 있다"라고 주장하고, 나아가 "호법의 목적은 베이징정부라는 강권強權을 물리치고 〔약법의 수호라는〕 공리公理를 신장하는 것이기 때문에, 호법운동은 이번 유럽전쟁〔제1차세계대전〕이 강권에 대한 공리의 전쟁이라는 것과 마찬가지의 의미를 가진다"라고 말했다.[118] 군벌정권인 베이징정부의 강권적 통치에 반대하여 일어난 남방 군정부야말로 제1차세계대전에서 승리한 협약국과 뜻을 같이하는 정권이니, 전승국인 협약국들은 당연히 남방정부를 승인하고 지지해야 한다는 주장이었다.

제1차세계대전을 강권에 대한 공리의 전쟁, 혹은 군국주의에 대한 민주주의의 전쟁이라고 본 것은 당시 중국 지식인들이 널리 가지고 있던 세계인식이다. 예컨대 5·4운동의 선구자라고 할 수 있는 천두슈陳獨秀는 제1차세계대전이 발발하자 이 전쟁을 제국주의와 자유주의의 전쟁이라고 규정했다. 그는 독일을 제국주의의 대표로, 프랑스를 자유주의의 대표로 구분하면서 결국 프랑스 중심의 자유주의가 독일 중심의 제국주의에 승리할 것이라고 봤다. 나아가 천두슈는 영국, 미국, 프랑스 등의 협약국을 공리의 화신으로, 독일과 오스트리아 등의 동맹국을 강권의 화신으로 표현하면서 동맹국에 대한 협약국의 승리를 "공리가 강권을 이긴 것"이라고 주장했다.[119] 왕징웨이 역시, 전쟁의 결과로 야만 전제적인 러시아와 개명 전제적인 독일이 모두 소멸하고 민주사조가 크게 일어났다고[120] 평가했다. 협약국의 승리는 전제와 제국주의에 대한 민주주의의 승리라는 주장이었다.

제1차세계대전에 대한 이러한 이해는, 이 전쟁이 제국주의 열강 간의 전쟁이었다는 관점에서 본다면 매우 편파적이고 부정확하다. 독일과 오스트리아 중심의 패전국, 즉 동맹국이나, 영국·미국·프랑스 중심의 전승국, 즉 협약국 모두 제국주의 열강이고, 이들 간의 식민지 쟁탈을 둘러싼 전쟁이 제1차세계대전이라고 본다면 동맹국을 강권으로, 협약국을 공리로 보는 관점은 설 자리가 없게 된다. 즉, 제1차세계대전을 강권에 대한 공리의 승리로 보는 입장은 제국주의 자체에 대한 이해가 전적으로 결여되었음을 잘 보여주고 있는 것이다.[121]

또한 파리평화회의 결과, 공리와 민주주의의 화신이라고 인식된 협약국들이 일본의 산둥 이권 승계 요구를 승인한 사태는 공리로서 협약국에 대한 기대가 더 이상 불가능하다는 사실을 드러낸 것이었다. 왕징웨이도 1919년 5월 9일 파리에서 열린 국치일 기념 강연회에서 평화회의의 조처가 부당하다는 점을 누구보다 강조했다.[122] 당시 그는 평화회의에서 중국의 외교가 실패한 원인으로 두 가지를 들었다. 하나는 전제적인 베이징정부가 일본과 사전에 밀약을 맺음으로써 국익을 팔아먹었기 때문이고, 다른 하나는 협약국들이 일본과의 사전 협의 등을 이유로 일본의 요구를 받아들였기 때문이었다. 베이징정부에 대한 비판은 앞에서 언급한 호법운동의 정당성에 대한 주장과 궤를 같이하는 것으로서 베이징정권을 강권과 전제주의로 파악해야 한다는 주장이었다. 그렇다면 왕징웨이는 공리의 화신이라고 믿었던 협약국들의 배반적인 변화를 어떻게 이해했을까?

눈에 띄는 부분은, 협약국들이 공리를 저버리고 일본의 강권을 편든 것에 대하여 왕징웨이가 협약국들을 정면으로 비난하기보다는 관대하게 이해하는 입장을 취했다는 점이다. 즉, 그는 파리평화회의에서 공리가 지켜지지 못한 일은 구미 각국이 전쟁의 참화를 겪으며 공리보다는 국익을 앞세우는 보수적 성향으로 돌아섰기 때문에 일어났으며,[123] 따라서 시간이 지나 영국이나 미국이 "원래의 모습"을 회복하면 상황이 개선될 것이라고 낙관적으로 전망했다. 이를테면 공리의 화신으로 보았던 영국, 미국, 프랑스의 '배신행위'를 정면으로 비판하기보다는 이들의 변신이 일시적 현상에 불과하다는 식으로 받아들이며 기왕의 호의적 평가를 유지한 셈이다.

공리, 곧 협약국에 대한 신뢰 가운데서도 미국에 대한 중국인들의 신뢰는 상대적으로 매우 컸다. 주지하듯이 파리평화회의 참가 이전부터 중국인들은 미국을 자신들을 도울 수 있는 '진정한 우방'으로 받아들였다. 특히 미국의 윌슨Thomas Woodrow Wilson 대통령이 주창한 14개조 평화원칙, 그중에서도 "민족자결의 원칙"은 중국인들뿐만 아니라 세계의 식민지 약소민족들에게 미국의 도덕적 외교에 대한 환상을 가져다주었다.[124] 이 시기 왕징웨이 역시 미국에 대단한 신뢰를 품었으며, "현재 미국만이 중국을 도울 수 있는 유일한 나라"라고 주장했다. 심지어 파리평화회의 후반에 미국이 일본의 요구를 받아들이는 쪽으로 입장을 바꾸며 중국에 대한 지지를 철회하였음에도 불구하고 그는 "미국이 현재는 부득이한 사정으로 중국을 돕지 못하지만 이후에는 미국이 제출한 공정한 주장이 받아들여질 날이 올 것이다"라는[125] 기대를 버리지 않았다. 요컨대 공리를 저버린 협약국들에 대한 기대를 포기하지 않고, 특히 미국에 대한 신뢰와 기대를 그대로 유지한 점은, 그의 제국주의 혹은 제국주의 열강에 대한 이해가 얼마나 허술했는지를 단적으로 보여준다.

물론 왕징웨이가 모든 협약국을 긍정적으로 평가한 것은 아니다. 협약국의 일원인 일본에 대한 그의 평가는 엄정했다. 일본에 대한 그의 인식은 평화회의 기간에 파리에서 쓴 장문의 논설인 「파리평화회의와 중일문제〔巴黎和議與中日問題〕」라는 글에 가장 잘 드러나 있다.[126] 여기서 그는 일본의 중국 침략을 시기별로 자세히 서술하고, 그 근원이 일본의 군국주의 및 제국주의 체제임을 분명히 지적했다. 뿐만 아니라 그는 독일이 서양을 무력으로 제패한 것처럼 일본도 동양을 무력으로 제패했다고 주장함으로써, 일본이 협약국의 일원임에도 불구하고 독일과 마찬가지의 패자覇者, 곧 군국주의라는 딱지를 붙였다.[127] 그럼에도 불구하고 일본 제국주의에 대한 이러한 인식이 같은 협약국인 영국, 미국, 프랑스 등의 서구 열강에까지 미치지 않은 점은, 그의 제국주의 인식 혹은 반제 인식이 불철저할 뿐만 아니라 커다란 내면적 모순을 가지고 있었음을 드러낸다.

한편 미국을 위시한 협약국들에 대한 왕징웨이의 긍정적 이해는 파리평화회의 이후 새로운 세계체제로 제시된 국제연맹League of Nations에 대한 기대로 이어졌다. 즉, 그는 전술한 1919년 11월 말의 국회 보고에서, 중국 대표단이 파리평화회의에서 주장한 일본의 21개조에 대한 취소, (협정)관세 개정, 영사재판권 철폐, 조차지 취소 등은 회의의 결정 범위를 벗어난 것이긴 하지만 그 연구의 가치만은 인정받았다고 언급하고, 이 같은 문제들은 앞으로 국제연맹이 구성되고 집행부가 만들어지면 거기서 해결되도록 기다려야 한다고 주장했다. 또한 그는, 파리평화회의와 마찬가지로 국제연맹 또한 중국 문제 해결에 도움이 되지 않을 것이라는 일부의 관측을 일축하면서 "국제연맹이 얼마나 효력이 있을지에 대하여 많은 비판이 제기되고 있으나, 그럼에도 불구하고 중국으로서는 국제연맹에 주의와 기대를 가져야 한다"라고 주장했다.[128] 국회 보고 이후 두 달이 지난 1920년 1월 말에도 왕징웨이는, 국제연맹에 미국이 가입하지 않음으로써 실질적인 역할을 기대하기 어렵다는 주장들을 일일이 반박했다. 그는 명실상부한 국제연맹이 된다면 미국도 반드시 가입할 것이라고 낙관하는 한편 산둥 문제의 유일한 해결책은 중국이 일본의 직접 교섭 요구를 받아들이지 않고 국제연맹에 호소하는 것이며, 국제연맹은 이를 받아들여 산둥 문제에 대하여 반드시 공평한 판단을 내릴 것이라고 주장했다.[129]

파리평화회의에 대한 실망에도 불구하고 왕징웨이가 협약국들의 잘못된 결정은 일시적인 현상이므로 다시 공리를 기대할 수 있을 것이라고 본 것은, 전쟁과 침략으로 얼룩진 당시 국제관계에 대한 충분한 이해를 결여하여 제국주의 열강이 지배하는 약육강식의 국제관계를 지나치게 낙관적으로 해석한 결과였다.

물론 파리평화회의와 국제연맹의 성립 자체에 제1차세계대전 종전 이후 팽배했던 국제 평화에 대한 낙관론과 이상주의가 바탕이 되었다는 점에서[130] 본다면 왕징웨이의 이러한 낙관론도 1910년대 말 국제적 이상주의 시대의 산물 중 하나였다.

(2) 무정부주의, 호조론의 영향과 반제 인식의 한계

국제평화에 대한 왕징웨이의 낙관주의의 근저에는 상호쟁탈보다는 상호부조와 공존주의共存主義를 강조하는 호조론互助論의 영향이 강하게 자리잡고 있었다. 그에 따르면 인류사회의 진화는 경쟁으로부터 호조로 나아가는 것이 정도正道였다. 그는 제1차세계대전은 인류 생존경쟁의 결과물이지만 전쟁이 끝나자 다시 인류공존주의가 생존경쟁 대신 일어나게 되었다고 보았다. 즉, 제1차세계대전으로 인해 파리평화회의라는 공존주의가 나타났으며, 이 회의로 인해 국제연맹이 일어나게 되었으니, 비록 국제연맹이 인류공존주의의 전형은 아니지만 맹아로 볼 수 있다고 주장했다.[131]

인류사회의 진화 과정이나 국제정치를 경쟁이 아닌 호조의 입장에서 보는 이러한 관점은, 러시아의 무정부주의자 크로폿킨Pyotr Alekseevich Kropotkin이 주장한 호조론의 영향을 그대로 나타낸다. 호조론이 중심이 된 크로폿킨의 사상에 대한 소개와 수용은, 중국 최초의 본격적인 무정부 운동 그룹이라고 할 수 있는 파리의 신세기新世紀 그룹이 1907년 전후부터 주도했다.[132] 리스쩡 중심의 신세기 그룹과 왕징웨이는 1910년 초부터 직접적으로 교류하기 시작했다.[133] 당시 신세기 그룹의 일원이었고 왕징웨이와도 친밀한 관계였던 차이위안페이는 "1906년 리스쩡이 크로폿킨의 호조론을 소개한 이래 〔중국 사상계에〕 커다란 영향을 미치게 되었다. 리스쩡과 함께 활동하던 우즈후이, 장지, 왕징웨이 등이 그 후부터 지금까지 도처에서 호조와 자유를 주장하고 있는데, 이는 모두 잡지 『신세기』에서 시작된 일이다"라고[134] 회고했다. 말하자면 왕징웨이가 크로폿킨의 영향을 받은 것은 『신세기』 간행 시기, 곧 신해혁명 이전이 분명하다.

크로폿킨의 호조론이 왕징웨이에게 미친 직접적인 영향은, 그가 프랑스에서 활동하고 있던 1916년에 쓴 문장에서 처음으로 드러난다. 1915년 말 프랑스로 세 번째 외유를 떠난 왕징웨이는 차이위안페이, 리스쩡, 우위장吳玉章, 우즈후이 등과 함께 화법교육회를 발기 조직하고 중국인 노동자의 프랑스 유학을 주선하는 활동을 벌이는 한편[135] 『여구잡지旅歐雜誌』라는 평론지를 창간하여 편집했다. 왕징웨이는 『여구잡지』에 실린 한 논설에서 국가의 관념에 대하여 언급하며 "국가의 존재는 호조를 바탕으로 하는 것이다"라고 주장하는 한편 "현재의 국가는 세계주의, 곧 공존주의로 나아가는 하나의 과도기다"라고 말했다.[136] 국가에 대한 이러한 이해는, 경쟁과 적자생존을 기반으로 하는 스펜서Herbert Spencer류의 사회진화론적 국가관을 정면으로 반박하는 것으로, 상호부조와 공존이 (국가) 진화의 기본적 요인이라는 크로폿킨의 상호부조론이 바탕에 깔려 있다.

크로폿킨의 호조론은, 경쟁과 적자생존이 바탕이 된 스펜서의 사회진화

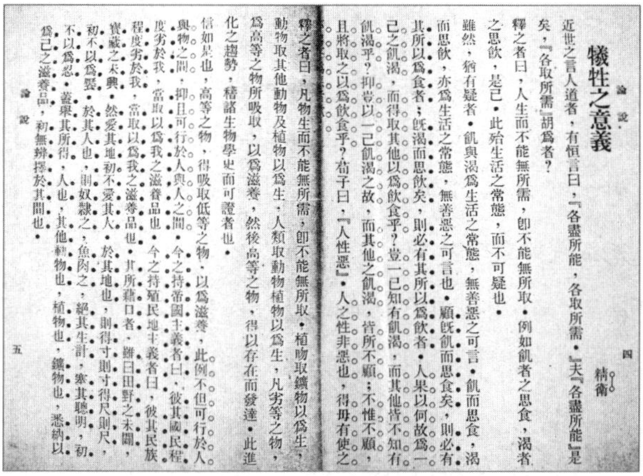

論說 四

犧牲之意義

精衛

近世之言人道者，有恒言曰，『各盡所能，各取所需。』夫『各盡所能』是矣，『各取所需』胡爲者？

釋之者曰，人生而不能無所需，卽不能無所取。例如飢者之思食，渴者之思飲，是已。此殆生活之常態，而不可疑也。

雖然，猶有疑者。飢與渴爲生活之常態，無善惡之可言。飢而思食，渴而思飲，亦爲生活之常態，無善惡之可言也。顧既飢而思食矣，則必有其所以爲食者；既渴而思飲矣，則必有其所以爲飲者。人果以何故爲一己之飢渴，而得取其他以爲飲食乎？豈一已知有飢渴，而其他皆不知有飢渴乎？抑豈以一己飢渴之故，而其他之飢渴，皆所不顧；不惟不顧，且將取之以爲飲食乎？荀子曰，『人性惡』。人之性非惡也，得毋有使之

釋之者曰，凡物生而不能無所需，卽不能無所取。植物取鑛物以爲生，動物取其他動物及植物以爲生，人類取動物植物以爲生，凡劣等之物，爲高等之物所吸取，以爲滋養，然後高等之物，得以存在而發達。此進化之趨勢，稽諸生物學史而可證者也。

信如是也，高等之物，得吸取低等之物，以爲滋養，此例不但可行於人與物之間，抑且可行於人與人之間。今之持帝國主義者曰，彼其國民程度劣於我，當取以爲我之滋養品也。今之持殖民地主義者曰，彼其民族程度劣於我，當取以爲我之滋養品也。其所藉口者，雖曰田野之未闢，寶藏之未興，然愛其地初不愛其人。於其地也，則得寸則寸，得尺則尺，初不以爲饜。於其人也，則奴隸之，魚肉之，絕其生計，塞其聰明，初不以爲忍。蓋舉其所得，人也，其他動物也，植物也，鑛物也，悉納以爲己之滋養品，初無辨擇於其間也。

論說 五

1916년 10월『여구잡지』에 실린 왕징웨이의 논설「희생의 의의」.

론에 대한 비판에서 출발하여 자연계의 진화나 인간사회의 발전 과정에서 경쟁이라는 측면보다는 상호부조의 원리를 더욱 강조했다. 따라서 경쟁 원리의 결과인 자본주의나 제국주의를 비판하는 관점과 국제적 민중연대라는 반제의 논리를 제공하기도 했다.[137] 그러나 왕징웨이의 경우처럼 오히려 국제적 공조에 대한 지나친 낙관론으로 연결되면서 결국 제국주의에 대한 정확한 이해를 방해하는 요소로도 작용하였음을 인정해야 한다.

이러한 낙관론은[138] 그에게 약육강식의 국제정치 판도에 대한 실제적 이해를 방해하는 부정적 영향을 미쳤을 뿐 아니라 제국주의 열강의 본질을 제대로 이해하지 못하게 만드는 결정적 요인이 되었다.

4. 반제 인식의 형성과 그 한계

이상의 논의를 요약하면 다음과 같다. 파리평화회의가 시작된 지 한 달 반 뒤인 1919년 3월 8일 왕징웨이가 파리로 떠난 이유는 평화회의에 대표로 참가하기 위해서가 아니었다. 1918년 11월 말부터 시작된 중국대표단 구성을 둘러싼 논란에서 나타난 것처럼 중국대표단 전체에 주어진 인원수가 2명으로 제한된 상황에서 지방정권으로 치부당했던 호법정부의 실질적인 공식 대표 참여 자체를 기대하기 어려웠기 때문이다. 즉, 왕징웨이가 대표단의 일원으로 평화회의에 참석하는 것을 기대하기란 처음부터 불가능한 형편이었다. 따라서 왕징웨이의 파리행은 처음부터 현지에서 평화회의를 관찰하고 중국대표단의 활동을 감시하며 파리의 화교와 유학생 들 사이에서 여론을 진작하는 등의 이른바 '국민외교' 활동이 목적이었다.

실제로 1919년 5월 초부터 9월 말까지 왕징웨이가 파리에서 벌인 활동은 '국민외교'에 초점이 맞추어졌다. 그는 거의 매일 중국인들의 집회 혹은 외국인들과 연대한 대중집회에 참석하여 연설을 했고, 일본의 산둥 이권 요구의 불법성을 강조하는 글을 발표하는 등의 언론활동에 진력했다. 이때 그는 일본의 산둥 이권 요구를 일본 제국주의의 만행으로 규정하고, 이러한 만행을 거부하지 못하는 베이징정부의 친일정책을 비판하는 한편 파리평화회의의 강화조약을 거부할 것을 주장했다. 왕징웨이의 이러한 활동은 곧이어 중국 국내에서 전개된 5·4운동의 반일(반제) 시위운동으로 이어졌으니, 이 점에서 파리평화회의에서 펼쳐진 시위운동은 5·4운동의 시발점이라고 할 수 있다. 따라서 왕징웨이는 5·4운동에 앞서 분명한 반제 인식을 가지고 있었으며, 이러한 인식이 중국의 5·4운동 발생에 일정한 영향을 미쳤다고 볼 수 있다.

그럼에도 불구하고 이 시기 왕징웨이의 반제 인식에는 결정적인 한계가 있었다. 파리평화회의 전후에 표출된 그의 연설이나 문장에 나타난 국제관은 매우 낙관적으로 협약국의 공리를 믿고 있었다. 파리평화회의 이전부터 협약국의 승리를 "강권에 대한 공리의 승리", "군국주의에 대한 민주주의의 승리"로 규정했던 그는 평화회의에서 산둥반도의 독일 이권이 협약국들의 승인 아래 일본에 승계되는 '배신'을 당한 후에도 미국과 영국, 프랑스로 대표되는 협약국에 대한 신뢰를 버리지 않았다. 대신 그는, 협약국들이 공리를 저버린 것은 일시적인 사정 때문이며, 협약국들의 상황이 정상적인 상태로 돌아오면 결국 공리가 회복될 것이라는 기대를 그대로 유지했다.

또한 왕징웨이는 국제연맹이 성립된 이후 미국이 불참하여 운영이 순조롭지 못할 것이라는 관측이 지배적인 시점에도, 미국의 국제연맹 가입과 국제연맹을 통한 중국 문제의 순리적 해결을 낙관하는 견해를 고수했다. 이러한 낙관론의 저변에는 인류사회의 진화에서 경쟁이 아닌 호조를 강조하며 인류공존주의의 발전에 희망을 건 크로폿킨 호조론의 영향이 강하게 자리 잡고 있었다. 왕징웨이에 대한 크로폿킨 사상의 영향은 신해혁명 이전인 1906년 파리에서 간행되기 시작한 무정부주의 잡지 『신세기』에서 비롯되었다.

제1차세계대전과 파리평화회의를 겪은 왕징웨이는 일본에 대한 인식에 나타난 것처럼 중국의 대외적 독립을 현저히 구속하는 제국주의와 그에 대한 저항의 필요성을 절감하고 반제 인식을 가지기에 이르렀다. 그러나 그가 공리라고 본 제1차세계대전의 협약국들에 대한 기대를 끝까지 유지하고 국제연맹에 대한 기대가 강했던 점에서 표출되었듯이 그의 반제 인식에는 상당한 한계와 모순 또한 내재했다.

제2편

반제민족주의의 전개

Ⅰ. 국민혁명 시기 왕징웨이와 장제스의 권력투쟁과 좌파 지도자 왕징웨이의 권력 한계

1. 왕징웨이, 장제스, 반제민족주의

20세기 전반의 현대 중국 정치사에서 가장 중심적인 지도자로 장제스와 왕징웨이를 꼽는 데는 이의가 있을 수 없다. 장제스와 왕징웨이는 쑨원의 심복으로서 정치적 입지를 굳혔고, 이러한 측면에서 가장 가까운 동지였지만 쑨원이 세상을 떠난 후에는 가장 격렬히 대립하는 정치적 숙적이 되었다. 두 인물의 정치적 관계는 국민당정권과 현대 중국 정치사를 이해하는 데 매우 중요하기 때문에 기존의 연구들 중에도 이들의 관계에 대한 내용이 적지 않다.[1]

장제스에게 국민혁명 시기는 황푸군관학교黃埔軍官學校와 국민혁명군을 기반으로 군권을 장악하는 동시에 이를 기반으로 당권과 정권을 장악해가는 과정이었다. 즉, 국민혁명 시기는 장제스의 군사적, 정치적 대두 과정에 해당하는데,[2] 그가 이때 맞닥뜨리게 된 가장 커다란 경쟁 상대가 바로 왕징웨이였던 것이다. 마찬가지로 쑨원이 세상을 떠난 후 그의 정치적 계승자를 자임한 왕징웨이에게도[3] 정치권력의 가장 중요한 기반인 군권을 장악한 장제스가 최대 적수가 되었다. 장제스가 대두하는 데 결정적인 전기가 된 1926년 3월 20일의 이른바 중산함사건中山艦事件은 반대로 왕징웨이의 정치적 권위가 완전히 추락하는 계기가 되었다. 이 사건이 일어난 후 권력 기반을 잃은 왕징웨이는 당분간 정계를 떠나 신병 치료를 이유로 유럽 외유를 떠나야 했다. 이처럼 국민혁명 시기 두 인물의 관계는 당시의 정치적 과정을 설명하는 데 필요불가결한 대목이다.

이 장에서는 국민혁명 시기 장제스와 왕징웨이 관계의 내면을 가장 잘 보여주는 중산함사건과 이후 왕징웨이의 외유와 그 원인, 북벌 개시 이후 북벌의 주도권을 둘러싼 정치적 대립에서 제기된 일종의 반反장제스운동인 이른바 왕징웨이 복직 청원 운동, 곧 영왕운동迎汪運動과 이에 대한 장제스와 왕징웨이의 대응을 논의할 것이다. 그리고 영왕운동의 결과 4·12 사건 직전인 1927년 4월 초 유럽에서 상하이로 돌아온 왕징웨이와 장제스가 벌인 이른바 상하이 담판의 전후 과정을 자세히 추적하려 한다.

이를 통하여 국민혁명뿐 아니라 그 후의 중일전쟁기까지 중국 정치계의 중요한 맥락 중 하나가 되는 장제스와 왕징웨이 관계의 기본 구조와 성격을 규명할 것이다. 또한 그 구조 속에서 좌파의 지도자 왕징웨이가 처한 실제적 정치현실과 권력적 한계에 접근하려 한다. 이를 통해, 이 책의 주요 논점인 중국 현대 민족주의의 전개 과정 중 특히 반제 실천이 큰 의미를 지녔던 국민혁명 시기에 반제 실천의 최전선에 있었던 국민당 좌파와 왕징웨이의 현실적 정치 여건이 그들의 반제 실천에 어떠한 걸림돌로 작용했는지 살필 것이다. 이 장은 바로 다음 장의 주제인 국민혁명 시기 왕징웨이의 반제 인식과 반제 실천의 문제에 접근하는 배경적 고찰에 해당한다.

2. 왕징웨이와 장제스의 권력투쟁, 중산함사건

(1) 중산함사건, 그리고 왕징웨이와 장제스의 관계

1926년 3월 20일에 일어난 중산함사건을 이해하기 위해 가장 먼저 필요한 것은 사건의 정확한 경위와 주모자 및 원인에 대한 규명이다. 그러나 이 사건의 주모자와 원인은 현재까지도 분명히 가려지지 않았다. 기존의 연구들도 주모자와 원인을 규명하는 작업에 많은 비중을 두었다.[4] 최근 관련 당안檔案 자료들이 공개되면서 사건의 실상에 상당히 근접했으나, 이론의 여지가 없어졌다고 말하기는 어려운 상황이다.

사건의 원인에 대한 기존 연구들의 견해는 대개 두세 가지로 상반된다. 하나는 공산당이나 소련 측의 음모설로, 공산당 측이 장제스를 납치하여 소련으로 축출하려는 음모를 꾸몄는데, 장제스가 미리 알아차리고 공산당과 소련인 고문들에 대한 군사적 제재 조치를 감행하였다는 것이다.[5] 또 하나는 장제스 혹은 반공 우파의 음모설로, 쑨원 사후 본격적으로 득세하고 있던 공산당과 소련인 고문들의 기세를 저지하기 위해 장제스가 처음부터 면밀하게 계획한 군사쿠데타를 일으켰다는 것이다.[6] 다른 한편으로 쑨원주의학회孫文主義學會를 중심으로 한 반공 우파들이 장제스로 하여금 공산세력의 득세에 반감과 불안을 느끼도록 유도하던 도중에 마침 중산함의 이동을 둘러싸고 장제스가 돌발적인 군사행동을 일으키게 되었다는 설명도[7] 있다.

이 중 가장 설득력 있어 보이는 것은 세 번째 설명이다. 그러나 이 견해도, 어우양거歐陽格 등 쑨원주의학회의 주도적 회원들이 장제스가 중산함 이동을 자신에 대한 납치 음모로 받아들이는 데 간접적 역할을 했다는 것 외에 이들이 직접 사건을 계획하거나 주도했다는 증거 자료를 제시하지 못하고 있다. 그러므로 이 견해 역시, 공산당 측의 음모 혹은 장제스의 음모에 관한 견해처럼 엄밀한 의미에서 정황적인 증거들에 의존하는 한계가 있다.

이 글에서도 나름대로 중산함사건의 진상을 다룰 예정이다. 그러나 사건을 촉발한 주모자가 누구냐는 좁은 범위의 원인 규명 못지않게, 혹은 그보다 중요한 것은, 약간의 명령 전달 착오로 발생한 중산함 이동 사건이 왜 그렇게 확대된 양상으로 전개되어야 했는지 보다 넓은 의미의 원인과 진상을 규명하는 일이며, 이를 통하여 사건의 정치적 성격을 분명히 하는 것이다.

이를 위해 몇 가지 문제, 즉 당시 장제스의 1차적 목표였던 군사력 집중과 장악이라는 관점에서 광둥의 실제적인 군사적 역학관계를 살펴보고, 중산함사건을 장제스의 반공 쿠테타로 보도록 만드는 가장 중요한 대목인 이른바 당무정리안黨務整理案이 성립하는 과정과 그 실제적 효력, 의미를 따져봐야 한다. 또한 중산함사건 이전까지 북벌 실행 시기를 둘러싸고 치열하게 전개된 장제스와 소련인 고문들의 반목과 대립의 실상, 당시 광둥 국민정부 내의 정치적 주도권을 둘러싸고 벌어진 장제스와 왕징웨이의 합작과 대립을 살펴보고 중산함사건 후 왕징웨이가 잠적한 원인 외에 사건 후 북벌의 조기 실행이 결정되면서 나타난 이른바 총사령부체제의 성립 경위와 구조적 성격의 문제, 중산함사건 전후 시기 장제스의 이념적 지향과 굴절 등을 충분히 논의할 필요가 있다.[8]

사건의 개요는 다음과 같다. 1926년 3월 19일 오전 10시경 장제스는 대리 해군국장 리즈룽李之龍으로부터 전날(18일) 밤 군관학교가 있는 황푸섬으로 파견한 중산함을 광저우로 돌아오게 해도 되느냐는 전화를 받았다. 장제스는 이 전화를 통해 자신의 허가 없이 중산함이 광저우에서 황푸로 파견되었다는 사실을 알았다. 자신의 명령에 따라 중산함이 파견되었다는 이야기를[9] 리즈룽에게 들은 장제스는 이 일이 자신에 대한 음모라고 판단했다. 총사령부 경리처에 지휘본부를 차려 군사적 대응을 준비한 그는 밤 12시를 기해 광저우 일원에 계엄을 선포했다.[10] 또한 직속 부대인 제1군의 일부 병력과 우톄청吳鐵城 휘하의 공안(경찰)병력을 동원하여 광저우 둥산東山지역에 있는 소련인 고문들의 거처와 왕징웨이의 공관을 포위하게 하고 제1군 내의 당대표 가운데 공산당원들과 리즈룽 등을 체포 구금하며 파공위원회罷工委員會 소속 규찰대糾察隊와 중산함에 대한 무장해제를 실시하는 등의 군사적 행동을 신속히 전개했다.[11]

그렇다면 장제스가 일련의 군사적 조치를 취하는 데 직접적 계기가 된 중산함은 어떠한 경로를 통해 이동하게 되었을까? 그 과정은 다음과 같다. 3월 18일 오후 6시 반경 황푸군관학교 교통계 직원 리스융黎時雍은 교장판공청 주임 쿵칭루이孔慶叡로부터, 외양에서 상선(定安火輪) 한 척이 토비의 습격을 받았으니 순시선 한 척과 위병 16명을 속히 파견하라는 명령을 받았다. 리스융은 광저우에 있는 황푸군관학교 사무실(駐省 辦事處)에 전화로 연락하여 상선을 보호하기 위한 순시선을 파견하도록 요청했다.[12] 리스융의 전화를 받은 광저우 판사처 교통계 직원 왕쉐천王學臣은 이를 교통계장 어우양중歐楊鐘에게 보고했다. 전화 상태가 불량하여 누구의 명령인지 잘 알아듣지 못했던 왕쉐천은 교육장 덩옌다鄧演達의 명령이라고 추측하여 어우양중에게 보고하고 해군국에 교섭을 요청했는데, 이 과정에서 해군국과 교섭하면 시간이 지체될 것을 우려하여 순시선 상부룬祥富輪을 먼저 황푸로 파견했다.[13] 어우양중은 해군국에 병함의 출동을 요청하기 위하여 직접 해군국으로 갔다. 그런데 대리 해군국장 리즈룽이 마침 자리에 없어 해군국 참모청 작전과장 쩌우이鄒毅를 만난 어우양중은, 황푸(군관학교)로부터 교장의 명령을 전달한다는 교육장의 전화 통지를 판사처 직원 왕쉐천이 받았다고 전하면서 병함 2척을 황푸로 보내 대기시키라고 하였다.[14] 작전과장 쩌우이는 사정이 긴박할지도 모른다고 생각하고 우선 보벽함寶璧艦을 황푸로 파견하고 리즈룽의 집으로 사람을 보내 이러한 사정을 편지로 알렸다. 쩌우이가 리즈룽에게 보낸 편지는, 군관학교 판사처의 어우양중 비서가 해군국에 와서 황푸 덩옌다 교육장의 전화(통지)를 받았다고 전하면서 현재 중산함과 자유함自由艦 두 척이 파견 가능한 상태이니 이 중 한 척을 정해달라는 내용이었다. 리즈룽은 먼저 자유함을 파견하려고 함장인 셰충젠謝崇堅과 접촉했으나 수리 중이라는 이야기를 듣고 중산함을 파견하기로 결정하는 한편, 어우양중에게 정식 공문서를 보내도록 요청하고 보벽함과 중산함의 함장에게도 공식 명령서를 교부하도록 했다.[15] 여기서 주목되는 부분은 교통계 직원 왕쉐천이 군교 측으로부터 전화 통지를 받는 과정에서 명령자가 교육장으로 바뀌고, '한 척의 순시선'이 '한두 척의 함선'으로 바뀌었으며, 또한 어우양중이 해군국 측에 전달하는 과정에서 교장의 구두 명령을 교육장이 전달한 것으로 내용이 변하고 있다는 점이다.

8시 30분경 해군국으로 돌아온 어우양중은 10시경 황푸로 전화를 걸어 해군국과 교섭한 병함 중 한 척이 먼저 도착할 것이라고 전하면서, 밤 12시경에 도착할 것이니 군교의 보초들이 오해하는 일이 없도록 조치해달라고 하였다.[16] 보벽함과 중산함이 각각 몇 시에 황푸에 도착했는지는 분명하지 않다.[17] 그러나 중산함이 19일 오전 7시에 나갔고 오후 6시에 다시 광저우로 들어왔다는 각 초소(中流砥柱와 江防司令)의 보고를 담은 해군국 당직관들의 기록이 가장 확실해 보인다.[18] 황푸에 도착한 직후 중산함의 대리 함장이었던 장퉁신張同新은 곧바로 군관학교 교육장 덩옌다를 만나려 하였으나 그가 바쁜 관계로 부관 황전우黃珍吾를 만났다. 이때 장퉁신은, 황푸로 가서 장제스 교장의 지휘를 받으라는 리즈룽의 명령서를 황전우에게 보여주고 (교장의) 임무를 받으려 한다고 말했다.[19]

한편 리즈룽은 소련인 고문이 소련조사단의 시찰을 위해 중산함을 광저우로 돌아오게 할 수 있는지 작전과장 쩌우이에게 문의해 왔다는 보고를 받고[20] 중산함의 회항 가부를 문의하기 위해 전술한 대로 장제스에게 이 사실들을 보고했다.[21] 장제스는 중산함 회항을 지시한 다음 군사적 대응책을 강구하는 동시에 해군학교 부교장 어우양거에게 함대사령의 권한을 부여하여 중산함을 '진압'하고 리즈룽을 구속 심문하도록 했다.[22] 어우양거는 저녁 7시경에 위병을 리즈룽의 집으로 파견하여 중산함이 왜 시동을 건 채로 있었는지를 물었다. 마침 중산함의 대리 함장 장퉁신이 회항 보고를 위해 리즈룽의 집에 왔으므로 그의 말에 따라 리즈룽은 기적 연돌이 고장나 수리하느라 시동을 걸고 있었다고 대답했다. 그 후 20일 새벽 3시경 리즈룽은 왕바이링王柏齡 휘하의 20사 병력에 체포되어 20사 본부로 압송되었다.[23]

구속된 직후 리즈룽은 마원처馬文車가 행한 심문에서 이 사건이 어우양중과 어우양거가 공모하여 자신을 모함하려고 꾸민 일이라고 주장했다. 리즈룽에 의하면, 어우양거는 중산함 함장 자리를 차지하려 애쓰고 있었는데 자신이 왕징웨이에게 장퉁신 부함장을 대리 함장으로 임명하도록 건의하여 함장이 되지 못하자 자신에 대한 악감정을 가지고 있다가 중산함의 이동 보고를 둘러싸고 모함할 기회가 생기자 조카인 어우양중을 이용하여 일을 벌인 것이었다.[24] 말하자면 자신에 대한 어우양거와 어우양중의 개인적 반감이 중산함 이동의 원인이라는 주장이었다.

그런데 리즈룽은 1년 뒤인 1927년 4월에는 다른 주장을 했다. 그는, 당시 시산회의파西山會議派가 여러 유언비어를 유포하며 장제스의 반공 조치를 부추겼고, 천자오잉陳肇英, 어우양거 등의 쑨원주의학회 회원들을 매수하여 사건이 발발하도록 일을 꾸몄다고 주장했다. 또한 실제로 장제스의 군사적 조치에 동원된 왕바이링(20사장), 류즈劉峙(2사장), 후이둥성惠東升(2사 6단장), 머우빈繆斌(2사 당대표) 등이 모두 쑨원주의학회의 주요 구성원이라는 점을 들며 사건의 실질적 주동자는 쑨원주의학회와 시산회의파의 회원들이라고 말했다.[25] 리즈룽이 이러한 주장을 제기한 시점은 장제스와 좌파 중심의 우한 측의 대립이 첨예해져 상호간에 원색적 비난이 난무한 시기였으므로,[26] 사건 당시에는 밝히지 못했던 부분까지 노골적으로 밝혀 장제스의 우경右傾을 비난하려는 의도였던 것으로 보인다.[27] 리즈룽의 이러한 주장은 몇몇 인물의 회고나 몇 가지 정황과 일치하기 때문에[28] 상당한 타당성과 설득력이 있다.[29]

그러나 쑨원주의학회 및 시산회의파 회원들이 반공 선전을 하고 많은 유언비어를 유포했다는 사실과 어우양거 등이 쑨원주의학회의 주요 회원들이었다는 사실만으로 이 사건이 이들의 의도적인 각본에 의해 일어났다고 보는 데는 적지 않은 문제가 있다. 요컨대 어우양거와 왕바이링이 계획을 세운 후 어우양중을 이용하면서 장제스에게 악의적인 보고를 하여 사건이 발발했다고 보기에는[30] 직접적인 증거가 없다. 그렇다면 앞에서 지적한 대로 주성판사처 직원 왕쉐천이 군교로부터 최초로 전화 통지를 받은 후 누구의 명령인지 알아듣지 못한 채 교육장일 것으로 추측하고 어우양중에게 보고하는 과정에서 상선 보호를 위한 순시선 파견 요청과[31] 군함 파견 요청이 서로 엇갈리게 전달됐다는 점에 주목하여, 불량한 통신과 부정확한 전달로 인한 우연한 사고에서 사건이 발단되었다고 보는 것이 사실에 보다 가깝지 않을까? 이 경우 어우양거, 왕바이링 등에 대한 처벌은, 왕징웨이가 사퇴하고 소련인 고문들이 대거 귀국하는 등의 대폭적인 양보를 얻어낸 장제스로서는 자기편에 대해 최소한 필요했던 표면적 제재라고 해석할 수 있다.[32]

(2) 장제스의 권력 장악과 왕징웨이의 외유

3월 20일 새벽 장제스가 군사적 행동을 시작했을 때 왕징웨이는 그 사실을 전혀 모르고 있었다. 왕징웨이의 최측근이었던 천궁보陳公博에 의하면 왕징웨이는 3월 18일부터 건강이 좋지 않아 19일 이후 국민정부 청사에 나오지 않고 집에서 쉬고 있었으며, 20일 아침에 병석에서 천궁보의 보고를 듣고서야 광저우 일대의 계엄 상황을 알게 되었다고 한다. 장제스가 자신의 군사행동을 왕징웨이에게 보고한 것은 20일 오전에 탄옌카이譚延闓와 주페이더朱培德 편에 보낸 편지에서였다. 이 편지를 본 왕징웨이는 장제스가 사전에 한마디 상의도 없었던 것에 화를 내고, 이는 자신에 대한 모반이 아니냐라고까지 말했다. 이어 그는 탄옌카이, 주페이더, 리지천李濟琛 등에게 장제스의 군사행동을 제지해주도록 요청하였으나 여의치 않았다.[33] 장제스는 20일 오후에 계엄을 해제한 뒤 곧바로 왕징웨이를 방문하였고, 21일 저녁에도 왕징웨이의 공관을 찾아 문병했다. 이 자리에서도 왕징웨이는 장제스에게 화를 내며 그의 행동을 비난했다.[34]

3월 20일에 일어난 사건에 대한 국민정부 최초의 대책회의는 같은 달 22일에 열린 중앙정치위원회였다. 왕징웨이의 병 때문에 왕징웨이의 공관에서 열린 이 회의에서는 사건과 관련하여 소련고문단 대표인 키산코Kisanko(본명은 쿠이비셰프Nikolai Kuibyshev)를 소련으로 소환하고 제1군 제2사 내의 각급 당대표들을 해임한다는 두 가지 해결 방안을 결의했다.[35] 이때 장제스도 참석했으나 그에 대한 인책 문제는 결의 내용에는 보이지 않는다. 장제스는 이튿날인 23일 군사위원회에서 자신을 처벌하도록 자청하였고, 그의 이러한 처신에 대하여 각 군장들도 찬성을 표했으나,[36] 군사위원회에서도 장제스에 대한 처벌이 이루어지지는 않았다.

그런데 이 중앙정치위원회 회의 이후 왕징웨이는 중앙상무위원회에 병가를 내고[37] 종적을 감춘 뒤 소식이 두절되고 말았다. 3월 23일에 왕징웨이를 찾아간 천궁보는 그를 만나지 못했다. 또한 측근 중의 측근이었음에도 불구하고 그의 소식을 알 수도 없었다. 같은 날 이 소식을 들은 장제스는, 전날의 중앙정치위원회에서 모든 일을 왕징웨이의 주장에 따라 결정했고 그가 원하는 대로 되지 않은 바가 없는데 왜 이렇게 (잠적)했는지 모르겠다고 말했다.[38] 이후 왕징웨이와 장제스가 몇 차례 교섭을 한 듯하지만[39] 양자 간의 화해는 이루어지지 못했다. 결국 왕징웨이는 5월 11일경에 홍콩으로 갔다가 그 후 다시 프랑스로 떠났다.[40]

국민정부 주석과 군사위원회 주석, 국민혁명군 총당대표로서[41] 국민정부 내에서 실질적인 정치 주도권을 행사해온 왕징웨이가 왜 스스로 잠적하고 외유길에 올랐는지에 대해서는 몇 가지 다른 해석이 엇갈린다. 왕징웨이의 성격이 정치적 투쟁을 끈질기게 벌이지 못할 만큼 담백하다거나,[42] 고난에 부닥치면 후퇴하거나 회피해버리는 낭만적 혁명가 경향이 있었다며[43] 성격에서 원인을 찾으려는 해석도 있다. 한편, 왕징웨이가 원래 개인적 야심이 없는 데다 자신의 문관 우위적 입장으로 인해 장제스와의 대립이 불가피하게 발생했다는 시각도 있으며, 보다 근본적으로는 왕징웨이와 장제스 사이에 이념적 경향 차이가 존재하여 결국 분립을 가져왔다는 견해도 있다.[44] 왕징웨이 자신은 훗날 이 문제에 관하여 장제스와 대립이 격화되는 것을 피하기 위해 떠났으며, 이후 여러 이간질과 도발을 피하기 위해 시종 침묵을 지켰다고 밝혔다.[45] 왕징웨이의 성격이 독특하다거나, 그와 장제스의 이념이 달랐다는 사실이 그의 외유와 잠적에 대한 부분적 이유는 될 수 있으나 충분한 설명은 될 수 없다. 따라서 이 문제의 원인은 이른바 왕징웨이와 장제스의 연합체제(장·왕 연합체제)의 성격을 근원적으로 규명하고 정치적 대립의 저변에 작용한 구체적 역학관계를 밝혀야 보다 분명해질 것이다.

장·왕 연합체제의 기원을 밝히기 위해서는 시기를 거슬러 올라가 1925년 3월 쑨원이 사망한 직후 왕징웨이의 행적을 추적할 필요가 있다. 쑨원 사후에 북방 활동을 이유로 광저우로 오지 않고 북방에 머물고 있던 왕징웨이는 중산함사건이 일어나기 1년 전인 1925년 5월 8일에 남하하기 시작했다. 그는 직접 광저우로 오지 않고 먼저 차오저우潮州에 들러 그곳에 있는 장제스를 만났다. 왕징웨이의 남하에 맞추어 같은 달 13일에 랴오중카이廖仲愷와 주페이더, 그리고 소련인 고문 갈렌Galen(본명은 블류헤르Vasily Konstantinovich Blyukher)이 광저우에서 산터우汕頭에 왔다.[46] 당시 장제스는 제1차 동정東征에 나서 차오저우, 산터우 지역을 평정하고 있었고, 광저우에서는 동정 기간에 방비를 맡았던 류전환劉震寰과 양시민楊希閔의 군대가 광둥정부에 대해 반란 움직임을 나타내고 있었다. 이러한 전후 사정으로 보아 왕징웨이가 차오저우를 방문하고 랴오중카이, 주페이더 등을 산터우로 불러온 목적은, 류전환과 양시민의 반란 움직임을 기화로 쉬충즈許崇智로 하여금 류전환과 양시민과의 관계를 청산케 하고 장제스와 랴오중카이, 주페이더, 쉬충즈를 자기편으로 끌어들여 후한민을 고립시키려는 데 있었다.[47] 특히 왕징웨이로서는 당시 유일하게 의지할 만한 군대인 당군黨軍(장제스군)의 지지가 반드시 필요했다. 이 점에서 랴오중카이 등이 산터우에 도착하기 전에 왕징웨이와 장제스가 만났을 때, 왕징웨이가 자신의 개인적 거취는 장제스의 조언을 듣고 결단을 내리겠다고[48] 말한 것은 장제스에 대한 그의 태도를 보여주는 흥미로운 대목이다.

왕징웨이는 1924년 11월 쑨원의 북상北上에 동행하고 이듬해 3월 그의 임종 시에 그의 유서를 기초하는 등 쑨원이 남길 수 있는 마지막 후광을 일단 차지했다. 그러나 쑨원 사후 국민당 내의 리더십 장악에서 왕징웨이의 서열은 결코 선두가 되지 못했다. 류전환 등의 동요로 인해 현실적으로 위기에 처하기는 했으나 광둥정부의 통치권은 대리 대원수인 후한민에게 있었고, 재정 지원을 기반으로 한 소련의 영향력과 전반적인 재정적 권한은 랴오중카이에게 집중되어 있었다. 무엇보다 현실적인 힘인 군사력은 광둥군의 쉬충즈와, 당군을 휘하에 거느린 장제스에게 있었다. 왕징웨이로서

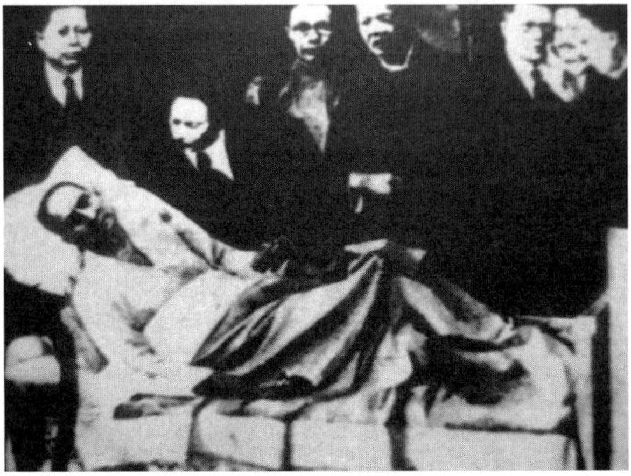

1925년 3월 12일
쑨원의 임종.

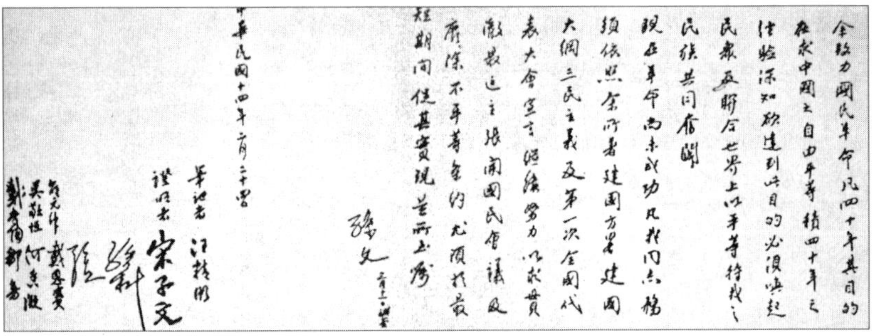

余致力國民革命凡四十年其目的
在求中國之自由平等積四十年之
經驗深知欲達到此目的必須喚起
民衆及聯合世界上以平等待我之
民族共同奮鬥
現在革命尚未成功凡我同志務
須依照余所著建國方略建國
大綱三民主義及第一次全國代
表大會宣言繼續努力以求貫
徹最近主張開國民會議及
廢除不平等條約尤須於最
短期間促其實現是所至囑
孫文 三月十一日補簽
中華民國十四年二月二十四日
筆記者 汪精衛
證明者 宋子文 孫科

쑨원 사망 시에 작성된 유촉. 왕징웨이가 필기자로 표기되어 있다.

는 이러한 상황에서 정치적 주도권을 쥐기 위한 1차적 조건으로 장제스의 군사력을 끌어들일 필요가 있었고, 그러한 맥락에서 차오저우에서 장제스에게 접근했을 가능성이 있다. 따라서 왕징웨이와 장제스의 차오저우 회합은 훗날의 장·왕 연합체제의 구상이 처음 드러난 계기로 주목할 필요가 있다.[49]

1925년 7월에 성립된 국민정부는 위원합의제에 의한 집단 지도 체제였는데, 이를 붕괴시키고 장·왕 연합체제의 본격적인 출현을 가져온 것은 1925년 8월 20일에 일어난 랴오중카이 암살사건이었다. 랴오중카이 암살

사건을 수사하기 위해 만들어진 특별위원회는 사건과 관련되었다는 혐의로 후한민을 축출하고 이어서 그 배후세력과의 관계를 이유로 쉬충즈를 제거함으로써, 결과적으로 왕징웨이와 장제스의 2인 체제를 가져왔다.

랴오중카이 암살사건의 근본적 원인이나 주모세력의 실체에 대해서는 이론의 여지가 있기 때문에 결과만으로 사건 자체나 사건 후의 수사 과정이 장·왕 연합체제 구축을 의도했다고 보기는 어렵다. 그러나 정치계와 군사계에서 각기 주도권을 다툴 만한 위치였던 후한민과 쉬충즈가 제거되는 과정이 다분히 정치적 조치의 색채를 띠었던 점을 부정할 수 없다면, 최소한 사건 수사와 종결 과정에서 왕징웨이와 장제스가 2인 체제 구축을 염두에 두고 연합하였으며 이것이 수사 과정에서 관철되었을 가능성을 배제하기도 어렵다.

1925년 9월 말경에 확립된 연합체제는 왕징웨이와 장제스의 상호보완적 필요라는 공통분모 위에서 가능했다. 장제스는 쑨원의 강한 신임에 의해 황푸군관학교 교장에 발탁됨으로써 군권을 장악할 수 있는 기반을 확보했다. 그러나 광저우에서 그의 정치적 경력은 일천하였고 정치적 기반도 거의 없는 형편이었기 때문에 정치적 기반을 가진 동반자나 지지자가 절실히 필요했다.[50] 마찬가지로 왕징웨이도 광둥정권의 가장 확실하고 유일한 군사적 기반 세력인 장제스의 지지가 자신의 정치지도권 확립에 필요불가결했다. 그러나 왕징웨이와 장제스가 처음부터 대등한 입장에서 연합했다고 보기는 어렵다. 왕징웨이가 구축해야 할 군사적 기반을 구성하는 한 요소로서 장제스가 차지한 부분의 크기와, 장제스에게 필요한 정치적 기반 속에서 왕징웨이가 차지한 무게가 서로 달랐다고 생각되기 때문이다. 말하자면 연합체제 초기에는 장제스에 대한 왕징웨이의 의존도와, 왕징웨이에 대한 장제스의 의존도가 달랐으며, 왕징웨이의 의존도가 상대적으로 컸다.

왕징웨이가 광둥의 국민정부를 유지하는 군사적 기반을 확보하기 위해 취한 방안은 본질적으로 쑨원의 경우와 크게 다르지 않았다. 쑨원에 비해 보다 확실하게 국민당정권을 지지해줄 당군이 어느 정도 실세를 형성하고 있어서 1차적인 군사적 기반을 가지기는 했으나, 그것이 왕징웨이 자신에 대한 개인적 지지로서 확고한 것은 아니었다. 또한 광저우 내에 실재하는 여러 군벌의 군사력을 장제스군이 압도하고 있었던 것도 아니었다. 그래서 왕징웨이로서는 여러 군벌세력 및 장제스군 사이의 연합과 조정을 통하여 자신의 부분적 주도권을 유지해야 했다.

왕징웨이의 조정자적인 면모는 국민혁명군이 재편되는 과정에서 장제스와 각 군, 그리고 각 군 사이에 생긴 갈등에서 쉽게 찾아볼 수 있다. 예컨대 1925년 11월 말에 일어난 장허張和와 위잉양余鷹揚 구금사건과 관련하여 리지천·탄옌카이와 장제스 사이의 대립이 표면화하자 중재에 나선 인물이 왕징웨이와 구잉펀古應芬이었다는 사실은[51] 군벌 간의 조정자로서 그의 역할을 보여준다는 점에서 주목할 만하다. 또한 제2차 동정이 완료된 직후 다시 남정南征이 진행되면서 지휘권을 둘러싸고 주페이더와 리지천이 반목하자 조정을 위하여 적극 나선 왕징웨이는 직접 시장西江 지역을 방문하려 했다. 왕징웨이를 대신하여 천궁보와 구잉펀이 조정에 나서 남로南路의 총지휘를 리지천에게 맡기고 주페이더와 탄옌카이의 군대를 시장 지역에서 철수하게 함으로써 그의 남순南巡은 취소되었지만[52] 여기서도 왕징웨이의 역할이 잘 드러난다.

특히 장제스와 왕징웨이의 관계에서 의미심장한 부분은 장제스의 심복이었던 제1군 제2사장 왕마오궁王懋功이 체포 구금된 사건이다. 왕마오궁은 쉬충즈의 부하 출신이기는 하지만 제2사 사장이 되었고, 제2차 동정을 떠난 장제스가 맡고 있었던 광저우 위수사령직을 대리로 맡았다.[53] 이 점을 보면 그에 대한 장제스의 신임이 매우 두터웠던 것이 분명하다. 그러나 장제스는 광저우로 돌아와 위수사령직에 복귀한 후 왕마오궁의 사장직을 박탈하고 구금했다. 장제스는 왕마오궁이 소련 고문 키산코에게 붙어 나쁜 일을 꾸미는 것이 발각되어 이를 저지한 것이라고 주장하고, 키산코의 전횡에 대하여 왕징웨이에게 항의하기도 했다.[54] 그런데 왕마오궁이 장제스가 없는 동안 왕징웨이와 키산코에게 접근하였고 이 때문에 왕바이링, 천자오잉 등의 우파 장교들과 사이가 나빴다는 견해에[55] 주목하면, 왕마오궁 제거는 장제스와 키산코의 불화보다는, 왕징웨이와 키산코의 관계가 밀접하고 이들이 왕마오궁에 접근한 것에 대해 장제스가 노골적인 반감을 나타낸 결과일 가능성이 크다.[56] 그렇다면 왕마오궁에 대한 조치는 왕징웨이에 대한 장제스의 1차적 경고로 해석되며, 이는 결과적으로 장제스군에 대한 왕징웨이의 견제 시도가 무산된 것으로 생각된다.[57] 요컨대 왕징웨이는 장제스군을 포함한 여러 군사집단 사이에서 세력적 균형을 유지하는 조정자 역할을 통해 정치적 주도권에 필요한 군사적 기반을 확보하려 했다. 그는 장제스군에 일방적으로 의존하지 않고 여러 군벌과의 세력 안배와 견제를 하려 하였으며 장제스로서는 이에 대해 반감을 가졌던 것이다.

왕징웨이에 대한 장제스의 불만은 중산함사건이 어느 정도 일단락된 1926년 4월 9일에 왕징웨이에게 보낸 편지에 잘 드러난다. 이 편지에서 장제스는 2전대회二全大會 이후 자신이 왕징웨이에게 품게 된 불만들을 10가지로 조목조목 열거하며 공박하고 있다. 불만의 대부분은 키산코의 전횡과, 그로 인한 키산코와 자신의 대립 관계에서 왕징웨이가 자주적 태도를 잃어버리고 일방적으로 키산코 편을 들었다는 것에 집중되었다. 즉, 자신이 동정에서 돌아온 직후 즉각 북벌을 시행하자고 주장했을 때 왕징웨이가 처음에는 적극 찬성하다가 키산코가 반대 입장을 보이자 뒤따라 반대하게 되었다든가, 키산코가 장제스에게 북상하여 (평위샹馮玉祥의 국민군에 가서) 혁명군의 훈련을 맡도록 제의하자 이것이 자신에 대한 제거 음모인 줄 알면서도 왕징웨이가 받아들인 점을 장제스는 신랄하게 꼬집었다. 또한 키산코를 귀국시키도록 소련 고문단의 책임자 보로딘Mikhail Markovich Borodin에게 요청하자 그가 받아들였는데도 왕징웨이가 키산코 편을 든 것에 대해서도 이는 완전히 왕징웨이가 우유부단하고 자주적이지 못하여 생긴 일이라고 말하고 있다. 그 밖에도 장제스는 군사위원회에서 정한 황푸군관학교 관련 예산을 왕징웨이가 마음대로 삭감한 것과 제1군의 경비 부족을 좌시한 것 등을 지적했다. 장제스는 편지의 말미에서 이것들은 모두 지난 일이니 하루 속히 돌아와 정무를 담당해달라고 왕징웨이에게 요청하고 있으나, 이는 인사치레에 불과했다.[58]

2월 중순, 장제스가 정치적 곤경을 타개하는 방안으로 자신의 소련행을 왕징웨이와 논의한 적이 있다는 사실로[59] 미루어볼 때 장제스로서는 이를 왕징웨이나 소련 측이 자신을 제거하려 한다고 받아들였을 가능성도 있다. 또한 3월 이후 빈발한 각종 유언비어와[60] 반장제스 전단 유포 사건[61] 등으로 인해 장제스는 극도의 불안을 느끼고 정치에 대한 환멸을 토로한 적도 있으며[62] 중산함사건이 일어나기 직전에는 산터우로 휴양을 떠날 준비를 하기도 했다.[63] 그리하여 중산함사건 직후 장제스는 이 사건이 자신에 대한 왕징웨이의 음해공작에서 비롯되었다고 보기도 했다.[64] 앞에서 언급한 대로 중산함사건 이전에 장제스와 왕징웨이 사이에는 깊은 불신과 첨예한 대립이 전개되고 있었다. 그 원인은 특히 장제스와 키산코의 대립관계에서 왕징웨이가 취한 태도 때문이었다. 이로 인하여 장제스는 중산함사건이 왕징웨이의 음해와 관련되었다고 봤다.[65]

이러한 맥락에서만 중산함사건 당시 왕징웨이의 입장이나 대처 방식 및 사건 이후 잠적해야 했던 이유 등을 이해할 수 있다. 장제스가 사전에 아무런 보고도 없이 군사행동을 벌인 것에 격분한 왕징웨이가 장제스를 제지할 수 있는 길은 장제스에 대한 각 군장軍長들의 견제를 유도하는 것뿐이었다. 그러나 군장들은 왕징웨이의 요구를 받아들이지 않았다. 3월 20일 새벽 장제스로부터 행동에 참여할 것을 권유받은 주페이더는 장제스의 제안에 동의하지 않았고 탄옌카이에게 가서 이 일을 상의했다.[66] 탄옌카이와 주페이더는 함께 장제스를 방문한 후, 장제스가 왕징웨이에게 보내는 편지를 가지고 왕징웨이에게 갔다.[67] 편지의 내용은 공산당이 반란을 꾀하여 할 수 없이 긴급조치를 취하니 양해해달라는 것이었다. 왕징웨이는 장제스가 사전에 보고나 통지도 하지 않고 군사행동을 취한 것에 크게 화를 내면서 탄옌카이와 주페이더에게 장제스를 제지하도록 요구했다. 탄옌카이와 주페이더는 동석한 천궁보를 통하여 자신들의 직속 군대인 제2군과 제3군의 부군장들에게 출동 준비를 하도록 연락하는 데는 동의하였으나, 장제스를 제지하기는 어렵다는 의견을 표했다.[68] 뒤이어 왕징웨이는 공관에 온 리지천에게도 군대를 출동시키도록 요청하였으나, 리지천은 계엄하에서 광저우를 빠져나가는 것이 불가능하다는 구실을 들어 응하지 않았다. 말하자면 각 군 영수들은 장제스와 왕징웨이 어느 편에도 서지 않고 중립을 유지했다.

이러한 상황은 왕징웨이에게 완전히 무력감을 주었다. 군사위원회 주석이자 국민정부 주석인 왕징웨이의 현실적 권위가 완벽하게 무시되었던 것이다.[69] 왕징웨이가 다음으로 바랄 수 있는 희망은 소련인 고문들의 지지였다.[70] 그들이 실제 군사력을 가진 것은 아니었기 때문에 당장 장제스를 제지할 수는 없었지만, 사후에라도 장제스를 견제하면 왕징웨이의 권위는 어느 정도 회복되었을 것이다. 그러나 그들이 취한 입장은 왕징웨이의 기대를 무산시켰다. 키산코를 포함한 소련 고문 몇 사람의 철수를 받아들이고 장제스에 대한 꾸준한 지지를 사건의 기본적인 처리 방침으로 제시하였던 것이다.[71] 이 경우 왕징웨이로서는 자신을 무시할 수도 있는 장제스의 새로운 권위를 인정하거나 정치 일선에서 물러나는 길밖에 없지 않았을까? 결국 왕징웨이가 택한 잠적은 현실적인 무력감과 실추된 권위의 결과일 텐데, 그 표현 방법이 잠적과 도피였다는 것은 그의 이른바 낭만적 혁명가 기질이나 성격과[72] 관련 있을지도 모른다.

3. 북벌 개시 이후의 영왕운동 전개와 왕징웨이의 귀국

(1) 영왕운동의 전개

앞에서 살펴본 대로 중산함사건이 가져온 가장 중요한 결과는, 당시 광둥 국민정부의 핵심 지도자였던 왕징웨이의 외유와 그에 따른 장제스의 권력 독점이 나타난 점이다. 쑨원 사후에 등장한 광둥 국민정부의 집단 지도 체제는 1925년 8월에 발생한 랴오중카이 암살사건과 뒤이은 후한민의 외유를 계기로 장제스와 왕징웨이 두 사람의 연합체제로 바뀌었는데, 이 장·왕 연합체제가 중산함사건으로 붕괴됨으로써 장제스의 독점적 권력체제가 가능해진 것이다.

따라서 중산함사건 이후 장제스의 반대파인 코민테른과 중국공산당, 국민당 좌파 측에게는 장제스의 독점적 권력에 대한 견제와 이를 통한 국민혁명의 주도권 장악이 급선무가 되었다. 북벌 개시 여부와 그 시기를 둘러싼 일련의 논쟁, 북벌 개시 이후 국민혁명군을 확대 편성하는 과정에서 나타난 주도권 다툼, 그리고 국민혁명군이 점령한 지역에서 일어난 각종 민중운동에 대한 주도권 다툼[73] 등은 모두 장제스의 군사·정치적 권력 집중에 대한 견제라는 형태를 띠었다.

이런 가운데 1926년 6월 중순부터 국민당 내에서 나타난 왕징웨이 복직 청원운동, 즉 영왕운동은 유럽에 가 있는 왕징웨이를 불러들여 그를 중심으로 좌파의 입지를 회복해야 한다는 주장으로, 어떤 면에서는 실현 가능성과 호소력이 가장 큰 반장제스 구호가 되었다.[74] 영왕운동을 누가 언제 처음 제기했는지에 대해서는 일부 논란이 있다. 국민당 중앙집행위원회 상무위원회의 당시 회의록에 의하면 처음 왕징웨이 복직 주장이 제기된 것은 그가 외유를 떠난 직후인 5월 25일에 열린 회의인 것으로 확인된다. 이 회의에서 국민당 좌파 지도자 가운데 한 사람인 펑쩌민彭澤民이 왕징웨이 위문과 조기 복직을 제안했고, 토의 결과 비서처에서 상무위원회 명의의 편지를 써 보내기로 결정되었다.[75] 이어서 6월 18일에 장쑤江蘇 성 당부에서 왕징웨이 귀국 독촉과 주지북벌主持北伐을 요청하는 전문(迎汪電文)이 중앙에 접수되었고, 6월 29일에도 두 건의 영왕전문이 접수되었으며, 이어서 7월 중순에는 여러 지방 당부에서 한꺼번에 영왕전문이 접수되었다.[76] 상무위원회 회의록에서 확인되는 이 사실들에 비추어볼 때 왕징웨이 조기 복직 청원은 1926년 5월 말에 좌파 측이 처음 제기한 이래 6월 중순부터 일부 지방 당부로 확산되었고, 북벌이 개시된 7월 이후에는 전국 각지로 퍼져 일종의 정치 운동 양상을 띠게 되었다.

그 시점은, 공산당이 국민당에 대한 대응책으로 펑쯔유馮自由, 구잉펀, 쑨커孫科 등을 우파로, 장제스와 다이지타오戴季陶 등을 중파로, 그리고 왕징웨이, 간나이광甘乃光 등을 좌파로 분류하고 '좌파와 연합하고 중파를 이용하여 우파를 공격하며, 그와 동시에 중파의 발전을 막는다'는 방안을 제시한 시기와 맞아떨어진다.[77] 따라서 6월 중순부터 본격화한 일부 국민당 지방 당부의 영왕운동은, 좌파의 지도자인 왕징웨이를 복직시켜 우파를 공격하고 중파를 견제하려는 의도로 공산당이 제기했을 가능성이 크다.[78] 즉, 북벌 개시가 가시화되던 1926년 6월부터 장제스의 북벌 독주를 견제하기 위해 공산당이 사주하여 국민당 일부 지방 당부를 중심으로 영왕운동이 시작된 것으로 보인다.

영왕운동에 대한 국민당 중앙의 공식적 대책은 1926년 8월 10일에 열린 국민당 중앙집행위원회 상무위원회 제47차 회의를 통해 제시되었다. 이 회의에서 허샹닝何香凝의 발의로 영왕문제가 토의되었는데, 논의 끝에 나온 결론은 각지로부터 접수된 전문들을 왕징웨이가 볼 수 있도록 전달해야 한다는[79] 원칙적인 내용이었다. 그러나 이는 중앙에서 영왕운동을 사실상 승인하는 결과가 되었다고 볼 수도 있다.

실제로 그 전문들이 왕징웨이에게 바로 전달되었는지, 왕징웨이가 당내에서 전개된 영왕운동 소식을 언제 알게 되었는지는 정확히 알 수 없다. 그러나 7월 하순에 왕징웨이가 중앙집행위원회에 보낸 답장에서 '정무와 군무는 사임하고 당무에만 전념하겠다'는 의사를 밝힌 점을[80] 보면, 왕징웨이가 복귀 의사를 표한 이후 상무위원회에서 영왕운동에 관해 토의했음을 알 수 있다. 따라서 영왕운동과 왕징웨이의 복귀 의사 표명, 그리고 중앙상무위원회의 영왕운동 논의는 밀접한 연관이 있을 것이라는 추측이 가능하다. 즉, 공산당의 사주 아래 국민당 좌파가 발의하여 일부 지방 당부에서부터 영왕운동이 시작되었고, 그와 동시에 혹은 그 직후에 왕징웨이가 복귀 의사를 표명했으며, 이것이 영왕운동의 전국적 확산을 가져왔다고 생각된다.

(2) 장제스의 대응

영왕운동을 알게 된 장제스는 즉각 반발했다. 중산함사건 이후 장제스가 중앙집행위원회 주석으로 추대한 장징장張靜江은 7월 말에 왕징웨이가 중앙상무위 앞으로 보낸 복직 편지가 8월 10일의 제47차 상무위원회의에서 거론되자 즉시 이 편지를 장제스에게 전했다. 장징장은 8월 28일에 열린 상무위원회 제52차 회의에서, 왕징웨이가 중앙에 답장을 보내 정치 군사 직무를 사퇴하겠다고 주장한 것은 매우 중요한 일이므로 장 주석(장제스)

과 상의할 필요가 있다고 생각하여 복사한 편지를 장제스에게 보냈으니, 답장이 오는 대로 다시 논의하겠다고 보고했다.[81]

8월 중순에 장징장으로부터 왕징웨이의 복직 편지를 전해 받으며 '후방 공산당의 영왕 움직임은 장제스 타도, 곧 도장倒蔣에 뜻이 있다'는 보고를 받은[82] 장제스는 상무위원회에 공식적인 답장을 보내지는 않았다. 대신 같은 시기에 황푸군관학교 동학同學들에게 보낸 전보에서 "영왕이 도장 주장보다 나쁘다"라고 말함으로써[83] 반감을 노골적으로 표현했다. 또한 9월 초 우창武昌 근교에서 만난 천궁보에게 '당·정·군黨政軍에 두 명의 (최고) 지도자가 있을 수 없으니 만일 왕징웨이가 귀국한다면 모든 것을 사직하고 떠날 것'이라고 말했다는 점도[84] 영왕운동과 왕징웨이의 복직에 대한 강한 반발을 드러낸다.

이러한 상황에서 1926년 10월 광저우에서 개최된 중앙집행위원과 각 성시各省市 당부 집행위원의 연석회의는 준비 과정부터 영왕을 둘러싼 격렬한 논쟁의 무대가 되었다. 원래 연석회의는 9월 8일의 제16차 중앙정치회의에서 장제스의 대리인 격인 장징장이 개최를 주장하여 열렸다. 주요 안건은 북벌이 진전되는 데 따른 '시국방침'에 관한 논의였다.[85] '시국방침'의 핵심은 국민당의 새로운 지배 지역으로 편입된 후난, 후베이에 대한 지배를 강화하는 것이었다. 장제스는 후난 지역의 군벌 출신으로 북벌 이후 이 지역에서 권력을 확대하고 있던 탕성즈唐生智를 견제하기 위한 방편으로 국민정부를 우한으로 이전하자고 강력하게 주장했다. 그러나 당시 확산되고 있던 영왕운동에 대한 국민당의 입장 정리가 연석회의의 또 다른 주제가 될 수밖에 없었다. 특히 연석회의 준비 과정에서 정부의 우한 이전이 중국공산당과 좌파의 반대로 부결되자 영왕운동이 회의의 최대 쟁점으로 부상했다.

장제스는 연석회의 준비 과정에서 영왕운동에 대한 자신의 반대를 분명히 하기 위해 공산당 측과 접촉하기도 했다. 9월 중순, 장제스는 후궁몐胡公冕을 상하이에 파견하여 천두슈와 면담하도록 했다. 이때 장제스는 '왕징웨이가 귀국한다면 (탕성즈와 같은) 소군벌들에게 이용당하게 되고 소란만 일으켜 국민혁명의 세력을 분산시킬 것'이라고 주장하며 공산당이 왕징웨이의 귀국 복직에 찬성하지 말아달라고 요구했다. 이에 천두슈는 '왕징웨이가 복직하면 국민정부의 역량이 강화되고, 새로이 가담해 오는 소군벌들과 장제스 간의 충돌도 완화해주며, 광둥의 부패 정치를 청산하는 데도 역할을 해줄 수 있을 것'이라고 주장했다. 이어서 그는 '영왕은 왕·장 합작이지 영왕도장迎汪倒蔣이 아니며, 오히려 장제스의 군사적 지도권을 유지시키고 확대하려는 것'이라는 주장까지 했다.[86]

당시 연석회의와 영왕운동에 대한 공산당의 기본 입장은 매우 신중하고 중재적이었다. 즉, 장제스의 군사적 지위를 인정하는 선에서 북벌을 추진하되 왕징웨이의 복직을 통하여 장제스 중심의 독재적 권력을 방지하며 탕성즈 등의 지역 군벌들의 기득권을 인정해주면서 지방의 자치를 활성화한다는 것이었다. 따라서 공산당은 장제스의 동의를 전제로 연석회의에서 왕징웨이의 복직을 결정하되, 만약 장제스가 동의하지 않는다면 무리할 필요 없이 국민당 3전대회에 가서 결정해도 좋다는[87] 입장이었다.

이러한 일련의 공방 끝에 장제스는 9월 29일 귀국 복직을 환영한다는 의사를 왕징웨이의 편지에 대한 답장 형식으로 전했다.[88] 10월 3일에는 장징장, 탄옌카이에게 전보를 보내 왕징웨이의 귀국에 대한 자신의 환영 의사를 중앙당과 왕징웨이에게 전달하도록 함으로써 영왕에 대한 원칙적인 동의를 공개적으로 표명했다.[89] 장제스의 이러한 태도 변화는 점증하는 영왕운동 여론을 의식했기 때문이기도 하지만, 연석회의를 앞두고 기본적으로는 자신의 군사, 정치적 주도권을 유지 내지 확대하는 것에 대한 합의를 전제로 왕징웨이의 복직에 동의하는 쪽이 자신에게 유리하다고 판단한 결과로 여겨진다.

10월 15일부터 28일까지 광저우에서 개최된 연석회의에서는 이러한 사전 합의에 따라 영왕에 대한 합의가 쉽게 이루어졌다. 10월 17일의 회의에서는 장징장이 장제스의 왕징웨이 복직 요청 편지를 공개한 가운데 왕징웨이 휴가 취소를 결의하고, 18일에는 구멍위顧孟餘, 위수더于樹德 두 사람에게 초안을 맡겨 왕징웨이에게 복직 요청 전보를 보내도록 결의했다. 또한 20일에는 그동안 수백 통의 영왕 청원 전보를 보낸 각급 당부에 답전答電을 보내, 왕징웨이가 귀국하여 장제스와 함께 당무와 정치를 책임져야 한다는 연석회의 결의를 알리도록 했다.[90] 공산당과 좌파의 영왕운동, 그리고 공산당과 좌파, 장제스 사이의 지루한 공방과 협상 끝에 왕징웨이의 귀국이 일단 가능해진 것이다.

(3) 왕징웨이의 귀국

중산함사건이 일어난 지 한 달 반 정도 지난 5월 11일에 홍콩을 거쳐 프랑스로 떠난 왕징웨이는 6월 중순 파리에 도착하여 교외에 머물며 신병을 치료했다. 두 달쯤 지난 8월 말에 왕징웨이가 중앙집행위원회에 보고한 바에 따르면 중산함사건 발발 전인 3월 초부터 당뇨병, 간염, 만성위장염이 발병하여 치료가 쉽지 않을 정도로 병세가 심각해졌는데, 당뇨병과 간염이 어느 정도 가라앉는 대로 맹장 제거를 위한 개복수술을 받을 예정이라고 하였다.[91] 그러나 중산함사건 직후의 외유가 장제스와의 권력투쟁에서 밀려나 다른 선택의 여지가 없이 결정된 사실을 고려하면, 그의 말처럼 귀국이 어려울 정도로 병세가 심각하지는 않았던 듯하다. 부분적인 증상이 있었을지는 모르지만 그의 칭병은 다분히 정치적 수사 혹은 변명거리로 짐작된다. 앞에서 언급한 것처럼, 왕징웨이가 프랑스로 떠난 직후인 5월 말, 상무위원회의 결정에 따라 조기 복직을 요청하는 편지가 그에게 발송되었을 때, 답장 형식으로 '당무에만 전념하겠다'며 사실상 복직 의사를 표명했던 것도 병세가 문제되지는 않았다는 사실을 뒷받침한다.

연석회의에서 자신의 귀국이 합의된 후 10월 하순에 결과를 연락받은 왕징웨이는 그러나 무슨 이유에서인지 즉각 귀국하지 못했다. 왕징웨이 자신의 말에 의하면 귀국 독촉 전보를 받은 10월 하순에는 신병 치료 때문에 귀국길에 오를 수 없었고 병세가 호전된 11월 하순에 겨우 떠날 수 있었는데, 그마저도 독일 베를린에 도착했을 때 병이 도져서 다시 파리로 돌아갈 수밖에 없었다고[92] 한다. 이후 다시 건강을 회복하여 1927년 2월 말에 재차 귀국길에 올라 독일, 폴란드를 거쳐 3월 8일에는 소련 모스크바에 도착하였고, 3월 12일에 모스크바를 출발한 후 시베리아 횡단열차를 이용하여 블라디보스토크를 거쳐 4월 1일 밤에 상하이의 우쑹커우吳松口에 도착했다는 것이 훗날 그가 주장한 내용이다.[93]

그렇다면 연석회의에서 귀국이 결정되었고 본인도 귀국 의사를 표명했음에도 불구하고 1926년 11월부터 1927년 2월 말까지 귀국이 미뤄진 이유는 무엇이었을까? 왕징웨이의 주장대로 병세가 갑자기 악화되어 귀국할 수 없었던 것일까? 아니면 다른 이유 때문에 귀국이 불가능했던 것일까? 이 문제와 관련하여 1927년 5월에 중국 내의 소련 첩보원이 작성했다고 여겨지는 한 보고서가 주목을 끈다. 이 보고서는 1926년 11월 말에 왕징웨이가 파리를 떠나 귀국길에 오른 직후 장제스가 그에게 귀국할 필요가 없다는 내용의 전보를 보냈고, 베를린에서 이 전보를 받은 왕징웨이는 결국 파리로 돌아갔다고 주장하고 있다.[94] 장제스는 왕징웨이의 귀국에 대한 원칙적인 찬성 표명과 연석회의의 공개적 합의에도 불구하고 실제로는 그의 귀국을 반대했으며, 이것이 왕징웨이의 귀국이 불가능해진 실제 원인이라는 이야기였다.

왕징웨이의 귀국이 중단된 1926년 11월 말은, 북벌이 진전됨에 따라 광저우의 국민정부를 우한으로 이전하는 문제를 둘러싼 '천도논쟁'이 다시 일어나 결국 11월 26일에 개최된 중앙정치회의에서 우한 천도가 공식 결정된[95] 시기이다. 장제스가 처음 천도를 제기했을 때 반대했던 공산당과 좌파는 민중운동의 주도권 확보와[96] 함께 영왕운동 및 탕성즈군을 지원하면 장제스를 견제할 수 있을 것이라고 계산하고 우한 천도에 합의했다. 당시 공산당과 좌파는 영왕운동을 장제스에 대한 가장 중요한 견제 방안 중 하나로 받아들였고, 따라서 왕징웨이의 귀국 복귀는 우한 천도의 전제조건의 의미를 띠었다. 이러한 상황에서 장제스는 좌파가 장악한 우한 중앙(중앙집행위원회)과 대립하는 별개의 국민정부를 난창南昌에 두는 조치를 강행했다. 바로 이 시기에 장제스가 베를린에 도착한 왕징웨이에게 귀국 반대 전보를 보낸 것은 우한 천도와 함께 진전되고 있던 '영왕 반장'에 대한 장제스 나름의 대응이었을 것이다. 장제스로서는 우한 측의 구심점이 될 왕징웨이의 조기 귀국을 다시 저지하고 나섰던 것이다.

이후 우한 측과 장제스의 관계는 악화일로로 치달았고, 특히 1927년 1월 중순 장제스의 우한 방문은 우한 측과 장제스의 대립을 되돌릴 수 없는 지경으로 몰고 갔다. 장제스에 대한 우한 측의 환영은 표면적으로는 성대했으나[97] 우한 측 인사들, 특히 그중에서도 보로딘과의 접촉은 아무런 성과가 없었을 뿐만 아니라 피차간의 갈등을 심화시키는 결과만 가져왔다. 한 군중 환영행사에서는 원래 우한 천도를 주장한 장제스가 우한 천도 반대로 돌아선 것에 대한 비난이 일었고,[98] 환영 연회석상에서 보로딘은 '일부 혁명군(장제스)이 노동자 농민들을 압박하고 공산당에 반대한다'고 질책하고 '그렇다면 우리(우한 측)로서는 그(장제스)를 타도할 방도를 구해야 할 것'이라고 발언했다.[99]

1927년 1월 17일 난창으로 돌아간 장제스는 1월 21일의 중앙정치회의에서 우한의 중앙집행위원과 국민정부위원의 연석회의를 부정하고, 우한에는 그전에 설치된 정치분회를 둔다고 결정하도록 함으로써[100] 우한정부에 정면대결을 선언했다. 이에 맞서 우한 측은 난창에 있는 중앙집행위원들과 국민정부위원들에게 우한으로 오도록 촉구하고, 장제스를 견제하기 위해 영왕운동 활성화를 다시 제기했다.[101] 2월 중순 이후에 전개된 우한 측과 장제스 사이의 원색적인 상호비방에서도 왕징웨이의 복직 문제는 여전히 가장 중요한 논쟁점이었다. 우한 측은, 장제스가 제국주의 열강과 손을 잡고 혁명을 배반하려 하는 군벌이며 당의 권위를 무시하고 독재적으로 당권과 군권을 행사하고 있다고 비난했다. 그 증거로 표면적으로는 찬성한다고 하면서도 사실은 장제스가 왕징웨이의 복직에 반대하고 있다는 점을 들었다.[102] 이에 맞서 장제스 측은, 왕징웨이의 귀국 복직에 적극 찬성하고 있다고 주장하고 2월 말에 귀국을 독촉하는 전보를 다시 왕징웨이에게 보냈으나,[103] 그 진심을 확인할 수는 없는 일이었다.

2월 말 왕징웨이의 귀국길은 이러한 상황에서 결정되었다. 우한 측으로부터 전해 받았을 장제스의 귀국 독촉 전보가 왕징웨이에게 어떻게 받아들여졌는지는 알 수 없으나, 우한의 확대연석회의 결의에 따라 2월 21일자로 발송된 전보는 왕징웨이로 하여금 귀국을 더 이상 미룰 수 없게 만든 결정적 계기였던 듯하다. 우한 중앙(확대연석회의)의 전보는 3월 중순으로 예정된 국민당 제2계 3중전회第二屆三中全會에 참석해달라는 명목이었으나 장제스와의 극단적인 대립 상황과 그 결과로 예상되는 결별 수순까지를 고려한 우한 측의 귀국 요청을 담았을 것으로 짐작되기 때문이다. 즉, 우한 중앙의 귀국 독촉은 귀국 명령이었던 것이다.[104]

왕징웨이가 우한 중앙의 계획이나 지시로 귀국했음은, 그가 상하이에 도착한 직후 마중 나온 쑹쯔원宋子文에게 중앙에서 지시가 있는지 물었으며, 별도의 지시가 없다고 하자 상하이에서 며칠 머물게 되었다고 스스로 말한 점을 통해서도 짐작된다. 뿐만 아니라 왕징웨이가 상하이에 도착한 직후 이를 논의한 우한 측의 회의에서도 이 점이 확인된다. 즉, 4월 5일 열린 우한의 정치위원회 회의에서 보로딘은, 왕징웨이는 우한으로 오는 길에 상하이에 들른 것뿐인데 상하이 쪽 사람들은 왕징웨이가 자신들에게 온 것이라고 주장할 테니 왕징웨이가 그들에게 이용당하지 않도록 해야 한다고 말했다. 또한 보로딘은, 왕징웨이에게 사람을 파견하자는 주장에 대해서도 그럴 필요가 없다고 단정적으로 말했다.[105] 왕징웨이에 대한 보로딘의 이러한 낙관적인 분위기는 처음부터 왕징웨이가 우한으로 오도록 계획되어 있었음을[106] 보여준다.

왕징웨이가 귀국길에 올랐다는 소식은 바로 우한 중앙에 보고되었을 것이다. 우한 중앙에서는 그가 3주 안에 우한에 도착할 것으로 여겨진다는 보도가 3월 중순에 나왔다.[107] 그리고 3월 말에는 왕징웨이의 짐들이 이미 광저우에 도착했다고 보도되면서, 늦어도 4월 15일 이전에 도착할 것이라는 추측도 제기되었다.[108] 이러한 언론의 추측보다 훨씬 빨리 왕징웨이가 블라디보스토크를 거쳐 상하이에 도착한 때는 4월 1일 밤이었다. 그러나 이미 3월 중순에 우한에서 열린 3중전회를 통하여 장제스와 우한 측의 대립은 되돌릴 수 없는 지경에 빠진 상태였다.[109] 장제스 휘하의 국민혁명군이 이미 상하이, 난징을 점령하고 우한 측과의 결별 수순, 즉 반공 쿠테타를 준비하기 시작한 이후였다.

4. 상하이담판과 장·왕 관계의 결렬

왕징웨이가 상하이에서 한 일들은 아직 밝혀지지 않은 부분이 많다.[110] 그러나 그가 4월 1일부터 5일까지 닷새 동안 장제스를 비롯한 국민당의 주요 지도자들과 군부의 주요 지휘관들 및 천두슈, 저우언라이周恩來 등의 공산당원들을 몇 차례 만나 벌인 정치적 협상의 윤곽은 파악된다. 4월 1일 저녁에 왕징웨이는 총사령부로 장제스를 방문하여 첫 번째 회담을 했다.[111] 이때 장제스는 왕징웨이에게 우한 측이 자신을 면직시키려 하고 상하이에서는 공회규찰대工會糾察隊가 조계에 난입하려 해서 국민혁명이 일대 위기에 처했다고 주장하며 보로딘 추방과 분공分共을 요구했다고 말했다.[112] 이어서 장제스는 만약 보로딘 추방과 분공이라는 자신의 조건이 받아들여지면 자신은 이후 정치에서 손을 떼고 군사에만 전념할 테니 정무나 당무를 모두 맡아달라고 왕징웨이에게 제안하고 이 내용을 통전通電으로 공개 발표했다.[113] 이 제안은, 3월 말부터 일부 감찰위원들을 중심으로 반공적 조치의 준비 작업이 진행되고[114] 동로군東路軍을 중심으로 모종의 거사 계획이 추진된 것과 관련 있으며, 우한 측과의 결별이 기정사실이 된 상황에서 왕징웨이에게 최종 선택을 제시한 것으로 볼 수 있다.

왕징웨이는 장제스의 제안에 분명한 입장 표명을 유보한 채 자신은 국공합작이 계속되기를 원하며, 대립하는 양측을 화해시키는 일을 맡고 싶다고 밝혔다.[115] 장제스의 3일자 '군무 전념 통전'에 대해서도 그는 전해 3월(중산함사건) 이후 아직 병이 낫지 않았다는 핑계로 일반 당원 자격으로 종사하고자 할 뿐이라고 답함으로써,[116] 당무를 책임져달라는 장제스의 제안에 대해 분명한 접수 의사를 밝히지 않았다.

장제스의 장·왕 연합 제안에 대한 왕징웨이의 거부는 여러 4월 5일자 신문에 실린 천두슈와의 연합 성명으로 더욱 분명해졌다. 이른바 '왕징웨이·천두슈 연합 선언'이라고 불리는 이 성명은, 무산계급 독재가 본래 각국 공산당의 기본 정강이지만 중국에서는 현재뿐만 아니라 미래에도 무산계급 전정專政이 발생하지 않을 것이며, 따라서 공산당이 국민당을 타도한다거나 공인규찰대工人糾察隊가 조계에 난입하여 북벌을 방해하거나 군사당국이 노조를 탄압하고 규찰대를 압박하는 일은 없을 것이라는 내용이었다.[117] 국공합작의 기본 윤곽을 다시 한 번 확인함으로써 당시 무성하던 유언비어들을 일축하려는 의도였다. 왕징웨이는 자신이 말한 대로 조화를 추진하려는 입장에서 조화의 기반인 국공합작의 틀을 유지하고자 했던 것이다.

왕징웨이와 함께 연합선언을 발표한 당사자인 천두슈가 얻고자 한 것은, 민중운동을 고양하고 시정부에 대한 총공회總工會의 주도권을 확보하여 상하이와 난징의 정치적 주도권을 얻는다는 공산당의 기본 전략을 위태롭게 만들 수도 있는 장제스 측과 정면대결은 일단 피하는 것이었다. 이러한 의도는 기본적으로 우한 중앙과 보로딘의 입장을 그대로 반영하였으며, 장제스에 대한 코민테른의 유화적 입장과도 어느 정도 관계가 있었다. 즉, 보로딘을 비롯한 우한 측의 핵심은 4·12사건 발생 소식을 알기 전까지 장제스에 대한 본격적인 제재 조치를 취하지 않은 채 합작을 전면 부정하지 않았고, 이 점은 코민테른 쪽도 마찬가지였다. 스탈린은 4월 5일의 한 연설에서 장제스의 혁명성은 그리 믿을 만하지 못하지만, 군대를 가지고 있는 그가 제국주의에 대항하도록 지도하는 데는 별 문제가 없다고 말했다.[118]

장제스와 상하이의 감찰위원들은 왕징웨이와 천두슈의 연합선언이 발표된 직후 왕징웨이의 해명을 요구하고 나섰다. 특히 국민당 내 공산당원들의 직권 정지를 강력하게 요구했던 우즈후이는 5일 오전에 왕징웨이와 담화하는 자리에서 이 연합선언은 공산당과 국민당의 공치共治를 인정했다고 비판하며 왕징웨이의 우한행을 만류했다고 한다.[119] 그러나 왕징웨이는 공치라고 한 적이 없다고 해명하고, 선언의 기본적 의도는 양당 간의 우의에 대한 강조일 뿐이라고 답하며[120] 우즈후이의 상하이 체류 권고를 받아들이지 않았다. 이튿날인 6일 밤, 왕징웨이는 몰래 우쑹커우를 통해 배편으로 우한으로 떠났다. 우한 측에서 왕징웨이가 장제스에 의해 상하이에 억류될 가능성도 있다고 우려한 것을[121] 보면 그의 우한행은 비밀리에 진행된 듯하다.

양측의 협상이 최종 결렬된 4월 5일자의 일기에서 장제스는, 왕징웨이가 전날 자신과 합작하겠다고 약속하고는 중공 수령 천두슈와 (연합)선언을 발표함으로써 약속을 깨뜨렸을 뿐 아니라 오늘(5일) 다시 와서 당무와 정치를 논하자고 한 것은 놀라운 일일 따름이라고 썼다.[122] 이 기록에 따르면, 1일 혹은 다른 날짜의 회담에서 왕징웨이가 장제스의 합작 요구에 동의했으나 뒤에 번복했다는 이야기가 된다. 장제스의 이러한 주장은 일부 4월 8일자 신문들에 보도된 내용을 바탕으로 하여 이른바 '왕·장 공동반공설'로까지 확대 해석되기도 하지만, 당시 왕징웨이가 귀국부터 우한 측의 계획 내지 명령에 따라 움직일 수밖에 없었다는 점을 고려하면 가능성이 매우 낮다.[123]

우한으로 떠나면서 왕징웨이는 장징장과 리스쩡에게 편지를 보내 다시 한 번 입장을 밝혔다. 그는 4월 5일에 하루 종일 진행된 담화회에서 서로 간에 동의할 수 없어 결연히 떠날 수밖에 없었다고 말했다. 그리고 자신은 국민당 개조의 근본 정책인 연아용공聯俄容共, 즉 소련과 연대하고 공산당을 포용하는 정책을 희생할 수 없으며, 차이위안페이와 우즈후이 등 중앙감찰위원들의 우한 중앙에 대한 반대도 당강黨綱에 따라 진행되어야 하고, 자신은 당이 존재하는 한 당의 기율을 지킬 수밖에 없다고 언급했다. 이어서 그는 이 상황에서 문제를 해결하는 방법은 난징에서 4중전회四中全會(제4차 중앙집행위원회 전체회의)를 개최하여 의견을 모으는 길뿐이라고 주장하고, 자신이 우한으로 떠나는 것은 바로 이 일을 위해서라고 말했다.[124] 실제로 왕징웨이는 4·12사건 직전 우한에서 열린 한 회의에서 우한과 상하이 양쪽이 참석한 확대회의를 개최하자고 주장했으나[125] 아무런 결과를 얻지 못했다.[126]

상하이 담판에서 나타난 왕징웨이의 기본 입장은 연아용공이라는 국공합작의 기본 틀을 유지하자는 것이었다. 그는 이를 위해 끊임없이 우한 측과 장제스의 대립을 중재하려 했다. 이는, 장제스의 기득권에 대한 견제 능력을 전혀 갖지 못하고 우한의 반장제스 세력만을 의지할 수밖에 없는 상황에서 취할 수 있는 대응 방법이었다.[127] 앞에서 언급한 대로 장제스는 왕징웨이의 우한행 여부와 관계없이 우한 측과 결별하기 위한 준비를 진행했다. 이런 상황에서 조화를 위한 왕징웨이의 노력은 처음부터 긍정적인 결과를 기대하기 어려웠다. 왕징웨이의 우한행 이후 장제스에게 남은 것은, 원래 계획대로 우한 측과의 단절을 분명히 하고 상하이와 난징을 장악하기 위한 확실한 조치인 4·12사건 발동이었다.

5. 왕징웨이의 권력 한계

중산함사건은 1926년 3월 18일과 19일에 중산함이 이동함으로써 일어났다. 지금까지 밝혀진 객관적 사실들을 보면, 피습당한 상선 보호를 위해 순시선을 파견해달라는 황푸군관학교 교통계 직원 리스융의 전화 통지가 불량한 전화 상태 때문에 판사처 교통계 직원 왕쉐천에게 1차로 잘못 전달되었고, 교통계장 어우양중이 해군국에 전달하는 과정에서 다시 와전되어 '교장의 명령'으로 '군함 두 척'을 급히 황푸로 파견하라는 내용으로 바뀌는 바람에 생긴 사고로 여겨진다.

중산함 이동이 시산회의파와 쑨원주의학회의 계획적 음모였다고 보는 시각은 상당한 정황적 증거가 있는 설명이지만, 정황 증거 외에 직접적 증거가 없으므로 완전한 설명으로 받아들이기는 힘들다. 그러나 청년군인연합회와 쑨원주의학회의 대립이 당시 황푸군관학교 안팎에서 폭넓게 나타났던 사실을 고려하면[128] 장제스의 반공 거사에 쑨원주의학회 회원들이 주로 관여하게 될 것은 사전 계획이 있었는지와 관계없이 충분한 개연성이 있다.

1925년 5월 초 이른바 차오저우 회합에서 태동한 왕징웨이와 장제스의 연합체제는 양자의 상호 필요에 기반을 두었다. 그러나 실제로는 장제스에 대한 왕징웨이의 의존도가 더 높았고, 왕징웨이의 정치적 지위는 여러 군벌이나 각 군 간의 세력 균형에 기반을 둔 조정자 역할이었다. 이 상황에서 장제스가 군사권을 자신에게 집중시키려 하자 왕징웨이는 각 군과 소련 고문들의 지지를 등에 업고 장제스를 견제하려 했고, 양자 간의 대립은 첨예해질 수밖에 없었다. 그러나 독자적인 군사적 기반을 갖지 못한 왕징웨이는 장제스의 독주를 감당할 수 없었다. 중산함사건 직후 왕징웨이의 요구에도 불구하고 각 군의 영수들은 중립을 고수했고, 최후의 지지자로 여긴 보로딘과 소련 측도 왕징웨이의 입장을 지지해주지 않았다. 국민정부 주석이자 군사위원회 주석인 왕징웨이의 권위는 완전히 무시되었다. 그의 낭만적 기질을 차치하더라도, 이러한 상황에서 그로서는 정치 일선에서 물러나는 것 외에 다른 방법이 없었을 것이다.

중산함사건 이후 왕징웨이가 프랑스로 떠남으로써 그때까지 유지된 장·왕 연합체제는 와해되었으나, 이후 북벌이 진전되는 과정에서도 장제스와 왕징웨이의 관계는 여전히 중요한 쟁점 중 하나였다. 장제스의 군사·정치적 권력 독점을 견제하려는 공산당과 국민당 좌파가 북벌 직전인 1926년 6월부터 추진한 왕징웨이 복직 청원 운동인 영왕운동은 우한 천도 후에도 크게 확산되어 이후 정치에서 핵심적인 화두가 되었다.

한편 공산당이 자신을 견제하기 위해 영왕운동을 일으켰다고 여긴 장제스는 초기 대응으로 영왕에 대해 적극적인 반대를 표명하는 한편 공산당과 협상하여 왕징웨이의 복귀를 저지하려 했다. 그러나 영왕운동이 계속 확산되고, 자신의 주장인 우한 천도를 논의하기 위해 제안한 연석회의에서도 영왕운동이 중요 안건으로 부상하자, 자신의 군사적 주도권을 보장받는 조건으로 왕징웨이의 복직에 찬동하겠다며 입장을 바꾸었다. 그럼에도 불구하고 장제스는 왕징웨이의 귀국과 복귀를 실질적으로 찬성하지 않았다. 장제스의 실질적 반대를 비롯한 여러 정세를 고려한 우한 중앙은 왕징웨이의 귀국을 1927년 4월 초로 미룰 수밖에 없었다.

왕징웨이의 귀국은 사실상 공산당과 좌파의 영왕운동의 연장선상에서 이루어졌다. 따라서 우한 측과 난징 측이 분열하는 계기가 된 왕징웨이의 우한행은 그가 귀국하기 전부터 결정되어 있었으며, 상하이를 경유하며 공산당이나 국민당 지도자들과 가진 정치적 협상들에서도 그에게는 아무런 선택의 여지가 없었다고 봐야 한다. 상하이의 협상에서 왕징웨이가 취한 입장은 기본적으로 우한정부 편에 서서, 우한 측과 장제스 측이 충돌하여 국공합작이 무산되는 것을 막아보고자 하는 조화론에 입각해 있었다. 그러한 조화의 노력이 양측 간의 분열을 막을 수는 없었다.

중산함사건에서 분명히 드러났듯, 쑨원 사후 국민당에서 가장 중심적인 정치지도자로 부상한 왕징웨이와 장제스의 관계에서 초반에는 왕징웨이가 주도권을 쥐었으나 점차 군사권을 장악한 장제스에게 옮겨졌다. 군사력을 바탕으로 주도권을 잡은 장제스에 대한 공산당과 국민당 좌파의 견제는 영왕운동으로 나타났다. 그 결과 왕징웨이의 귀국이 가능해졌으나, 북벌을 통하여 더욱 강력해진 장제스의 군사·정치적 주도권 앞에서는 영왕운동이라는 정치적 지지기반이 있는 왕징웨이도 입지를 구축하는 데 실패할 수밖에 없었다. 이런 의미에서 국민혁명 시기 장제스와 왕징웨이의 관계는, 군사가 정치나 혁명을 압도하는 국민혁명의 기본적 성격을 가장 잘 보여준다. 또한 다른 한편으로는 좌파의 최고 지도자 왕징웨이가 가질 수밖에 없는 이념적 양면성과 그로부터 연유한 권력의 한계를 드러내고 있다.

국민혁명 시기의 좌파 지도자 왕징웨이가 드러낸 이러한 현실정치적 한계가 좌파의 중요한 지향 중 하나였던 '반제 실천'이라는 측면에도 큰 한계로 작용한 것은 당연한 일이다. 이 부분은 다음 장에서 자세히 다룰 예정이다.

Ⅱ. 국민혁명 시기 왕징웨이와 반제민족주의 실천

1. 국민혁명과 반제민족주의

1924년 1월의 국민당 1전대회一全大會(제1차 전국대표대회)를 시작으로 본격화한 국민혁명은, 아편전쟁 이후 중국의 최대 과제였던 근대적 국민국가 성립을 목표로 한 결정적 단계였다. 비록 외세인 소련의 강력한 지원 아래 시작되었지만, 국민혁명군의 성립과 이를 바탕으로 한 전국 통일(북벌)은, 청조 멸망 이후 각 성을 단위로 하여 지방권력으로 대두한 군벌 타도, 즉 '반봉건'이 목표였다. 한편 불평등조약 폐지와 조계 회수를 구체적 목표로 내세운 '반제'는 대외적으로 중국의 독립을 되찾기 위한 방안이었다. 반봉건과 반제는 국민국가의 기본적 전제 조건이었던 셈이다.

앞에서 살펴본 대로 제1차세계대전 종전 이후 열린 파리평화회의에서 열강은 패전국 독일이 산둥지역에서 차지했던 이권들을 일본이 계승하도록 결정했다. 이에 굴복하여 강화조약을 조인하려 한 베이징정부에 반대하여 시작된 5·4운동은 기본적으로 반제운동이었다. 그러나 5·4운동 당시 중국의 반제 인식과 반제운동은 왕징웨이의 경우처럼 일부 열강에 대한 기대와 국제연맹에 대한 환상을 보여주는 등 상당한 한계를 내포했다. 국민혁명의 기본 노선으로 제기된 '반제'는 5·4운동의 이러한 시행착오를 거치며 보다 구체적인 내용을 갖추게 되었고, 이 과정은 왕징웨이의 경우에도 확인된다.

이 장에서는 이러한 관점에서 국민혁명 시기 왕징웨이의 반제 인식과 그 문제점을 자세히 밝히고자 한다. 그의 반제 인식과 반제운동을 논의할 때 5·4운동 시기 반제 인식과의 연관성과 1930년대 말 친일정권으로 굴절을 겪게 되는 단계와의 관련성을 어떻게 설명할 것인지를 고려하며 접근하려 한다. 1920년대에서 1930년대에 이르는 그의 반제 인식과 반제운동을 하나로 연결된 맥락에서 보기 위해서이다.

2. 국민당의 개진, 개조와 반제 제기

제1차 국공합작과 국민혁명의 출발선이 된 1924년 1월의 국민당 개조는 사실 1년 전인 1923년 1월에 일어난 국민당 '개진改進'의 확대판이었다. '개진'은 쑨원이 소련의 지원을 얻기 위해 나름대로 국민당 조직을 개편한 것을 가리킨다. 그러나 코민테른이 불만을 나타내고 보다 철저히 조직을 개편하라고 요구하여 '개조'를 단행하지 않을 수 없었다. 이를테면 '개진'은 '개조'로 가는 일종의 시행착오 단계였다. 따라서 '개진' 단계와 '개조' 단계의 개편 내용은 상당한 차이가 있다. 예를 들어 개진 단계에서는 종전까지 국민당 내에서 유지된 쑨원의 독점적 권력체제가 일부 견제를 받는 형태로 바뀌었지만, 개조 단계에서는 전국대표대회가 당내의 최고 의결기구라는 점을 분명히 함으로써 쑨원의 개인적 권력 독점이 불가능해졌다. 민중운동에 관해서도 "노동자와 자본가 사이 및 지주와 소작인 사이의 평등을 서서히 도모한다"라고 규정했던 개진 단계의 노동자 농민 정책이 개조 단계에 가서는 "농민과 노동자의 계급적 해방을 도모한다"로 바뀌었다.[129]

무엇보다도 개진과 개조의 내용적 차이는 제국주의에 관한 문제에서 나타났다. 1923년 1월 1일에 발표된 「중국국민당선언」은 개진의 방향을 천명하고 있는데, 제국주의 문제에 대하여 "조약 개정에 힘써 중국의 국제상 자유 평등한 지위를 회복한다"[130]라는 원칙적 입장을 밝히는 수준이었다. 그러나 개조를 천명한 1924년 1월 23일의 「국민당1전대회선언國民黨一全大會宣言」에 가서는 훨씬 분명한 어조로 제국주의에 대한 구체적 정책을 제시하고 있다. 즉, "청조를 타도함으로써 공화를 이루었으나 열강의 침략과 군벌들의 전횡으로 중국은 독립을 상실하고 반식민지半植民地의 지위로 떨어졌다"라고 상황을 진단하고, "이 상황에 대한 국민당의 주장은 삼민주의三民主義로서 그 가운데서도 민족주의가 첫 번째로 중요한데, 이는 중국의 자유와 독립을 획득하기 위해 국내의 각종 평민계급을 조직하여 제국주의를 타도하는 일이다"라고 주장했다. 이와 함께 "조계와 영사재판권, 외국인의 관세 관리 등 제국주의 열강의 특권을 규정하는 모든 불평등조약을 철폐하고 평등호혜의 새로운 조약을 맺는다"라고 국민당 대외 관계의 핵심 정강을 제시하고 있다.[131] 제국주의 열강의 각종 이권을 규정한 불평등조약의 철폐를 통한 중국의 국가적 독립과 자유 회복이 당면한 최고 과제였으며, 구체적 방안으로는 평민계급의 조직이라는 반제 민중운동을 제시했다. 외교적 현안인 불평등조약의 철폐 혹은 개정을, 민중에 대한 각성과 이를 기반으로 한 민중운동으로 추진하겠다는 이른바 '혁명외교'를 기본 정강으로 내세운 것이다.

당시 쑨원의 최측근이었던 왕징웨이는 개진과 개조의 준비 단계에서부

1922년 8월부터 12월 사이에 상하이 쑨원의 집에서 국민당 개진을 위해 열린 토론 모임.
가운데 줄 왼쪽부터 랴오중카이, 왕징웨이, 후한민, 쑨원.

터 핵심적인 역할을 했다.[132] 1922년 6월에 일어난 광둥군벌 천중밍의 반란으로 광둥의 근거지를 상실하고 상하이로 간 쑨원이 9월 초 소련의 지원을 받을 목적으로 국민당 개진을 위한 준비회의를 소집하자 왕징웨이도 참여하였다.[133] 이어서 왕징웨이는 같은 해 11월 15일에 소집된 개진안 심사회의에서 후한민과 함께 선언 기초위원으로 위촉되었다.[134] 1923년 1월 1일에 발표된 「중국국민당선언」은 바로 왕징웨이의 기초를 거쳐 만들어졌다. 여기에 표현되어 있는 "조약 개정에 힘써 중국의 국제상 자유 평등한 지위를 회복한다"라는 주장은 제국주의에 대한 쑨원이나 후한민 그리고 왕징웨이의 주장을 반영했다고 볼 수 있다.

개진 단계에 나타난 이러한 원론적 제국주의 이해는 5·4운동 시기 왕징웨이의 국제관이나 반제 인식과 비교했을 때 상당히 발전했다는 점이 주목된다. 5·4운동 당시 왕징웨이는 일본의 산둥 이권 승계에는 격렬히 반대하면서도 그러한 결정에 동조한 전승국들, 그중에서도 특히 미국에 대해서는 우호적 기대를 유지했다. 또한 국제연맹을 통한 중국 문제 해결에서도 지나치게 낙관적인 국제관을 드러냈다. 이러한 국제 인식은 그의 반제 인식에 상당한 한계로 작용하고 있었다.[135] 이후 국민당 개진 단계에서 제시된 '조약 개정을 통한 평등한 국제 관계 회복'에 대한 주장은 왕징웨이의 반제 인식이 질적인 면에서 크게 발전했음을 보여준다.

한편 1923년 10월 초 코민테른의 대표 보로딘이 광저우에 도착한 이후 국민당의 새로운 조직 개편 작업, 즉 개조 작업이 본격적으로 진행되었다. 10월 19일 왕징웨이는 랴오중카이, 장제, 다이지타오, 리다자오李大釗와 함께 개조위원으로 위촉되었고,[136] 준비 작업의 결과로 1924년 1월 20일 광저우에서 국민당 1전대회가 열렸다. 23일 발표된 「국민당1전대회선언」과 국민당 당강黨綱에 보다 강하게 나타난 반제 주장은 바로 개진에서 개조로 진전되는 과정에서 새로이 추가되었는데, 왕징웨이도 여기에 적극 참여했다.

물론 「국민당1전대회선언」에 나타난 반제는 당시 코민테른 대표로서 광저우에서 함께 대회 준비를 독려한 보로딘과 중국공산당 대표 리다자오 등의 강력한 영향력 아래 만들어졌고 다른 한편으로는 쑨원의 동의와 지지가 바탕이 되었다.[137] 보로딘과 리다자오의 반제 주장은 사실 1919년 모스크바에서 코민테른이 결성될 당시 레닌이 제기한 반제 주장으로 소급된다. 개진과 개조 단계를 거치며 추진된 연소용공의 국공합작 노선 자체가, 식민지 약소국에서 (공산) 혁명을 진작하기 위해서는 우선 제국주의의 침략으로부터 민족해방을 달성하는 과정이 필요하며, 이를 위해서는 민족자본가 계급 정당과 연합해야 한다는 이른바 연합전선 이론에서 나왔음은 주지의 사실이다. 개조 단계에서 국민당과 왕징웨이가 받아들인 반제, 즉 각 평민계급의 조직을 통한 반제민중운동과[138] 이를 통한 제국주의 타도 주장은, 프롤레타리아(노동자, 농민) 계급의 조직화와 함께 부르주아 계급의 당면 목표인 (반제)민족혁명을 연합 추진한다는 레닌과 코민테른의 '민족 식민지 문제에 대한 기본 입장'을[139] 나름대로 수용한 결과였다.[140]

그런 까닭에 이 시기 왕징웨이가 반제와 반군벌(반봉건)을 국민혁명의 핵심 목표로 제시하면서도 단순히 하나의 구호로 삼는 정도로 이해한 점이 흥미롭다. 즉, 1924년 8월 국민당 실업부에서 개최한 한 강연에서 왕징웨이는, 군벌을 타도하고 제국주의에 저항하는 것이 실업을 진흥하는 첫 번째 단계이며, 국민당의 경제정책인 민생주의 실현은 그 다음 단계라고 주장했다.[141] 또한 교육 문제에 관한 강연에서도 교육(민생) 문제를 해결하기 위해서는 자본적 제국주의를 타도하는 국제 문제 해결부터 시작해야 하며, 민족과 국민의 자각을 불러일으켜 제국주의에 대응해야 할 것이라고 말했다.[142] 이는 실업 진흥이나 교육에 관한 문제까지도 반제에서 해결책을 찾아야 한다는 주장이었다. 말하자면 당시 왕징웨이는 반제를 모든 정책의 출발점과 같은 것으로 받아들였고, 그것을 하나의 고정된 구호처럼 제시했다. 이는 그가 외부적 사상체계를 전략적 차원에서 수용했다는 점을 보여준다.

요컨대 쑨원의 최측근으로서 개진과 개조 단계를 거치며 연소용공의 국공합작 노선 방향을 잡는 데 앞장선 왕징웨이는, 개진과 개조의 진전 과정 자체와 마찬가지로 코민테른과 중국공산당의 노선 수정 요구를 국민당이 받아들이는 형식으로 연합전선 이론에 기반한 반제 주장을 수용했다. 바로 이 점에서 개진과 개조 단계에 나타난 왕징웨이의 반제 인식은 기본적으로 독창적인 사상적 기반을 가졌다기보다는 국공합작 노선이라는 혁명적 환경을 수용한 결과로 봐야 한다. 왕징웨이가 자신의 반제 이해를 단순한 정치구호로 만들어 정치선전 도구로 제시한 점도 이와 연관 있다고 생각된다.

3. 북상, 국민회의운동과 반제의 고양

국민당 1전대회를 기점으로 시작된 국민혁명은 반제와 반군벌을 목표로 제시했다. 그러나 현실적 권력기반, 특히 군사적 기반이 전혀 없는 쑨원은 여러 차례의 실패에도 불구하고 군벌과 연합하여 정치적 기반을 만들어야 했다. 천중밍이 반란을 일으켜 혁명의 기반을 일거에 상실한 경험에도 불구하고 쑨원은 당시 가장 큰 세력을 가진 직예파直隸派 군벌에 맞서는 방안으로 여타 군벌, 즉 펑티엔奉天 군벌, 안후이安徽 군벌과 손을 잡는 이른바 반직삼각동맹反直三角同盟 결성에 혁명운동의 명운을 걸 수밖에 없었다. 코민테른과 중국공산당은 이러한 쑨원에 대해 상당한 불신과 우려를 품었다. 1924년 10월에 베이징정변을 일으킨 펑위샹의 북상 요청을 받은 쑨원이 군벌들과 협상하기 위해 북상을 결정했을 때도 중국공산당 측이 즉각 찬동 의사를 밝히지 않은 것은 그 때문이었다. 공산당 측이 전부터 주장해온 국민회의 소집을 전제로 쑨원의 북상에 동의하고 그 과정에서 정치적 주도권을 노려 이를 민중운동의 형태, 즉 국민회의운동으로 확대시키려 한 것도 같은 이유 때문이었다.[143]

1924년 11월 왕징웨이는 쑨원의 북상을 수행하여 광저우를 떠나기 직전에 열린 강연에서 '위안스카이 정권에 대한 국민당의 저항은 위안스카이를 지원한 각국 대차관大借款을 반대한 것이다. 호법전쟁에서도 약법을 파괴한 군벌들이 아니라 그들이 의지한 일본 제국주의의 차관에 반대한 것이다. 차오쿤曹錕에 대한 반대도 그가 의지한 제국주의 열강에 반대한 것'이라고 주장하며 국민당의 투쟁 역사는 제국주의에 대한 투쟁이었다고 강조했다. 그리고 '따라서 국민당의 최대 책임은 제국주의를 타도하는 것이고, 제국주의가 타도되어야 제국주의에 기생하는 군벌도 타도할 수 있다'고[144] 말했다. 국민혁명의 목표로 제기된 반군벌과 반제 가운데 반제가

1차적으로 중요하며, 혁명의 가장 중요한 적은 군벌 자체가 아니라 군벌들이 의존하고 있는 제국주의 세력이라는 주장이었다. 반제의 중요성을 한층 강조했던 것이다.

아울러 쑨원이 자신의 북상 목적으로 국민회의 개최와 불평등조약 철폐를 주장하자[145] 왕징웨이는 이에 호응하여 '국민회의 개최 목적은 중국의 주권을 제국주의와 군벌의 손아귀에서 찾아오는 데 있다'고[146] 주장하고, 중국의 주권을 되찾기 위해서는 '제국주의가 중국 인민을 수탈하고 압박하는 데 가장 중요한 수단이 되고 있는 불평등조약을 철폐해야 한다'고[147] 강조했다. 반제를 실현하는 보다 실제적인 방안으로 국민회의 소집과 불평등조약 철폐를 제기한 것이다. 이는 「국민당1전대회선언」에서 제기했던 '평민계급의 조직화'와 '불평등조약 철폐'의 또 다른 표현인 셈이다.

그런데 쑨원이 북상 선언에서 제기한 국민회의 소집 방안은 사실 이전에 공산당이 제기했던 것이다. 말하자면 쑨원은 공산당의 주장을 자신의 주장으로 받아들였던 것이다. 따라서 왕징웨이가 북상과 함께 제기한 국민회의 소집 주장도 결국 공산당 측의 주장을 따라간 꼴이었다. 왕징웨이의 주장은 앞에서 지적한 대로 국민당 개조를 거치며 국공합작 노선을 수용하는 한편 반제·반군벌 노선을 충실히 받아들인 것과 동일한 양상을 보여준다. 그는 1전대회와 북상으로 이어진 1923년 10월~1925년 3월에 이르는 국민혁명의 전반기 동안 쑨원과 공산당 측의 주장을 거의 그대로 받아들이고 이를 대외적으로 선전하는 데 힘을 기울였다. 신해혁명 당시 쑨원의 최측근으로 활동하던 시기부터 나타난 이러한 모습은 정치사상가라기보다 선전가로서 면모를 보여주는 대목이다.[148]

이러한 그에게 쑨원의 사망은 커다란 충격으로 다가왔다. 북상하는 도중에 일본을 방문한 쑨원은 1924년 11월 말 고베에서 톈진으로 가는 배에서 간암이 발병한 것을 알게 되었다. 톈진에 도착했을 때는 군중의 환영에

답하기도 어려웠으며 1925년 1월 1일 베이징에 도착했을 때는 위독하여 거의 모든 활동을 할 수 없는 형편이 되었다.[149] 쑨원의 북방 활동 준비를 위해 1924년 11월 말 먼저 베이징에 도착한 왕징웨이는 쑨원이 톈진에 도착한 이후 환영회 석상에서 그를 대신하여 답사를 하는 등 대리인으로 활동하는 한편 간병에 힘썼지만, 1925년 3월 12일 쑨원은 사망하고 말았다.

왕징웨이는 쑨원이 사망하기 직전에 그의 유촉을 대신 집필함으로써 쑨원의 후계자 지위를 공인받는 데 성공했으나, 이후 국민당 정권 내에서의 주도권 확보는 그리 쉬운 일이 아니었다. 왕징웨이로서는 정치적 주도권을 얻기 위해 장제스의 군사력을 끌어들일 필요가 있었다. 이러한 맥락에서 쑨원이 사망한 직후부터 이른바 장·왕 연합체제가 모색되었을 가능성이 크다.[150]

1925년 8월에 일어난 랴오중카이 암살사건은 같은 해 7월에 성립한 광둥 국민정부의 집단지도체제인 위원합의제를 무너뜨리는 직접적인 계기가 되었다. 이 사건을 수사하기 위해 만들어진 특별위원회가 관련 혐의가 있는 후한민을 축출하고 배후세력과의 관계를 이유로 쉬충즈를 제거하여, 결과적으로 왕징웨이와 장제스의 2인 체제를 가져왔기 때문이다.[151] 이후부터 1926년 3월 20일 중산함사건이 일어나기 전까지 첫 번째 장·왕 연합체제가 실험되었다.

장·왕 연합체제에서 왕징웨이는 생전의 쑨원과 마찬가지로 이른바 조정자 역할에[152] 기반을 두었다. 당시 왕징웨이는 장제스의 당군과 새로이 국민혁명군에 합류한 각 군벌 군대, 재정적 실권을 가진 소련 고문들, 그리고 국민당 내의 각 계파 사이에서 적당한 조화와 조정을 꾀함으로써 지위를 유지해갈 수 있었다.[153] 그러나 이러한 조정자 역할을 통해 정치적 주도권을 계속 유지하기는 힘들었다. 왕징웨이의 역할에 대한 반감이 장제스로 하여금 중산함사건이라는 무력시위를 일으키게 한 여러 요인 가운데 하나

1925년 4월 광저우의 왕징웨이.

였음은 잘 알려져 있다.[154]

이렇듯 쑨원 사후 장·왕 연합체제를 기반으로 조정자로서 주도적 권력을 유지한 왕징웨이는 이후 전개된 국민회의운동을 통해 반제사상을 고양시켰다. 특히 쑨원이 사망한 직후인 1925년 4월 중순에 그가 쓴 「국민회의 국제문제 결의 초안」은 제국주의와 반제 문제에 대한 입장을 가장 분명히 밝히고 있어서 주목된다. 이 글에서 그는 제국주의의 개념을 "선진자본주의 국가가 자국의 상품에 대한 시장과 원료 공급지를 확보하기 위하여 다른 민족이나 국가를 경제적으로 침략하는 것" 으로 규정하고, 아편전쟁 이후 중국이 이러한 제국주의 열강의 경제 침략으로 반식민지 처지에 놓였음을 지적했다.[155] 이어서 신해혁명 시기 쑨원의 초기 혁명운동도 대내적으로는 만주족의 지배를 벗어나기 위한 것이었지만 대외적으로는 제국주의에 저항하기 위한 것이었다고 주장하고, 현재 국민혁명의 목표는 반제와 반군벌인데, 이 두 가지 중에서 반제가 더욱 중요하다고 강조했다.

왕징웨이는 또한 반제를 실현하는 구체적 방안으로, 상실한 모든 영토의 회복, 중국의 번속국이었던 조선과 베트남 등의 독립, 모든 조계 회수, 외국인들이 소유한 중국 내의 모든 철로 회수, 외국 군대와 경찰의 철수, 외국 선박의 내하항행권內河航行權 회수, 영사재판권 회수, 관세자주권 회복 등을 들었다.[156] 또한 국민당이 주도하고 있는 혁명, 즉 넓은 의미의 국민혁명은 결국 반제가 목표이며, 이를 실현하려면 불평등조약을 전면 철폐해야 한다고 주장했다. 그것이 국민혁명의 당면 현안인 국민회의가 소집되었을 때 다뤄야 하는 국제문제에 대한 해답이라는 것이었다.

4. '혁명외교'와 반제 실천의 한계

1925년 5월 말 상하이에서 발생한 5·30운동과 뒤이어 광저우와 홍콩에서 일어난 사지沙基사건, 광저우·홍콩파업은 외교적 현안인 불평등조약의 철폐를 반제 민중운동이라는 혁명적 방법으로 달성하려는 이른바 혁명외교의[157] 시발점으로 주목받아왔다. 상하이의 일본 방직회사 나이가이사창內外絲廠의 공장에서 중국인 노동자가 사망하자 이 사건에 대한 항의 시위가 벌어졌다. 시위 도중 공공조계에서 영국 경찰이 발포하여 30여 명의 사상자가 발생한 사건이 도화선이 된 5·30운동은 이후 전국적 반제운동으로 확대되었고, 국민적 반제운동의 전형적인 예가 되었다. 5·30운동에 대한 지지 운동 가운데 특히 6월 하순에 광저우 지역의 노동자와 시민들이 시위하는 과정에서 사몐沙面 조계의 영국 군인들이 발포하여 수백 명의 사상자가 발생한 사지사건과, 연이어 일어난 홍콩 중국인 노동자들의 항의 시위와 집단 철수 파업운동인 광저우·홍콩파업은 광둥 국민정부의 혁명외교 역량을 시험하는 중요한 무대였다.[158]

당시 광둥 국민정부 주석으로서 광저우·홍콩파업에 대한 직접적인 지원책을 마련해야 했던 왕징웨이는, 동정東征(광둥의 통일)에 이은 북벌 추진을 국민혁명의 당면 목표로 제시했다. 그는 동정과 북벌의 기반인 광둥 인민들은 자신들의 생명과 재산을 보호하기 위해서라도 영국 제국주의자들과 장기간 투쟁을 벌이고 있는 홍콩 노동자들을 지원해야 한다고 주장했다.[159] 또한 이를 위해서는 농민과 노동자를 중심으로 일반 민중의 반제

의식을 불러일으켜야 한다고 주장함으로써[160] 파업과 같은 민중운동을 통한 반제 실현이라는 혁명외교의 실천을 강조했다.

광저우·홍콩파업은 혁명정권인 광둥 국민정부의 전폭적 지지 아래 1925년 6월 말부터 1926년 10월까지 1년 이상 지속되었다. 그러나 공산당이 주도한 파공위원회 측의 사상자들에 대한 보상과 파업에 따른 경제적 손실에 대한 보상 요구를 영국 측이 끝내 받아들이지 않았다. 그뿐 아니라 영국 측은 북벌 개시 직후인 1926년 9월 초에 오히려 군함을 동원하여 무력시위를 벌였다. 군사적 충돌을 두려워한 국민정부 측은 일방적으로 파업을 철회했고, 결과는 타협적 해결에 그쳤다.[161] 광저우·홍콩파업의 결말이 드러낸 타협성은, 군사력과 같은 현실적 기반이 없는 상황에서 민중적 반제 인식의 고양이나 시위운동의 확산, 경제절교와 같은 민중운동을 통한 혁명외교 실천은 처음부터 한계가 분명하다는 점을 적나라하게 보여주었다.

광저우·홍콩파업의 결말과 같은 혁명외교의 현실적 난항에 대해 왕징웨이가 어떤 견해를 나타냈는지는 분명하지 않다. 광저우·홍콩파업 해결을 위해 광둥 국민정부와 홍콩 당국 대표가 벌인 협상이 양측의 강경한 태도로 결렬된 직후인 1926년 3월, 그는 장제스의 군사정변인 중산함사건으로 인하여 칩거하다가 5월 10일에 프랑스로 떠났다.[162] 1926년 7월 이후 광둥 국민정부와 영국이 본격적으로 협상을 벌였으나[163] 그는 이미 중국에 없었던 것이다.[164]

이 같은 혁명외교의 난항에도 불구하고 1926년 7월에 시작된 북벌이 기대 이상의 성공을 거두자 국민정부의 혁명외교는 더욱 고양되었다. 특히 1927년 1월에 발생한 한커우漢口와 주장九江의 조계 회수 사건에서 혁명외교는 최고조에 달했다. 1926년 10월 우한을 점령한 국민혁명군은 곧바로 북벌의 방향을 창장 강長江 하류로 돌렸고, 같은 해 11월 장시江西의 주장과 난창을 점령하는 데 성공했다. 1927년 1월 3일, 한커우의 영국 조계에서 중국인들과 영국 해군 병사들이 충돌하여 여러 사상자를 내자 국민정부는 치안 유지를 명분으로 군대를 파견하여 조계를 접수하고 영국 측과 협상을 벌였다.[165] 연이어 1월 6일에 주장의 영국 조계에서 시위 군중과 영국 군인들이 충돌하자 한커우의 경우와 마찬가지로 국민정부가 조계를 접수하기에 이르렀다. 얼마간의 협상 끝에 2월 중순 양 지역의 조계회수 협정이 맺어짐으로써 사건은 일단락되었다.[166]

불평등조약의 핵심인 조계를 반제 민중운동을 통하여 실질적으로 회수할 수 있는 시발점이 되었다는 점에서 한커우와 주장의 조계 회수 사건은 혁명외교의 성공적 사례라는 긍정적 평가를 받기도 한다.[167] 그러나 이로 인하여 국민혁명에 대한 영국을 비롯한 제국주의 열강의 우려와 간섭 가능성은 점점 커졌다.[168] 조계 회수 사건 2달 뒤인 3월 하순에 국민혁명군이 상하이와 난징을 점령하는 과정에서 일부 유랑민들이 조계에 난입하고 열강 군대가 보복 포격을 가해 수많은 희생자를 낸 난징사건이 발생했다. 이 사건은 곧바로 열강과 국민정부의 외교 현안이 되었다.[169] 또한 상하이에서는 민중과 국민혁명군의 조계 난입과 그에 따른 열강의 무력 개입 가능성에 관한 소문이 무성했다. 이러한 혁명외교의 격렬한 분위기는 장제스를 비롯한 반공 우파의 군사정변인 4·12사건을 불러오는 요인 중 하나가 되었다.[170]

한커우와 주장의 조계 회수 사건에서 드러난 반제 민중운동의 고양과 격렬한 혁명외교를 왕징웨이가 어떻게 받아들였는지는 분명하지 않다. 당시 프랑스로 외유를 떠나 중국 내에 없었기 때문이다. 그가 중국으로 돌아온 때는 광저우 국민정부의 우한 천도 이후 우한 국민정부 측과 상하이·난징 측(장제스 측)의 대립이 막바지로 치달은 1927년 4월 1일이었다. 따라서 조계 회수와 혁명외교의 과격화 양상에 대한 왕징웨이의 시각을 밝히려면, 그가 외유를 떠나기 전인 1926년 5월 이전의 상황과 외유에서 돌아온 1927년 4월 이후의 상황을 연결하여 추론하는 것이 유일한 방법이다.

1926년 5월 이전, 즉 중산함사건 이전까지 왕징웨이가 혁명외교를 적극 지지한 점은 앞에서 지적했다. 그렇다면 1927년 4월 초에 유럽에서 귀국한 후에는 반제에 대해 어떤 견해를 보였을까? 왕징웨이가 유럽으로 떠난 후 중국공산당과 소련 고문들의 주된 관심은 어떻게 하면 중산함사건으로 확실하게 군사적, 정치적 주도권을 잡은 장제스를 견제하고 국민혁명의 주도권을 가질 수 있는가에 집중되었다. 가장 현실적인 방안으로 모색된 것이 좌파의 지도자인 왕징웨이의 복직을 통한 장제스 견제였다. 국민혁명군이 북벌을 개시하기 직전인 1926년 6월부터 국민당의 각 지방당부에서 나타난 이른바 영왕운동은 바로 이러한 배경에서 등장했다. 왕징웨이의 귀국은 그 결실인 셈이었다.

이런 점에서 1927년 4월 초에 귀국한 왕징웨이가 당시 우한 중앙의 입장을 그대로 추종하는 것 외에 다른 선택의 여지가 없었음은 충분히 짐작할 수 있다. 이는 왕징웨이가 귀국 직후 상하이에서 장제스 등과 담판을 벌이는 동시에 중국공산당 총서기 천두슈와 함께 발표한 이른바 왕징웨이·천두슈 연합선언에서 분명히 확인된다. 선언 내용은 연소용공의 국공합작 노선을 그대로 견지한다는 것이었다.[171] 또한 우한에 도착한 직후인 4월 중순에 한 연설에서도 그는, 국공합작의 기본 노선인 3대 정책, 곧 연소·용공·부조농공扶助農工은 불가분의 관계로서 하나이며 그중 어느 하나(예컨대 용공)가 깨지면 전체가 깨지는 것이라고 주장했다.[172] 이를 통해서도 당시 왕징웨이의 기본 입장이 국공합작 노선에 대한 충실한 지지였음이 확인된다.

따라서 귀국 당시 왕징웨이의 반제 혹은 혁명외교에 대한 입장은, 우한 중앙과 마찬가지로 적극적인 추진이나 지지였다고 짐작된다. 한커우와 주장의 조계 회수와 같은 사건이 일어났을 때 그가 국내에 있었다면 우한 중앙의 지도자로서 혁명외교를 적극 추진했을 것이다. 이 점은 조계 회수 사건이 일어난 직후인 1927년 1월 중순에 우한을 방문한 장제스조차 조계 회수에 적극적인 찬동 의사를 밝힌 것을[173] 통해서도 충분히 짐작된다. 장제스보다 반제운동을 비롯한 민중운동에 적극적이었을 왕징웨이가 조계 회수에도 더욱 적극적이었을 것이 분명하기 때문이다.

그러나 왕징웨이가 귀국하여 우한 중앙에 합류한 후의 상황은 이전과 상당히 달랐던 듯하다. 상하이에서 '반공'에 합류할 것을 주장한 장제스 등에 대해서는 끝까지 반대를 견지했으나 우한에 도착한 후 곧바로 공산당의 전횡에 대해 근본적인 회의를 표시하는 입장으로 선회했다는 왕징웨이의 말을[174] 액면 그대로 받아들인다면, 우한 중앙이 주도한 조계 회수와 같은 과격한 혁명외교에 대한 견해도 부정적으로 바뀌었을 가능성이 크다. 왕징웨이는 우한에 도착한 직후부터, 정치적 주도권이 완전히 공산당의 손에 들어갔으며 자신이 광둥을 떠나던 예전의 상황과는 크게 다르다는 사실을 알게 되었다. 그는 특히 우한정부의 통치 지역 내에서 전개된 민중운동의 대부분을 공산당이 완전히 주도하여 진행하고 있다는 사실을 깨달았다고 한다. 그럼에도 불구하고 곧바로 분공分共 수순을 밟지 못한 것은 우한 측에서 따로 추진한 북벌의 진전을 가로막을 수는 없었기 때문이라고 주장했다.[175]

우한에 도착한 직후인 1927년 4월 초부터 왕징웨이는 우한정부가 주도하고 있던 혁명외교 노선을 수정 완화하거나 '퇴각'을 결정하기 시작했다. 4·12사건 직후인 4월 16일에 왕징웨이가 주재한 국공양당연석담화회에서는 우한정부가 당면한 위기 상황이 다각도로 분석되었다. 4월 20일에는 "제국주의자들에게 구실을 주지 않고 북벌과 동남의 반혁명파 숙청에

1927년 5월, 우한정부 시기의 왕징웨이(가운데).

역량을 집중하며 실업失業 노동자들의 고통을 들어주기 위하여"라는 명목으로 '외국인의 생명과 재산에 대한 보호, 외국 상인의 경제활동 보장, 외교문제 처리의 중앙정부 귀속' 등을 중심으로 하는 외교정책 '완화'를 결정하기에 이르렀다.[176]

또한 5월 하순 창사에서 발생한 마일사변馬日事變 이후에는 민중운동의 '과격화'와 과격한 토지혁명 실시 등을 둘러싸고 공산당 및 코민테른 측과의 갈등이 심화되기 시작했다. 이와 같은 상황에 따라 결국 분공으로 나아가지 않을 수 없었다고 훗날 왕징웨이는 주장했다. 이 주장은 자신의 정치적 행위를 합리화하기 위한 변명일 가능성도 있다. 그러나 당시 마일사변 처리 문제를 둘러싸고 우한정부 내에서 국공합작에 적극적이었던 국민당 좌파와 공산당의 갈등이 심각해졌고, 그것이 결국 분공의 결정적 요인이 된 점을[177] 볼 때, 분공 과정과 자신의 입장에 대한 왕징웨이의 설명은 상당한 논리적 일관성이 있다. 요컨대 앞에서 설명한 여러 사실들로 미루어보면, 그가 실제로 무력적인 조계 회수와 같이 지나치게 급진적인 혁명외교에 대하여 우한 도착 후부터 반대 입장으로 돌아섰을 가능성이 크다.

5. 반제의 좌절

지금까지 국민혁명 시기 왕징웨이의 제국주의에 관한 이해와 반제 인식이 어떻게 변화 발전했는지 살펴보았다. 그는 쑨원의 최측근으로서 국민당 개진과 개조 단계를 거치며 연소용공의 국공합작 노선 방향을 주도적으로 설정했다. 또한 같은 시기에 진행된 국민당의 개진, 개조처럼 코민테른과 공산당의 노선 수정 요구를 받아들이는 형식으로 레닌과 코민테른의 연합 전선 이론에 기반한 반제 이론을 수용했다. 이 이론은 부르주아 계급의 반제 민족해방 운동과 공산주의 운동이 1차적으로 공동 전선을 만들 필요가 있다는 주장이었다. 중국과 같은 반식민지 국가에서는 공산당이 먼저 부르주아 계급의 반제 민족혁명운동에 참여하여 그것을 주도해야 한다는 것이었다. 따라서 개진 단계에서 제시되었던 "조약 개정에 힘써 국가의 독립을 이룬다"는 원론적 반제에서부터, 개조 단계에 "평민계급을 조직화하여 불평등조약을 철폐한다"는 보다 적극적인 반제로 국민당의 정강이 바뀌어간 것은 모두 코민테른 혹은 공산당의 반제를 그대로 수용한 결과였다.

1924년 11월 쑨원의 북상과 함께 제기된 반제, 반군벌과 국민회의운동 노선의 추진 과정에서도 왕징웨이는 충실한 지지자와 선전가 역할을 수행했다. 특히 쑨원이 사망하자 후계 구도를 둘러싸고 후한민, 랴오중카이, 장제스 등과 권력 경쟁을 벌이게 된 왕징웨이는, 생전의 쑨원과 마찬가지로 광둥 국민정부 내의 조정자 역할을 통하여 지도자 지위를 유지했다. 이런 가운데 왕징웨이는 북상과 국민회의운동을 통해 고양된 반제운동을 앞장서 주도하는 입장에 서 있었다. 즉, 상실한 영토 회복, 조계 회수, 외국인 소유의 철로 회수, 외국 군대와 경찰 철수, 외국 선박의 내하항행권 회수, 영사재판권 회수, 관세자주권 회복 등과 같은 보다 적극적인 반제를 본격 제기했던 것이다.

5·30운동과 사지사건, 광저우·홍콩파업은 이른바 '혁명외교'의 출발점이 되었다. 반제의식 고양과 민중의 반제운동을 통하여 위압적 방식으로 불평등조약을 철폐하는 등 반제 목표를 실현하려는 노선이었다. 그러나 광저우·홍콩파업의 타협적 결말이 보여주듯 혁명외교는 실천 과정에서 많은 한계를 노정했다. 특히 우한 천도 직후인 1927년 1월 초에 일어난 한커우와 주장의 조계 회수 사건은 혁명외교가 최고조에 달한 것으로 평가받았으나, 다른 한편으로 제국주의 열강이 직접 간섭하는 현실적 가능성을 열어주는 위험성 또한 낳았다.

왕징웨이는 적어도 중산함사건으로 외유를 떠나기 전까지는 혁명외교의 일선에서 이를 적극 추진했다. 그러나 그가 중국을 떠나 있던 시기인 1926년 5월부터 이듬해 4월 초 사이의 입장은 확인되지 않는다. 외유 전후의 정황과 그의 정치적 입장이 변화하는 과정을 연결하여 추측해보면, 한커우와 주장의 조계 회수 사건이 일어난 1927년 1월까지는 그도 이를 적극 추진하는 입장이었던 듯하지만, 귀국 이후에는 과격한 혁명외교에 대해 점차 반대 입장으로 돌아섰을 가능성이 크다. 이 점은 1927년 4월 우한정부에 합류한 직후부터 그가 혁명외교 완화 조치를 취하기 시작하고, 공산당이 주도하는 과격한 민중운동이나 토지혁명에도 반대하기 시작한 사실로 짐작할 수 있다. 말하자면, 왕징웨이가 해외로 떠나지 않고 중국 내에서 우한정부를 주도했다면, 계속 고양된 그의 반제 인식은 혁명외교라는 실천 국면에서 커다란 좌절과 후퇴의 위기를 맞을 수밖에 없었을 것이다.

이처럼 왕징웨이의 반제 인식과 실천에 나타난 변화는 사실 같은 시기에 국민혁명이 전반적으로 진행되는 과정에서 반제운동이 나타낸 변화 과정과 크게 다르지 않다. 개진, 개조 단계의 반제 인식 수용과 제기, 북상, 국민회의 운동 단계의 반제 인식과 반제운동의 고양, 5·30운동과 광저우·홍콩파업, 한커우와 주장의 조계 회수 사건으로 이어지는 반제운동, 즉 혁명외교의 실천과 좌절은 반제와 관련된 국민혁명의 전반적 진전 과정을 그대로 보여준다. 국민혁명 시기 왕징웨이는 반제와 반봉건을 목표로 내세운 국민혁명 운동을 직접적으로 담당하고 이끄는 위치에서 국민혁명과 그 부침을 함께하고 있었다.

다만 왕징웨이 개인의 정치사상이나 정치행동과 관련하여 주목되는 대목은, 당시의 그가 이론가나 사상가라기보다는 선전가 역할에 치우쳐 있었다는 점이다. 그는 반제에 대한 수용과 고양, 실천의 각 단계에서 주도적인 위치에 있었으나, 이념적 창의성을 바탕으로 혁명이론을 제기하는 역할을 감당했다기보다 국공합작 노선이나 북상, 국민회의운동, 북벌과 같이 주어진 정치적 상황 속에서 코민테른과 공산당이 제기한 반제 노선을 적극 수용하고 전개하는 선전가 역할을 주로 했다.

이와 아울러 자주 지적되는 부분이지만, 잦은 외유에서 나타나듯 다분히 감정적인 선택에 좌우되는 낭만적 성향, 연공과 반공이 격돌하는 혁명적 상황에서 중간적 입장에 설 수밖에 없었던 조화적 좌파 경향 또한 당시 왕징웨이의 반제 인식과 반제운동이 상당한 한계를 가질 수밖에 없었던 요인들이다. 이러한 반제 인식의 한계는, 1937년 중일전쟁이 발발한 후 좀 더 곤혹스러운 선택, 즉 이른바 화평운동과 친일정권 성립으로 그를 몰고 간 근본적 원인의 일부가 되었다고 여겨진다.

제3편
반제에서 친일로

Ⅰ. 중일전쟁 발발 전야 왕징웨이의 대일 태도
—시안사변 전후의 친일 가능성 검토

1. 왕징웨이와 친일문제

1936년 12월에 발생한 시안사변西安事變은 현대 중국 정치사의 방향을 바꾼 결정적인 사건이다. 이 사건의 결과로 출범한 국공 간의 두 번째 합작은, 국민정부군의 토벌작전으로 인해 거의 전멸당할 위기에 처했던 공산당 세력에 권토중래의 기회를 제공했다. 뿐만 아니라 국민당정부도 일본과 전면전에 나서게 됨으로써 중일 간의 8년 전쟁이 본격화했다.

시안사변은 이러한 중요성 때문에 그동안 수많은 연구의 대상이 되었다. 그중에서도 특히 시안사변 자체의 발생과 경과, 장쉐량張學良의 정치적 입장, 장쉐량과 공산당의 관계, 장제스의 대일 시각을 비롯한 정치적 입장 문제, 공산당의 개입과 조정 문제 등이 많이 연구되었다.[1] 이러한 연구들이 시안사변에 대한 이해의 폭을 크게 넓히는 바탕이 된 것은 물론이다.

시안사변 발발 당시 왕징웨이는 신병 치료를 명목으로 유럽에 체류하고 있었다. 따라서 그와 시안사변은 직접적인 관련이 없어 보인다. 그러나 왕징웨이의 정치 역정과 관련하여 이 사건은 매우 중요한 의미가 있다. 왕징웨이의 유럽행을 불러온 5중전회五中全會 피격사건이 사실은 장·왕 연합체제를 기반으로 한 국민정부의 대일정책에 대한 비난 여론과 관련되어 일어났고, 시안사변 자체도 장제스를 중심으로 한 국민정부의 대일정책에 대한 불만에서 비롯되었으며, 그의 귀국과 정치 일선 복귀도 시안사변이 계기가 된 점을 볼 때, 시안사변 발생과 그 결과는 왕징웨이의 대일 태도 및 정치 행보와 밀접한 관련이 있다.

이 글은 시안사변 전후 왕징웨이의 정치 행보를 재구성하여 당시 그의 대일 태도가 어떻게 변화했으며, 이것이 장·왕 연합체제 구성과 어떻게 이어지는지를 이해하는 데 목적을 두었다. 즉, 1938년 말 이후 본격화한 왕징웨이 친일정권 성립의 맹아를 중일전쟁 발발 직전인 시안사변 전후 시기 왕징웨이의 대일 태도에서 찾아보려 한다. 또한 그의 정치 인생에서 전반적으로 풀어야 할 주제인 장제스와의 관계를 파악하기 위하여 이른바 장·왕 연합체제의 성격을 어떻게 볼 것인가 하는 문제도 이 연구의 문제의식 중 하나이다.

2. 1930년대 전반 장·왕 연합체제와 '친일파' 왕징웨이

(1) 반장제스운동과 왕징웨이

앞에서도 언급했듯이, 장제스와 왕징웨이의 정치적 연대에 기반을 둔 정치체제인 장·왕 연합체제는 20세기 전반 중국 정치사의 한 맥락을 이룰 만큼 중요성이 크다. 장·왕 연합체제는 왕징웨이의 정치지도력과 장제스의 군사지도력이 결합한 형태였다. 그러나 왕징웨이의 정치지도력이라는 것이 기본적으로 군벌세력과 소련 고문들 등 여러 세력 간의 조정자 역할

에 기반을 두었기 때문에 장제스의 군권에 크게 의존할 수밖에 없는 구조였다.[2]

1926년 3월에 발생한 중산함사건은 왕징웨이의 의존성을 여실히 보여주었다. 사건 발발 이후 왕징웨이가 각군 지휘관과 소련 고문들에게 장제스를 저지하도록 요청했으나 아무도 그의 편에 서지 않은 것은 바로 그의 의존성과 무력성이 그대로 나타난 결과였다. 그러한 상황에서는 정치적 권위를 더 이상 유지하기 어려웠기 때문에 왕징웨이는 결국 프랑스로 떠났고, 첫 번째 장·왕 연합체제는 중단되고 말았다.

왕징웨이가 중국을 떠나 있는 동안 진행된 왕징웨이 귀국 복직 촉구운동인 영왕운동에 대해서는 앞의 제2편 제1장에서 자세히 다루었다. 영왕운동은 국민혁명 과정에서 국민당 좌파와 공산당 측이 장제스 중심의 우파를 견제하기 위한 방편으로 주장한 것이었다. 왕징웨이의 귀국은 바로 이러한 방편의 결과였다. 그런 점에서 귀국 직후 상하이에서 장제스와 왕징웨이가 만나 합작을 논의한 담판은 처음부터 합의에 이르기 어려웠다. 왕징웨이는 영왕운동이라는 정치적 기반을 등에 업었으나 장제스와의 합작을 고려할 수 있는 독자성은 처음부터 갖지 못했기 때문이다.

상하이담판 직후 우한으로 간 왕징웨이와, 상하이와 난징을 거점으로 새로운 국민정부를 구성한 장제스의 대립은 국공합작의 지속 여부에 초점이 맞춰져 있었다. 왕징웨이가 귀국하기 전부터 장제스는 공산당과 결별할 것을 공공연히 주장했다. 따라서 1927년 6월 이후 왕징웨이가 공산당과 결별하게 되자 다시 합작이 논의되기 시작한 것은 자연스러운 일이었다. 그러나 1927년 8월 이후 난징 측과 우한 측의 통합, 곧 영한합류寧漢合流가 진행되는 과정에서 왕징웨이와 밀접한 관계였던 장파쿠이張發奎군의 리지천李濟琛군 축출사건이 일어났다. 연이어 1927년 12월에는 공산당이 주도한 광저우봉기가 일어났다. 이 사건은 왕징웨이 일파의 입지를 크게 위축시켰고, 자신의 정치적 기반이라고 할 광둥지방에서 공산당 봉기를 막지 못했다는 책임을 지고 결국 왕징웨이가 정치 일선에서 사퇴하는 일이 벌어졌다.[3] 왕징웨이는 또다시 외유길에 올랐고 1929년 10월 초 귀국하기까지 비교적 장기간인 1년 반가량을 프랑스에 머물렀다.

왕징웨이가 프랑스에 체류하는 동안 중국에서는 통합 국민당정권인 난징 국민정부가 들어섰다. 이를 기반으로 제2차 북벌이 추진되었다. 1928년 6월에 국민혁명군이 베이징에 입성하였고, 같은 해 12월에 동북의 장쉐량이 국민정부에 귀속〔易幟〕을 선언함으로써 전국적 통일이 이루어졌다. 물론 이 통일은 각지의 군벌군대를 국민혁명군의 조직 아래 흡수 통합한 방식이어서 매우 느슨한 형태라는 한계가 있었다. 1929년 1월 난징에서 개최된 국군편견회의國軍編遣會議는 이러한 각지의 군벌군대를 대폭 감축하고 장제스 휘하에 있는 중앙군의 통제 아래 재통합하는 것이 목표였는데, 이에 대해 각 군의 저항이 만만치 않았음은 충분히 짐작된다.[4]

결국 1929년 2월의 후난사건을 계기로 장제스의 중앙군과, 리지천과 리쭝런李宗仁의 광시廣西(桂系)군의 전쟁이 발발했다. 이 제1차 장계전쟁蔣桂戰爭을 시발로 10월 허난河南의 펑위샹馮玉祥과 산시陝西의 옌시산閻錫山이 연합하여 장제스의 하야를 요구하며 장풍전쟁蔣馮戰爭을 일으켰다. 뒤이어 11월에서 12월에 걸쳐 일어난 제2차 장계전쟁, 그리고 1930년 5월에서 11월까지 옌시산, 펑위샹을 중심으로 계속된 전국 규모의 반장제스 전쟁인 중원대전中原大戰 등은 모두 장제스의 군권 통합 시도에 대한 각 지방 군벌 군대의 저항이 원인이었다.[5]

프랑스에 있던 왕징웨이에게 중국의 이러한 대혼전은 정계 복귀와 장제스의 권력에 도전할 수 있는 또 하나의 기회를 제공했다. 그는 1928년 1월 말 천궁보, 구멍위, 왕파친王法勤 등의 측근들이 중심이 되어 만든 국민당개조동지회國民黨改組同志會의 적극적인 귀국 요청에 응하는 형식으로

1929년 10월 초에 귀국했다. 그가 개조파를 중심으로 장제스의 독재를 비판한 정치활동은, 연이어 벌어진 각 지방군의 반장제스 전쟁과 궤를 같이 했다. 개조파의 이른바 개조운동은 1924년 1월의 1전대회, 곧 국민당 개조 당시의 정신 회복을 강조하는 것으로, 왕징웨이가 프랑스에 도착한 직후인 1928년 4월부터 주장한 내용이었다. 이 개조 정신이란 민중운동에 대한 지원〔扶助農工〕과 불평등조약 철폐를 통한 민주국가 수립 지향을 가리킨다.[6] 이들이 개조 정신에서 자신들의 정치적 정당성을 찾고자 한 것은, 당치黨治를 표방한 장제스의 독재정치에 대한 비판의 근거를 쑨원과 국민당 개조에서 찾으려 했던 왕징웨이 일파의 정치적 입장을 잘 보여준다.

왕징웨이가 반장제스 운동에 보다 적극적으로 참여한 계기는 1930년 5월에 일어난 중원대전과 함께 대두한 이른바 확대회의擴大會議 운동이었다. 같은 해 8월 베이징에서 개최된 확대회의에서는 반장제스 전쟁에 나선 옌시산과 펑위샹 세력, 쩌우루鄒魯와 셰츠謝持를 중심으로 한 시산회의파, 왕징웨이와 천궁보를 중심으로 한 개조파가 연합하여 전국적 반장제스 연합세력을 구축했다. 이어 9월 초에는 난징 국민정부에 대항하여 별개의 정부인 베이핑 국민정부北平國民政府를 구성하기에 이르렀다. 그러나 중원대전의 결정권을 쥐고 있던 장쉐량이 장제스 지지를 선언하며 베이징으로 진출함으로써 9월 중순의 확대회의는 산시山西의 타이위안太原으로 옮겨 갔고, 곧바로 중원대전의 전세가 불리해지면서 확대회의는 해산을 맞게 되었다.[7] 귀국 이후 홍콩에 칩거하고 있던 왕징웨이는 확대회의에 참석하기 위해 1930년 7월 중순 베이징으로 갔으나, 중원대전의 전세가 불리해진 11월 중순에 홍콩으로 돌아갔다.[8]

1931년 2월에는 장제스가 후한민을 연금하는 사태가 일어났다. 이를 계기로 일어난 광둥의 반장제스 운동은 리쭝런, 바이충시白崇禧를 중심으로 광저우 독립을 내세웠고 왕징웨이, 탕사오이, 쑨커孫科 등이 중심이 된 독자적인 광저우 국민정부 성립으로까지 이어졌다.[9] 왕징웨이는 장제스의 후한민 연금을 "강도의 행위"라고 비난하는 한편 반장제스 세력과 연합하여 장제스를 타도하는 데 나서겠다고 공언하며 전국대표대회 소집을 통한 사태 해결과 민주 실현을 주장했다.[10] 그는 1931년 9월 이전까지 중원대전을 비롯한 각 지방군의 반장제스전쟁과 연합하여 개조파운동, 확대회의 등 정치적 반장제스운동의 전면에 나섰다. 그러나 군사력에 기반을 둔 장제스의 정치적 권력 집중을 막기에는 역부족이었다. 1929년 이후 여러 차례 반복된 반장제스운동에서 드러난 왕징웨이의 정치적 입장과 활동은, 앞에서 자세히 논의했듯 쑨원 사망과 중산함사건 전후부터 나타난 장·왕 관계, 즉 장제스의 군권 및 정권 장악과 왕징웨이의 의존성을 반복해서 드러냈다.

(2) 만주사변 이후 복원된 장·왕 연합체제와 왕징웨이의 대일 태도

이처럼 혼란스러운 상황에서 1931년 9월 일본이 만주사변(9·18사변)을 일으키며 본격적인 대륙 침략에 나섰다. 이에 따라 왕징웨이는 항일을 위한 국내 통합이라는 명분 아래 장제스와 연합정권을 구성하지 않을 수 없었다. 9월 20일, 난징 국민정부가 먼저 광둥정부에 전보를 보내 국난에 공동 대처하자고 제의했다. 이튿날인 9월 21일 이에 화답하여 광둥정부가 난징 국민정부에 전보를 보내, 장제스가 하야하면 그와 동시에 광둥 국민정부를 해산하겠다고 했다.[11] 9월 24일에는 일본의 침략에 항의하는 민중대회가 광저우에서 열렸다. 그 자리에서 왕징웨이는 광둥 국민정부는 아직 국제적 지위를 획득하지 못했기 때문에 외교적 입장을 밝힐 기회가 없었으므로 먼저 난징 측과 협상하여 통합에 나서야 할 것이라고 주장했다.[12]

9월 29일, 홍콩에서 광둥 측의 대표 왕징웨이, 쑨커, 리원판李文范이 난징 측의 대표 장지, 천밍수陳銘樞, 차이위안페이와 통합을 위한 담판을 벌였다. 그 결과 10월 말에서 11월 초에 걸쳐 7차례의 예비회담이 열렸으나 최종적인 통합에는 이르지 못하였다. 또한 11월 중순에는 난징과 광저우에서 각각 국민당 4전대회四全大會가 열려 양측의 통합은 더욱 난항을 겪었다. 특히 광저우 측에서는 만주사변 당시 장제스와 장쉐량이 일본의 침략에 저항하지 않는 자세로 일관했다고 강하게 비난하며 장제스의 즉각적인 하야와 병권 박탈을 요구하고 나섰다. 장제스는 4전대회 직전인 11월 15일에 국민정부 주석과 행정원장직을 사임한다고 발표했으나 국민당 중앙은 12월 15일에 가서야 이를 받아들였다. 장제스는 12월 22일 고향인 저장浙江 펑화奉化로 돌아갔다.[13] 이런 상황에서 1932년 1월 16일, 장제스와 왕징웨이가 항저우杭州에서 직접 회담을 열어 장제스가 군사를 주관하고 왕징웨이가 정치를 주관하는 것에 합의함으로써 장·왕 연합체제 재건이 원칙적으로 합의되었다. 그리고 1월 말에는 국민당 중앙정치회의 임시회의에서 왕징웨이가 행정원장에 피선됨으로써 일본의 침략이라는 국난을 계기로 장·왕 연합체제가 복원되기에 이르렀다.

만주사변으로 일본의 중국 침략이 본격화된 후 왕징웨이는 대일 외교의 기본 방향을 다음과 같이 제시했다. 1931년 10월 중순의 한 담화에서 그는 "대일문제는 국제연맹을 통한 해결에 주력해야 한다"라고[14] 언급했고, 11월 중순의 한 성명서에서는 "국제연맹이 우리를 돕지 못한다면 우리는 저항 능력과 희생의 결심을 갖지 않을 수 없다"라고[15] 주장했다. 이러한 그의 입장은 장·왕 연합체제 복원 이후인 1932년 2월 초에 발표한 「대일문제에 대한 담화」에서 "일면저항一面抵抗, 일면교섭一面交涉"으로 요약되었다.[16] 이후 대일문제에 대한 그의 주장은 '일면저항, 일면교섭'으로 반복하여 나타났다.

왕징웨이의 이러한 대일 태도는 사실 장제스의 견해와 크게 다르지 않았다. 장제스는 1931년 9월 21일에 발표한 담화에서 "일본의 동삼성東三

1931년 11월, 즉각 항전을 주장하는 학생시위대를 접견하고 있는 장제스(가운데).

省 침략을 국제연맹에 제소하고 국난을 해결하기 위해서는 먼저 국내의 단결〔통일〕이 있어야 한다"라고[17] 주장했다. 이 주장은 적극적인 대일 항전보다는 국제연맹 제소라는 외교적 수단을 강조하고 있다. 다른 한편으로 국내의 단결에 대한 강조는 '먼저 공산당을 토벌하여 국내를 안정시키고 후에 외세인 일본의 침입을 몰아낸다'는 '선안내 후양외先安內後攘外'의 다른 표현인 셈이다. 장제스의 이러한 대일 정책은 중국의 군사력이 일본의 군사력에 크게 미치지 못하므로 전면전을 벌이면 승산이 없다는 현실 판단에 따른 결과였다. 장제스는 하야 이후인 1932년 1월 중순 고향인 펑화에서 열린 한 강연에서, 중국의 국방력은 매우 약해서 일본이 24시간 내에 랴오닝遼寧, 지린吉林 2개 성을 점령할 수 있을 정도이며, 만약 전면전을 선포한다면 연해 지역과 창장 강 유역 일대가 3일 내에 유린당할 것이고, 전국의 정치, 군사, 교통, 금융의 맥이 모두 단절될 것이라고[18] 주장

했다.

1929년부터 1931년 사이 반장제스 운동에 적극 참여했던 왕징웨이로 하여금 다시 장제스와 연합하도록 모색하게 만든 계기는 만주사변이라는 국난 상황이었다. 만주사변으로 복원된 장·왕 연합체제는 장제스의 군사권과 왕징웨이의 정치권이 연합하는 형태였다는 점에서 이전의 연합체제와 구조가 같았다. 그러나 최대의 국가적 현안이라고 할 만한 대일문제에서 '부저항주의', '일면저항, 일면교섭', '안내양외'라는 공통의 인식을 가지고 있었다는 점이 이전의 연합체제와 구별된다.[19]

(3) 왕징웨이 피격사건과 친일파 논란

1935년 11월 1일, 국민당 제4계第四屆 중앙집행위원회 제6차 전체회의〔六中全會〕가 난징에서 열렸다. 원래 9월로 예정되었다가 11월로 연기되어 열린 6중전회는 실제로는 5전대회의 예비회의 성격을 띠었다. 만주사변 직후인 1931년 11월과 12월에 걸쳐 난징과 광저우에서 분립 개최된 4전대회 이후 제4계 중앙집행위원회 제1차 전체회의〔一中全會〕에서 겨우 통합을 이룬 국민당의 내부 조직을 다시 정립하는 것이 5전대회五全大會의 목표였고, 이에 대한 준비가 6중전회의 현안이었다.[20] 그래서 6중전회에 대한 국민당 내외의 관심은 어느 때보다 뜨거웠다.

6중전회가 열린 11월 1일 아침 7시경 중앙집행위원들은 난징 교외에 있는 쑨원의 묘소 중산릉中山陵을 단체로 참배하고 돌아와 중앙당부 대강당에서 9시부터 열린 개막식에 참석했다. 왕징웨이는 개막식 연설에서 국난의 엄중함을 강조하고 국내 안정을 위한 토벌전쟁에 상당한 성과가 있음을 치하함으로써[21] 이른바 안내양외安內攘外를 다시 한 번 분명히 했다. 9시 35분경 개막식을 마친 중앙집행위원들은 대강당 앞에서 단체 사진 촬영을 했다. 이어서 열릴 예정인 예비회의를 위해 중앙집행위원들이 회의

장으로 들어가려는 순간, 취재기자들 쪽에서 한 사람이 뛰어나오며, 첫 줄에 서 있던 왕징웨이를 향해 권총을 발사했다. 왕징웨이는 그 자리에서 쓰러졌다. 장쉐량과 장지를 비롯한 일부 중앙집행위원들의 제지를 받은 범인도 위병의 총격을 받고 쓰러졌다.

범인이 쏜 3발의 총탄은 모두 왕징웨이의 몸에 명중했다. 한 발은 왼쪽 팔에, 다른 한 발은 왼쪽 뺨에, 그리고 나머지 한 발은 등에 명중했다. 왕징웨이의 부인 천비쥔과 최측근인 천궁보가 급히 그를 병원(중앙의원中央醫院)으로 옮겼다. 피격 직후 왕징웨이 자신이나 천비쥔조차 죽음을 예상할 정도로 부상이 심각했지만, 병원 도착 후 죽음에 이를 만한 치명상은 아니라는 사실이 밝혀졌다. 왼팔을 스친 총탄은 비교적 경미하여 봉합수술로 처리되었고, 왼쪽 뺨에 박힌 총탄은 뼈를 관통하여 파편이 왼쪽 눈까지 들어갔으나 세 차례의 수술 끝에 대부분 제거되었다. 그러나 등에 박힌 총탄은 다섯 번째와 여섯 번째 갈비뼈 사이를 지나 등뼈 가까이에 박혔고, 당시의 의술로는 제거하는 것이 불가능하다는 판정을 받았다.[22] 11월 20일에 상하이의 병원으로 옮겨 독일인 의사들의 진단을 받았지만 등에 박힌 총탄은 여전히 제거하지 못했고,[23] 이듬해인 1936년 3월 중순에 치료를 위해 직접 독일로 갔으나 역시 제거하는 데는 실패했다. 피격으로부터 9년이 지난 1944년 8월, 이 총탄 때문에 생긴 골수종양으로 인해 왕징웨이는 죽음을 맞았다. 시간을 오래 끌기는 했지만 범인의 거사는 결국 성공한 셈이 되었다.

피격사건이 일어난 직후 6중전회는 중단되었고, 난징에는 계엄령 등의 비상조치가 취해졌다. 헌병사령부와 경찰청은 중앙당부의 모든 직원과 기자들에 대해 엄격한 조사를 벌였다. 사건 직후 범인과 배후가 누구인지를 둘러싸고 수많은 추측이 난무했다. 특히 그날따라 사진 촬영에 참석하지 않은 장제스가 배후로 지목된 것은 당연했다. 자연히 장제스 휘하의 특무

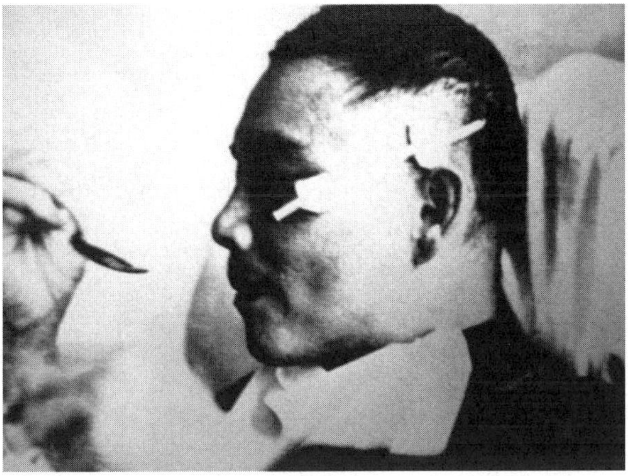

1935년 11월, 피격사건 직후 치료받고 있는 왕징웨이.

부대가 총격의 배후조종자라는 주장들이 터져 나왔다.[24] 왕징웨이가 피격 당했을 때 장제스는 중앙당부 2층 집무실에서 중앙당부 비서장 예추창葉楚傖과 이야기를 나누고 있었다. 나중에 장제스가 주장한 바에 따르면, 그는 중산릉 참배 후부터 보안에 문제가 있다는 측근 호위들의 건의 때문에 위험에 노출될 가능성이 있는 사진 촬영에 참석하지 않았다고 한다.

왕징웨이와 함께 중앙의원으로 후송된 범인은 위병이 쏜 두 발의 총탄이 가슴에 명중하여 수술에도 불구하고 몇 시간 뒤 숨지고 말았다.[25] 범인은 난징의 천광晨光통신사 기자 쑨펑밍孫鳳鳴으로 밝혀졌다. 당시 32살이었던 쑨펑밍은 육군 장교 출신으로, 상하이사변〔淞滬抗戰〕에 참전했던 19로군의 배장排長(소대장)과 푸젠福建 주둔 제12사의 연장連長(중대장)을 역임한 인물이었다. 나중에 밝혀진 바에 따르면 그에게 권총을 제공한 사람은 천광통신사의 사장 후윈칭胡雲卿이었다. 1934년 10월에 천광통신사를 설립한 후윈칭은 국민당 난징시당부 청년부장을 맡았던 인물이고, 취재부장 허광포賀光坡는 우익단체인 사회과학가연맹의 일원이었다.[26] 이들은 일본의 침략을 묵인(?)하는 국민정부에 불만을 가지고 거사를 계획했다고 하는데, 그 과정에서 리지천과 천밍수의 지원을 받은 것으로 알려졌다. 천광통신사를 중심으로 모인 이들은 원래 장제스를 암살할 계획이었는데,[27] 여의치 않으면 왕징웨이를 제거한다는 계획을 함께 세웠다고 한다. 거사 당일 장제스가 사진을 촬영하는 자리에 참석하지 않아 계획이 여의치 않게 되자 이들은 다음 목표인 왕징웨이를 암살하려 했다. 후윈칭과 허광포 등은 나중에 체포되어 기소되었다. 이들은 자신들이 국민정부의 대일 유화 정책에 불만을 품고 '친일파'의 몸통으로 지목한 장제스와 왕징웨이 제거를 계획했다고 주장했다.[28] 즉, 이들의 암살 기도는, 1931년 12월 이후에 성립한 장·왕 연합체제를 기조로 운영된 당시 국민정부의 소극적인 대일 태도에 대한 불만에서 불거져 나왔다.

그렇다면 장·왕 연합체제 중심의 국민정부는 어떤 대일정책을 추진했을까? 또한 일본의 침략에 대한 왕징웨이의 시각과 대응 전략은 국민정부의 대일정책에 어떻게 반영되었을까? 1931년에 일어난 만주사변, 즉 일본의 만주(동북 3성) 지역 점령 단계에 표출된 국민정부의 입장은 흔히 부저항주의라고 알려져 있다. 당시 동북지역의 방위를 책임지고 있던 장쉐량은 만주사변 발발 직전인 8월 중순, 휘하의 동북군에게 일본군과 충돌하지 말라는 밀령을 내렸는데,[29] 이러한 부저항 정책은 장제스의 명령이었다고 한다.[30] 이러한 정책의 결과, 일본군은 동북을 전면적으로 침략한 만주사변을 일으킨 지 6일 만에 지린吉林, 랴오닝遼寧 성의 주요 부를 점령했고, 국민정부는 두 달 만에 동북 3성의 주요 도시들을 모두 잃었다.[31] 1931년 11월 진저우錦州 방위를 둘러싸고 난징정부의 입장이 '저항'으로 선회했고, 장쉐량이 국민정부의 적극 항전 명령을 무시함으로써 결과적으로 부저항을 지속시켰다는 지적도 있으나,[32] 이를 인정하더라도 만주사변 이후의 상황을 전체적으로 볼 때, 그리고 공산당 토벌에 집중되었던 중앙군을 동북에 파견하지 않았다는 사실로 미루어볼 때 부저항이 국민정부의 기본적 입장이었음은 부정할 수 없다.[33]

이 시기 국민정부의 부저항정책의 내면에는 일본과 전면전을 벌일 경우 승산이 없다는 전략적 판단이 깔려 있었다. 장제스는 1932년 1월의 한 강연에서, 만주사변 이래 일반 국민들이 비분을 이기지 못하여 구체적 현실을 고려하지 않은 채 대일 선전포고나 대일 절교를 주장하고 있으나, 일본이 24시간 안에 랴오닝, 지린 지역을 점령한 사실에 비추어보면 다시 전쟁이 일어날 경우 연해 각지와 창장 강 유역이 3일 안에 유린당할 것이라고[34] 말했다. 왕징웨이 역시 1932년 3월 초에 열린 2중전회 개막식의 연설에서 "현재 중국의 군사력은 일본을 당할 수 없기 때문에 중국이 저항을 결심하려면 상당한 기간 동안 준비가 필요"하다는 주장을 내세우고 "물질적으로 부족한 조건을 그나마 극복할 수 있는 유일한 길은 정신상의 조건을 보충하는 일"이라고[35] 강조했다. 또한 그는 1934년 1월에 열린 4중전회에서도 중국은 낙후한 국가이기 때문에 당장 군사적 저항을 할 수는 없다고 밝혔다.[36]

장제스나 국민정부의 부저항을 비판하는 사람들조차 중일 간의 전력 차이가 현격하다는 사실과, 전면전에서는 아무런 승산이 없다는 사실을 인정하고 있었다. 따라서 국민정부의 부저항은 "부득이한 부저항"일뿐, 저항할 수 있으면서도 하지 않는 "고의적인 부저항"은 아니었다.[37]

군사 방면에서 부저항을 기본적 정책으로 삼은 국민정부가 그 다음으로 상정할 수 있는 대일정책은 외교를 통해 일본의 침략을 저지해야 한다는 외교교섭론과, 당장은 불가능하지만 그래도 항전을 준비해야 한다는 항전준비론이었다. 외교교섭론은 일본의 침략을 국제연맹에 제소하는 것으로 나타났다. 만주사변이 일어난 직후 국민정부는 마침 개회 중이었던 국제연맹 이사회에 일본의 만주 침략 문제를 제기했다. 중국 측의 제소에 따라 국제연맹은 먼저 만주에서 군대를 철수하라고 일본 측에 요청했다. 그러나 이 요청은 권고 이상의 효력을 갖지 못했다. 국제연맹은 여러 차례 보고서와 결의안을 냈으나 이 또한 아무런 실효성을 보장하지 못했다. 그나마 국민정부가 가장 크게 희망을 건 것은 리튼Lytton조사단의 조사 활동과 그 결과로 제출되는 보고서였다. 그러나 이 보고서 역시 만주에 대한 일본의 기존 이권을 인정하고 만주의 자치 실시를 요구하는 수준의 유화적 입장 표명에 그쳐 국민정부의 기대를 무산시키기에 충분했다. 뿐만 아니라 일본군의 만주 철수를 가결한 19국 위원회의 결의안은 일본의 거부와 뒤이은 국제연맹 탈퇴로 한낱 물거품이 되고 말았다.[38] 그럼에도 불구하고 국민정부는 국제연맹을 통한 국제여론 조성에 희망을 품고 지속적인 노력을 기울였다. 이러한 분위기는, 일본이 화북華北지역 침공을 본격화한 1933년 5월에 왕징웨이가 허잉친何應欽에게 보낸 전보에서도 나타난다. 여기서 왕징웨이는 영국과 미국의 간섭을 통해 일본을 제재할 수 있을 것이라는 희망을 간절하게 표현했다.[39]

그러나 국제연맹의 활동에서 드러나듯 외교를 통해 일본의 침략을 제지하려는 외교교섭론은 분명한 한계가 있을 수밖에 없었다. 왕징웨이 역시 이러한 외교적 교섭의 한계를 인식했으나, 철저한 항전론에 대한 대응으로 외교적 교섭과 항전을 동시에 추진하자는 이른바 '일면저항 일면교섭'을 제기했다.[40] 사실 이 주장은 대일 항전을 위해서는 장기적 준비가 무엇보다 중요하다는 이른바 항전준비론을 바탕으로 했다. 왕징웨이는 1932년 1월 말에 상하이사변이 발발하자 국민정부를 난징에서 뤄양洛陽으로 옮긴 직후, 장기적 저항만이 유일한 살길이며,[41] 이를 위해서는 전국의 역량을 한 군데에 집중하면서 동시에 실력을 충실히 하는 것이 중요하다고 강조했다.[42]

당장의 항전이 불가능하기 때문에 외교적 교섭과 장기적 항전 준비를 동시에 추진해야 한다는 왕징웨이의 입장에서 볼 때, 장기적 항전 역량을 준비하는 단계로 먼저 국내 통일과 강력한 중앙정권 건립을 강조하는 것은 당연한 논리적 귀결이었다.[43] 통일을 위한 1차적 요건으로 제시된 공산당군 토벌, 곧 초공剿共은 국공 간의 오랜 정치적 대립관계 때문에 일어났으나, 왕징웨이가 보기에는 국내의 역량을 한 군데에 집중하기 위한 첫 번째 관문이었다.[44] 이른바 '선안내 후양외先安內後攘外'의 당위성에 대하여 그는, "정치의 표지〔治標〕로 공비共匪를 소탕하는 것보다 중요한 것은 없고, 정치의 근본〔治本〕으로 생산력을 높이는 것보다 중요한 것은 없다"라고[45] 말했다. 또한 "일부에서 양외가 안내보다 중요하다고 말하는데, 실질적으로 안내와 양외는 한 가지이며 따라서 공산당군 토벌은 바로 항전〔양외〕에 해당하는 것"이라고까지[46] 주장했다.

부저항과 '일면저항 일면교섭', '항전준비론', 그리고 '안내양외'로 이어진 왕징웨이의 대일 태도와 정책은 국민정부 대일 정책의 기조가 되었다. 그러나 잘 알려져 있듯이, 이러한 정책은 국민당 내외에서 많은 비판을 받았다. 국민당에 비판적이었던 공산당과 민주당파 인사들, 그리고 학생들의 비판[47]에 대해서는 여기서 모두 언급할 여유가 없다. 여기서는 왕징웨이 피격사건에 대한 이해를 넓힌다는 관점에서, 난징 국민정부와 국민당 내부에서 터져 나온 비판의 내용을 살펴보려 한다. 이를 위해서는 먼저 1932년 5월에 국민정부 감찰원이 왕징웨이를 탄핵한 사건을 주목할 필요가 있다. 물론 배후에 복잡한 정치적 관계가 얽혀 있었으나, 감찰원이 왕징웨이를 탄핵한 사태의 1차적 계기는 바로 그의 유화적 대일 태도였다. 감찰원이 외교부장 겸 행정원장인 왕징웨이의 탄핵을 결의한 이유는 다음과 같다. 상하이사변 이후 일본과 체결한 정전협정은 기본적으로 강화조약 성격을 가졌으므로 국민정부조직법에 따라 입법원의 심의를 받아야 하는데도 불구하고 입법원에 회부하지 않은 채 행정원 측에서 체결을 강행한 것은 불법이라는 것이었다. 이에 대하여 왕징웨이는 정전협정 자체가 강화조약이 아니기 때문에 행정원이 입법원에 사후 보고만 하면 된다는 주장을 내세우며 탄핵을 거부했다.[48]

이 문제를 둘러싼 지루한 공방 끝에 왕징웨이는 1932년 8월 초에 행정원장직 사임을 발표하고 신병을 이유로 유럽 외유를 떠났다. 이때 왕징웨이는 국민당 중앙집행위원회에 제출한 사직서에서, 대일 정책을 둘러싸고 장제스와 벌인 의견충돌, 재정 문제에 관하여 쑹쯔원과 빚은 갈등, 그리고 장제스의 사조직(파시스트 조직)에 대한 불만을 노골적으로 토로했다.[49] 이는 앞에서 언급했듯이 장·왕 연합체제에 대한 불만의 표출이지만, 다른 한편으로는 국민정부의 대일 유화책에 대한 비난이 자신에게만 집중되는 것에 대한 반감이 드러난 것으로도 볼 수 있다. 당시 그의 대일 관점을 둘러싸고 벌어진 국민당 내부의 사태를 왕징웨이 타도운동의 일종으로 보는 시각도 있었는가 하면, 비판의 도마 위에 오른 그를 일본에 아첨하여 매국하는〔媚日賣國〕 '친일파'로 매도하는 주장도 제기되어 그를 곤경에 빠뜨렸기 때문이다.[50]

요컨대 항전준비론(장기항전론)과 안내양외로 대변되는 국민정부의 대일 정책은 왕징웨이가 자연스럽게 친일파로 몰리는 결정적인 이유가 되었다. 항전을 적극 주장하며 국민정부의 대일 정책을 비판하는 쪽에서는 그를 원망과 배척의 대상으로 삼을 여지가 충분했기 때문이다. 왕징웨이 피격사건은 이처럼 장·왕 연합체제에 기반한 국민정부의 온건한 혹은 미온적인 대일 정책에 대한 격렬한 반대 여론에서 비롯되었다.

(4) 장·왕 연합체제 중단과 대일 외교

피격 직후 중앙의원에 입원한 왕징웨이는 20일 뒤인 11월 20일에 상하이로 옮겨져 독일인 의사의 진료와 수술을 받았다. 왼쪽 뺨에 남아 있는 일부 파편을 제거하는 데는 성공했으나 등에 박힌 총탄을 제거하는 데는 실패했다. 난징에서 상하이로 오기 직전 한 신문과의 인터뷰에서 그는 국난의 시기에 살아남은 것만으로도 행운이니 여생을 바쳐 일하겠다며 정계 복귀 의사를 강하게 피력했다.[51] 그러나 상하이에 도착한 후 정치활동을 재개하는 것이 불가능하다고 판단한 그는 당분간 정치 일선에서 물러나기로 결정했다. 12월 1일, 그는 난징에서 개최된 국민당 제5계 제1차 중앙집행위원회 전체회의에 전보를 보내, 자신이 맡고 있던 행정원장과 외교부장직에 대한 사직을 요청하였다.[52] 이 회의에서 그는 후한민, 장제스 등과 함께 중앙집행위원회 상무위원으로 선출되었고, 중앙정치위원회의 주석으로도 선출되었다.

왕징웨이는 피격 직전까지 행정원장과 외교부장, 중앙정치회의 주석직을 맡고 있었다. 피격 직후 행정원장직은 부원장이던 쿵샹시孔祥熙가 대리로 맡았고, 외교부장직 또한 차장이던 탕유런唐有壬이 대리로 직무를 수행했다. 그러나 왕징웨이가 5계 1중전회에 사직 의사를 표명한 이후에는 그가 없는 상황에서 정계개편이 폭넓게 논의되기에 이르렀다. 이는 당시의 장·왕 연합체제가 전면적으로 재검토되는 과정을 의미했으며, 그 결과는 장제스 중심의 권력 체제 확립으로 나타났다. 1중전회 이후 발표된 당정 개편에 따라 행정원장직을 맡은 장제스는 자신의 손위 동서인 쿵샹시를 행정원 부원장으로 임명했다. 왕징웨이의 최측근 천궁보에 따르면, 장제스는 천궁보를 통하여 왕징웨이 계파에 속했던 구멍위에게 부원장직을 제의했다고 한다. 천궁보가 보기에 이는 처음부터 가능성이 없는 일이었고, 예상대로 구멍위는 부원장직을 고사했다.[53] 다음 순서는 장제스의 당초 의중대로 쿵샹시가 부원장직을 맡는 것이었다.

한편 공석이 된 외교부장에는 장췬張群이 임명되었다. 외교부를 장췬이 맡게 된 것 또한 장제스의 의도였다. 장제스는 왕징웨이가 재임하던 시기에 추진된 대일 온건 평화정책의 기조를 유지하면서 공산당 토벌전쟁을 통해 국내 통일을 달성하려 했다. 이를 위한 포석으로 비교적 일본과 관계가 나쁘지 않은 장췬이 외교부를 맡도록 한 것이다.[54]

1중전회에서 마무리된 새로운 당정 조직은 장제스 한 사람에 대한 권력 집중과 왕징웨이 계파의 몰락으로 요약되었다. 이러한 상황은 5전대회를 통하여 이미 드러났다. 전체 중앙집행위원의 숫자가 72명에서 120명으로 늘었지만, 증가한 인원은 주로 광둥, 광시, 쓰촨四川과 변경 지역 출신 인물들과 군인 출신들로 채워졌고 왕징웨이 계파 인물은 전혀 보이지 않았다. 그리하여 120명 가운데 왕징웨이 계파라고 할 수 있는 인물은 천궁보, 왕파친, 구멍위, 구정강谷正綱, 탕유런, 펑쉐페이彭學沛 정도에 불과했고, 60명의 후보 중앙집행위원 가운데서도 쩡중밍曾仲鳴, 왕마오궁 등 6명 정도가 왕징웨이파로 분류될 수 있을 정도였다. 25명의 중앙정치위원회(중앙정치회의의 후신) 위원 가운데서는 천비쥔과 천궁보, 구멍위 3명만이 왕징웨이 계파 사람이었다.[55] 왕징웨이가 중앙정치위원회 주석으로 선출되고 후한민이 중앙집행위원회 상무위원회 주석이 되었으며 장제스는 중앙정치위원회와 중앙집행위원회 상무위원회 부주석에 각각 뽑혔지만, 이 구도 또한 실제로 왕징웨이가 정치활동을 할 수 없고 후한민 역시 유럽에 체류 중이었다는 상황을 고려하면 정치적 배려와 체면치레에 불과했다.[56] 결국 장제스가 행정원장과 중앙집행위원회 상무위원회, 중앙정치위원회를 모두 장악하고, 장제스 계파의 인물들, 특히 황푸군관학교 출신 군인들과 장제스의 심복 천궈푸陳果夫, 천리푸陳立夫 형제를 중심으로 한 조직인 이른바 CC계 인물들이 중앙집행위원을 비롯한 요직들을 대거 차지함으로써 장제스의 권력 독점이 분명히 나타났다.

이러한 장제스의 권력 독점과 왕징웨이 계파의 몰락의 징후는 왕징웨이 피격사건 전부터 나타나고 있었다. 장·왕 연합체제는 장제스의 군권과 왕징웨이의 당권이 결합한 체제였으나 당시의 일반적 인식에 따르면 중앙정치회의 주석이었던 왕징웨이의 실제 권력은 매우 제한적이었다.[57] 천궁보의 회고에 의하면, 왕징웨이가 행정원장 취임차 난징에 왔을 때 재정부장 쑹쯔원은 장제스의 군권에 간여하지 말라고 그에게 당부했다고 한다. 표면상으로는 연합체제를 표방했으나 실제로 당정의 주요 부문 모두를 장제스가 직접 통제했다는 것은 모두가 아는 일이었다. 즉, 군사는 장제스의 손에, 재정은 장제스의 처남인 쑹쯔원의 손에, 그리고 당무는 CC계의 우두머리 천궈푸, 천리푸 두 사람의 손에 완전히 장악되어 왕징웨이가 간여할 틈을 주지 않았다는 것이 천궁보의 주장이다.[58]

왕징웨이도 행정원장인 자신이 난징에서 아무런 실권을 갖지 못한 무력한 처지인 점을 여러 차례 언급했다. 예컨대 그는 1933년 11월 초에 열린 중앙정치회의 담화회에서, 국방위원회가 만들어진 후 모든 일을 국방위원회에서 처리하고 정치회의에는 보고만 하면 된다는 관례가 생긴 데 대하여 강한 불만을 표했다. 국방위원회는 중앙당부와 각급 정치, 군사기관들이 모두 모여 일을 처리한다는 의미이며, 법률, 조약, 예산, 중요 정책은 여전히 정치회의의 결정 사항이라는 점을[59] 강조했던 것이다. 1934년 1월 하순에 열린 제4계 4중전회 정치보고에서는, 상하이사변 이후 국민정부에서 전국을 4개 방위구防衛區와 1개의 예비구로 나누고 그 중 창장 강 일대에 주둔하는 제3구를 상하이사변의 전투에 동원할 계획이었으나 지휘관인 허잉친과 천밍수가 자신의 지휘를 전혀 받아들이지 않고 움직이지도 않았으며, 이는 다른 방위구도 마찬가지였다고 비판했다.[60] 군사 방면에 대한 그의 무력감은, 1934년 6월 초에 상하이 주재 일본영사관의 한 직원이 실종된 사건을 둘러싸고 일본 측의 항의가 군사적 충돌 사태로 번질 위기에 처했을 때 그가 관할하는 수도 난징은 방어할 군대가 전혀 없어서 '공성空城'과 같은 상태였음을 고백한 대목에서[61] 잘 드러난다.

왕징웨이가 피격되자 장제스 측이 이를 기화로 왕징웨이 측 인물들을 몰아내고 자기 계파의 독점 체제를 만들려고 했음은 충분히 짐작할 수 있는 일이다. 따라서 피격 이후 왕징웨이가 단지 건강상의 이유 때문에 외유를 떠난 것은 아니라고 추측된다. 건강이 정치 활동을 제대로 할 수 없는 상태인데다, 정치적으로는 자신과 자신의 계파에 대한 거부와 반대 분위기가 팽배하여 난징의 정치무대에서는 더 이상 입지를 찾을 수 없었다는 점이 그가 외유를 선택한 근본적 이유로 보인다. 나중에 언급하겠지만, 외유 동안 왕징웨이가 나타낸 행적 또한 이러한 상황을 어느 정도 드러낸다.

왕징웨이는 원래 1936년 1월 말에 출국할 예정이었으나 2월 중순으로 연기했다. 그가 출국을 미룬 이유는 앞에서 지적한 대로 자신이 원해서가 아니라 정치적 반대에 쫓겨 출국하게 된 데 대한 불만 때문이었던 듯하다. 그에 대한 장제스 측 인사들의 반대 움직임은, 그가 1936년 1월 중순 홍콩에 돌아와 있었던 후한민과 정치적 연대를 구상한 사실과 관련 있는 것으로 보인다.

이전부터 장제스에 대한 반대를 분명히 했던 후한민은, 1932년 초 장·왕 연합체제가 출범할 때 공개적이고 노골적으로 이를 비판했다. 이어 1933년 초부터는 광둥 성과 광시 성(량광) 지역을 중심으로 서남정무위원회를 구성하여 반장제스, 반중앙의 기치를 높이 들었다. 또한 1933년 11월 천밍수를 중심으로 푸젠사변福建事變이 일어났을 때 후한민은 푸젠 측과 일정한 거리를 유지하면서도 내심으로는 적극 지지를 표명했다. 왕징웨이 피격 당시 유럽에 있었던 후한민은 1936년 1월 말에 광저우로 돌아왔다. 그 직전에 열린 5계 1중전회에서 중앙집행위원회 주석으로 선출되었으나 그는 난징행을 거절하고 광저우에 머물렀다.[62]

이런 상황에서 왕징웨이는 후한민에게 편지를 보내 난징에 와서 중앙집행위원회 주석에 취임하도록 요청하며 연대를 모색했다. 그러나 후한민은

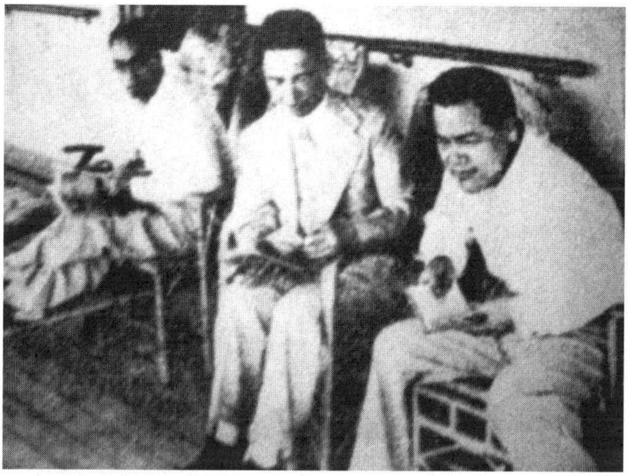

1936년 2월, 유럽 요양 여행 중의 왕징웨이(가운데). 오른쪽은 수행비서 쩡중밍.

회답을 보내지 않음으로써 왕징웨이에 대한 불신을 분명히 나타냈다.[63] 피격 사건 이후 정치적 궁지에 몰린 왕징웨이는 후한민을 내세워 장제스와 그 측근들을 견제하려 했으나, 여기에 후한민이 응하지 않아 그와의 연대 구상은 물거품이 될 수밖에 없었다.

1936년 2월 19일 왕징웨이는 엄중한 호위 아래 쩡중밍 등 측근 몇 사람과 함께 광저우를 출발하여 홍콩에 도착한 다음, 독일행 배를 타고 유럽으로 갔다. 왕징웨이는 유럽행의 표면적 이유로 휴양을 통한 건강 회복을 내세웠지만, 외교활동에 대한 목표가 전혀 없었던 것은 아니다. 왕징웨이는 피격 이전부터 중국, 일본, 독일 3국 사이에 공동 방공防共 조약을 수립하기 위해 독일과 외교적 교섭을 추진하려는 구상이 있었다. 이를 통하여 일본과의 적대적 관계를 해결하거나 완화하려는 계획이었다.[64] 그러나 3월 17일 프랑스 마르세유에 도착한 직후 그는 독일과 협상 추진을 중단한다는 장제스의 전보를 받았고, 이로써 결국 교섭은 무산되고 말았다. 그의 말대로 당초에는 요양만이 목표인 외유가 아니었는데 결과적으로는 요양을 위한 외유가 되고 만 것이다.[65] 그는 프랑스와 체코슬로바키아를 거쳐 4월 초 오스트리아 북부의 온천 휴양도시(로헨Lochen으로 추정)에 도착했다.[66]

3. 시안사변 이후의 장·왕 연합체제 복원과 대일 태도의 향방

(1) 시안사변 발발과 왕징웨이의 귀국

유럽에 머물던 왕징웨이의 행적을 자세히 추적하기는 어렵지만, 대체로 오스트리아에서 석 달 정도 요양한 후 체코슬로바키아, 영국 런던, 프랑스 니스, 독일 쾰른 등지를 다니며 여행과 요양을 한 것으로 확인된다.[67] 흥미로운 것은, 오스트리아 도착 이후부터 귀국하기 전까지 그가 아내인 천비쥔이나 왕마오궁, 구정강 등의 중국 내 측근들과 주고받은 편지나 전문들을[68] 통하여 당시의 활동상과 정치적 입장을 어느 정도 짐작할 수 있다는 점이다.

편지와 전보들을 통해 확인되는 내용은 크게 세 가지 정도로 요약된다. 첫째는 왕징웨이의 신병 치료나 건강 회복에 대한 내용이다. 총상 치료와 함께 지병이었던 당뇨병, 간염 등의 치료 방안에 대한 정보들이 활발히 교환된 부분이다.[69] 둘째는 중국에 있던 천비쥔이나 구정강 등이 중국 내에서 전개되는 정치 상황을 보고한 내용과 이에 대한 왕징웨이의 대응 부분이다. 셋째는 그러한 정치 상황 인식에 따라 왕징웨이의 귀국 시기를 논의한 부분이다.

중국에 있던 측근들이 왕징웨이에게 보고하는 정치 상황과 이에 대한 그의 대응은 매우 구체적으로 나타났다. 예컨대 1936년 5월 14일자로 왕징웨이가 천비쥔에게 보낸 전보에 의하면, 서남西南, 곧 량광 지역에 기반을 둔 후한민 세력과 인간적 관계를 지속하는 것은 좋으나 정치적 관계를 가져서는 안 된다고 주장하며 서남의 반장제스운동에 대해 어디까지나 반대한다는 점을 강조하고 있다.[70] 이 전보를 보내기 이틀 전인 5월 12일 왕징웨이는 후한민이 사망했다는 소식을 국내로부터 보고받았다. 천지탕陳濟棠, 리종런 등과의 관계를 어느 선에서 유지해야 할지를 분명히 지시하고 있는 이 전보는 후한민 사망이라는 사태와 관련한 왕징웨이의 대응을 잘 보여준다.

6월 1일 천지탕이 중심이 된 서남 측이 따로 군사위원회를 세우고 항일구국군을 조직하여 반장제스를 내세웠고, 사태는 이른바 량광사변兩廣事變으로 확대되었다. 왕징웨이는 반대 입장을 다시 한 번 분명히 하며, "나는 량광을 무력으로 진압하는 데 반대한다. 량광에서 항일을 주장하며 내쟁을 일으키는 것 또한 전혀 올바르지 않다"고[71] 주장했다. 여기서도 서남 측에 대한 그의 인식이 잘 드러난다.

서남 세력에 대한 왕징웨이와 측근들의 관심은, 량광에 대한 중앙군의 무력 진압 시도와 천지탕과 장제스의 협상 과정을 천비쥔이 왕징웨이에게 자세히 알린[72] 것에서도 확인된다. 또한 당시 자료들을 보면 왕징웨이가 가장 주목한 문제는 가장 중요한 현안인 대일협상이었다. 천비쥔과 구정강 등은 일본과의 외교교섭이나 일본군의 동정, 일본 정부의 외교정책, 이에 대한 장제스와 국민정부의 대응, 전쟁 발발 가능성 등을 연일 자세히 보고했다.[73]

이들의 편지와 전보에서 가장 빈번하게 나타난 것은 왕징웨이의 귀국 날짜와 관련된 논의이다. 당시 그에게 중요했던 문제는 역시 귀국 시기였다. 그로서는 자신과 측근들이 견제받고 축출되는 상황 속에서 어쩔 수 없이 외유를 떠나게 되었기 때문에, 적절한 정치적 계기를 잡아 귀국하는 것이 정치적 행보에 매우 중요한 문제였다. 천비쥔이 그와 귀국 날짜를 논의하면서 "쫓겨나 외유를 떠난 것이 아니니 어느 누구의 귀국 요청을 받아야만 귀국할 수 있는 것은 아니며 언제라도 돌아올 수 있다"라고 말한 것은[74] 귀국에 대한 그의 고심이 어느 정도였는지를 보여주는 대목이다.

장제스와 국민정부 지도자들이 왕징웨이에게 여러 차례 조속한 귀국을 요청한 것은 사실이다. 8월 중순에 장제스는 외교부장 장췬을 통해 조속한 귀국을 요청한다고 전했고,[75] 9월 하순에도 장췬은 장제스의 견해임을 암시하며 어서 빨리 귀국하라고 요청하는 전보를 보냈다.[76] 그러나 이러한 독촉에 대해 왕징웨이는 전혀 관심이 없는 듯 소극적으로 반응했다. 아마도 이 귀국 요청들이 국민당이나 국민정부의 공식적 절차를 거치지 않았을 뿐만 아니라, 장제스의 부탁이라는 명분을 내세우고는 있으나 장제스의 본뜻이라기보다는 의례적인 것에 지나지 않는다고 봤기 때문일 것이다. 왕징웨이의 입장에서는 자신이 '친일파'로 몰려 저격까지 당한데다 장제스 측근들의 반대와 견제 때문에 외국에 나와 있는 마당에, 외교부장을 통한 귀국 요청은 체면치레에 불과하다고 볼 수밖에 없었을 것이다. 장제스가 직접 전보를 보내거나 국민당 중앙 혹은 국민정부가 공식적인 결의로 귀국을 요청한 것도 아니었기 때문이다.

왕징웨이로서는 귀국에 합당한 이유를 제공할 수 있는 어떤 계기, 예컨대 국민당 내외의 왕징웨이 귀국 촉구 여론 같은 것이 절실히 필요했다. 이런 점에서 왕징웨이와 측근들이 귀국 시점으로 적극 고려한 것은 1936년 11월로 예정된 국민대회 대표 선거 시기였다.[77] 국민대회는 1936년 5월 5일에 공포된 중화민국 헌법초안(五五憲草)에 기초하여 만들어질 새로운 대의기구, 즉 국회였다. 헌법초안은 이 국민대회를 통하여 총통과 5원장을 선출하고 모든 법률을 심의 의결하도록 정했다.[78] 물론 이 국민대회는 국민당 중앙집행위원과 중앙감찰위원, 그리고 국민당이 지명하는 대표들로 구성하도록 정해져 있어 실제로는 국민당의 권력 독점 체제가 헌정

시기에도 유지되었다. 따라서 명목상의 헌정을 통해 당국 체제 연장을 의도했다는 평가를[79] 피할 수 없었으나, 그간 헌정에 대한 기대가 컸던 만큼 국민대회에 거는 당시의 국민적 기대 또한 각별했다.

즉, 헌정에 대한 이러한 요구와 정치 쇄신이라는 여론에 힘입어 정계에 복귀한다는 것이 왕징웨이와 측근들의 계산이었다. 천비쥔과 왕마오궁은, 국민대회가 열리기 전에 귀국해도 좋지만 폐막 후에 귀국하면 장제스와 국민대회에 커다란 신임을 표시하는 행위가 되기 때문에 가장 좋다고 언급했다. 심지어 이들은 귀국하는 경우 상하이에서 머뭇거리지 말고 바로 난징으로 가면 국민의 동정을 얻는 데 더 유리할 것이라고 주장하며[80] 중국인들의 여론과 동정을 귀국의 가장 중요한 계기로 삼고자 했다.

그러나 국민대회 선거가 연기되면서 왕징웨이의 귀국 날짜도 순연되었다. 날짜는 1936년 11월에서 12월로, 다시 1937년 1월로[81] 그 후에는 다시 2월로 연기되었다. 천비쥔 등은 1936년 12월 초에 왕징웨이에게 보낸 전보에서 1월의 귀국 배편 일정을 자세히 언급하고 2월에 출발하는 것이 가장 좋겠다고 강력히 주장했다.[82]

이런 맥락에서 볼 때 1936년 12월 12일 장쉐량이 장제스를 감금하고 공산당과 합작하여 일본에 맞서 싸울 것을 촉구한 시안사변이 왕징웨이와 측근들에게 천재일우의 기회로 받아들여졌을 것은 당연하다.[83] 시안사변이 일어난 12월 12일 밤 9시 40분에 천비쥔이 왕징웨이에게 보낸 전보에는 "시안의 장쉐량이 쿠데타를 일으켰는데 진상은 불분명하다. 유무선 통신이 모두 두절되어 장제스의 행방은 알 수 없다. 〔난징 시장인〕 펑쉐페이가 전한 소식에 의하면 장제스는 시안 시내에 있고 〔장제스의 사망과 같은〕 염려할 만한 일은 아직 없다고 한다"라고[84] 쓰여 있다. 왕징웨이는 이 전보를 독일 쾰른에서 받았다. 그는 11월 중순 이후 오스트리아를 떠나 영국 런던과 프랑스 니스 등지를 돌고 쾰른에 머물고 있었다.

시안에서 장제스 억류 감금 작전이 12월 12일 새벽 5시 30분경에 시작되었다고 본다면[85] 천비쥔의 전보는 사변 발생 15시간여 만에 난징에서 발송되었다. 당시 유무선 통신, 특히 시안으로부터 나오는 모든 전보를 국민정부가 완전히 통제하고 있었던 상황을 감안하면[86] 매우 빠른 소식이었다. 뿐만 아니라 천비쥔은 이튿날인 12월 13일 정오에 보낸 전보에서, 장쉐량의 이름으로 발표된 8개항의 요구, 즉 난징정부 개조와 각 당파의 자유로운 구국활동 보장, 모든 내전 정지, 모든 정치범 석방, 모든 정치적 자유 허용 등의 내용을 정확히 전달하는 한편, 국민정부가 장쉐량을 해직하고 군대에 대한 지휘통수권을 허잉친에게 넘긴 일 등을 자세히 보고했다.[87] 이어서 같은 날 오후에 보낸 전보에서 천비쥔은, 천청陳誠, 사오리쯔邵力子 등도 구금되어 있다는 소식과 함께, 한두 주일이면 군사적으로 시안을 평정할 수 있다는 주장도 국민정부 내에서 나오고 있음을 전했다. 또한 비행정찰에 의하면 시안에 공산당의 깃발인 홍기紅旗가 내걸리고 있다든가, 이튿날(14일) 장쉐량에 대한 토벌령을 내리기로 했다는 등의 소식도 전했다.[88] 그만큼 왕징웨이나 천비쥔 등에게는 시안사변에 관한 소식이 시급하고 중요했다.

왕징웨이는 시안사변 소식을 접하자마자 귀국하기로 결심한 듯하다. 14일에 국민당 중앙집행위원회가 조기 귀국을 요청할 것이라는 천비쥔의 귀띔에도 불구하고, 그리고 국민당 측의 전문이 도착하기도 전에, 그는 '중앙에서 전문이 오든 말든 귀국해야 한다'고 먼저 밝혔다. 그리고 구명위와 천궁보에게 싱가포르로 마중 나오도록 당부하는 한편, 천비쥔에게도 가능하면 함께 싱가포르로 오라고 전했다. 아울러 시국의 안정이 쉽지 않으리라는 견해를 밝히고, 중국으로 돌아가 일을 맡을 수도 있으나 "위기를 보고 목숨을 내어 주는 일"이 될 수도 있다고 말하며[89] 낙관론과 함께 조심스러운 비관론도 제기했다. 같은 날인 14일에 왕징웨이는 중앙집행위원회 앞으로, 사변이 발생하여 가슴이 아프다는 말과 함께 즉시 귀국길에 오르겠다는 전보를 치도록 했다.[90] 이 전문은 중앙집행위원회로부터 귀국 독촉 전보를 받은 직후인 16일에 발표되었다.

12월 18일 귀국길에 오른 왕징웨이는 쾰른을 떠나 이탈리아의 제노바로 갔다. 쾰른을 떠나기 전에 그는 독일 주재 중국대사 청톈팡程天放, 영국 주재 대사 궈타이치郭泰祺, 프랑스 주재 대사 구웨이쥔에게 제노바로 오도록 청하고 12월 20일 제노바에서 이들과 만나 담화회를 가졌다.[91] 궈타이치와 구웨이쥔은 피격사건 이전까지 왕징웨이가 행정원장직과 함께 외교부장직을 맡고 있었기 때문에 개인적으로도 매우 가까운 인물들이었다. 왕징웨이가 이들과 담화하며 주로 논의한 것은 시안사변으로 야기된 중국 정국의 해법과 중국의 대외정책 기조였다. 왕징웨이는 시안사변으로 인해 장제스의 입장이 매우 어려워졌다고 봤다. 장제스가 조기에 풀려난다 하더라도 권위에 커다란 상처를 입게 될 것이며, 만약 시안에서 나오지 못한다면(죽는다면) 중국은 내전에 휘말리게 될 것이었다. 왕징웨이는 대일정책과 대외정책에 있어서 반공이 항일보다 먼저라는 종전의 주장을 되풀이했지만, 구웨이쥔을 비롯한 다른 사람들은 가장 시급한 것은 항일이며, 이를 위해 소련을 포함한 외국의 원조를 적극 받아들여야 한다고 강조했다고[92] 한다. 이 담화회의 결과를 바탕으로 12월 22일에 발표된 선언문에서는 장제스의 안전과 자유가 조속히 회복되어야 한다는 점과, 현재의 난국을 해결하는 데 기여하기 위해 조속히 귀국할 것이라는 두 가지 점만 언급되었다.[93]

왕징웨이는 1936년 12월 21일 제노바에서 배를 타고 귀국길에 올랐다. 한편 시안에서는 여러 차례의 협상 끝에 12월 25일에 장제스가 풀려나 난징으로 돌아왔다. 이때 장쉐량도 장제스와 함께 돌아와 처분을 자청함으로써 사변은 일단 종결되었다. 왕징웨이는 배가 수에즈 운하를 지나던 무렵인 26일경에 구웨이쥔의 전보를 받고 장제스가 이미 연금에서 풀려나 난징으로 돌아왔다는 소식을 알게 되었다.[94] 또한 29일과 30일에는 측근인 주민이褚民誼의 전보를 받았다. 주민이는 자신이 장제스를 만난 일과 장제스의 건강상태, 그리고 왕징웨이가 언제 도착하는지 장제스가 물었다는 것 등의 소식을 알렸다.[95] 장제스가 연금에서 풀려났다는 소식을 왕징웨이가 어떻게 받아들였는지는 정확히 알려지지 않았다. 그러나 장제스가 풀려나더라도 권위에 심각한 손상을 입을 것이라는 왕징웨이의 판단은 이후 정국의 전개 과정에서 단지 추측에 불과했음이 밝혀졌다. 그는 시안사변을 귀국의 결정적 계기로 삼았으나, 결국 그 자신의 말대로 "〔국가적〕 위기를 보고 목숨을 내어주러 가는" 모양, 즉 정치적 실속 없이 자신만 희생하는 쪽으로 귀착될 가능성이 훨씬 커지고 말았다.

(2) 복원된 장·왕 연합체제

1937년 1월 7일, 왕징웨이는 싱가포르에 도착하여 담화를 발표했다. 담화 내용은 12월 22일 제노바를 떠나며 발표한 선언문과 같았다. 다만 피격사건의 범인들을 사면하라고 덧붙임으로써 이 사건으로 불거진 '친일파' 논란의 부담을 덜기 위한 노력을 보여주고 있다.[96] 이어서 그는 1월 10일에 필리핀의 마닐라에 도착했다. 필리핀 대통령 케손Manuel Luis Quezon의 환영을 받은 자리에서 왕징웨이는 자신은 중국의 신헌법에 따라 뽑힐 만한 대통령 감은 아니며 중국에는 자신보다 유능한 정치인들이 많다고 말했다.[97] 새로 열릴 국민대회에서 그가 대통령(총통)으로 선출될 것이라는 풍문에 대한 겸양이었지만, 다른 면에서 보면 총통에 대한 꿈을 넌지시 내비친 말이기도 했다.

1월 14일, 왕징웨이는 상하이에 도착하여 국민당 중앙당부 비서장 예추창, 행정원 부원장 쿵샹시, 외교부장 천청 등의 환영을 받은 후 서면으로 도착 성명을 발표했다. 여기서 그는 "당장의 급선무는 망국의 위기에서 나라를 구하는 것, 곧 구망救亡이다. 구망은 민력民力을 증진하는 것 외에 다른 방법이 없다" 라고 말하며 예의 항전준비론에서 주장한 원칙을 다시 내세웠다.[98] 1월 18일에는 난징으로 가 중앙당부에서 열린 총리(쑨원)기념주 행사에 참석하고 강연을 했다. 이 강연에서 그는 '양외를 먼저 하고 안내를 나중에 하자〔先攘外後安內〕' 고 주장하는 사람들을 비판하며 "안내와 양외는 두 가지 일이 아니라 한 가지 일" 이라고 주장하고 안내를 하지 않고는 양외를 할 수 없다고 강조했다. 또한 공산당 측이 주장한 공동항일에 대해서도 강력한 비판을 제기하며 "종전의 경험으로 보아 공산당을 믿을 수 있겠는가?" 라고 반문하고, "공산당 사람들은 공산혁명을 위해 수단 방법을 가리지 않으며, 약속과 신의를 지키는 것을 봉건적 도덕으로 보는 사람들" 이라고[99] 맹비난했다.

한편 시안에서 풀려난 직후 장제스는 뤄양에서 장쉐량과 양후청楊虎城에게 훈사訓詞를 했다. 그는 사변을 일으킨 잘못이 두 사람에게 있음을 지적하면서도 자신의 잘못이 없지 않음을 시인했다. 또한 그들이 문서에 서명할 것을 강요하지 않고 자신을 난징으로 보내준 것에 대해서는 중화민국이 전화위복할 수 있는 기회요, 중화민족의 고상한 인격문화의 결과라고 평가했다.[100] 이 말은, 그가 풀려나는 과정에서 장쉐량 등이 내세운 내전(공산당 토벌전쟁) 반대, 일치항일一致抗日을 비롯한 기본적 요구들을 받아들였음을 의미한다. 그리하여 1937년 1월 초에 시안사변으로 촉발된 정치적 사태, 곧 내전 정지와 일치항일 등의 요구를 처리하기 위한 수순으로 국민당 제5계 제3차 중앙집행위원회 전체회의를 1937년 2월 15일에 개최하겠다는 통고가 이미 발표된 상황이었다.[101] 바로 이런 시기에 왕징웨이는 민력을 증진하여 장기항전을 준비해야 하며, 안내, 즉 공산당 토벌이 양외보다 중요하다고 주장하는 한편 공산당에 대한 불신과 비판을 정면으로 제기하고 나섰다. 당시의 추세와 정면으로 배치되는 주장이었다. 시안 사변을 해결하는 과정에서 장제스와 왕징웨이의 정치적 입장에 분명한 차이가 나타나기 시작한 것이다.

1월 24일, 왕징웨이는 장제스를 만나기 위해 장제스의 고향인 저장 펑화의 시커우溪口로 갔다. 시커우에서 약 30킬로미터 떨어진 닝보寧波까지 마중 나온 장제스는 왕징웨이를 시커우로 데려가 25, 26일 이틀 동안 면담했다. 이들의 대화 내용은, 최근 공개된 장제스의 일기에 비교적 자세히 언급되어 있다. 장제스는 면담 이전인 1월 10일부터 22일 사이에 여러 차례에 걸쳐 일정이나 담화 순서 등을 자세히 준비할 만큼[102] 왕징웨이와의 면담을 중요시했다. 장제스가 1월 18일자 일기에 기록한 바에 따르면, 왕징웨이와 이야기를 나눌 주제는 ① 왕징웨이에게 당무를 주재하도록 하는 문제, ② 정부 개조 여부, ③ 국민회의와 국민당 중앙집행위원회 전체회의의 개최 시기 문제, ④ 좌경사상과 공산당에 대한 방침, ⑤ (시안사변이 일어난 지역인) 서북을 안정시키는 문제와 각 지방 문제, ⑥ 외교 방침, ⑦ 기타 국책과 정책 문제 등이었다.[103] 두 사람이 여러 현안을 폭넓게 논의했음을 알 수 있다.

다른 한편으로 장제스는 왕징웨이와 그의 측근들에 대하여 "행정원을 맡아 조직하는 일에 적극적이다"라고 표현하면서 관직을 차지하는 데만 관심이 있다는 투의 불만을 토로했다. 또한 왕징웨이가 경제(정책)에는 열심이지만 능력이 없어서 걱정이라고[104] 언급하기도 했다. 이처럼 장제스는 왕징웨이와 그의 측근들을 충분히 신임하지 않았다. 그럼에도 불구하고 장제스는 2월 15일부터 난징에서 열린 3중전회에서 왕징웨이가 국민당 중앙집행위원회 상무위원회 주석을 맡도록 하여, 자신이 군사를 맡고 왕징웨이가 정무를 관장한 이전 형태의 장·왕 연합체제를 복원하려 했다.

그러나 장제스가 왕징웨이를 중앙집행위원회 상무위원회 주석으로 추대하는 과정에서 예상 밖으로 적지 않은 반대가 당내에서 제기되었다. 3중전회가 열리기 하루 전인 2월 14일, 장제스는 왕징웨이를 상무위원회 주석으로 추천하기로 마음먹었다. 그러나 2월 18일 회의에서 왕징웨이 추대를 둘러싸고 논란이 일었고, 장제스는 2월 19일자 일기에서 이 일에 많은 관심을 쏟았으나 아직 결과가 없어 안타깝다고 토로했다. 또한 2월 20일 아침에 쥐정, 장지 등을 불러 논의했으나 역시 동의를 얻지 못해 통탄스럽다고 일기에 기록했다.[105] 결국 3중전회 마지막 날인 2월 22일에야 왕징웨이는 상무위원회 주석으로 추대될 수 있었다. 이 사태는 결국 피격사건 직후 불거져 나온 그에 대한 당내의 거부와 반대 사태와 같은 맥락으로 볼 수 있다. 여하튼 왕징웨이가 상무위원회 주석직에 복귀함으로써, 피격사건 이후 중단된 장·왕 연합체제가 공식 복원되었다.

(3) 대일 태도의 분기—장제스 국민정부의 '선항일'과 왕징웨이의 '후항일'

왕징웨이를 상무위원회 주석으로 복귀시킨 3중전회에서는 시안사변으로 불거진 내전 정지, 일치항전, 정부 개조 등의 국민적 요구를 어떻게 처리할지 합의하는 것이 또 다른 문제였다. 장제스는 2월 초에 쓴 듯한 일기에 3중전회의 의제를 기록했다. 의제는 공산당 토벌과 합작에 대한 문제, 그리고 항일과 외교의 기본 방향에 대한 문제로 요약되었다.[106] 장제스를 비롯한 국민당 내부는 내전 정지와 일치항일 등의 요구에 대해 결코 긍정적이지 않았기 때문에 이 요구들이 국민당의 기본 정책으로 받아들여지는 데는 적지 않은 우여곡절이 있었다. 그러나 결국 2월 21일의 6차 전체회의에서 '적화赤禍 근절에 관한 결의'가 통과되어 제2차 국공합작 추진이 우회적으로 승인되었다. 이 결의안은 국민정부 휘하에서 공산당군(홍군)을 재편하여 군대를 국가적으로 통합하고, 소비에트를 철폐하여 정권을 통합하며, 공산주의 선전을 정지하는 한편, 계급투쟁 주장을 중단하는 것을 기본 전제조건으로 삼았다. 공산당과 실질적으로 공존하는 것에 대한 인정이 주요 내용이었다.[107] 2월 10일, 중국공산당 중앙이 국민당 측에 요구한 '5개항 요구 사항과 4개항 보증'의 내용이 상당히 수용된 결과였다. 이는 시안사변에서 제기되었던 장쉐량의 요구나 공산당과 합의한 사항을 실행에 옮긴 것으로 받아들여졌다.[108] 이로써 3중전회는, 충분하지는 않았으나 국공합작을 실현하기 위한 기본 토대를 마련했다.

그렇다면, 이러한 상황 변화 한가운데서 왕징웨이는 어떻게 대응했을까? 3중전회 개막식에서 개막사를 한 그는 "오늘의 국난 시기에 국민당과 전국 인민들이 풀어야 할 근본적인 문제는 잃어버린 영토를 회복하고 남아 있는 영토를 지키면서 동시에 국내적 안정을 이루는 것이며, 〔이런 입장에서〕 공산당 토벌 또한 당장 해결해야 할 현안"이라고[109] 말했다. 또한 같은 날 각 언론에 발표한 글에서도 "대외적 침략에 대하여는 끝까지 인내하면서 〔장기적 저항을 위해〕 각 방各方의 실력을 축적해야 한다"고 주장했다.[110] 2월 22일에는 외교부의 기념행사에 참석하여 연설하면서, 내정과 외교는 원래 하나의 일이라는 종래의 주장을 되풀이하는 한편, "공산당을 용납하는 일〔容共〕은 후환을 생각하지 않고 당장 눈앞의 어려움만을 해결하려는 것〔飮鴆止渴〕"이라고[111] 말했다. 또한 3월 말의 한 연설에서도 그는 "양외와 안내가 두 가지 일이 아니고 한 가지 일"이라는 점을[112] 다시 강조했다. 즉, 왕징웨이는 3중전회에서도 그 직전까지 일관되게 주장한 항전준비론과 일면저항 일면교섭, 그리고 안내양외 정책 기조를 유지하고 있었다.

그러나 왕징웨이는 3중전회 이후 복원된 장·왕 연합체제의 당사자였다. 국공 간의 합작은 그가 실질적으로 추진하지 않을 수 없었다. 그래서 "공산당이 3중전회의 결과를 성의껏 받아들이기를 촉구한다. 그렇게 한다면 국민당으로서도 그들에게 새로운 출로〔自新之路〕를 열어주어야 할 것"

이라고[113] 말하기도 했다. 결국 3중전회를 기점으로 왕징웨이의 시각이 조금은 변했다고 평할 수 있을지도 모르지만, 당시 그의 입장을 전체적 맥락에서 보면 아무런 변화가 없었다고 할 수 있다.

앞에서 이야기했듯, 왕징웨이의 대일 정책은 기본적으로 중국이 일본과 전면전을 벌이는 것은 불가능하다는 인식을 전제로 했다. 말하자면 그에게는 당장 실현하기가 불가능해 보이는 일본과의 전쟁 대신, 실현 가능할 듯한 일본과의 외교적 교섭이나 공산당 토벌을 통한 국내 통일(안내), 장기전을 위한 준비가 유일한 정책적 출로였다.

이러한 입장은 시안사변 해결 이후, 즉 3중전회 이후 장제스가 중심이 된 국민당 혹은 국민정부의 대일 정책과 거리가 있었다. 왕징웨이의 견해는 일본의 전면적인 중국 침략이 실현되어 전면전이 전개되고 일본군의 일방적 우세가 지속되는 상황이 닥치는 경우 항전 이외의 다른 방향, 즉 일본 측과 협상하여 문제를 해결하는 방향으로 나아갈 수밖에 없다는 점을 보여준 것 아닐까? 따라서 그의 친일은, 시안사변을 계기로 정치 일선에 복귀하고 3중전회를 통하여 장·왕 연합체제가 복원되는 과정에서 이미 맹아를 나타냈다고 생각된다. 반공과 안내양외, 장기항전을 기조로 한 그의 대일 태도는 중일 간의 전면전인 중일전쟁이 발발한 후에도 지속되었으나, 우한이 함락된 1938년에 대일 항전에는 실질적인 희망이 없다는 비관론이 등장하는 단계에 들어서자 대일 화평운동 혹은 친일정권 구상으로 연결되었다는 것이 필자의 기본 시각이다.[114]

4. 친일의 가능성

앞에서 1927년 우한 분공 이후부터 1937년 2월의 국민당 제5계 3중전회 직후에 이르는 시기 왕징웨이의 정치활동과 정치적 입장, 특히 대일 태도를 살펴보았다. 주요 내용은 다음과 같다.

우한정부의 분공 이후 우한 측과 난징 측이 통합을 위해 협상하는 과정에서 공산당의 주도로 광저우봉기가 발발했다. 이 사건은 왕징웨이의 정치적 입지를 극도로 위축시켰고, 그는 다시 한 번 외유에 나서지 않을 수 없었다. 그러나 1929년 2월 이후 장제스에 대한 각 지방군의 저항인 반장전쟁이 지속되고, 정치적 반장운동이라고 할 수 있는 국민당 개조운동이 벌어지자 이에 호응한 왕징웨이는 1929년 4월에 귀국하게 된다.

왕징웨이는 1931년 9월 이전까지 중원대전을 비롯한 각 지방군의 반장전쟁과 연합하며 개조파운동, 확대회의 등 정치적 반장운동의 전면에 나섰으나, 원래의 장·왕 연합체제와 마찬가지로 그의 정치 지도력으로 장제스의 군사 지도력을 견제하기란 처음부터 불가능했다.

1931년에 발발한 만주사변은 국난에 대한 공동 대처를 공통의 목표로 삼은 장·왕 연합체제의 재건을 가져왔다. 이때 형성된 연합체제 역시 기본적으로 장제스의 군사 지도력과 왕징웨이의 정치 지도력이 연합한 형태였으나, 당시 최대의 국가적 현안이었던 대일 문제에서 부저항주의, 일면저항 일면교섭, 안내양외라는 공통의 인식을 분모로 가졌다는 점에서 이전의 연합체제와 구별된다.

1935년 11월에 일어난 왕징웨이 피격사건은 장·왕 연합체제로 형성된 국민정부의 유화적 대일정책에 대한 불만에서 비롯되었다. 일본의 중국 침략에 대한 왕징웨이의 기본적 입장은 부저항, 항전준비론, 일면저항 일면교섭 등으로 요약된다. 당시 국민당 내외에서는 그에 대한 비판과 반대 여론이 거세게 일어났다. 특히 그는 상하이사변 이후 유화적 정전협정 체결을 맡아 처리한 후 급기야 친일파로 지탄받고 감찰원의 탄핵을 받기에 이르렀다. 이 같은 당내외의 불만과 비판이 결국 피격사건으로까지 이어진 것이다.

피격사건으로 입은 부상 때문에 정치 일선에서 물러난 왕징웨이가 요양을 명분으로 외유를 떠날 수밖에 없었던 것도 이러한 비판과 저항 때문이었다. 피격사건과 뒤이은 외유는 왕징웨이 자신뿐 아니라 측근들의 전면적인 약화와 몰락을 가져왔다. 국민정부의 기본 골격을 이루었던 장·왕 연합체제도 중단되었다. 이 연합체제는 장제스 중심의 권력 운용과 그에 대한 왕징웨이의 불만과 저항이라는 구조적 문제를 처음부터 안고 있었고, 그것이 왕징웨이 피격사건을 계기로 불거져 나오자 결국 중단되기에 이른 것이다.

독일, 영국, 프랑스 등지에서 외유하는 동안 왕징웨이는 귀국과 정치적 복권을 위한 기회를 찾으려 부심했다. 그와 국내의 측근들에게는 1936년 11월로 예정된 국민대회 선거가 가장 알맞은 귀국 기회로 받아들여졌다. 그러나 국민대회가 연기되자 귀국을 연기해야 했던 왕징웨이에게 1936년 12월에 일어난 시안사변은 귀국을 결심하는 결정적인 계기가 되었다. 시안사변 발발 당일에 소식을 접한 왕징웨이는 즉시 귀국길에 올랐다. 그러나 약 보름 만에 장제스가 풀려나 난징으로 돌아오면서, 화려한 복귀에 대한 왕징웨이의 기대는 반감되고 말았다.

유럽에서 돌아온 왕징웨이의 정치적 입장은, 시안사변 이후 급변하는 정치 상황의 변화를 따라잡지 못했다. 내전 종식과 일치항전을 수용하는 맥락에서 공산당과 합작하는 노선의 윤곽이 뚜렷해지고 있었으나, 그는 선안내 후양외라는 기존 입장을 고수하며 여전히 공산당 토벌을 강조했다. 1937년 2월 중순에 열린 국민당 제5계 3중전회에서 국공합작의 기본틀이 만들어지고, 장·왕 연합체제가 또다시 복원되었다. 그러나 왕징웨이의 고집은 국민당이나 국민정부 내에서 적지 않은 불협화음을 만들었을 뿐 아니라 결국 그 자신이 대일화평론으로 기울게 되는 계기 중 하나가 된 듯하다.

시안사변 이후 장제스를 비롯한 국민정부의 대일 전략은 선항일(또는 후안내)로 기울 수밖에 없었지만, 그는 여전히 후항일(또는 선안내)을 고집했고, 이에 따라 국민정부와 그의 대일 정책이 분기分岐되었다는 의미이다. 훗날 왕징웨이가 대일화평론과 친일정권 수립으로 나아가게 되는 가능성은 시안사변과 뒤이어 열린 3중전회에서 이미 나타났다고 할 수 있다.

Ⅱ. 중일전쟁 발발 이후의 화평운동과 왕징웨이의 친일 선택

1. 왕징웨이 중심의 화평운동을 보는 시각

중일전쟁이 한창이던 1938년 12월 18일 당시 국민당 부총재이자 국민참정회 의장이었던 왕징웨이는 돌연 충칭을 떠나 베트남의 하노이로 가서[115] 일본과 평화협력할 것을 주장하는 성명을 발표했다. 이 사건은 그야말로 전 세계를 놀라게 했다. 뿐만 아니라 그는 이후 일본정부와 협력하여 친일정권을 만드는 엄청난 사건을 일으켜 중국의 대일항전에도 큰 영향을 미쳤다. 따라서 왕징웨이와, 친일 강화(주화론)를 주장한 일부 추종자들이 어떠한 배경에서 그러한 결정을 하게 되었는지와 함께 친일정권의 성립 과정을 둘러싸고 많은 논란이 이어졌다.

이 책의 기본적인 관심인 현대 중국 민족주의의 변화 과정이라는 측면에서 볼 때도 충칭 이탈로 드러난 그의 친일 전환은, 중국혁명동맹회 및 신해혁명 시기의 반만민족주의 성립과 5·4운동 시기의 반제민족주의, 그리고 1920년대 국민혁명 시기의 반제민족주의 실천과 좌절에 따른 입장 변화 등과 비교할 때 가장 결정적이고 극적인 변화였다. 이 점에서 왕징웨이의 친일 전변轉變이 가장 많은 설명이 필요한 대목임은 물론이다. 기존 연구들에서 그의 친일 전변에 대해 수많은 설명이 제시된 것 또한 같은 이유 때문이다.

기존 연구들에 나타난 설명은 크게 세 가지로 나뉜다. 첫째는 왕징웨이가 권력욕에 치우쳐 민족을 배반하고 친일정권을 만들었다는 민족배반론 혹은 한간론이다. 둘째는 그가 충동적인 성격 때문에 판단을 그르쳐 친일 합작이라는 실수를 저질렀다는 실수론이다. 그리고 셋째는 일본군의 무자비한 침략과 전쟁의 참화에 무방비로 노출된 중국 민중을 구하기 위한 고육지책 혹은 자기희생으로 친일정권 구성에 나서게 되었다는 희생론의 입장이다. 물론 이러한 설명 방식들이 뒤섞여 나타나는 경우도 적지 않다. 예컨대 민족 배반의 시각에서 설명하는 경우나 희생론의 시각에서 설명하는 경우 실수론을 포함하기도 한다. 어쨌든 왕징웨이가 친일정권을 만든 동기와 관련하여 첫째 설명은 비판적이고, 둘째는 비교적 동정적이며, 셋째는 적극적 지지여서 시각이 엇갈리고 있다.

그중 민족배반론에 대해서는, 한간이라는 규정이 내포한 이분법적 배타성과 관련하여 많은 비판이 제기되어왔다. 왕징웨이와 그 추종자들에 대해 한간이라는 감정적이고 이분법적인 규정을 하면 그 이면에 작용하는 훨씬 다양하고 복잡한 역사 과정을 놓치게 되며, 경우에 따라서는 왕징웨이 정권에 대한 학문적 연구 자체가 불가능해진다는 비판이었다.[116] 민족배반론은 주로 중국의 학자들이 내세웠기 때문에 그 문제점에 대한 비판은 종종 집단적 논쟁을 불러왔고, 논쟁이 학문적 범위를 넘는 경우도 적지 않았다.[117]

실수론이나 희생론은 왕징웨이와 그 추종자들의 입장을 보다 객관적으로 봐야 한다는 주장에서 출발했기 때문에 민족배반론에 비해 논의의 가능성을 넓혀준다는 이점이 있다. 그러나 다른 한편으로 '실수와 희생'에 대한 긍정은 자칫 이들에 대해 감정적 동정을 불러일으키는 결과를 가져올 수 있기 때문에 역시 객관적 역사 이해로서 적합하지 못하다는 비판의 여지가 있다.

이 장에서는 중일전쟁 발발 이후 대두한 대일 화평 주장, 즉 화평운동의 양상을 왕징웨이의 시각과 역할이라는 측면에서 살펴볼 것이다. 그 다음 이러한 화평운동이 일본 측과의 교섭으로 이어지는 과정과 왕징웨이의 선택, 그 결과 충칭에서 이탈하는 과정을 자세히 추적하려 한다. 또한 왕징웨이와 그 추종자들이 친일로 전변한 이유를, 그들이 겪은 구체적인 경험세계에서 찾고자 한다. 말 그대로 역사적 관점이라고 부를 만한 이러한 시각은, 이 책의 앞부분에서 계속 추적한 문제들이 친일 전변의 배경이 되었다고 본다. 예컨대 왕징웨이의 정치 일생에서 가장 중요한 대목인 장제스와의 권력 투쟁, 그 과정에서 겪어야 했던 권력적 한계와 좌절, 중국혁명동맹회와 신해혁명기부터 지속적으로 나타난 무정부주의적 경향과 혁명가로서의 자기희생적 태도, 국민혁명기의 이른바 반제 혁명외교와 실패, 공산당과의 합작과 분공, 그리고 격렬한 반공주의자로의 변신 등이다. 말하자면 20세기 전반 중국이라는 특정한 시공간 속에서 혁명가이자 정치가로서 왕징웨이가 겪은 이러한 다양한 경험들의 연장선에서 그와 그의 추종자들이 친일로 돌아서게 되었다는 것이 필자의 기본 시각이다.

2. 중일전쟁의 전개와 대일화평론 대두

앞 장에서 살펴본 대로, 1935년 11월 난징에서 피격사건을 겪은 왕징웨이는 친일파라는 국민당 내외의 비판 속에서 유럽으로 외유를 떠났다. 이후 그는 1936년 12월에 발생한 시안사변을 계기로 귀국하여 정계에 복귀했다. 장제스가 이끈 난징 국민정부는 시안사변을 해결하는 과정에서 약속한 일치항일과 공산당과의 합작을 본격 추진하기 시작했다. 그러나 국공합작에 여전히 부정적이었던 왕징웨이는 기존의 안내양외와 '일면저항 일면교섭'을 고수하여 장제스 혹은 국민정부와 갈등을 빚었다. 그의 주장은 중일 간의 전면전이 발발할 경우, 그리고 그 전쟁에서 중국의 승전 가능성이 없다는 것이 분명해질 경우 일본과의 평화교섭에 나설 수도 있다는 가능성을 포함했다. 즉, 항일전에 대한 그의 입장은 전쟁 상황에 따라 대일강화 또는 친일 전향으로 나아갈 가능성을 띠고 있었다.

물론, 장제스와 국민당이 국공합작 노선을 공식적으로 수용하게 되는 1937년 2월의 국민당 제5계 3중전회 이후에는 왕징웨이도 공산당과의 합작을 받아들이는 쪽으로 기울 수밖에 없었다. 시안사변 이후 새로이 복원된 장·왕 연합체제의 틀 아래에서 일치항일을 위한 내전 정지, 곧 공산당과의 합작이라는 장제스와 국민정부의 새 정책을 수용해야 했기 때문이다. 그는 3중전회 직후인 3월 중순에 공산당이 변구邊區정부 및 홍군을 해체하고 공산주의 조직과 선전을 포기하면 국공합작을 수용할 수도 있다는 견해를 공개적으로 표명했다.[118]

당시 왕징웨이가 국공합작 노선을 수용한 원인은 일치항일에 대한 국민적 여론 수용, 소련과의 관계 유지 혹은 개선에 대한 필요성 인식, 일본의 대중국 유화정책 등장 등의 요인 때문이었다.[119] 그럼에도 불구하고 그는 "공산당이 국민당 3중전회의 선언과 결의를 받아들인다면 새로운 출발을 허용해야 하지만, 그렇다고 용공을 해서는 안 된다"라고 주장했다. 이번의 합작이 지난 국민혁명 시기의 1차 국공합작처럼 공산당의 활동 자체를 용인하는 선의 합작이어서는 안 된다는 점을 분명히 한 것이다.[120] 정치적 상황 변화에 맞추어 국공합작을 받아들이기는 하되 공산당에 대해 분명히 반대하고 공산당의 활동을 제한하자는 것이 그의 기본 견해였다. 이처럼 그는 국공합작 노선을 받아들이는 단계에서도 안내양외와 '일면저항 일면교섭'을 기본적으로 유지했다.

1937년 7월, 노구교사건盧溝橋事件(7·7사변)으로 중일 간의 전면전이 발발한 뒤 6개월도 못 되어 수도 난징이 함락되자 국민정부는 창장 강 중류의 거점 도시 우한으로 옮아가야 했고, 국가 존망의 위기는 극에 달했다. 앞에서 지적했듯 중일전쟁 발발 이전부터 장제스와 왕징웨이를 비롯한 국민정부 지도자들은 일본과 전면전을 벌일 경우 승산이 전혀 없다고 생각했다.[121] 부저항주의로 알려진 장제스와 국민정부 측 대일 전략의 바탕에는 군사력에 대한 이러한 일관적인 평가와 인식이 깔려 있었다. 이러한 상황 판단에 따라 장제스와 왕징웨이 등은 '일면저항 일면교섭'과 장기항전론을 제기했던 것이다. 따라서 1938년 10월 광저우와 우한 함락을 전후하여 전쟁의 장래에 대한 비관론이 국민정부 지도자들 사이에 널리 퍼지자, 일본과 협상하여 강화조약을 체결하자는 이른바 화평론이 대두한 것은 어쩌면 자연스러운 결과였다.

당시 이른바 저조구락부低調俱樂部로 자칭하는 일단의 정치인이 화평론을 조심스럽게 제기하며 지지층을 넓혀가고 있었다. 그 중심에는 왕징웨이가 있었다. 중심인물 가운데 한 사람이었던 저우포하이周佛海에 의하면 저조구락부는 노구교사건 발발 직후부터[122] 국민정부의 적극 항전 정책에 반대하며 평화적 해결을 주장하는 사람들이 자연스럽게 모여 의견을 나누고 장제스와 국민정부 측에 건의하기 위한 모임으로 시작되었다. 몇 차례 만난 이들은 왕징웨이의 주장이 자신들의 생각과 일치한다는 점을 알게 되어 그를 구심점으로 삼았다고 한다.[123] 이들은, 목소리를 높여 항전을 부르짖는 항전파 혹은 주전파에 비해 낮은 목소리로 평화적 해결을 주장(화평파 혹은 주화파)한다 하여 저조구락부를 자칭했다. 이들 가운데는 외교부

아시아국장〔亞洲司長〕 가오쭝우高宗武와 국민당 중앙정치위원회 법제위원 메이쓰핑梅思平 등 왕징웨이와 가까운 인물들도 있었지만, 장제스 시종실侍從室의 주임 천부레이陳布雷와 당시 장쑤 성江蘇省 교육국장 저우포하이, 행정원 비서 뤄쥔창羅君强 등 장제스의 측근 외에 베이징대학 교수 타오시성陶希聖, 후스胡適 등 학계 인물들도 있었다.[124] 이 같은 저조구락부 중심의 화평운동을 처음부터 왕징웨이나 왕징웨이파가 주도한 것은 아니다. 화평운동은 전쟁 발발 직후부터 자연발생적으로 나타났고, 지지층도 다양했다.[125]

저조구락부 구성원들의 주장은, 양국의 군사력을 비교했을 때 대일항전은 필연적으로 패배할 수밖에 없다는 상황 인식에서 출발했다.[126] 이들은 장제스를 포함한 항전파의 결사항전 주장은 현실을 무시한 가식일 뿐 아니라[127] 전쟁의 참화 속으로 내몰리는 국민들에게도 무책임한 행위라고 봤다. 따라서 강화를 논하는 것 자체가 결코 망국을 의미하는 것은 아니므로 적절한 시기에 강화교섭을 통해 평화적으로 해결하는 것도 나라를 구하는 해결책 중 하나임을 강조하는 한편, 국민정부가 하루빨리 현실을 직시하고 화평 해결을 위한 교섭에 나서야 한다고[128] 주장했다. 이들이 볼 때 만주사변 이후 국민정부의 대일 방침이었던 국제연맹 제소를 통한 외교적 해결, 중일전쟁 발발 이후의 주요 전략인 장기항전은 결과적으로 대일 교섭을 어렵게 만들었다는 점에서 찬성하기 어려웠다. 이 때문에 저조구락부 구성원들은 장제스 중심의 국민정부에 비판적일 수밖에 없었다.

화평파의 이러한 주장에 장제스와 국민정부도 부분적으로는 동의했다. 장제스는 1931년 9월 일본이 만주사변을 일으켜 본격적인 침략을 시작하자 전면전은 승산이 없다고 보고 가능한 한 전면전을 피해야 한다는 이른바 '장기항전론'을 주장했다. 이러한 견해가 '부저항'이라는 비난을 받았음은 주지의 사실이다. 그러나 당시 부저항을 비난한 쪽에서도 전면전에 승산이 없다는 인식을 같이한 것은 주목할 만한 대목이다.[129] 장제스의 부저항을 비난한 쪽, 즉 일부 비판적 지식인 그룹이나 반정부 시위에 나섰던 학생층도 양국의 군사력 차이가 심각하며 전면전은 승산이 전혀 없다는 데는 동의하고 있었다. 따라서 장제스가 중일전쟁 발발 직후부터 가오쭝우 등 측근들을 통해 일본 측과 접촉하려 한 일이나, 비록 결실을 맺지는 못했지만 중국 주재 독일 대사인 트라우트만Oskar Trautmann이 두 차례에 걸쳐 중재를 시도하자 적극 응하며 평화 교섭 가능성을 검토한 것은 전혀 이상한 일이 아니다.[130]

또한 장제스는, 트라우트만을 통한 중재가 불발된 직후인 1938년 1월 일본 정부가 장제스의 충칭 국민정부를 교섭 상대로 인정하지 않겠다는 결정을 발표하자 곧바로 가오쭝우를 홍콩에 파견하여 일본 관련 정보 수집을 담당하게 하는 한편 일본과의 접촉을 유지하려 했다.[131] 이처럼 대일화평교섭은 장제스에게도 중요한 정책적 선택의 대상이었다. 당시 가오쭝우의 활동 창구가 된 홍콩의 예문연구회藝文硏究會는 화평파의 중심인물인 저우포하이와 타오시성의 건의로 국민당 중앙선전부 휘하에 만들어진 선전기구였다. 이 단체가 대외적으로 국민당의 선전기구로 공개되지 않고 예문연구회라는 문화단체를 가장한 것은 위장전술의 일종이었다. 특히 예문연구회는 평화적 교섭을 통한 전쟁 해결이라는 화평파의 기본 주장과 함께 공산당 반대를 취지로 내세웠다. 이들의 반공은 장제스와 왕징웨이의 적극적인 지지를 받는 배경이 되었다. 1938년 1월 중순 한커우에 처음 만들어진 예문연구회는 이후 창사, 청두成都, 광저우, 충칭, 시안, 홍콩 등지에 분회를 둔 기구로 성장했고,[132] 저조구락부와 마찬가지로 화평파의 또 다른 거점이 되었다. 저조구락부에 비해 독특한 점은 비록 비공개 단체였으나 국민당 선전부의 예하 조직으로 운영되었다는 것과, 화평 해결과 함께 공산당 반대를 또 하나의 중심적 주장으로 내세웠다는 점이다.

3. 대일 화평 교섭 진행과 왕징웨이의 입장

노구교사건 이후 3개월 만에 전 중국을 점령할 수 있을 것이라던 일본 군부의 예측은 빗나갔다. 전면전이 급속히 확대됨에 따라 중국 측의 희생이 커졌으나, 일본 측 또한 점령지 중국을 어떻게 유지하고 관리할 것인지를 둘러싸고 많은 어려움을 겪었다. 일본은 난징 점령 이후 1938년에 접어들면서 현지에 친일정권을 수립하고 이를 통해 간접적으로 지배한다는 기본적인 전략을 확정했다. 이에 따라 점령지 각지에 친일정권이 수립되기 시작하였다.[133] 물론 일본의 이러한 전략은 최종적으로는 장제스의 국민정부와 강화 조약을 체결하여 전국적 친일정권을 수립하는 데 맞추어져 있었다. 일본 당국이 이른바 통공작桶工作을 통해 장제스 국민정부와 협상을 모색하고, 트라우트만 주중 독일대사의 중재와 이를 통한 강화를 시도한 것도 이러한 정책 추진 과정의 일부였다.

그러나 앞에서 언급한 것처럼 트라우트만을 통한 두 차례의 중재와 협상 노력이 좌절된 직후인 1938년 1월 중순 일본 수상 고노에 후미마로近衛文磨는 장제스 국민정부를 교섭 상대에서 제외한다고 선언했다.[134] 일본 정부가 중국 주재 일본 대사를 소환하자 이에 맞서 국민정부도 일본 주재 대사를 소환하여 양국 간의 공식적 외교 채널은 완전히 단절되기에 이르렀다. 이에 장제스와 국민정부는 새로운 대일 창구가 필요했고, 가오쭝우 중심의 예문연구회는 그 역할을 담당하는 통로가 되었다. 장제스의 충칭 국민정부를 교섭 대상에서 제외한다는 선언이 발표된 지 한 달 뒤인 1938년 2월 중순 가오쭝우는 외교부 아주사亞洲司 제1과장(일본과장) 둥다오닝董道寧을 일본에 파견했다. 둥다오닝의 임무는 일본 최고지도부의 중국에 대한 시각을 확인하는 것이었다.[135] 그는 육군성 참모본부 중국〔支那〕과장 가게사 사다아키影佐禎昭의 소개로 육군성 참모차장 다다 하야시多田駿 중

1938년 1월, 우한을 방문한 주중 독일대사 트라우트만(왼쪽에서 두 번째).

장과 작전부장 이시하라 간지石原莞爾 소장, 중국반 반장 이마이 다케오今井武夫[136]를 면담하고, 가게사로부터 허잉친, 장췬에게 보내는 비밀편지를 받아 왔다. 4월 초 가오쭝우는 직접 한커우로 가서 이 편지를 저우포하이와 왕징웨이에게 전했으며 이어서 장제스에게도 보고했다. 왕징웨이와 장제스에게 전달된 가게사의 편지는, 양국이 나쁜 과거를 잊어버리고 정성으로 대한다면 전쟁을 종결시킬 수 있을 것이라는 원칙론적인 내용이었다.[137] 가오쭝우의 보고를 받은 장제스가 자신의 일기에 "일본 측이 화평해결에 조급하다"라고 쓴 것으로[138] 보아 이 편지는 장제스의 적극적인 호응을 불러일으키지 못한 듯하다. 이때 왕징웨이와 가오쭝우가 가게사의 제안을 곧바로 장제스에게 보고한 점을 보면, 적어도 이 단계에서 왕징웨이나 화평파 측이 일본 측의 요구대로 장제스를 배제하고 독자적으로 화평 교섭을 하려 하지는 않았음이 확인된다.

1938년 4월 우한의 왕징웨이.
왼쪽은 부인 천비쥔, 오른쪽은 수행비서 쩡중밍, 뒤쪽은 장녀 왕원싱.

이어서 4월에도 가오쭝우와 만철滿鐵(남만주철도주식회사南滿州鐵道株式會社) 난징사무소 소장 니시 요시아키西義顯가 비밀 교섭을 진행했다. 5월 말에 우한으로 돌아온 가오쭝우가 교섭 결과를 저우포하이, 왕징웨이, 장제스에게 보고한 사실이[139] 확인된다. 또한 6월에는 일본 측의 제안에 따라 주중 이탈리아 대사를 통한 교섭이 추진되었고, 이에 호응하여 왕징웨이가 측근인 교통부 차장 펑쉐페이를 통하여 이탈리아 참사관과 접촉하였으나 양측의 의견차이로 성사되지 못했다.[140] 당시 교섭의 최대 문제는 충칭 국민정부를 협상 대상에서 제외하기로 결정한 일본이 장제스 하야를 협상의 전제조건으로 요구하고 다른 인물, 특히 왕징웨이와 직접 교섭하겠다고 주장했다는 점이다. 이에 대해 왕징웨이는, 자신이 장제스를 대신할 수는 없으며 교섭을 위해 도쿄를 비밀리에 방문하는 것도 불가능하다고 대답했다.[141] 1938년 1월 고노에의 성명이 발표된 후 일본 측은 중일 간의 비밀 화평 협상 과정에서 왕징웨이를 상대로 세우기 위한 시도를 계속했고, 이를 위한 왕징웨이의 일본 방문도 제기되고 있었다.

이러한 상황에서 장제스를 배제하고 왕징웨이가 독자적으로 대일 교섭을 추진한 기미는, 이탈리아 대사를 통한 교섭이 중단된 직후인 1938년 7월 초, 가오쭝우가 비밀리에 도쿄를 방문한 데서 처음 확인된다. 알려진 바에 따르면 니시와 저우포하이의 적극적인 권유를 받은 가오쭝우가 장제스에게 알리지 않고 도쿄를 방문한 당초 이유는 그간의 중일 교섭에서 가장 중요한 걸림돌이었던 장제스의 하야 문제에 대해 일본 측이 정책적으로 변화할 가능성을 확인하려는 것이었다고 한다.[142]

그러나 가오쭝우가 도쿄 방문을 처음부터 장제스에게 알리지 않았던 점이나, 장제스가 뒤에 이 사실을 알고 격노하며 "황당하고 잘못된 행동"이라고 책망했다는 점을[143] 보면, 장제스가 배제된 평화협상, 즉 왕징웨이와 일본 측 사이의 협상 가능성을 타진하는 것이 가오쭝우의 실제 의도였을 것으로 짐작된다. 나중에 장제스도 가오쭝우의 숨은 의도를 알게 된 사실이 확인된다. 장제스는 7월 14일의 일기에서 일본 측의 대중국 정책에 변화가 있는지 관심을 표하며 "일본 측이 가오쭝우를 속여 장난을 치고 있는 점으로 보아 〔일본 측의 태도 변화를〕 기대할 것이 없다"라고 기록했다.[144] 또한 7월 22일에는 비밀이 발각된 가오쭝우가 귀국 후 보낸 보고서를 읽은 후 "그 잘못이 가볍지 않다는 것을 알겠다"라고 썼다. 이어서 7월 25일에는 왕징웨이, 장췬과 함께 가오쭝우의 보고서를 검토했는데, 왕징웨이의 태도가 부자연스러운 것을 알아차리고 실제로 부끄러운 마음이 있는 것 아니냐며 의심하기까지 했다.[145]

뿐만 아니라 일본 측 자료를 통해 확인되듯이, 가오쭝우는 일본에서 돌아오며 육군성 장관 이다가키 세이시로板垣征四郎가 왕징웨이에게 보내는 편지를 받아 왔다. 편지에는 왕징웨이가 직접 나서서 전국戰局을 해결해주기를 바란다는 요청이 들어 있었다. 그 직후인 7월 12일 열린 일본 내각 5상회의五相會議에서 "중국의 일류 인물을 기용하여 튼튼한 신정권을 건립하며, 장제스에 반대하는 실력파들을 이용하여 반장反蔣, 반공, 반전反戰 정부를 건립하도록 한다"는 결정을 내린[146] 점 또한 가오쭝우가 도쿄를 방문한 목적이 왕징웨이의 대일 화평 교섭에 있었다는 사실을 확인해준다. 요컨대 1938년 6월 중순 이후 추진된 왕징웨이의 독자적인 대일 화평 교섭은 가오쭝우의 비밀 도쿄 방문에서 시작되었다. 처음부터 일본 측의 끈질긴 요청에 대한 호응의 형태로 이루어졌으며, 일본 측이 전제조건으로 내세운 '장제스 배제'를 받아들일지의 여부에 대한 왕징웨이와 화평파의 고민의 결과였다.

7월 2일부터 9일까지 도쿄를 방문한 가오쭝우는 가게사와 여러 차례 회담하는 한편 다다 육군성 참모차장, 이다가키 육군성 장관, 고노에 수상 등을 면담하고 화평 교섭에 대한 일본 측의 진의를 파악하고자 노력했다. 이들과의 면담에서 가오쭝우는 화평 교섭의 전제조건으로 중국을 대등한 국가로 대우할 것과, 중국에서 철병할 것을 요구하는 한편, 향후 일본이 화평 교섭을 추진하려면 중국 측 대상은 왕징웨이밖에 없지 않느냐는 의견을 표했다.[147] 화평 교섭에 대한 일본 측의 진의 파악에는, 장제스를 배제하는 데 대한 일본 당국의 최종 입장과 함께 왕징웨이를 상대로 한 화평 교섭의 가능성에 대한 탐색도 포함되었다.

가오쭝우의 방일 이후 왕징웨이 중심의 중국 측 화평파와 일본 측이 본격적으로 교섭하기 시작했다. 장제스의 의심과 견제를 받게 된 가오쭝우를 대신하여 대일 접촉을 맡은 인물은 저조구락부의 멤버로서 입법위원이었던 메이쓰핑이었다. 장제스가 가오쭝우를 '질책'하자[148] 가오쭝우에게 한동안 충칭에 오지 말도록 연락한 저우포하이는 홍콩의 대일 정보 확보 임무를 맡을 새 인물로 메이쓰핑을 추천했다. 이에 따라 8월 29일부터 9월 4일까지 홍콩에서 메이쓰핑과 일본 도메이同盟통신사 상하이지국장 마쓰모토 시게하루松本重治가 다섯 차례에 걸쳐 협상을 진행했다. 이 협상에서 일본 측은 왕징웨이의 충칭 이탈과 신정부 수립, 뒤이은 일본과의 화평협상 추진을 구체적인 방안으로 처음 제시했다.[149] 메이쓰핑도 기본적으로 왕징웨이 중심의 대일 화평 전략을 받아들였다. 그리고 왕징웨이 중심의 화평협상이 본격화하면 충칭의 화평파 외에 윈난雲南의 룽윈龍雲, 광둥의 장파쿠이張發奎 등 지방의 반장제스 세력도 가세할 것이라고 했다.[150] 윈난이나 광둥과 같은 서남지역 세력은 장제스가 이끄는 국민정부가 성립한 이래 항상 중앙과 갈등을 빚었다. 따라서 왕징웨이 중심의 화평운동은 서남지역 세력에게 중앙에 대한 또 다른 견제, 곧 반장제스 운동으로 받아들여질 수도 있었다. 그들에 대한 화평파의 기대는 나름대로 근거가 있었다.[151] 메이쓰핑은 10월 22일 충칭으로 갔고, 일본 측이 제시한 충칭 이탈과 독자 정부 수립에 대한 요구 사항들을 왕징웨이에게 전했다.[152]

왕징웨이가 공개적으로 '독자적인' 대일 협상 가능성을 언급한 것은, 1938년 10월 중순에 외국 기자들과 담화하는 자리를 통해서였다. 10월 11일 독일 통신사 기자와 담화를 나눈 그는 항전과 동시에 제3국을 통한 평화협상의 문을 닫은 것은 전혀 아니라는 점을 강조했다. 또한 평화협상이 가능해지려면 일본이 중국의 국가적 생존과 독립을 저해하지 않겠다는 점을 분명히 해야 한다고 주장했다. 10월 21일 영국 로이터통신 기자를 접견한 자리에서도 그는 일본이 중국의 생존을 방해하지 않는다면 일본의 화평협상 제안을 받아들일 수 있다고 다시 한 번 강조했다.[153] 왕징웨이의 발언은 일본과의 평화협상 가능성을 배제하지는 않는다는 기존 입장을 거듭 표명한 것이라고 볼 수도 있다. 그러나 당시는 이미 가오쭝우의 방일 이후 메이쓰핑과 마쓰모토의 협상이 어느 정도 합의를 이루어낸 시기였다는 점을 고려해야 한다. 이때 대일 교섭에 대한 왕징웨이의 긍정적 입장 표명은 기존의 원칙론적 언급이 아니라 실제적인 가능성을 염두에 둔 말로 받아들여진다.[154] 실제로도 왕징웨이의 발언은 일치항전을 주장하는 공산당뿐만 아니라 천청이 중심이 된 국민당 내의 항전파들로부터도 맹렬한 공격을 받았다.[155] 뿐만 아니라 그가 로이터통신 기자를 접견한 10월 21일에 광저우가 함락되고 연이어 10월 27일에는 우한이 함락되어 전황이 급속히 악화되었다. 이러한 상황 또한 그가 대일 교섭에 조급히 나서는 데 일조하였을 것이다. 광저우 함락 소식을 접한 다음 날인 10월 22일 화급하게 우한에서 철수해야 했던 저우포하이는 같은 날 일기에 자신의 신세와 국가의 장래에 대한 걱정으로 밤을 지새웠다고 썼고,[156] 우한이 함락된 27일에는 암담하다고 기록했다.[157]

4. 중광당회담과 왕징웨이의 충칭 이탈

저우포하이가 우한에서 철수한 10월 22일, 메이쓰핑은 충칭으로 돌아와 마쓰모토와 협상한 결과를 왕징웨이에게 보고했다.[158] 메이쓰핑은 11월 2일에 다시 홍콩으로 떠나기 전까지 12일간 충칭에 머무는 동안 연일 왕징웨이, 저우포하이, 타오시성, 천비쥔, 천궁보 등의 화평파 인사들과 대일 화평 교섭에 관해 논의했다. 당시 화평파의 결론이 무엇이었는지는, 1938년 11월 12일부터 20일까지 상하이에서 일본 측과 협상하는 과정에서 드러난 중국 측의 조건으로 대강을 엿볼 수 있다. 이 협상은 상하이 둥티위후이루東體育會路에 있는 중국주둔군 특무부대장 도이하라 겐지土肥原賢二의 공관인 중광당重光堂에서 열렸기 때문에 흔히 중광당회담으로 알려져 있다. 중국 측에서는 가오쭝우와 메이쓰핑, 그리고 통역으로 저우룽샹周隆庠이 참석했고, 일본 측에서는 참모본부 군무과장 가게사와 참모본부 중국반 반장 이마이가 참석했다. 협상 초반에 가오쭝우와 메이쓰핑은 ① 일본이 독일과 맺은 방공협정과 같은 수준의 중일방공협정 체결, ② 중국 측의 만주국 승인, ③ 중국 내지의 일본인 거주, 영업권 허가와 일본 측의 치외법권 및 조계 폐지에 대한 고려, ④ 화북 5개 성(冀察晋綏魯, 즉 허베이河北, 차하얼察哈爾, 산시, 쑤이위안綏遠, 산둥)에 대한 중일 합작 경제개발, ⑤ 일정 기간의 일본군 네이멍구內蒙古 지역 주둔과 기한 만료 후 철수, ⑥ 네이멍구 이외 지역에 주둔하는 일본군의 즉각 철수와 철수 완료 시기의 확정을[159] 교섭 사항으로 제시했다. 왕징웨이 중심의 충칭 화평파가 대일 교섭에 앞서 내세운 요구 조건이었던 셈이다.

중광당회담에서 중일 양측이 합의하여 서명한 '협의기록'과 '양해사항'은 ① 방공협정 체결 및 방공을 위한 네이멍구, 베이징, 톈진 지역의 일본군 주둔 승인(주둔 기한은 방공협정 유효 기간까지), ② 중국 측의 만주국 승인, ③ 일본인의 중국 내지 거주, 영업의 자유 인정과 일본 측의 치외법권 폐지 및 조계 환수 고려, ④ 화북 지역의 자원 이용과 경제제휴에서 일본의 우선권 인정, ⑤ 전쟁으로 인한 중국 내 일본교민의 피해 보상, 단 전쟁배상은 요구하지 않음, ⑥ 평화 회복 이후 다른 지역 일본군의 즉각 철수, 단 주둔 지역은 중일 양측에서 협의하여 정하되 치안 회복에 따라 2년 후 완전 철수할 것 등을[160] 규정했다. 합의 내용을 중국 측의 원래 주장과 비교하면, 일본군 주둔 지역을 네이멍구에 한정하고자 했던 것이 베이징, 톈진 등 화북 일대를 포함하는 쪽으로 확대되었다. 주둔 기한도 네이멍구는 방공협정 기한까지, 기타 지역의 경우 치안 회복 이후로 바뀌었으며, 주둔 지역은 상호협의를 통하여 정하는 쪽으로 대폭 수정되었음을 알 수 있다.

협의기록은 이른바 '신정부' 건설 절차도 규정했다. 일본 정부 측이 중일 간에 합의한 시국 해결 방침을 발표한 다음 왕징웨이와 중국 화평파 인사들이 장제스와 관계를 단절한다고 선언하고 동아신질서 건설을 위한 중일 제휴와 반공정책을 공동으로 발표하며 신정부 성립을 도모한다는 내용이었다. 최종 협의기록에는 들어가지 않았지만, 협의 과정에서 중국 측이 기존의 친일정권인 베이징의 임시정부와 상하이의 유신정부維新政府를 해체하여 왕징웨이 영도하의 신정부에 포함시켜야 한다는 주장을 제기했다. 또한 왕징웨이가 충칭을 떠나 화평협상을 행동에 옮기는 것과 동시에 장제스 휘하의 충칭 국민정부군(중앙군)이 왕징웨이를 편들게 될 쓰촨, 윈난의 군대를 공격하지 못하도록 일본군이 군사작전을 펴 중앙군의 후방을 끊어달라고 요청하기도 했다.[161] 이후 진행될 왕징웨이의 탈출 일정도 상세하게 작성되었다. 11월 22일 가오쭝우와 메이쓰핑이 상하이를 떠나 홍콩으로 돌아가고, 메이쓰핑은 25일 하노이로 갔다가 26일에 쿤밍昆明에 들러 왕징웨이의 탈출을 준비한 후 29일 충칭으로 가 왕징웨이의 탈출을 도우도록 했다. 그 다음 12월 3일 전후에 상하이에 남은 저우룽샹과 만철의 촉탁 이토 요시오伊藤芳男가 양측의 최종 동의 여부를 확인한 후 12월 5일 이전에 왕징웨이가 충칭을 벗어나 쿤밍으로 간다는 계획이 세워졌다.[162]

메이쓰핑이 충칭으로 돌아가 왕징웨이에게 중광당회담 결과를 보고한 때는 11월 26일이었다. 왕징웨이는 다음 날인 27일부터 저우포하이, 천비쥔 등의 화평파와 함께 합의사항에 관해 협의했고, 29일에는 청두에 있던 천궁보를 충칭으로 불러 같이 의논하도록 했다. 저우포하이가 먼저 쿤밍으로 가서 준비한 다음 12월 11일에 왕징웨이가 쿤밍으로 떠나도록 결정되었다.[163] 중광당회담의 합의 사항에 대한 왕징웨이의 최종 입장은 상하이에 남아 있던 저우룽샹과 이토를 통해 확인된다. 중광당회담의 협의 결과를 기본적으로 승인하되, 일본 측의 성명에 경제적 독점(농단弄斷)을 하지 않을 것과 내정 불간섭의 뜻이 분명히 들어가야 하므로 추가 협상의 여지를 남겨두자는 것이 핵심 내용이었다. 아울러 왕징웨이는 12월 6일에 충칭을 떠나 10일에 쿤밍에 도착할 예정이므로 일본 측의 성명, 즉 제3차

1938년 왕징웨이의 충칭 탈출 당시 일본 수상이었던 고노에 후미마로.

고노에 성명은 12일 전후에 발표하도록 요청하고, 자신은 쿤밍이나 하노이 혹은 홍콩에서 하야를 발표할 것이라는 향후 행동 일정을 밝혔다.[164] 그가 중국의 독자적 생존을 심각하게 위협한다고 본 경제적 독점과 내정간섭 배제를 일본군 철수와 함께 본격적인 교섭 실행의 전제조건으로 요구한 점을 보면, 10월 22일 로이터통신 기자에게 언급한 대로 일본이 중국의 생존(독립)을 방해하지 않으면 화평협상 제안을 받아들일 수 있다는 입장을 견지한 듯하다.

중광당회담 결과에 대한 일본 측의 대응은 11월 30일에 열린 어전회의에서 결정된 '일화신관계조정방침日華新關係調整方針'으로 알 수 있다. 이 방침은 동아신질서 수립을 이상으로 삼으면서 일본과 만주국 그리고 중국 3국의 선린우호, 공동방공, 경제합작을 목표로 하여 몽골과 티베트 지역을 방공을 위한 자치구역으로 만들고, 상하이, 칭다오青島, 샤먼厦門을 특별행정구로 만든다는 내용이었다. 또한 신중앙정부에 일본의 고문을 파견하며, 3국 간의 우호가 실현되는 단계에 일본 측이 조계 환수와 치외법권 철폐를 고려할 수 있다는 것과, 화북과 몽골, 티베트에 필요한 일본 군대를 주둔시키고 그 외 지역의 일본 군대는 조속한 시일 안에 철수하되 다만 치안 확립 시기까지 화북과 난징, 상하이, 항저우 삼각지대의 일본군은 계속 주둔하며, 주둔 군대의 관련 비용은 중국 측이 부담할 것 등을 정하고 있다.[165] 일본 측은 당초부터 광범한 지역에 군대를 주둔시키고 고문 파견을 통해 내정을 간섭하는 한편 경제합작 명목으로 경제적 주도권을 장악할 뜻을 분명히 하고 있었다. 왕징웨이가 우려한 경제적 독점과 내정간섭은 협상 초기부터 이미 예정되어 있었던 것이다.

왕징웨이는 처음 계획보다 열흘 이상 늦은 12월 18일에 비행기를 타고 충칭을 떠나 쿤밍으로 갔고, 이튿날인 19일 하노이로 떠났다.[166] 왕징웨이가 원래 계획대로 6일에 떠나지 못한 이유는 같은 날 구이린桂林에 있던 장제스가 갑자기 충칭으로 돌아왔기 때문이다. 그 후 기회를 노리던 왕징웨이는 장제스가 군사회의를 위해 시안에 가도록 예정된 18일 오후에야 충칭을 떠날 수 있었다.[167] 떠나는 날 왕징웨이는 장제스에게 장문의 편지를 남겼다. 저우포하이의 기억에 의하면 그는 편지에서 당시의 국제정세를 논하며 항전의 장래가 어둡다는 점을 지적하고 장제스에게 자신의 고충을 이해해달라고 요구했다고 한다. 편지의 말미에 그는 "이제 형〔장제스〕은 쉬운 길을 가고, 나는 어려운 길을 간다〔今後兄爲其易, 而弟爲其難〕"라고 썼다. 이는 험난한 길을 앞둔 자신의 복잡한 심경을 비장하게 표현한 것으로,[168] 오늘날까지 '왕징웨이의 선택'을 상징하는 구절로 인용되고 있다.[169]

장제스가 이 편지에 어떤 반응을 보였는지는 그의 일기에 나타나지 않는다. 12월 20일 시안에 간 장제스가 왕징웨이의 탈출 사실을 안 것은[170] 12월 21일 윈난 성장 룽윈의 12월 19일자 전보를 받고나서였다.[171] 룽윈의 보고는 "왕징웨이가 18일 쿤밍에 왔다가 19일 오후에 하노이로 떠났는데, 떠나면서 일본 측과 화평을 약속했다는 사실을 실토했다"는[172] 내용이었다. 이 전보를 받은 장제스는 "정말 알 수 없는 일이다. 일찍이 없었던 국가적 위기에 모든 것을 돌아보지 않은 채 공산당과의 합작을 원하지 않는다는 이유로 혼자 떠나 당과 국가를 돌보지 않겠다는 것은 우리 혁명당원이 할 행동이 아니지 않은가? 비통하고 안타깝다. 오로지 자성하고 돌아오

기만을 바란다"[173]라고 일기에 기록했다. 룽윈의 전보를 받은 직후 장제스는 마침 하노이에 가 있던 외교부장 왕충후이王寵惠에게 전보를 보냈다. 왕징웨이에게 화평 협상 중지와 유럽행을 권유하라는 지시였다. 또한 군사위원회 참사실 주임 왕스제王世杰에게는 주영대사 궈타이치郭泰祺와 주미대사 후스를 통해 왕징웨이에게 화평 교섭을 공개적으로 진행하지 말 것과 중앙과의 관계를 단절하지 않도록 권하게 했으나[174] 소용이 없었다.

왕징웨이가 하노이에 도착한 지 3일 뒤인 12월 22일, 충칭 이탈 전에 약속되었던 일본 측의 화평 선언인 제3차 고노에 성명이 발표되었다. 왕징웨이 측은 이 성명서를 받은 25일부터 저우포하이, 타오시성과 함께 검토하고 대응 방안을 논의했다.[175] 이른바 제3차 고노에 성명은, 동아신질서 건설을 위한 일만화 3국의 연합을 목표로 선린우호, 공동방공, 경제합작을 추진한다는 내용으로, 중국과 만주국 간 외교의 정상화(만주국 승인), 일본군의 특정 지역 주둔과 네이멍구 지역의 특수방공지구화, 일본인의 내지 거주권과 영업자유권 인정, 화북 네이멍구 지역 자원의 공동개발과 편의 제공, 치외법권 철폐 및 조계 반환 고려 등을 언급했다. 성명 발표 일주일 뒤인 12월 29일, 왕징웨이는 그에 대한 호응으로 흔히 염전艶電으로[176] 불리는 통전通電을 발표했다. 장제스와 국민당 중앙집행위원 및 감찰위원 들이 수신자인 이 전보에서 그는, 고노에 성명의 기본 주장인 선린우호, 공동방공, 경제제휴라는 세 원칙에 기본적인 동의를 표하는 한편, 이 성명을 통하여 일본의 의도가 중국을 멸망시키려는 것이 아니라 중국의 주권을 존중하는 것임을 알게 되었다고 말했다. 또한 그는 일본 측이 중국 내에서 경제적 독점을 실행하지 않으며, 방공을 위하여 네이멍구에 한정된 특정 지역에 방공협정 기간 동안만 군대를 주둔시키도록 약속했다고 주장했다. 이어 국가의 생존과 독립이 항전의 목표라면 이제 그 목표는 평화적인 방법으로 달성될 수 있다고 언급했다.[177]

고노에 3원칙에 대한 찬성 다음에 이어진 염전의 뒷부분에서 왕징웨이는, 향후 구체적 사항들은 3원칙 아래 협의를 통하여 적절한 합의점을 찾아야 하며, 중국에 주둔한 모든 일본군은 반드시 그리고 신속히 즉각 철수해야 한다는 점과 방공협정 기간 동안 특정 지역에 군대 주둔을 허용하는 경우라도 네이멍구 지역에 한정되어야 한다는 점을 분명히 지적했다.[178] 중광당회담에서부터 그가 줄기차게 주장한 일본군의 철수 문제가 고노에 성명에서 빠진 것에[179] 대한 강력한 항의였다.

왕징웨이가 충칭을 떠나 하노이로 간 까닭은 장제스의 반대로 막혀버린 화평론을 충칭 밖에서 펼치고 전 국민의 지지를 얻기 위해서였다는 주장도 제기되었다.[180] 당시 그의 의도는 장제스 때문에 가라앉은 화평론을 외부에서 제기하고 이에 대한 국민적 지지를 확인함으로써 항전파에게 충격을 주고 화평을 다시 고려하도록 만드는 것이었을 뿐, 일본과 합작하여 친일정권을 만드는 데까지 나아가지는 않았다는 주장이다.[181] 이 주장은 좀 더 자세한 검토가 필요하다. 그러나 앞에서 설명한 대로 9월 초에 메이쓰핑과 마쓰모토가 홍콩에서 협상할 때 신정부 수립이 논의되었고, 11월 중순 중광당회담에서 양측이 합의 서명한 협의기록에도 "회담 후에 공동제휴와 공동방공 성명을 양측에서 발표한 다음 기회를 봐서 신정부를 만든다"라고 명기된 사실을 감안하면 친일정권 수립 구상이 일찍부터 제기되었음이 확인된다. 뿐만 아니라 왕징웨이가 충칭을 떠나는 것과 동시에 장제스의 중앙군이 쓰촨, 윈난의 군대를 공격하지 못하도록 군사작전을 펴달라고 일본 측에 요청한 사실을[182] 보면, 적어도 중광당회담 시기부터 왕징웨이 중심의 신정부 수립이 계획되어 있었다는 점은 의심의 여지가 없다. 이렇게 본다면 왕징웨이가 친일정권 수립, 곧 '친일 전변'을 결정한 것은 중광당회담 혹은 충칭 이탈 시점이 분명하다. 따라서 광저우가 함락되고 창사가 초토화 작전의 일환으로 불태워진[183] 1938년 10월 하순에서 11

월 중순 사이에 최종적인 결심을 했다는 왕징웨이 자신의 말은[184] 신빙성이 있다. 물론 이 시기는 10월 중순에 로이터통신 기자에게 대일 화평 가능성을 최초로 공식 언급한 시점과도 일치한다. 그 직후 중광당회담이 열리고 충칭 이탈이 모의되어 실현에 옮겨졌던 것이다.

왕징웨이의 하노이행이 알려진 직후인 12월 26일, 장제스는 그가 병 때문에 4개월간 병가를 내고 요양차 하노이로 갔다고 둘러댔다.[185] 그러나 연이어 귀환 및 외유 권고가 불발되고 왕징웨이의 대일 화평 주장인 염전이 발표된 후 비판 여론이 비등하자[186] 장제스와 충칭정부 측은 강경 대처로 돌변했다. 1939년 1월 1일에 열린 국민당 중앙집행위원회 임시회의에서는 왕징웨이의 영구 제명과 모든 직책의 면직이 결의되었다. 다른 한편으로 장제스는 2월 중순에 측근인 구정딩谷正鼎을 하노이로 보내 유럽행을 권유하였는데,[187] 이 사실은 2월까지도 장제스가 내부적 협상에 기대를 가지고 있었음을 보여준다. 그러나 3월 21일에 국민당 정보기관(군통)의 특수요원들이 왕징웨이의 숙소에 총격을 가한 사건은[188] 왕징웨이와 장제스의 관계를 돌이킬 수 없게 만들었다. 이 상황에 들어선 왕징웨이로서는 친일정권 수립 외에 다른 선택의 여지가 없어졌다.[189] 이 점에서 왕징웨이의 '친일 전변'은 광저우와 우한이 함락되어 패전 가능성이 커진 1938년 10월 중순에 결심 단계에 이르렀고, 이후 11월과 12월에 걸친 중광당회담과 충칭 이탈은 그것을 실현하는 단계였으며, 1939년 3월 하노이의 왕징웨이 숙소에 대한 총격사건은 그에게서 친일정권 수립 외에 다른 선택의 여지를 완전히 없애는 계기가 되었다고 요약할 수 있다.

친일 전변을 선택하는 과정에서 왕징웨이에게 가장 중요한 문제는 화평 실천에 대한 일본의 신뢰성 문제였을 것이다. 염전을 발표한 후 하노이에서 가오쭝우를 만난 그가 일본을 믿을 수 있는지 여러 차례 물었다는[190] 점이나, 일본 특무의 도움을 받아 하노이에서 상하이로 가는 과정에서 가게사에게 일본 측이 협상 내용을 신속히 실천해달라고 요청한 것은[191] 바로 이러한 우려를 보여준다. 앞에서 지적한 것처럼 화평 교섭이 진행되는 과정에서 일본군 철군 문제나 주둔지역 문제를 비롯한 핵심적 조항들이 빠지거나 소홀히 다루어진 점 또한 왕징웨이의 우려를 증폭시킨 요인이 되었음은 물론이다. 즉, 협상 과정에서 왕징웨이가 상대방에 대한 충분한 신뢰나 일정한 담보 없이 성급하게 협상을 추진했다는 의심을 지울 수 없다.[192] 이 점에서 왕징웨이나 저우포하이, 가오쭝우, 메이쓰핑 등 화평파의 대일협상이 신중하지 못했다는 비판을 받을 여지가 결코 적지 않다.

그럼에도 불구하고 왕징웨이가 화평 교섭을 서두른 까닭은 무엇이었을까? 가오쭝우의 말처럼 과단성 없는 그가 그렇게 서둘러 교섭에 나선 것은 과단성 있는 부인 천비쥔의 영향력 때문이었을까?[193] 아니면 저우포하이나 천궁보의 말처럼 충동적 성격 때문에[194] 좌충우돌하며 화평 협상으로 나아갔던 것일까? 왕징웨이의 선택에 이러한 성격적 요인들이 포함되었음을 부인할 수는 없다. 그러나 여기서 주목할 부분은 앞에서 살펴본 그의 정치 일생과 거기서 드러난 정치적 경험세계와 친일 선택의 관련성이다. 국민혁명 때부터 지속된 장·왕 관계의 구조와 국민당 좌파에서 반공으로 전변한 경험, 국제관과 관련되어 제기된 반제외교의 실패 경험, 신해혁명 시기부터 줄기차게 나타난 무정부주의적 경향과 혁명가의 자기희생 주장 모두가 그의 선택에 일정한 영향을 미친 요소라는 것이 필자의 기본적 관점이다. 이러한 여러 요인과 '친일 선택'의 관련성을 자세히 추적하고자 한다.

5. 왕징웨이의 친일 선택과 그 배경

(1) 장 · 왕 관계와 장제스 배제

앞에서 지적했듯 왕징웨이와 화평파가 장제스를 배제하고 독자적으로 대일 화평 교섭에 나선 배경에는 장제스와 충칭 국민정부를 교섭 대상에서 제외한 이른바 제1차 고노에 선언이 있다. 물론 장제스와 충칭 국민정부를 배제한다는 방침은 충분한 계산에서 나온 것으로, 국민정부의 대일 항전에 분열을 가져와 결속력을 약화시키려는 의도가 있었다. 일본 측에 이러한 의도의 실마리를 제공했을 뿐만 아니라 결국 분열에까지 이르게 한 것은, 쑨원 사후부터 지속된 왕징웨이와 장제스의 오랜 정치적 대립 관계임을 부인할 수 없다. 10여 년간 지속된 장 · 왕 관계와 왕징웨이의 패자敗者로서의 경험이 그의 친일 선택에 상당한 영향을 미쳤음은 충분히 짐작된다.

이 책의 제2편 제1장에서 살펴본 대로 장 · 왕 연합체제는 1925년 9월에 처음 형성되었다. 쑨원 사후 집단 합의 체제의 일종으로 바뀐 광둥 국민정부가 랴오중카이 암살사건을 계기로 재편되는 과정에서 왕징웨이의 정치적 지도력과 장제스의 군사적 지도력을 기반으로 형성된 양자 연합체제였다. 이후 장 · 왕 연합체제는 1920년대의 국민혁명 시기를 거쳐 1930년대 말에 이르기까지 중국 정치사에서 커다란 맥락이 되었다. 네 차례에 걸친 연합체제 구성과 중단은 현대 중국 정치사와 국민당사를 이해하는 데 무시할 수 없는 대목이다.[195]

장 · 왕 연합체제의 기본 골격은 왕징웨이의 당정 분야 지도력과 장제스의 군사 분야 지도력의 협력이었다. 그러나 1926년 3월의 중산함사건에서 잘 드러났듯, 이 구조는 출발 단계부터 불협화음의 소지를 안고 있었다. 당시 가장 중요한 권력 기반인 군사력을 장악해간 장제스는 왕징웨이에 의존하는 정도가 낮았으나, 여러 군벌 세력의 중재자 역할을 권력의 기반으로 삼은 왕징웨이의 의존도는 상대적으로 컸던 것이다. 왕징웨이의 희망과는 달리 양자 간의 대등한 합작이나 그가 주도하는 합작 관계는 처음부터 불가능했다. 이 때문에 두 사람 사이에서는 잦은 마찰과 대립이 일어날 수밖에 없었다. 왕징웨이의 생애에서 반복적으로 나타난 외유와 정치활동 중단은 사실 그 원인이 장·왕 관계의 파탄에 있었고, 그 때마다 두 인물의 갈등과 대립은 깊어질 수밖에 없었다. 1920년대 중반부터 1930년대 중반까지 끊임없이 등장한 반장제스운동 또한 이 관계의 파탄과 밀접했다.

노구교사건 발발 이후 중일전쟁이 확대되는 과정에서 일어난 화평운동이 반장제스운동의 연장선상에 있었다고 단정할 수는 없다. 앞에서 설명했듯이 화평파의 인물들이 모두 왕징웨이 계파에 속한 것도 아니고, 주도자들인 저우포하이나 가오쭝우, 메이쓰핑 등은 사실 장제스와 가까운 인물들이었다. 뿐만 아니라 저우포하이의 경우처럼 화평운동을 통해 장제스와 충칭 국민정부의 철저 항전 방침의 잘못을 바로잡고 언젠가는 함께 화평운동에 참여하게 만들겠다는[196] 주장도 있었으니, 화평운동이 처음부터 반장제스운동으로 출발하지는 않았다고 볼 수 있다.

그러나 중광당회담 전후의 대일 교섭 과정에서 왕징웨이의 충칭 이탈과 함께 독자적인 정권 수립이 거론되고, 보다 구체적으로는 윈난의 룽윈과 쓰촨의 판원화潘文華, 광둥의 장파쿠이 등과 협력하여 신정권을 수립하고 장제스에 대항한다는 계획이 수립되었을 뿐만 아니라 실제로 왕징웨이가 룽윈에게 함께 반장제스 거사에 나서자고 요청한 점을[197] 보면 화평운동이 결국 또 다른 반장제스운동이 되었음을 알 수 있다. 나아가 충칭 이탈 후 반장제스 지방세력에 대한 장제스 군대(중앙군)의 공격을 막아달라고 일본 측에 요청한 점은[198] 이들의 목표가 장제스에 대립하는 새로운 정권 수립이었음을 분명히 보여준다. 1938년 3월 우한에서 열린 국민당 임시전국대표대회에서 장제스가 국민당 총재로, 왕징웨이가 부총재로 선출되자 왕징웨이는 자신이 총재가 되지 못한 것을 몹시 불쾌해했다고 한다. 이 점은 충칭 이탈의 이유 중 하나가 장제스에 대한 반발임을 보여주는 또 다른 증거이다.[199] 일부 화평파의 표면적인 주장과는 달리, 왕징웨이 중심의 화평운동은 기본적으로 1920년대 중반 이후 지속적으로 나타난 반장제스운동의 성격을 띠었다. 일본은 이 점을 이용하여 충칭 국민정부의 분열을 노리며 장제스 배제를 협상의 기본 조건으로 제시했다. 그리하여 왕징웨이 측이 여기에 호응한 결과는 충칭 이탈로 나타났다.

(2) '혁명외교'의 실패 경험과 국제정세 인식

만주사변이 발발한 이후 국민정부는 적극적인 저항을 피하고 장기전을 준비하는 동시에 국제연맹을 통한 조정과 제제를 도모하며 외교적 해결책을 찾으려 했다. 외교적 해결에 대한 추구는 중일전쟁 이후에도 지속되었다. 군사력이나 국력 면에서 일본에 승리할 가능성이 없다는 현실적 인식 때문이었다. 이처럼 국제연맹을 통한 외교적 해결 노력은 군사적으로 열세인 중국이 취할 수 있는 부득이한 대안이었으나, 이것이 올바른 선택이었는지에 대해서는 논란의 여지가 있다. 실제로 국제연맹이나 국제적 여론으로 일본의 침략을 저지하는 것이 불가능하다는 사실은 처음부터 분명했다. 일본의 침략에 대한 국제연맹의 경고는 무시되었고,[200] 미국과 영국을 비롯한 서구 열강의 중립은[201] 국제적 지원에 대한 중국의 희망을 물거품으로 만들었다.

그럼에도 불구하고 장제스는 서구 열강의 개입과 지원에 대한 희망을 거두지 않았고, 특히 열강이 유럽전쟁 발발 가능성을 고려하여 개입할지도 모른다며 큰 기대를 품었다.[202] 왕징웨이 역시 중일전쟁 발발 직후까지

1939년 9월 상하이에서 방송연설 중인 왕징웨이(오른쪽).
가운데는 통역을 맡은 저우룽샹.

서구 열강의 지원과 소련의 원조를 기대했다.[203] 당시 왕징웨이의 장기항전론은 군사적인 지구전과 함께 외교적 노력을 통한 국제 원조 획득을 목표로 삼았다.[204]

그러나 국제 원조에 대한 왕징웨이의 낙관적 기대는 전쟁의 장기화와 함께 변해갔다. 왕징웨이는 전면항전 1주년을 맞은 1939년 8월 초, 그간의 국제정세 변화를 언급하며 국제적 원조가 불가능하다는 점을 분명히 인정했다. "〔기대와는 달리〕 영국, 미국, 프랑스 등의 국가들이 현실적〔실리적〕 외교로 전환하였고, 소련도 장구펑張鼓峰사건으로 한때 일본과 충돌하면서 강경책을 쓰는 듯했으나 국내 사정으로 더 이상 적극적인 태도를 나타내기 어렵게 되었다."[205] 이러한 인식은 그가 충칭에서 이탈한 직후 충칭에 보낸 전문에서도 반복되고 있다. 1938년 12월 28일자의 전문에서 그는 영국, 미국, 프랑스 등 열강의 도움은 화평 해결을 위한 '조정'에는 유용할지 모르지만 전쟁을 종결시키는 데는 유용하지 않다고[206] 단언했다. 국제적 원조에 대한 이러한 비관적 전망은 왕징웨이뿐 아니라 다른 화평파 인사들에서도 확인된다. 저우포하이는 서구 열강이 중립을 유지하고 있으므로 당장 중국에 대한 지원을 기대하기 어려우며, 유럽전쟁은 발발 가능성이 낮을 뿐만 아니라 설사 전쟁이 일어난다 하더라도 사정이 달라지지는 않을 것이라고[207] 예상했다.

국제적 지원에 대한 이러한 비관은 왕징웨이와 화평파 인사들 사이에 공통분모로 존재했다. 그리고 이는 전쟁 필패론必敗論으로 연결되어 결국 대일 화평 교섭 외에 다른 길이 없다는 주장으로 이어졌다. 그들이 대일 화평 교섭에 나서게 된 주요 배경에는 국제 지원에 대한 이러한 비관이 있었다. 그러므로 제국주의 열강에 대한 왕징웨이의 인식이 어떻게 변화했는지 검토하는 일은 매우 의미 있는 작업이 될 것이다.

이 책의 제2편 제1장에서 살펴본 대로 왕징웨이는 5·4운동 시기에 제국주의에 대한 초보적 인식을 형성했다. 당시 그는 기대와 달리 서구 열강이 산둥의 독일 이권을 일본이 승계한다는 파리평화회의의 결정을 지지했음에도 불구하고 열강에 대한 신뢰를 거두지 않았다. 또한 새로이 만들어진 국제연맹에 대해서도 일방적인 신뢰와 기대를 보냈으니, 당시 제국주의에 대한 그의 인식이 얼마나 철저하지 못했는지를 알 수 있다. 제국주의에 대한 이러한 인식은 국민당의 개진, 개조와 함께 시작된 국민혁명 단계에 근본적인 변화를 겪었다. 당시 그는 코민테른과 중국공산당의 주장을 수용하여 '평민계급의 조직화에 의한 불평등조약 철폐'라는 적극적인 반제 인식을 형성하기에 이르렀고, 이를 바탕으로 이른바 혁명외교 실천에 적극 나섰다. 그러나 광저우·홍콩파업의 절충적 결말이 드러낸 것처럼 대중적 반제운동을 기반으로 삼은 혁명외교는 커다란 좌절과 후퇴를 가져올 수밖에 없었다. 혁명외교의 이러한 한계는 왕징웨이의 제국주의 인식 혹은 열강 인식을 비관적으로 만들었을 가능성이 크다. 그와 화평파가 대일 교섭에 나서게 된 이유 중 하나는 열강의 지원에 대한 비관적 전망이었으며, 이 전망은 국민혁명 당시 겪은 반제운동의 현실적 한계와 열강의 본질에 대한 비관적 이해와 밀접하다는 것이 이 책에서 강조하는 관점 중 하나이다.

(3) 분공 경험과 '일치방공'에 대한 호응

시안사변 전후의 왕징웨이를 자세히 추적한 앞의 글에서 강조하고자 한 것은, 시안사변을 기회로 정계에 복귀한 왕징웨이가 국공합작과 일치항일 정책이 추진되는 상황에서 기존의 반공을 고수하며 장제스 및 국민정부 측과 불협화음을 냈고, 이것이 장제스와의 분기를 가져오는 계기가 되었을 것이라는 점이다.[208] 즉, 반공에 대한 그의 집착이 공산당과의 합작과 일치항일에 대한 거부로 나타났으며, 이것이 나중에 친일을 선택하는 요인이 되었다는 것이다.

실제로 왕징웨이가 충칭에서 이탈한 직후 장제스는 일기에서 그를 질책하며 "공산당과의 합작을 원하지 않는다는 이유로 혼자 떠나 당과 국가를 돌보지 않겠다는 것은 우리 혁명당원이 할 행동이 아니지 않은가?"라고 언급했다. 장제스는 왕징웨이의 충칭 이탈이 공산당과의 합작에 대한 반대 때문이라고 이해했던 것이다.[209] 뿐만 아니라 화평운동의 핵심 인물이었던 가오쭝우와 메이쓰핑이 국민당 중앙선전부(부장은 저우포하이) 아래 만들어진 예문연구회를 주도했고, 예문연구회는 바로 반공을 선전하기 위한 기구였던 것을 고려하면, 반공은 왕징웨이와 화평파의 또 다른 공통분모였던 셈이다. 이 점에서 왕징웨이가 충칭을 이탈하여 친일을 선택한 것은 '공산당과의 합작 반대', 즉 반공의 결과였다고 볼 수 있다.

왕징웨이의 반공을 알기 위해서는 그의 정치 일생에서 공산당과 코민테른에 대한 인식이 어떻게 변화했는지 살펴볼 필요가 있다. 쑨원의 최측근으로서 국민당 개진과 개조에 앞장섰던 왕징웨이는 국공합작 초기 단계부터 국민당 좌파의 지도자로서 우한정부를 이끈 1927년 4, 5월 무렵까지는 공산당 및 소련(혹은 코민테른)과의 합작에 적극적이었다. 그가 반공주의자로 변모하게 된 계기는 1927년 5월 말 이후 공산당과 코민테른의 급진적 정책들에 반대하는 입장으로 돌아서면서부터였다. 같은 해 7월 코민테른의 토지혁명 지시와 공산당의 과격한 정책을 알게 되면서는 급기야 공산당과 결별하기에 이르렀다.[210] 이러한 변화에서 가장 주목할 만한 부분은 분공 이후 그가 어느 누구보다 철저한 반공주의자가 되었다는 점이다. 여기에는 분공 이후 난징 측과 우한 측이 통합하는 과정에서 그의 정치적 책임론을 불러일으킨 1927년 12월의 광저우봉기와 이에 따른 정계 은퇴 경험이 깔려 있다. 당시 왕징웨이는 이른바 특별위원회의 통합 작업에 반대하며 4중전회 개최를 통한 통합을 내세웠다.[211] 이러한 상황에서 그의 지역적 기반인 광둥에서 일어난 공산당의 봉기는 정치적 연루 의혹을 사기에 충분했고, 그는 결국 정계 은퇴를 선언해야 했다. 우한에서 공산당과 결별한 후 다시 겪게 된 공산당과의 연루 의혹과 뒤이은 정계 은퇴는 왕징웨이의 입장에서 비참한 결과가 아닐 수 없었다. 이 일은 공산당에 대한 그의 인식이 극단적인 부정으로 치닫는 결정적인 계기가 된 듯하다.[212]

시안사변 이후 개시된 국공합작에도 불구하고 왕징웨이가 여전히 공산당 토벌을 강조한 점이 장제스와의 분기를 가져온 계기가 되었다면, 그리고 장제스의 말대로 왕징웨이가 공산당과의 합작에 계속 불만을 품었다면, 공산당에 대한 그의 경험이 대일 화평 과정에서 일본 측이 내세운 '일치방공一致防共'에 호응하는 계기가 되지 않았을까? 실제로 1935년 가을 일본과 독일, 이탈리아 3국 간에 방공협정 체결이 논의되자 당시 외교부장을 겸하고 있던 왕징웨이는 이 협정에 중국이 참여하는 방안을 모색한 적이 있다. 그러나 같은 해 11월의 피격사건으로 정계를 떠나면서 이 시도는 무산되었다. 이 사실은 일본과의 '일치방공'이 일찍이 시도된 적이 있음을 상기시킨다.[213] 이런 의미에서 중광당회담의 협상 과정에서 양측이 합의한 첫 번째 조항이 방공협정 체결에 관한 것이고, 또 다른 핵심적 조항인 일본군의 네이멍구 지역 주둔에 화평파가 동의한 이유가 소련의 남하를 막기 위한 방공지역 설치 때문이었다는 점은[214] 왕징웨이와 화평파의 주요 관심이 방공에 있었음을 잘 보여준다.

(4) '민족 구원'과 자기희생

왕징웨이의 정치 인생에서 드러나는 특징 중 주목할 만한 것은 그가 정치적 이념을 생산하는 정치사상가라기보다 다른 사람의 이념을 받아들이고 이것을 선전하는 선전가의 면모를 가졌다는 점이다. 그는 신해혁명기에 쑨원의 반만민족주의를 수용하고 적극 선전하여 상당한 성과를 얻었고, 국민당 개조에서 출발한 국민혁명 당시에도 공산당과 코민테른의 이념을 받아들여 반제 반봉건을 대변하고 선전하는 일에서 성과를 보였다. 왕징웨이의 정치적 삶에 가장 중요한 영향을 미친 사상 중 하나로 무정부주의를 드는 것은 이상한 일이 아니다. 앞에서 살펴본 대로 신해혁명 시기 왕징웨이의 정치활동 중 단연 돋보이는 청조 섭정왕 암살 기도는 무정부주의의 영향을 강하게 보여준다. 5·4운동 시기에 확인할 수 있는 크로폿킨의 호조론 수용 또한 무정부주의의 영향으로 확인되는 대목이다.

무정부주의가 왕징웨이에게 미친 영향 중 눈에 띄는 것은 자기희생에 대한 강조이다. 특히 그가 신해혁명 직후 모든 관직을 거부하고 프랑스로 떠난 이유가 혁명가로서 대가 없는 자기희생을 강조하는 입장 때문이었음은 앞에서 설명했다. 크로폿킨의 호조사상에서 직접 영향을 받은 흔적이 뚜렷한 5·4운동 시기의 글 중에서도 자기희생을 강조한 대목이 눈에 띈다.[215] 이러한 '희생'에 대한 강조는 화평운동에서도 그대로 나타났다. 왕징웨이는 충칭 국민정부 측이 특공대원을 파견하여 하노이의 거처를 습격한 사건이 일어난 직후 발표한 글에서 "내가 충칭에 있을 때 국민당 부총재, 국방최고회의 부주석으로 이 기관들과 함께 옮겨 다녀도 안전에는 별 문제가 없었고…… 패전하여 죽더라도 사후에 이름을 얻을 터인데…… 〔이런 내가〕 왜 충칭을 떠났을까? 나는 20살 조금 넘어 혁명에 투신한 이후 한 번도 나 자신을 위한 계산을 한 적이 없다"라고 적었다.[216] 이러한 자기희생 강조는 화평파의 다른 인물들에서도 확인된다. 예컨대 저우포하이는 1939년 7월에 쓴 글에서 자신이 충칭을 떠나 화평운동에 참여한 이유는 충칭에서 지위가 없었거나 실패해서가 아니라 오로지 지위와 명예, 사사로운 감정, 목숨까지 희생하여 스스로 옳다고 생각하는 평화적 방법으로 전쟁 종결을 도모하기 위해서였다고 주장했다.[217]

이처럼 혁명가로서 자기희생을 강조한 왕징웨이에게 있어 화평운동은 자신의 기존 지위와 명성을 희생함으로써 전쟁의 도탄에서 민족을 구하는 일종의 '자기희생'이었다. 왕징웨이와 함께한 화평파 인사들 역시 이러한 분위기를 공유하고 있었다. 무정부주의적 자기희생은 왕징웨이와 화평파 인사들이 대일 교섭을 행동으로 옮기는 과정에서도 집단적 분위기로 존재했다.[218]

6. 왕징웨이의 정치 경험과 친일

앞에서는 왕징웨이의 친일 전향을 추적하기 위하여 노구교사건 발발 이후 국민당 내에서 대두한 화평운동이 대일 화평 교섭으로 진행되는 과정과 왕징웨이의 입장 및 역할을 알아보았다. 또한 대일 협상에서 가장 중요한 고비였던 중광당회담과 그의 충칭 이탈 경과, 그리고 그의 친일 선택에 직접적인 영향을 미친 듯한 정치적 경험들을 추적했다.

중요한 점은 왕징웨이 중심의 화평운동이 발단에서부터 그의 충칭 이탈에 이르기까지 상당한 집단적 논의와 준비를 거쳐 실행되었다는 것이다. 왕징웨이의 친일 전환은 주도면밀하지 못한 부분이 있었고 그 때문에 실패했다고 평할 수도 있을 것이다. 하지만 그렇다고 해서 그의 친일을 성급하고 단순한 정치적 실수라고 볼 수는 없다. 여기에는 그의 정치 생애를 관통한 몇 가지 요소들, 즉 장제스와 지속적으로 대립한 결과의 연장선상에서 감행된 장제스 배제, 혁명외교 실패에서 연유한 제국주의와 열강에 대한 부정적 인식과 국제적 원조에 대한 불신, 분공 경험에서 나온 철저한 반공과 '일치방공' 수용, 무정부주의의 영향에서 비롯된 '자기희생' 강조 등이 중요한 배경으로 작용했다고 여겨진다. 물론 이러한 일부 맥락을 파란만장한 정치 일생을 보낸 그가 친일로 전환한 요인으로 규정하는 행위는 지나친 견강부회일지도 모른다. 그러나 앞에서 언급한 4가지 문제는 친일 전변 전후 왕징웨이의 언행에서 반복적으로 나타났다. 따라서 왕징웨이의 경험 세계에서 그 근원을 찾고자 시도한 이 글은 나름대로 상당한 정합성을 띤다고 볼 수 있다.

제4편

친일의 논리와 친일정권의 곤경

Ⅰ. 왕징웨이 친일정권과 대아시아주의의 변용

1. 왕징웨이 친일정권의 정당성 문제

충칭을 떠난 이후 왕징웨이가 놓인 상황은 그나 추종자들의 기대와는 크게 달랐다. 기대했던 윈난과 쓰촨 지방 세력의 참여도 없었고 대중적 지지를 기대할 수도 없었으며 오히려 국민당 내외로부터 비난이 빗발쳤다. 이러한 상황에서 어쩔 수 없이 친일정권의 성립으로까지 나아가야 했던 왕징웨이와 화평파 인사들에게 가장 중요한 문제는 자신들의 정치적 정당성의 근거를 마련하는 것이었다. 어떤 설득력 있는 이론이나 사상으로 반대파와 일반 국민들을 설득하고 그들의 참여를 얻어낼 것인지가 중요했던 것이다. 1939년 말 식민지 조선의 한 잡지가 왕징웨이정권의 성립을 보도하며 "각지 장령들과 재계 인사들로 하여금 어떻게 이 신중앙정권에 참여하게 할 것인지가 가장 중요한 관건"이며 "어떠한 사상과 주의로 이 운동에 반대하는 분자들을 설복시키는지가 또한 관건이다"라고[1] 언급한 것은 바로 이러한 정당성 마련의 중요성에 대한 지적이었다.

왕징웨이 자신도 '신정권' 수립에서 사상이나 주의가 차지하는 중요성을 처음부터 깊이 인식했다. 충칭을 떠난 직후 국민당 중앙당부와 장제스에게 보낸 전문에서 그는, 일본 수상 고노에 후미마로가 대중 평화협상의 조건으로 제시한 선린우호, 공동방공, 경제제휴를 받아들였다고 밝히며 다음과 같이 말했다. "이후부터 중국은 선린우호를 교육의 방침으로 삼아야 하며, 일본도 자기 국민들로 하여금 중국을 침략하거나 멸시하는 전통적 사상을 버리고 교육에서도 친중국적 방침을 확고히 하여 양국 간 평화의 영구한 기초를 다져야 할 것이다. 이것이야말로 우리가 동아시아의 행복을 위하여 마땅히 해야 할 노력이다."[2] 이처럼 그는 교육을 통한 중일 화합의 정당성 확보를 주요한 목표로 제시했다.

왕징웨이 개인이나 왕징웨이정권의 사상적 기반과 이론적 구조를 살핀 기존 연구는 아직 많지 않다. 그간의 연구 결과들은 대아시아주의와 삼민주의에 대한 왜곡된 해석, 화평 방공 건국, 그리고 동아연맹론 등이 왕징웨이정권의 이론적 골간이라고 지적해왔다.[3] 여기서는 그중 대아시아주의에 초점을 맞추어 왕징웨이정권이 도모했던 '정당성'의 사상적 기반에 접근하려 한다.

『대아시아주의〔大亞洲主義〕』, 『대아시아주의와 동아연맹〔大亞洲主義與東亞聯盟〕』, 『대동아월간大東亞月刊』 등 왕징웨이정권이 주도하여 발행한 잡지들은 이 문제에 대한 중요한 자료이다. 이 잡지들에 실린 글들을 중심으로, 왕징웨이정권이 내세운 대아시아주의가 어떠한 내용이며 쑨원이 주장한 대아시아주의와 어떤 관련성이 있는지 알아보려 한다. 또한 쑨원의 대아시아주의와 삼민주의 중 첫 번째 주장인 민족주의와의 관련성, 당시 일본이 중국 침략을 위한 이론으로 제기했던 '동아신질서'나 '동아연맹론', '대동아공영권론大東亞共榮圈論'과의 관련성 문제도 차례로 다룰 것이다. 그럼으로써 왕징웨이정권이 정치적 정당성 확보를 위하여 제시한 대아시아주의가 쑨원의 대아시아주의와 어떻게 구별되며, 또한 어떻게 변화하여 동아연맹론이나 대동아공영권론에 흡수되었는지를 이해함으로써 왕징웨이정권의 기본적 성격에 접근하고자 한다.

2. 쑨원의 대아시아주의 '계승'

왕징웨이 중심의 전국적 친일정권인 '신중앙정부' 성립 준비가 한창이던 1939년 7월의 한 방송 연설에서 왕징웨이는 "중국혁명의 성공 여부는 일본의 양해에 달려 있다"라는 쑨원의 말을 인용하고 일본과 화평 협력하는 것이 쑨원의 유지임을 주장했다. 그는 "쑨원의 유지를 새로이 천명하고 실행하여 중일 간의 화평을 회복하고 나아가 동아의 화평을 확립하는 것이 나의 임무"[4]라고 말했다. 다른 연설에서는 반공이야말로 쑨원의 본래 뜻이라고 주장하고, 이 점에서 방공을 주장하는 자신이 쑨원의 유지를 이은 진정한 후계자이며, 이를 무시하고 공산당과 연합한 충칭의 장제스야말로 쑨원의 뜻에 위배되는 배신자라고[5] 강조했다. 또한 그는 쑨원의 대아시아주의의 진정한 정신을 재검토하여 중국과 일본이 제휴해야만 쑨원의 평생 목표였던 중화민국 건설을 완성하고 동아의 평화까지 보장할 수 있다고 말하기도 했다.[6]

뿐만 아니라 왕징웨이 일파는 신정권의 정치적 기반을 만들기 위해 1939년 8월 말 상하이에서 소집한 이른바 국민당 6전대회에서 '당무정리안'과 '6전대회선언'을 통과시켰다. 여기서도 왕징웨이 일파는 자신들이 쑨원과 국민당의 진정한 계승자로서 '순수한 국민당'임을 주장하고, 이 주장에 근거하여 충칭의 국민당에 해산 명령을 내리기까지 했다.[7]

말하자면 왕징웨이는 자신의 이른바 대일 화평 교섭의 이론적 기반을

1940년 3월 난징 괴뢰 국민정부 성립식에서 주석 취임 선서를 하는 왕징웨이(가운데).

1940년 3월 난징 국민정부 주석 취임 직후 측근들과 함께한 왕징웨이.
앞줄 왼쪽부터 이마이 다케오, 왕징웨이, 가게사 사다아키.
뒷줄 왼쪽에서 두 번째가 메이쓰핑, 네 번째가 저우포하이, 다섯 번째가 천궁보.

쑨원의 유지와 대아시아주의에서 구했다. 그는 자신이 쑨원의 진정한 후계자임을 강조하고 일본과의 협력체제 구축은 쑨원이 원래부터 가지고 있었던 생각이라고 주장했다. 이러한 주장이 일반 중국인들에게 어떻게 받아들여졌는지는 분명히 말하기 어렵다.[8] 그러나 당시 일부에서 쑨원의 탄생일인 (1939년) 11월 12일에 왕징웨이의 신정권이 성립할 것이라는 추측들이 제기된[9] 점으로 보아 왕징웨이가 얼마나 자신이 쑨원의 후계자임을 강조했는지를 짐작하기는 어렵지 않다.

3. 대아시아주의와 동아연맹

쑨원의 대아시아주의는, 그가 사망하기 직전인 1924년 11월 북방 군벌들과 협상하기 위해 북상하는 도중 일본 고베에서 한 '대아시아주의' 연설을 통해 잘 알려져 있다. 이 연설에서 그는 러일전쟁에서 일본이 러시아를 이기고 새로운 열강이 된 후 아시아 약소민족들의 희망이 되었다며 일본의 성공을 치켜세웠다. 당시의 세계적 정세를 동양과 서양의 대립으로 본 그는, 서양문화의 바탕은 공리功利와 강권强權에 기반한 '패도문화覇道文化'인 반면 일본과 중국을 포함한 동양문화의 바탕은 도덕과 인의仁義에 기반한 '왕도문화王道文化'라고 규정했다. 이어, 왕도문화를 발양하기 위해서는 일본과 중국이 지도자가 되는 아시아 민족들의 대연합, 즉 대아시아주의가 실현되어야 하며, 현재 강권적 패도문화에서 벗어나 동양의 인의도덕에 접근하고 있는 소련과의 연합도 모색해야 한다고 주장했다.[10]

왕징웨이 일파가 볼 때 '일본과 중국을 영도세력으로 한 아시아 민족들의 대연합'이라는 쑨원의 주장은 일본과 중국의 강화와 협력이라는 자신들의 목표와 일치한다고 받아들일 만했다. 왕징웨이 일파가 대아시아주의에 이론적으로 접근하는 과정과 구조는 선전용으로 발행된 월간잡지 『대아시아주의』의 내용에 가장 잘 드러났다.

『대아시아주의』는 친일 국민당 조직부 부부장이자 중앙정치회의 비서처 선전조장이었던 저우화런周化人이 주동하고 몇몇 친일정권 인사들이 참여하여 1940년 8월 15일에 난징에서 창간한 잡지로서, 쑨원의 대아시아주의 천명이 기본 목표였다.

『대아시아주의』는 창간호의 권두에 쑨원의 유상遺像과 함께 그가 고베에서 '대아시아주의'를 피력한 강연의 전문을 게재했다. 또한 "중국의 자유 독립과 동아의 화평질서는 불가분의 관계"라는 왕징웨이의 휘호도 실었다. 1940년 8월부터 12월까지 5개월 동안 발행된 이 잡지의 창간호를 보면, 대아시아주의에 관한 글이 10편, 동아연맹에 관한 것이 7편, 동아신질서 및 공영권에 대한 내용이 5편, 아시아의 건설과 부흥에 관한 글이 6편, 민족문제에 관한 것이 6편, 아시아 민족의 문화 관련 글이 8편이다.[11] 게재된 글의 수에서도 대아시아주의에 관한 것이 가장 많았다.

눈에 띄는 부분은 대아시아주의에 관한 글들이 대부분 대아시아주의와 아시아연맹 혹은 동아연맹과의 관련을 중심 논제로 다루었다는 점이다. 예컨대 저우화런은 「대아시아주의와 동아연맹〔大亞洲主義與東亞聯盟〕」이라는 글에서 중국의 대아시아주의는 쑨원이 창도한 이래 현재 이미 실행단계에 들어갔다고 주장한 후, 대아시아주의를 실행하는 방법으로 아시아연맹 결성을 내세웠다. 아시아연맹의 지도 원칙으로는 왕도사상 중심, 각 민족의 독립 자주 유지, 민족국가를 단위로 하는 평등한 연맹 조직을 제안했다.[12] 또한 린바이성林柏生도 대아시아주의의 구체적 실현 방안 중 하나로 동아연맹 결성이 필요하며, 1939년 가을 상하이에서 일본 동아연맹의 지도자인 미야자키 마사요시宮崎正義를 만나 일본 동아연맹운동을 알게 되었고 1940년 6월 직접 도쿄를 방문하여 동아연맹운동에 대한 의

견을 교환했다고 주장했다. 중국의 동아연맹운동이 일본의 영향 아래 진행되고 있음을 밝힌 것이다.[13]

동아연맹에 관한 주장은 일본에서 1938년 말부터 제기되었다. 1939년 10월 초에 일부 국회의원들을 중심으로 동아연맹협회의 조직이 구성되었고 기관지로 『동아연맹』이 발행되기 시작했으며, 이어 중국에 주둔한 일본군의 지지 아래 베이핑北平(베이징), 광저우, 난징 등 피점령지에서도 중국동아연맹협회, 중화동아연맹협회, 동아연맹중국동지회 등의 조직이 만들어졌다.[14] 이어 중국에서는 왕징웨이정권 성립 이후인 1941년 2월 초에 기존의 동아연맹 조직을 포함한 전국적 조직인 동아연맹중국총회가 성립되기에 이르렀다. 동아연맹중국총회 창립 기념식에서 왕징웨이는 동아의 각 민족국가가 독립적 입장에서 공동으로 행동하는 것이 동아연맹이며, 동아연맹 결성이 자신이 말하는 화평건국운동과 일치한다고 주장했다.[15] 이 맥락에서 보면 『대아시아주의』의 기본 목적이 중국에서 동아연맹운동을 일으키고 그 사상적 기반으로서 대아시아주의를 논하는 것임을 알 수 있다. 이 단계에서 쑨원의 대아시아주의는 일본의 동아연맹운동을 지지하는 이론적 기반으로 이용되었던 셈이다.

그 밖에 『대아시아주의』에 관해 한 가지 더 주목할 만한 것은 대아시아주의와 민족주의의 관련 문제에 대한 언급이 적지 않다는 점이다. 창간호에 실린 휘호에서 민족주의와 함께 대아시아주의를 위해서도 노력해야 한다고 강조했던 왕징웨이는 그 후 다시 이 문제를 거론하며, 민족주의와 대아시아주의는 상호 연관되어 있고 상호 융화해야 하는 일체一體라고 주장했다. 그에 따르면, 중국의 독립을 목표로 하는 민족주의가 달성되지 못하면 동아를 분담할 자격이 없는 것이고, 동아가 서구 제국주의로부터 해방되지 못하면 중국의 자유나 독립도 보장될 수 없기 때문에[16] 동아의 부흥과 중국의 자유 평등은 한가지였다.[17] 『대아시아주의』에 실린 또 다른 필자의 글은, “오늘날의 세계는 각 국가 민족이 치열하게 생존경쟁을 벌이고 있어서 집단행동이 아니면 살아남기 어렵다” 라고 전제하고 “국부〔쑨원〕의 민족주의는 협의의 〔배타적〕 민족주의가 아니라 여러 민족 간의 협력을 주장하는 대아시아주의를 주요 내용으로 하는 것” 이라고 주장했다.[18] 중국의 대외적 독립이 최대의 목표였던 쑨원의 민족주의조차 동아연맹의 이론적 기반인 대아시아주의와 모순되지 않을 뿐 아니라 오히려 일치한다며 동아연맹운동에 끌어넣었던 것이다.

4. ‘대동아전쟁’ 이후의 대아시아주의

『대아시아주의와 동아연맹』은 동아연맹중국총회의 기관지로서 1942년 7월 1일 난징에서 창간호가 간행되었다. 『대아시아주의』와 『대아시아주의와 동아연맹』의 관계를 분명히 밝혀주는 자료는 아직 검토되지 않았으나, 전술한 대로 『대아시아주의』의 목표가 동아연맹운동 진작에 있었던 점이나 『대아시아주의와 동아연맹』이 간행되자 『대아시아주의』 발행이 중지된 점으로 미루어 보면 『대아시아주의』의 후신으로 『대아시아주의와 동아연맹』이 만들어졌음이 분명하다.

『대아시아주의와 동아연맹』이 『대아시아주의』의 새로운 이름이라 하더라도 두 잡지의 내용이 상당히 다른 것을 감안하면 주관 기관과 제목만 바뀐 것은 아닌 듯하다. 『대아시아주의와 동아연맹』이 『대아시아주의』와 비교하여 가장 눈에 띄게 다른 점은, 쑨원의 대아시아주의가 거의 언급되지 않고 일본에서 제기되었던 동아연맹의 이론이나 주장이 전면에 나타나며, 이른바 대동아전쟁 비호론이 더욱 두드러진다는 점이다. 예컨대 왕징웨이 추종집단의 중심인물으로서 당시 왕징웨이정권 행정원 선전부장을 맡고 있던 린바이성의 이름으로 발표된 「대아시아주의와 동아연맹 발간사」는 쑨원의 대아시아주의를 따로 언급하지 않은 채 "동아의 〔서구열강으로부터의〕 해방이라는 문제와 멀어지면 국민혁명의 목표인 중국의 자유와 평등에 도달할 수 없다"고 하면서 "동아연맹의 목표가 동아의 해방에 있으므로 우선 동아연맹운동에 매진해야 한다"고 주장했다.[19] 또 다른 필자의 글은, "동아의 해방을 위해 동아의 두 주도세력인 중국과 일본의 협력이 절실히 요청된다"라고 언급하고 있다.[20] 이와 함께 "아시아 피압박 민족 전체의 해방을 위한 전쟁이 바로 '대동아전쟁'이다. 그래서 대동아전쟁은 파괴가 아니라 새로운 아시아 건설을 목표로 삼는다"는 보다 적극적인 전쟁 옹호 주장도[21] 제기되었다.

한편 비슷한 시기인 1942년 5월 상하이에서 창간호가 나온 『대동아월간』은 중화민족반영미협회中華民族反英美協會의 명의로 발간되었다. 중화민족반영미협회는 1942년 2월 24일 저우방쥔周邦俊, 천야푸陳亞夫, 경자지耿嘉基 등 왕징웨이 국민당의 상하이 지역 중심인물들과 위안뤼덩袁履登 상하이 시 상회商會주임 등 일부 경제계 인사들을 중심으로 결성된 관변 민간단체였다. 앞에서 언급한 『대아시아주의』와 『대아시아주의와 동아연맹』이 대민 선전을 위해 왕징웨이정권이 직접 관리하여 만든 데 비해 『대동아월간』은 명목상으로는 민간단체가 발간했다는 점이 달랐다. 그러나 중화민족반영미협회 자체가 일본군이나 왕징웨이정권의 강력한 지도로 만들어진 것이 분명하므로 이 잡지 또한 왕징웨이정권의 의도를 충실히 반영했다고 봐도 무리가 없을 것이다.

『대동아월간』의 논조는 앞에서 언급한 두 잡지와 비교했을 때 더욱 적극적으로 대동아전쟁을 옹호했다. 예를 들어 「중화민족반영미협회 성립선언」은 "백 년 이래로 동아민족을 침략하고 수탈해온 것은 영미제국주의이다. 중일전쟁의 배후에도 중일 간의 화합을 해치고 서로 적대시하도록 만든 영미제국주의의 음모가 있다”라고 주장하고 “일본과 중국이 하루빨리 아시아에서 영미제국주의를 몰아내는 데 앞장서서 〔새로운〕 동아를 건설하는 신성한 사명을 완수해야 한다”라고[22] 강조했다. 또 다른 글에서는 “영미제국주의를 몰아내 세계문화를 동아의 왕도문화와 서방의 패도문화로 나누고 서방 패도문화의 죄행을 일소하며 중국과 일본이 원동력이 되어 새로운 대동아문화를 건설해야 한다”, “영국이 인도를 식민지화한 뒤 동아를 침략해 오는 상황에서 중국과 일본이 협력하여 영국제국주의를 몰아내야 한다”라고 주장했다.[23] 그리고 동아의 범위에 일본과 중국 외에 인도, 버마, 말레이시아, 베트남, 필리핀 등을 포함시키고 동아 각 민족의 각성과 서방제국주의로부터의 해방을 위해 중국과 일본이 이들의 독립운동을 적극 도와야 한다고 했다.[24]

동아연맹론이나 동아협동체론은 1938년 11월 3일 일본 수상 고노에 후미마로가 “동아신질서의 건설”이라는 성명을 발표한 이래 일본 지식인들 사이에서 본격적으로 대두하기 시작했다. 말하자면 고노에가 제기한 동아신질서의 실현을 위한 이론적 도구로 제시된 것이다.[25] 두 이론은 경우에 따라 일본제국주의에도 일정한 비판을 가하는 등 이전 대아시아주의의 침략 옹호적인 면모와 다른 모습을 보이기도 했으나, 기본적으로는 중일전쟁 자체의 정당성을 인정하고 일본 중심의 아시아 민족 통합과 일본의 지배적 지위를 주장하는 논리였다.[26] 또한 일본의 아시아주의는 기본적으로 서양 열강의 아시아 침략을 강조하고 그들을 아시아에서 축출하는 것이 급선무라고 내세우며 일본의 아시아 침략은 상대적으로 덜 강조하거나 합리화하려 했다. 뿐만 아니라 중국의 민족주의가 일본을 겨냥할 것이 아니라 서양 열강을 겨냥해야 한다는 주장까지도 담고 있었다. 일본과 중국이 뭉쳐 서양 열강 축출을 1차적 목표로 삼아야 한다는 이러한 논리는, 1940년 6월 이후 남아시아와 동남아시아 지역을 포함하는 이른바 대동아공영

권론으로 확대되었다.[27]

이런 맥락에서 보면, 『대아시아주의와 동아연맹』과 『대동아월간』에 나타난 동아연맹론과 반서양열강론, 그리고 동아공영권론 등은 모두 당시 일본의 동아연맹론이나 대동아공영권론을 그대로 수용하여 대변한 것임을 알 수 있다. 『대아시아주의』에서 그토록 강조된 쑨원의 대아시아주의는, 당시 한 일본인의 지적처럼 동아의 이상이긴 하지만 흥아운동興亞運動과 화평건국운동을 위한 새로운 정치사상이 되기에는 미흡하다는 판정을 받았기 때문인지[28] 점차 자취를 감추고 일본의 동아연맹론과 대동아공영권론이 그 자리를 대체했던 것이다.

5. 일본 중심의 아시아 연대

전술한 대로 왕징웨이와 그의 추종자들은 자신들의 이른바 '화평건국론'을 정당화하는 수단으로 쑨원의 대아시아주의를 이용하고 삼민주의 가운데 첫 항목인 민족주의가 대아시아주의와 일치한다는 왜곡된 해석을 만들어냈다. 이 왜곡된 대아시아주의조차도 점차 퇴색되어 드디어는 일본의 아시아 침략을 옹호하기 위해 등장한 동아연맹론이나 대동아공영권론에 흡수되었고, 왕징웨이정권은 그 대변자로 전락하고 말았다.

일본의 대아시아주의가 대외적 침략을 합리화하기 위하여 주장된 것과 달리 쑨원의 대아시아주의는 아시아 여러 민족의 평등한 연합을 강조했다는 점이 지적된다. 쑨원이 일본을 방문하여 대아시아주의에 관해 강연했다는 소식이 알려졌을 때, 당시 조선인들의 최대 관심은 쑨원이 일본의 조선 강제병합을 어떻게 이해하고 어떤 해결책을 주장했는지에 쏠렸다. 당시 조선인들의 입장에서 일본의 조선 지배를 그대로 용인한 채 아시아 여러 민족이 평등하게 연합하는 것은 처음부터 불가능했기 때문이다. 그러나 쑨원은 일본인들에게 조선 침략의 잘못을 지적하는 것은 적절하지 않다는 이유로 조선 문제에 대해서는 한마디도 꺼내지 않음으로써 많은 조선인들을 실망시켰다. 당시 조선인들은 "쑨원의 대아시아주의가 결국은 하나의 탁상공론일 뿐 아닌가?" 라고 물으며 그의 대아시아주의를 비판하기도 했다.[29]

그렇다면 당시 조선인들에게 왕징웨이의 이른바 화평건국론이나 왕징웨이정권의 수립은 어떻게 받아들여졌을까? 또한 화평건국의 이론적 기반으로 왕징웨이정권이 제시하고자 애쓴 대아시아주의와 동아연맹론 혹은 동아공영권론을 조선인들이 어떤 시각으로 봤을지 무척 궁금하지 않을 수 없다. 그러나 안타깝게도 왕징웨이정권 자체나 왕징웨이정권의 이론과 사상에 대한 당시 조선인들의 시각을 확인해줄 만한 자료는 남아 있지 않다. 1920년대와 달리 1930년대 후반부터는 조선의 신문과 잡지 들에서 반일적인 기사가 자취를 감추었다. 1920년대에 조선 언론은 중국 관련 보도를 통해 반일 혹은 조선 독립을 우회적으로 주장하는 방법을[30] 애용했는데, 어디에서도 찾아볼 수 없게 된 것이다. 당시 조선의 언론들은 일제로부터 엄격한 통제를 받았고, 동아신질서 건설을 위해 매진하자는 투의 친일적 주장만이 지면을 가득 메우고 있었다. 또한 조선인들은 일본어 사용과 일본식 개명을 강요받고 '내선일체內鮮一體'를 내세운 황국신민화라는 민족말살정책에 무방비로 노출되어야 했다.[31] 당시 조선인들이, 왕징웨이와 그의 추종자들이 부르짖은 대아시아주의나 동아신질서 건설 주장에서조차 완전히 배제된 조선과 자신들에 대해 어떤 생각을 했을지 궁금하다.

쑨원의 대아시아주의가 중국과 일본이 공동으로 영도하는 아시아 연대를 주장한 점을 고려한다면, 왕징웨이와 그의 추종세력이 친일정권의 정당성 확보를 위해 이용한 아시아주의가 일본의 주도적 영도로 추진되는 아시아연대라는 면에서 크게 다르지 않다는 점을 주목할 필요가 있다. 왕징웨이정권이 주장한 아시아주의는 결과적으로 중국의 주체적 참여 자체가 봉쇄된 아시아연대였고, 어떤 면에서 일본이 주도하는 아시아연대에서 중국이 담당할 역할을 주장했다고 볼 수도 있다. 따라서 왕징웨이가 내세운 아시아주의, 즉 아시아연대는 중국의 주도적 참여가 배제된 형태이긴 했으나, 기본적으로는 중국과 일본이라는 아시아 열강의 주도권을 인정한 쑨원의 대아시아주의와 기본 골격이 다르지 않았다.

Ⅱ. 일본 동아연맹운동 수용과 왕징웨이 친일정권

1. 왕징웨이정권과 동아연맹

1937년 7월 7일 베이징의 서남쪽 교외에 있는 노구교에서 중국군과 일본군의 총격전이 발생했고, 이를 시발점으로 중국과 일본과의 전쟁은 전면전으로 확대되었다. 이후 약 8년에 걸친 중일전쟁 기간 동안 피해자인 중국이 겪어야 했던 많은 희생과 피해에 대해서는 더 설명할 필요가 없을 것이다. 그러나 침략자요 가해자인 일본도 중국인들의 치열한 저항에 맞서 전선을 유지하고 점령지를 지배하는 과정에서 큰 대가를 지불하지 않을 수 없었다. 중국의 광대한 국토나 인구로 인해 일본이 전 중국을 완전히 장악하고 실제적인 지배권을 행사하는 것 자체가 애당초 무리였기 때문이다. 따라서 개전 초기부터 일본 정부와 정치세력들은 이 감당하기 어려운 전쟁을 어떻게 마무리해야 할 것인지를 둘러싸고 치열한 정치적 논란을 거듭했다. 결국 주요 도시와 도로, 항만 등을 어느 정도 점령한 1938년부터 중국을 직접적이고 군사적으로 지배하기보다 친일 정치세력을 내세워

괴뢰정권을 만들고 이들을 통해 간접적으로 통치하는 방안이 적극 모색되었다.[32] 어떤 면에서 이것은 불가피한 선택이었다.

동아연맹론은 당시 일본의 정치집단이나 군부 내에서 비교적 온건한 일부 인사들이 전쟁을 조속히 끝내 일본이 겪는 어려움을 해결하기 위해 내세운 정치주장이었다. 동아연맹론은 그 실현을 위하여 만들어진 동아연맹협회를 중심으로 일종의 정치적 운동으로 확산되었고, 한때는 일본 정부의 외교적 방침으로 받아들여져 대중국 정책의 실제적 대안으로서 상당한 영향력을 행사했다. 중국과 일정한 타협을 통하여 일본의 내면적 지도를 실현하는 선에서 표면적으로 중국의 정치적 독립을 인정하고 경제적 수탈을 안정화시키며 일본이 주도하는 공동국방의 군사적 기지로서 중국을 활용한다는 것이 주된 목표였다.[33]

당시 일본의 수상이었던 고노에 후미마로가 동아연맹론을 부분적으로 수용하여 대중국성명인 이른바 고노에 성명을 발표하였고, 이것이 왕징웨이의 충칭 이탈과 친일정권 수립의 직접적인 계기가 된 사실은 잘 알려져 있다.[34] 그런데 왕징웨이정권의 입장에서 보면, '신정권' 성립이나 존립과 관련하여 가장 중요한 문제 중 하나는 자신들의 정치적 정당성의 근거를 마련하는 일이었다. 충칭 이탈 이후 결국 전국적 친일정권을 만드는 데까지 나아간 왕징웨이가 고노에 성명의 기반이 된 동아연맹론에 주목한 것은 어떤 면에서 당연한 귀결이었다. 왕징웨이정권 뿐 아니라 이른바 중화민국 임시정부, 중화민국 유신정부 등의 친일 괴뢰정권이 성립하고 유지되는 과정에서 동아연맹론은 중요한 이념으로서 역할을 맡았다. 중국에서 전개된 이른바 동아연맹운동은 각 친일정권의 수립과 유지에 동원된 가장 중요한 사상운동이었다. 이 점에서 동아연맹론이 중일전쟁 와중에 중국에 끼친 영향은 결코 적지 않다.

이에 따라 일본의 역사학계는 동아연맹론 자체나 동아연맹운동의 전개를 일찍부터 연구하기 시작했다.[35] 또한 최근 중국의 중일전쟁 연구자들도 당시 중국에서 전개된 동아연맹운동을 연구한 성과들을 발표하고 있다.[36] 뿐만 아니라 왕징웨이와 그의 정권에 대한 평가가 학계의 쟁점으로 떠오르면서 이른바 화평운동과 그 이념적 성격을 둘러싼 논의도 더욱 활발해지고 있다.[37] 이 문제에 대해 우리나라에서도 왕징웨이정권 성립 과정의 화평운동을 다루고 정치적 이념으로서 동아연맹론을 언급한 선구적 연구가 발표되었다.[38] 그러나 이 연구들은 동아연맹운동의 전체적인 전개 과정을 묘사하는 데 그치거나 왕징웨이정권의 이념적 성격에 관한 설명의 일부로서 동아연맹을 언급하고 있다. 중국 동아연맹운동의 전체적 실상이나 동아연맹론 혹은 동아연맹운동과 왕징웨이정권의 관련성을 구체적이고 실증적으로 밝힌 연구는 상당히 적은 상황이다. 특히 중국 학계의 연구들은 동아연맹론의 부정적 측면 혹은 기만적 측면만을 부각시킴으로써[39] 이를 둘러싼 왕징웨이정권의 내면적 의도나 갈등 같은 측면에 접근하기 어려운 한계를 드러내고 있다.

이 점에 착안하여 이 장에서는 중국에서 동아연맹운동이 전개되는 과정 자체를 보다 구체적으로 밝히려 한다. 또한 동시에 거기서 드러나는 동아연맹론의 이념적 구조와 성격을 살펴볼 것이다. 이를 위하여 먼저 일본에서 동아연맹론이 대두하고 확산되는 과정과 중국에서 괴뢰정권들이 수립되는 동시에 각 지역에 동아연맹 단체들이 만들어지는 과정을 추적하고자 한다. 또한 각 동아연맹 단체들을 전국적 조직으로 통합하여 만들어진 동아연맹중국총회, 그리고 동아연맹운동 단체들의 동아연맹론과 왕징웨이정권의 관련 문제를 차례로 살피려 한다. 이를 통하여 왕징웨이정권의 이념적 기반과 그 실상에 접근하고자 한다.

2. 일본의 동아연맹론과 동아연맹운동

동아연맹론을 주창한 인물은 1930년대에 일본 육군성 참모본부와 만주 주둔 일본군, 즉 관동군關東軍의 주요 지휘관으로 활동하며 군부 내에서 상당한 영향력을 행사한 이시하라 간지石原莞爾로 알려져 있다. 그는 1931년경부터 '세계 최종전쟁'이라는 논리를 내세웠다. 이것은 소련의 세계 진출과 공산화를 세계 최대, 최종의 전쟁이라고 보고 이에 대비하여 아시아의 여러 지역과 민족이 연합해야 한다는 주장이었다. 그는 구체적인 대비책의 첫 단계로서 일본을 주축으로 조선, 만주, 중국을 연결하는 공동방위, 공동경제 체제를 구축하는 한편 천황의 통제 아래 각 지역별로 따로 행정을 시행하는 정치체제를 마련해야 한다고 주장했다.[40]

이러한 주장은 일본이 1931년 9월 만주를 점령한 이후 군사적으로 소련과 대치해야 하는 상황과 공산주의 확산에 대한 우려에서 비롯되었다. 결과적으로 보면 만주와 중국 본토까지 포함하여 하나의 군사적 공동체를 구성하려는 이러한 구상은 이전부터 몇몇 정객들이 제기한 것으로 동아협동체론[41] 등의 이론과 궤를 같이했다.[42]

동아연맹론은 1936년 말부터 변화하기 시작했다. 시안사변 이후 점증한 중국의 민족주의운동을 경험하고 중국에 대한 인식이 크게 바뀌면서 각 민족 간의 협화協和와 공존을 전제로 내세우고 일본의 군사 진출을 주장하기 시작한 것이다. 물론 이러한 주장은 당시 일본의 대중국 정책의 기본 방향과 일치하지 않았고, 특히 군부 내에서는 적지 않은 의견 대립조차 나타났다.[43] 대체로 1938년경에 새로이 윤곽을 드러낸 동아연맹론의 내용은, 국방의 공동화共同化, 경제의 일체화一體化, 정치의 독립을 기초 조건으로 하고 왕도를 지도 원리로 삼아 일본, 만주국, 중국(중화민국)을 하나로 결집한다는 것이었다. '국방의 공동화'란 세 '나라'가 통일된 방침 아

동아연맹론의 창시자인 이시하라 간지.

래 군대를 만들고 운영하는 체제를 말한다. '경제의 일체화'란 세계의 어느 국가군에도 대항할 수 있는 일종의 자급자족 경제블록 구축을 의미한다. '정치의 독립'이란 맹방(가맹국)들이 독립적이고 자주적인 주권을 행사하는 정치체제 구축을 말하는 것이었다.[44] 이 중에서도 특히 예전의 동아연맹론과 비교하여 가장 커다란 변화로 주목되는 점은 '정치의 독립' 부분이다. 천황의 '내면적 지도'라는 조건을 달고는 있었지만, 중국에 대한 일방적 침략 주장과 대비되어 상대적으로 온건한 면모를 지녔다고 볼 수 있다. 그러나 이 동아연맹론 또한 어디까지나 만주국 성립이나 일본의 중국 침략 합리화, 그리고 왕징웨이정권의 이른바 화평건국운동에 대한 지원을 목표로 출발했음은 물론이다.[45]

동아연맹론이 일본 내에서 하나의 정치적 주장으로 자리 잡으며 정치운동으로 세력을 형성하는 데는 당시 동방회東方會라는 정치단체 출신으로 국회의원이 된 기무라 다케오木村武雄가 중요한 역할을 했다. 그는 1938년 가을부터 동아연맹운동에 본격적으로 가담했다. 동아연맹운동은 그의 정치적 기반이기도 했던 일본농민연맹을 통하여 일종의 정치적 운동으로 확대되는 결정적 계기를 마련했다.[46] 그 결과 1938년 가을부터 동아연맹을 주장하는 정치단체인 동아연맹협회 성립이 모색되기 시작했다.

이와 동시에 동아연맹협회 성립에 또 다른 계기를 제공한 것은 이른바 고노에 성명이었다. 1938년 12월 수상 고노에 후미마로 명의로 발표된 대중국 성명인 제3차 고노에 성명은 일본, 만주국, 중국의 이른바 '일만지 3

국' 간의 '동아신질서 건설'을 목표로 3국 상호간의 '선린우호, 공동방공, 경제제휴'라는 세 가지 주장(3원칙)을 제시했다. 고노에 성명과 동아연맹론은 내용이 약간 달랐으나, 이시하라 간지나 기무라 다케오를 비롯한 인물들은 고노에 성명이 자신들의 주장을 정부가 수용한 결과라고 받아들였다. 실제로 이시하라의 동조자 중 일부 청년장교그룹이 고노에 성명의 작성과 발표에 상당한 영향력을 행사했다고 한다.[47]

동아연맹협회의 활동은 기무라가 1939년 10월 8일 도쿄 중심가에 협회 사무소를 개설하면서 정식으로 시작되었고, 10월부터 기관지 『동아연맹』을 발행하기 시작했다. 창간호에 실린 기무라의 창간사는 "고노에 성명의 취지를 속히 일본 국민들에게 보급하는 동시에 중화민국의 국민들에게도 그 본뜻을 양해시켜 동아 제 민족의 제휴 강화를 촉진하는 기초를 확립하는 것"이 기본적 목표라고 밝히면서 국민적 '문화운동'을 내세웠다.[48] 협회는 또한 전국적인 조직을 만들기 시작하여 1940년에만 14개 현縣에 지부를 설립하고, 일본 각지에서 강연회나 강습회를 연이어 주최하여 조직을 확대하려 했다. 활동이 활발해지고 조직이 커지면서 활동 목표나 주도권을 둘러싸고 내부적으로 상당한 갈등이 생기기도 했고,[49] 외부적으로는 동아연맹운동이 고조되는 데 대한 비판이 일면서 치열한 정치 논쟁이 나타나기도 했다.[50] 어쨌든 동아연맹은 1941년 12월 태평양전쟁이 발발하여 전쟁이 더욱 확대되기 전까지는 그런 대로 상당한 정치적 조직으로서 활동을 해나간 것으로 파악된다. 그러나 태평양전쟁이 일어난 후 동아연맹은 흥아원興亞院 아래의 흥아동맹興亞同盟에 편입되어 직접적인 통제를 받게 되었다. 이후 점차 정치적 기반을 상실하면서 생활개조운동으로 전환되기에 이르렀고 실제적인 영향력도 소멸되고 말았다.[51] 다음으로 동아연맹운동이 중국에 유입되어 어떻게 전개되었는지를 살펴보려 한다.

3. 중국의 동아연맹론 수용과 동아연맹운동

(1) 중국의 동아연맹 단체 성립과 활동

동아연맹운동의 중국 유입은 일본 동아연맹협회가 출발할 때부터 이미 계획되었다고 볼 수 있다. 중국에서 처음 동아연맹이 결성된 곳은 베이징이다. 점령지에 대한 지배체제가 그런 대로 가장 먼저 갖추어진 곳이 베이징이었기 때문이지만, 이시하라 간지의 영향을 강하게 받아 운동에 가담한 아사히朝日신문 기자 다무라 신사쿠田村眞作의 역할도 크게 작용했다. 1939년 4월에 아사히신문 베이징 특파원으로 중국에 온 다무라는 일본군 북지나방면군北支那方面軍의 대민선전부대인 선무반宣撫班을 대상으로 동아연맹론을 선전하기 시작했다. 특히 다무라는 일본군이 화북지역의 점령지에 대한 대민 선무공작을 위하여 만든 친일 괴뢰단체 신민회新民會의 실질적 책임자였던 머우빈에게 접근하여 동아연맹론을 확산시킬 수 있었다. 이 점에서 보면, 일본 동아연맹 측이 자신들이 파견한 다무라가 베이징에 동아연맹을 설립했다고 주장한 것은 어느 정도 사실에 부합한다.[52]

머우빈은 1920년대에 황푸군관학교에서 교관을 역임하고 북벌 시기에는 국민혁명군의 경리처장과 국민당의 후보 집행위원을 맡는 등 국민당의 중견 간부라고 할 만한 인물이었다.[53] 강경한 반공주의자면서 왕도주의를 주장하며 유교적 복고주의 경향을 보인 머우빈은 1935년 말부터 일본의 동아민족 단결(동아신질서)과 중국의 자유독립이 일치할 수 있다고 생각했다고 한다. 특히 동아연맹론의 주요 이론가였던 미야자키 마사요시宮崎正義의 저작인 『동아연맹론』을 읽은 후 동아연맹론으로 기울어 스스로 이 운동에 앞장서게 되었다고 한다.[54]

다무라와 머우빈이 베이징에 동아연맹 단체인 중국동아연맹협회를 창설한 시기는 1940년 5월이었다. 중국동아연맹협회는 이어서 6월부터 기관지 『동아연맹』을 발간하기 시작했다. 회장을 맡은 머우빈은 『동아연맹』 창간사에서 반공과 반소反蘇를 위하여 중일간의 합작이 필요하다고 주장하고, 왕도에 기초한 동아연맹은 이해타산이 아니라 도덕적인 결합이라고 강조했다. 그는 또한 군사, 경제적 합작의 필요성을 언급하고 이를 위한 조건으로 중국의 정치적 독립을 강조했으나, 이 정치적 독립은 일본의 사상적, 기능적 지도가 바탕이 되어야 한다고 주장했다.[55] 이 주장은 사실 일본 동아연맹협회의 주장을 거의 그대로 답습하고 있었다. 베이징에 만들어진 동아연맹은 일본의 동아연맹운동을 그대로 이식한 것임을 잘 보여주는 부분이다. 이 점은 『동아연맹』 창간호의 상당 부분이 일본 동아연맹협회의 강령들로 채워져 있는 것으로도[56] 충분히 짐작된다.

베이징에 이어 1940년 9월 광저우에도 동아연맹 조직이 만들어졌다. 광저우의 동아연맹 조직도 베이징과 마찬가지로 광저우에 주둔한 일본군 특무기관의 강력한 영향력 아래 형성되었다. 1940년 9월 9일 중산기념당中山紀念堂에서 열린 성립대회에는 일본 측에서 육해군 요인들과 총영사, 거류민단, 동아연맹협회의 대표가 참석했고, 중국 측에서는 광둥 성 정부 주석 천야오쭈陳耀祖 등의 인사들이 대거 참석했다.[57] 광저우의 동아연맹은 중화동아연맹협회로 불렸는데, 중심인물로 내세워진 인물은 광둥 성 교육청장을 지낸 린루헝林汝珩이었다. 광저우 동아연맹 역시 11월부터 기관지로 『동아연맹월간東亞聯盟月刊』을 발간했다. 『동아연맹월간』 창간호에 실린 「중화동아연맹협회 성립 선언」은 동아연맹의 조건으로 정치독립, 경제제휴, 군사동맹 세 가지를 들면서 베이징의 『동아연맹』과 마찬가지로 일본 동아연맹협회의 주장을 그대로 실었다.[58]

광저우의 『동아연맹월간』은 다른 지역의 동아연맹 잡지와 달리 광둥 성 내 각 지역 지부의 현황을 비교적 자세히 소개하여 주목을 끈다. 자료에 따르면 성립대회 이전의 짧은 준비 기간(19일간) 내에 가입자가 8,000명에 이르렀고,[59] 1941년 3월까지 성내省內 8개 현에 지부가 결성되어 회원 모집과 함께 좌담회 등을 통한 선전공작을 벌였다고 한다.[60] 1941년 8월경에는 지부와 회원이 더욱 늘어 전성기의 회원 수가 8만 명을 넘어섰고 조직이 각 향촌까지 미쳤으며 지부 결성이 해외(화교)로까지 확대되어 베트남과 타이에 지회가 결성되었고 홍콩과 마카오에는 연락기관이 세워졌다고 한다.[61] 물론 이러한 폭발적 증가는 강압적 권유에 의한 가입과 하향적 명령에 의한 지부 결성의 결과로 여겨지므로[62] 그 자체가 영향력의 확대를 나타낸다고 보기는 어렵다. 그러나 비록 표면적이더라도 급속한 조직 확대가 적극 시도되었다는 점은 주목할 만하다.

한편 난징의 동아연맹 단체인 동아연맹중국동지회는 1940년 11월 저우쉐창周學昌을 중심으로 조직되었다. 난징의 조직은 베이징이나 광저우에 비하여 늦게 결성되었다고 여겨질 수도 있다. 그러나 베이징에서 동아연맹협회가 설립되기 이전인 1940년 1월에 이미 난징에서 저우포하이를 중심으로 『동아연맹』 잡지 발간이 계획된 적이 있다는 일본 동아연맹의 주장을 감안하면[63] 일본 동아연맹이 창설된 직후인 1939년 말이나 1940년 초에 이미 난징에서 동아연맹운동 추진이 모색된 듯하다. 또한 뒤에서 설명하겠지만, 난징에서 동아연맹중국동지회가 조직되기 전인 1940년 8월에 중국대아시아주의 월간사의 이름으로 발행되기 시작한 『대아시아주의』가, 표면적으로는 쑨원의 대아시아주의를 내세워 새로운 왕징웨이정권의 이념적 기반을 마련하려 하였으나 그 내용은 창간호부터 대아시아주의와 함께 동아연맹의 주장을 전면에 내세웠음을 알 수 있다.[64] 즉, 동아연맹의 주장이 『대아시아주의』에서부터 본격적으로 드러났던 만큼 실제적인 운동은 1939년 말이나 1940년 초부터 본격 논의되다가 『대아시아주의』 창간 무렵인 1940년 8월경에 구체화되어 나타났다고 볼 수 있다.

한편 이른바 중국과 일본의 문화적 공통성에서 화평운동 혹은 신정권 수립의 정당성을 찾으려는 노력의 일환으로 1940년 7월 말 난징에서 중일 문화협회가 설립되었다. 협회 창립식에서 왕징웨이는 "중일 양국은 문화적 방면에서 공동 노력을 통하여 동양문화를 발양하며 쑨원 선생의 대아시아주의와 일본의 동아신질서 주장을 완전히 결합해야 한다"라고[65] 언급했다. 이 부분에서도 1940년 7월 이전에 동아신질서론 혹은 동아연맹론 수용이 검토되었음이 확인된다. 요컨대 친일 신정권의 수도가 된 난징의 동아연맹 운동은 공식적 조직 출범 자체는 베이징이나 광저우보다 늦었으나, 실제적인 운동 추진은 다른 지역과 거의 동시에 나타났다.

일본 동아연맹과 일본 군부의 강력한 영향력 아래에서 베이징과 광저우, 난징에 거의 동시에 만들어진 동아연맹 단체들은 운영이나 활동에서도 일본 측의 직접적인 통제를 받은 듯하다.[66] 예컨대 일본 동아연맹협회 측은 일본 국내 각 현 단위의 지부와 마찬가지로 베이징, 광저우, 난징, 만주 등지의 조직을 대륙지부라는 이름으로 자신들의 조직표에 포함시켰다. 1942년 초에 작성된 일본 동아연맹의 지부 조직 일람표에는 대륙 동아연맹협회라는 분류 아래 만주와 북지北支(화북), 장시 지부가 포함되어 있고, 그와는 별개로 동아연맹중국총회라는 분류 아래 난징, 광저우, 산터우, 후베이, 한커우, 상하이 분회를 포함시켰다.[67] 이러한 조직 체계를 중국 측에서도 인정하며 그대로 받아들였다.[68] 심지어 베이징 동아연맹협회는 자신들의 동아연맹이 일본동아연맹론자들의 사주를 받은 것이라고 해도 좋다고 밝히기까지 했다.[69] 중국 각지에 만들어진 동아연맹의 조직이나 활동은 표면적으로는 주체적이고 자발적인 듯했으나 실제로는 일본 동아연맹의 강력한 지도와 통제 아래 있었던 것이다.

(2) 동아연맹중국총회 성립

베이징, 광저우, 난징에 동아연맹 조직이 만들어진 후인 1941년 2월에 각지의 조직들을 통합한 중앙조직인 동아연맹중국총회가 수도 난징에 설립되었다. 창립대회에서 회장으로 추대된 왕징웨이에 따르면 "작년〔1940년〕에 각지에서 동아연맹 조직이 분산적으로 만들어졌고, 이어 연말에 〔친일 정치단체인〕 중국공화당, 흥아건국운동본부, 중국대민회中國大民會 등이 해산하여 국민당에 통합되면서 국민당 중심의 통일적인 국민운동의 필요성이 대두하여 1940년 12월 중순에 열린 국민당 3중전회에서 동아연맹운동을 〔전국적으로〕 추진하게 되었다"[70]고 한다. 전국의 동아연맹운동을 통합하여 왕징웨이 국민당의 직접적인 통제 아래 두기 위하여 중국총회를 만들었다는 것이다. 당시 국민당 선전부장이면서 동아연맹중국총회의 선전위원회 주임이었던 린바이성에 따르면 "〔이후부터〕 동아연맹운동은 국민당이 중심이 되어 전개하는 국민운동이 되었다" 고 한다.[71]

동아연맹중국총회의 조직 체계는 앞서 만들어진 각 지역 조직을 통합하고 지도자들을 한데 묶는 형태였다. 회장 아래에 두도록 정해진 7명의 상무이사에는 천궁보와 천비쥔 등 왕징웨이정권의 중심 인물들이 포함되었다. 난징 동아연맹중국동지회의 지도자인 저우쉐창은 이사회 부비서장으로, 광저우 중화동아연맹협회의 지도자 린루헝은 이사로, 그리고 베이징 중국동아연맹협회의 지도자 머우빈은 문화위원회 주임을 맡는 등 기존 각 지역 조직의 지도자들이 통합된 조직에서도 핵심적 역할을 맡았다.[72] 기존의 동아연맹중국동지회(난징)와 중화동아연맹협회(광저우)의 조직은 동아연맹중국총회 산하의 지부(분회)로 재편되었다.[73] 다만 베이징의 중국동아연맹협회 조직은 중국총회 소속의 분회로 통합되지 않고 존속되었는데, 그 이유는 일본 군부 내의 의견대립 때문이었다. 화북지역을 점령한 일본군 북지나방면군 지도부가 동아연맹론이 자신들이 구상하고 있던 신민회 중심의 대민 선전공작에 오히려 방해가 될 수 있다고 여겨 동아연맹운동을 통제하려 했기 때문이었다.[74] 그렇다 하더라도 중국총회와 베이징의 동아연맹협회는 밀접한 관계를 유지하며 협력했고, 앞에서도 말한 것처럼 모든 운영은 일본동아연맹협회의 실질적인 지휘를 받았다.[75]

동아연맹중국총회가 기관지인 『동아연맹월간』을 발간한 것은 1941년 8월의 일이다.[76] 그런데 난징의 동아연맹중국동지회가 총회의 난징 지부로 편입된 이후 중국동지회에서 발행하고 있던 『대아시아주의』와 새로 발간하게 된 『동아연맹월간』의 통합이 거론되기 시작했고, 두 잡지는 1942년 7월에 『대아시아주의와 동아연맹』이라는 하나의 잡지로 통합 간행되기에 이른다. 이 통합은 왕징웨이정권의 이념적 정당성을 위해 쑨원의 대아시아주의를 내세우는 한편, 대아시아주의와 동아연맹론 또는 동아연맹운동을 이론적으로 통합, 연결하려는 시도였다.[77]

한편 동아연맹중국총회 설립 후 새로운 분회 조직으로 상하이분회와 후베이분회, 한커우분회, 산터우분회가 만들어졌다. 상하이분회는 1941년 5월 중국총회 성립과 동시에 천푸무陳孚木를 상무이사로 파견하는 형식으로 설립이 추진되었다. 같은 해 12월에 이사, 감사 등의 인선이 완료되었고, 사무실을 마련하여 사무를 보기 시작한 것은 1942년 4월 이후부터였으며, 정식 창립대회는 1942년 6월에 열렸다.[78] 상하이분회 설립에도 일본군 특무기관이 상당한 영향력을 행사한 것으로 보이며, 일본 동아연맹 측과도 빈번히 교류한 사실이 확인된다.[79] 상하이분회는 1943년 1월부터 기관지 『중국과 동아〔中國與東亞〕』를 따로 발간했다. 후베이분회와 한커우분회는 1942년 1월 말에 설립되었다. 이후 중국총회 측에서 경비 절감을 이유로 같은 해 5월 25일자로 한커우분회를 후베이분회에 통합시켰는데,[80] 후베이분회의 활동 상황은 대체로 다른 지역과 비슷했던 듯하다. 산터우분회는 원래 광저우 중화동아연맹협회의 지부로 만들어졌는데, 중국총회가 출범하면서 이곳 소속의 분회로 편성되었다.[81]

요컨대 베이징, 광저우, 난징에서 동아연맹 조직이 만들어진 이후인

1941년 2월에 각지의 조직들을 통합한 중앙조직인 동아연맹중국총회가 수도 난징에 세워졌고, 기존 조직들은 분회로 재편되었다. 또한 상하이, 후베이, 산터우 등지에는 새로운 분회 조직이 세워졌다. 이처럼 동아연맹 단체가 전국적으로 통합된 이유는, 당시 국민당의 선전부장이었던 린바이성의 말대로 새로 성립한 왕징웨이정권과 국민당의 기반을 만들기 위한 노력의 일환이었다. 왕징웨이정권의 정치적 '외연조직'의 역할을 감당케 하기 위한 방안으로[82] 동아연맹 단체의 조직과 전국적 확대가 추진된 것이다.

4. 동아연맹론과 왕징웨이 친일정권

(1) 동아연맹론과 대아시아주의의 결합

1939년 7월의 방송 연설에서 왕징웨이는 일본과 화평 협력하는 것이 쑨원의 유지임을 주장하는 한편, 이 유지를 새로이 천명하고 실행함으로써 중일 간의 화평을 회복하고 나아가 동아의 화평을 확립하는 것이 자신의 임무라고[83] 말했다. 같은 해 12월의 다른 연설에서도 그는 반공이 쑨원의 본래 뜻이므로 방공을 주장하는 자신이 쑨원의 유지를 이은 진정한 후계자이며, 공산당과 연합한 장제스야말로 배신자라고[84] 말했다. 또한 그는 쑨원의 대아시아주의의 진정한 정신을 재검토하여 중국과 일본이 제휴해야만 중화민국 건설을 완성하고 동아의 평화를 보장할 수 있다고 주장했다.[85]

왕징웨이와 그의 추종자들은 자신들의 정치적 정당성을 확보하기 위하여 자신들이야말로 쑨원과 국민당의 진정한 계승자임을 주장하면서 충칭 국민당에 대한 해산 명령을 내리기도 했다.[86] 앞 장에서 언급한 대로 대일 화평 교섭의 이론적 정당성을 쑨원의 유지와 대아시아주의에서 구한 왕징웨이는 자신이 쑨원의 진정한 후계자라고 강조하고 일본과의 협력체제 구

축은 쑨원이 원래 생각했던 것이라고 주장했다.[87]

왕징웨이가 자신의 친일을 합리화하는 근거로 삼고자 한 쑨원의 대아시아주의는 세계정세를 동양과 서양의 대립으로 봤다. 서양문화는 공리와 강권(무력)에 기반하는 '패도문화'지만 일본과 중국을 포함하는 동양문화는 도덕과 인의에 기반하는 '왕도문화'라고 규정하고, 왕도문화를 발양하려면 일본과 중국이 영도하는 아시아 민족들의 대연합인 대아시아주의가 실현되어야 하며, 패도문화(즉 서양문화)로부터 이탈해 나와 동양의 인의도덕에 접근하고 있는 소련과의 연합도 모색해야 한다는 주장이었다.[88] 왕징웨이에게 쑨원의 대아시아주의는 일본과 중국의 강화와 협력이라는 목표를 뒷받침해줄 수 있는 중요한 근거였다.

왕징웨이의 대아시아주의 해석, 즉 일본과 중국을 영도세력으로 한 아시아민족의 평등한 대연합은, 그와 추종자들의 화평운동 추진에 직접적인 계기를 제공한 고노에 성명이나 그 이론적 바탕이 된 동아신질서론과 일정한 거리가 있었다. 이런 점에서 왕징웨이가 쑨원의 대아시아주의의 진정한 계승자임을 자처한 것은, 동아신질서론 혹은 동아연맹론을 수용하는 과정에서 이 이론들이 가지고 있는 불평등성, 즉 일본의 중국 침략에 대한 정당성 부여 의도와 중일의 공동 영도가 아닌 일본 우위의 동아 질서(지배체제) 구축 시도를 비판하고 나아가 수정을 요구한 표현 중 하나였다고 볼 수 있다.[89]

그러나 왕징웨이와 그 추종세력의 대아시아주의 계승 주장은 중국인들에게 자신들의 정당성을 승인받기 위한 선전도구의 측면과 일본 중심의 동아신질서론에 대한 비판과 수정을 요구하는 도구의 측면을 동시에 담고 있었다. 이 두 가지 측면은 내용면에서 상당한 모순과 대립을 포함할 수밖에 없었다. 동아신질서론에 대항하여 대아시아주의의 평등한 연합을 강조할 경우 친일정권으로서 자신들의 현실적 종속성이 드러나게 되어 정당성 확보가 어려워질 수밖에 없었다. 대아시아주의의 계승자로서 친일 화평운동의 정당성을 확보하기 위해 대아시아주의의 변용성, 즉 동아신질서론이나 동아연맹론과의 일체성을 강조할 경우는 결국 대아시아주의의 평등한 연합을 부정하고 동아연맹론과의 결합을 시도할 수밖에 없게 되었다.

대아시아주의 옹호와 해석을 둘러싼 왕징웨이정권의 이러한 딜레마는 특히 1940년 8월 난징에서 발행되기 시작한 『대아시아주의』의 내용과, 1942년 7월에 이 잡지가 『대아시아주의와 동아연맹』이라는 새로운 잡지로 통합 간행되는 과정에서 잘 드러났다. 이러한 딜레마 때문에 결국 『대아시아주의』에서 강조되었던 쑨원의 대아시아주의 계승이라는 측면은 크게 위축될 수 밖에 없었다. 『대아시아주의와 동아연맹』은 『대아시아주의』와 비교하여 동아연맹의 이론을 강조하는 한편 대동아전쟁을 두드러지게 옹호했다. 왕징웨이 추종세력의 중심인물 중 한 사람으로서 당시 왕징웨이정권 행정원 선전부장을 맡고 있던 린바이성은 「대아시아주의와 동아연맹 발간사」에서 쑨원의 대아시아주의에 대해서는 언급하지 않고, 동아연맹의 목표가 동아의 해방에 있으므로 동아연맹운동에 매진해야 한다고 말했다.[90]

요컨대 『대아시아주의』 창간호에서 왕징웨이와 그 추종자들이 내세운 쑨원의 대아시아주의 계승—비록 왜곡된 것이기는 하지만—은 동아신질서론에 대한 비판과 수정 요구에서 비롯된 측면이 있지만, 그와 동시에 쑨원의 이름을 이용하여 신정권의 정당성을 중국인들에게 선전하려는 의도에서 비롯되었다. 그러나 『대아시아주의』와 『동아연맹월간』의 통합 과정에서 분명히 드러난 것처럼, 대아시아주의는 동아연맹론과 대동아공영권론에 가려져 명맥을 잃었다. 대아시아주의가 일본의 침략을 정당화하는 데 이용될 것이라는 추측들이 기우에 불과하다는 왕징웨이정권의 주장은[91] 받아들여지기 어렵다. 결국 "쑨원의 대아시아주의는 동아적 이상이기는 하지만 흥아운동과 화평건국운동을 위한 새로운 정치사상이 되기에는 미흡하다"[92]는 당시 일본 동아연맹 지도자의 말은, 왕징웨이 일파의 기대와 달리 대아시아주의와 동아연맹은 처음부터 융합될 수 없을 만큼 거리가 멀었다는 사실뿐만 아니라 그 둘 사이에서 위험한 곡예를 하고 있던 왕징웨이정권의 곤혹스러움을 잘 나타낸다.

(2) '정치 독립' 모색과 좌절

일본의 동아연맹론은 국방의 공동화, 경제의 일체화, 정치의 독립을 기초적인 조건으로 하고 왕도를 지도원리로 삼아 일본, 만주국, 중국(중화민국)을 하나로 결집하자는 이론이었다.[93] 왕징웨이와 그 추종자들이 동아연맹론을 수용하는 과정에서 무엇보다 주목하고 중시한 부분은 '정치 독립'이었다. 1940년 11월 왕징웨이는 난징에서 열린 동아연맹중국동지회 창립행사의 훈사에서 "동아연맹은 동아 각 민족이 각기 자유독립의 입장에서 공존 공영하자는 것이며, 그 조건은 정치 독립, 경제 합작, 군사동맹, 문화 융합"[94]이라고 언급했다. 왕징웨이가 말하는 4대 조건을 일본 동아연맹의 국방의 공동화, 경제의 일체화, 정치의 독립과 비교하면 상당한 차이가 있다.

우선 문화적 융합이라는 항목이 추가된 것이 눈에 띄는데, 이는 왕징웨이정권이 성립 직후부터 중일문화협회를 결성하고 지원하여 중일 간의 문화적 교류와 융화를 도모함으로써 화평운동의 이념적 기반을 만들려고 구상했다는 사실과 밀접하다. 중앙정치위원회의 인가와 재정 지원을 받고 왕징웨이의 측근인 주민이를 발기인으로 1940년 7월 말 난징에서 조직된 중일문화협회는 중일 양국의 문화적 융합을 통한 화평운동 지원을 목적으로 내세웠다.[95] 초기부터 문화적 융합이라는 측면에서 화평운동의 정당성을 확보하려 애쓴 왕징웨이정권은 동아연맹운동이 본격화하자 이미 진행되고 있던 문화적 융화 시도를 동아연맹론에 포함시킨 듯하다.

다음으로 눈에 띄는 부분은, 일본 측의 동아연맹론에서 세 번째 조건으로 들어 있었던 '정치 독립'을 첫 번째 조건으로 앞세우며 강조했다는 점이다. 사실 가장 처음 정치 독립을 앞에 내세운 인물은 왕징웨이가 아니다. 중국 최초의 동아연맹 조직인 베이징 중국동아연맹협회의 중심인물이었던 머우빈이 동아연맹협회 결성 직후인 1940년 6월에 발표한 글에서 일본의 '사상적, 기능적 지도'라는 전제에도 불구하고 정치 독립이 중일 친선에 가장 중요한 조건이라고 강력히 주장했다.[96] 또한 같은 잡지에 발표된 다른 필자의 글도 동아연맹의 기본 조건인 국방 공동, 경제 일체화, 정치 독립의 의미가 현재로서는 논란의 여지가 많지만 정치적 독립이 가장 중요하다고 지적했다.[97] 이를 통해 베이징에서 동아연맹이 조직되는 초기 단계부터 주도적으로 참여한 중국 측 인사들이 정치 독립의 중요성 문제를 적극 거론했음을 알 수 있다. 여기서 주의할 부분은 베이징에 동아연맹협회가 결성되던 1940년 5월 무렵에는 이미 각 지역의 친일괴뢰정권들이 왕징웨이정권을 중심으로 통합되어 있었다는 것과 베이징의 동아연맹 지도자인 머우빈과 왕징웨이가 서로의 입장을 잘 알고 있었을 것이라는[98] 점 등이다. 이를 염두에 두면 머우빈의 주장이 왕징웨이의 지시나 묵인하에 나왔을 가능성이 크다.

정치 독립에 관한 주장은, 베이징에 이어 동아연맹 단체가 만들어진 광저우에서도 그대로 반복되어 나타났다. 1940년 9월 광저우에서 출범한 중화동아연맹협회는 '성립 선언'에서 동아연맹의 조건으로 정치 독립, 경제 제휴, 군사동맹을 들었다. 국방의 공동화, 경제의 일체화, 정치의 독립이라는 일본 동아연맹 측의 주장을 그대로 받아들이되 순서를 완전히 바꿔놓았다. 특히 '성립 선언'은 정치 독립을 주장하는 이유를 분명히 지적하면서, 정치가 독립되지 못하면 경제 제휴나 군사동맹은 말도 꺼내기 어렵다고 주장했다. 또한 연맹 내의 각국은 독자적인 입법권과 행정, 외교, 재정권을 가진 독립 정권이 되어야 하며, 이처럼 광범한 법률적 주권을 가진 맹방들이 연맹 내에서 평등호혜, 자유합작을 추진해나가는 것이 진정한 동아연맹의 모습이라고 주장했다. '성립선언'은 더 나아가 고노에 성명을 인용하며, 일본이 중국의 주권을 존중할 뿐만 아니라 실제로 중국의 독립을 보장할 수 있는 조계 반환이나 치외법권 철폐와 같은 조치를 취해줄 것을 기대한다고 밝혔다.[99]

이처럼 정치 독립에 무게를 둔 주장은, 앞에서 말한 대로 난징의 동아연맹중국동지회가 창립되는 1940년 11월쯤에 정치 독립, 경제 합작, 군사동맹, 문화 융합의 4대 조건으로 정형화된 것으로 보인다. 1940년 11월 동아연맹중국동지회 성립대회의 훈사에서 왕징웨이는 이 4대 조건을 분명히 제시했다. 이어 1941년 2월에 동아연맹중국총회가 결성되는 시점에도 그는 같은 내용의 4대 조건을 제시하고 "결국 동아연맹은 동아 각 민족국가가 독립의 입장에서 공동 행동하는 것"이라고[100] 못박으며 정치 독립의 중요성을 다시 한 번 강조했다.

정치 독립 우선을 보다 강조한 곳은 1942년 6월에 출범한 동아연맹 상하이분회였다. 상하이분회의 기관지 『중국과 동아』는 창간호에서부터 정치 독립을 가장 중점적으로 다뤘다. 특히 동아연맹중국총회가 상하이분회 조직을 위해 파견한 천푸무는 양국의 동아연맹이 강령에서 차이를 나타냄을 지적하고, 이는 우연이 아니라 양국의 상이한 입장(심리)을 반영한 결과라고 주장했다. 천푸무는 "오늘날 중국은 서구 열강에 의하여 식민지와 비슷한 처지로 전락했으니 정치 독립 요구가 더욱 절실할 수밖에 없다. 따라서 당장은 정치 독립을 제일의 목표로 삼아야 하며, 대동아전쟁을 통하여 동아 각국이 독립을 얻은 다음 단계에는 현재 일본 동아연맹이 주장하는 것과 같이 경제합작을 제일의 목표로 해도 좋을 것이다"[101]라고 언급했다.

같은 호에 글을 쓴 유펑右楓도 "정치 독립은 중국에게는 역사적 요구이다. 중국은 동아 각 민족, 그 가운데서도 특히 일본의 지원〔원조〕을 통하여 정치 독립을 달성할 수 있으며, 일본도 〔중국을 비롯한〕 동아 각 민족의 독립을 지원해야만 〔진정한〕 동아신질서 건립의 위업을 달성할 수 있을 것이다"라고[102] 주장했다.

왕징웨이정권은 대아시아주의를 계승하자는 주장과 마찬가지로 정치 독립을 우선시하는 주장을 일본 측에 평등한 관계를 요구하는 압력의 수단으로 이용하는 한편, 중국인들에게는 정치적 정당성을 선전하고 설득하는 도구로 활용했다. 그러나 정치 독립에 대한 주장이 기대만큼의 성과를 내기 어려웠을 것이라는 점은 쉽게 짐작된다. 일본 내에서조차 동아연맹론이 힘을 발휘하지 못하고 용인되기도 어려운 상황으로 점차 바뀌었는데, 이보다 한발 더 나아간 우선적인 정치 독립 주장이 일본 측에 받아들여질 여지는 처음부터 없었을 것이다. 다만 정치 독립과 관련하여 주목할 것은, 일본에서 동아연맹 운동이 사실상 소멸한 1942년 초 이후에도 중국에서는 동아연맹 운동이 계속 이어져 1944년 초까지 명맥을 유지한 점이다.[103] 이는 왕징웨이정권이 동아연맹론, 그 중에서도 특히 정치 독립을 통해 정당성을 확보하려 한 노력이 얼마나 간절했는지를 보여준다.

5. 동아연맹론의 결말

일본 군부의 일부 온건파 지도자들과 정치인들이 중일전쟁을 조속히 해결하는 방안으로 제기한 동아연맹론은 1938년 가을부터 정치 운동으로 추진되었다. 동아연맹론은 왕징웨이가 충칭을 떠나는 데 직접적인 계기가 된 고노에 성명에도 영향력을 행사하는 등 중일전쟁의 진전에 적지 않은 영향을 미쳤다. 동아연맹론의 주요 내용은, 중국과 일정한 타협을 통하여 일본의 내면적 지도를 실현하는 선에서 표면적으로는 중국의 정치적 독립을 인정하며 경제적 수탈을 안정화하고 일본이 주도하는 '공동국방'의 군사적 기지로 중국을 활용하자는 것이었다. 따라서 일본의 동아연맹운동은 초기부터 중국으로 확산을 시도했고, 왕징웨이정권을 비롯한 친일 괴뢰정권들은 자신들의 이른바 화평건국운동의 이념적 기반으로 동아연맹론을 수용했다.

일본의 동아연맹론이 중국에 유입되면서 1940년 후반부터 베이징과 광저우, 난징에서 거의 동시에 지역 단위의 동아연맹 단체들이 조직되기 시작했다. 이 과정에서 일본 동아연맹이 직접적인 영향력을 행사했다. 1941년 2월에는 베이징, 광저우, 난징 등 각지의 동아연맹 조직들을 통합한 중앙조직인 동아연맹중국총회가 수도 난징에서 만들어졌으며, 기존 조직들은 분회 조직으로 재편되었다. 중국총회가 성립한 이후 상하이, 후베이, 산터우 등지에 새로운 분회 조직이 만들어졌는데, 이 단체들의 전국적 통합과 조직 확대는, 새로이 들어선 왕징웨이정권과 국민당의 '외연조직' 역할을 감당케 하기 위한 방안으로 추진되었다.

왕징웨이와 그 추종자들은 동아연맹을 수용하고 자신들이 쑨원의 대아시아주의를 계승했다고 주장하며 정치적 정당성을 얻으려 했다. 이러한 주장은 중국인들에게 자신들의 정당성을 승인받기 위한 선전도구로서 대아시아주의를 강조하는 입장과, 일본 중심의 동아신질서론을 비판하고 수정을 요구하는 도구로 이용하려는 입장을 동시에 담고 있었다. 그러나 두 측면은 사실상 상당한 모순과 대립을 포함할 수밖에 없었다. 대아시아주의의 평등한 연합을 강조할 경우 친일정권인 자신들의 현실적 종속성이 드러나 정당성 확보에 어려움이 생길 수밖에 없고, 반대로 대아시아주의의 개방성이나 변용성, 즉 동아신질서론이나 동아연맹론과의 일체성을 강조할 경우는 결국 대아시아주의의 평등한 연합을 부정하고 동아연맹론과의 결합을 시도할 수밖에 없게 되기 때문이다. 『대아시아주의』와 『동아연맹월간』 통합에서 드러난 것처럼 결국 대아시아주의는 동아연맹론에 통합, 귀속되기에 이르렀다. 이는 왕징웨이정권의 현실적 한계를 보여주는 사례 중 하나였다.

왕징웨이정권이 대아시아주의와 함께 동아연맹론을 수용하는 과정에서 특별히 강조한 것은 국방의 공동화, 경제의 일체화, 정치 독립이라는 이른바 3대 조건 가운데 '정치 독립' 항목이었다. 군사동맹이나 경제 협력보다 정치 독립을 앞세운 이유는, 대아시아주의의 경우와 마찬가지로 일본 측에 평등한 관계를 요구하는 수단으로 이용하려 한 측면과 함께 다른 한편으로는 중국인들에게 자신들의 정치적 정당성을 선전하고 설득하는 도구로 활용하려 한 측면도 있었다고 여겨진다. 그러나 이 우선적인 정치 독립 주장도 현실적 한계를 가질 수밖에 없었다. 전쟁의 와중에 일본 국내에서 설자리를 잃게 된 동아연맹론은 태평양전쟁 발발 이후 거의 영향력을 상실했고, 이에 따라 일본의 양해가 바탕이 되는 정치 독립 주장도 설자리가 없었기 때문이다.

이처럼 대아시아주의 계승과 우선적인 정치 독립 주장이 드러낸 현실적 한계는 사실 동아연맹론 자체의 한계에서 나왔다고 볼 수도 있다. 동아연맹론이 설정한 연맹의 범주에도 들지 못한 채 일본의 식민 지배를 받고 있었던 조선에서는 동아연맹론을 거론하는 것 자체가 금기시되었다.[104] 이 점을 보더라도 침략자인 일본의 '내면적 지도'를 상정하고 중일의 평화적 협력 체제 구축을 목표로 삼은 동아연맹론이 중일전쟁과 태평양전쟁 상황에서 일정한 성과를 얻을 것이라고 기대하기란 처음부터 불가능했다.

Ⅲ. 왕징웨이 친일정권과 신민회

1. 친일정권의 곤경

앞에서 왕징웨이 친일정권의 성격을 논하기 위해, 왕징웨이정권이 정당성을 확보하기 위해 내세운 쑨원의 대아시아주의와 일본 동아연맹론의 관련성과 함께 대아시아주의와 동아연맹론을 확산하기 위한 사상운동으로서 동아연맹운동을 살펴보았다. 주목하고자 한 것은, 결과적으로는 비록 실패했으나 왕징웨이와 그 추종자들이 일본 동아연맹론의 4대 강령 가운데 특히 '정치 독립'을 강조함으로써 일본 점령당국으로부터 정치적 독립을 도모했으며, 일반 민중에게도 이 점을 강조하며 자신들의 정당성을 확보하려 했다는 사실이다. 또한 일본의 동아연맹운동이 사실상 종결된 1941년 말 이후에도 왕징웨이정권하에서 동아연맹운동이 지속된 것 또한 정치적 독립에 대한 노력과 관련 있다는 점을 함께 지적했다.[105]

이 장에서는 왕징웨이정권의 이데올로기와 민족주의의 내면적 구조에 접근하기 위해, 화북 지역의 대민 친일 선전조직으로 결성된 신민회와 왕징웨이정권의 관계에 초점을 맞추려 한다. 신민회에 관해서는 중국과 일본의 학계에서 여러 연구 결과가 발표되었다.[106] 연구 내용 중 신민회와 왕징웨이정권의 관련성을 지적한 부분도 없지 않은데, 주로 왕징웨이정권의 출현이 신민회에 어떠한 영향을 미쳤으며 신민회가 어떻게 변화했는지를 언급하고 있다.[107] 그러나 왕징웨이정권과 신민회의 관련을 중점적으로 논하거나, 왕징웨이정권의 정치적 독립성 확보 노력의 관점에서 둘 사이의 관계를 주목한 연구는 아직 보이지 않는다. 이 글이 왕징웨이정권의 성격에 관한 논의에서 새로운 관점을 제공할 수 있을 것으로 기대한다.

2. 신중앙정부 수립 구상과 '정치 독립'

전술한 대로 1938년 11월의 중광당회담에서 합의된 '협의기록' 에는 왕징웨이 중심의 신정부 건설 절차가 명시되었다. 왕징웨이가 신정부 건설의 구체적 방안을 언급한 것은 충칭을 떠난 지 2달쯤 지난 1939년 2월 초에 제기한 시국수습 방안에서였다. 그는 일본과 장제스가 타협하는 방안과 함께 왕커민王克敏, 량훙즈梁鴻志, 우페이푸吳佩孚 등의 기존 친일정치인이나 친일정권을 중심으로 통일정부를 구성하는 방안, 그리고 자신을 중심으로 전국적 통일정부를 구성하는 방안 등을 제시했다.[108]

그러나 2달 뒤인 4월 하순에 왕징웨이를 베트남의 하노이로부터 상하이로 데려오는 일을 주도한 가게사 사다아키의 회고에 따르면 당시 일본 정부의 기본적 목표는 충칭 국민정부와 평화협상을 모색하는 데 있었으며, 왕징웨이 중심의 신중앙정부 수립은 1차적 목표가 아니었다고 한다. 가게사는 왕징웨이가 하노이에서 상하이로 가는 배에서 자신을 중심으로 하는 '신중앙정부' 성립 구상을 처음 제시했다고 밝혔다.[109]

왕징웨이의 신중앙정부 구상이 언제부터 시작되었든 간에, 친일정권 수립을 목표로 내세우며 상하이에 도착한 1939년 5월 6일 이후 그가 당면한 최대의 문제는 일본과 협상하여 자신의 정치적 주도권, 즉 신중앙정부의 '독자적 기반'을 마련하는 일이었다. 독자적 기반이란 자신을 구심점으로 하여 국민당 중심의 중앙정권을 수립하는 것과 함께 독자적 권한 행사를 전제로 하는 '정치적 독립' 획득에 있었다. 1939년 6월 왕징웨이는 일본을 방문하여 일본 정치지도자들과 면담하고 협상하며 독자적 기반을 만들기 위해 노력했다. 6월 10일 히라누마 기이치로平沼騏一郎 수상을 면담하는 자리에서 그는 자신이 지도하는 국민당 외에는 시국을 수습할 만한 정치적 역량을 가진 세력이 없다고 말하고, 가장 적합한 시국 해결책은 국민당을 중심으로 각 당파가 연합하여 국민정부를 건립하는 것이라고 주장했다.[110] 6월 14일 추밀원 원장 고노에 후미마로를 면담한 자리에서도 그는 진정한 합작을 위해서는 중국이 자유 독립적인 정부를 만들 수 있도록 해줘야 한다고 '적극' 주장했다.[111]

물론 왕징웨이의 희망과 일본 당국의 입장에 처음부터 상당한 거리가 있었음을 확인하는 것은 그리 어렵지 않다. 왕징웨이의 일본 방문 직전인 6월 5일에 작성된 육군성 참모본부의 시국 수습 방침에는 왕징웨이를 구심점으로 하는 국민당 중심의 신정권 수립에 분명한 반대를 표해야 한다고 나와 있다.[112] 뒤이어 6월 6일에 개최된 5상회의에서도 왕징웨이 외에 당시 일본 측과 협상을 벌이고 있었던 우페이푸, 몽강위원회蒙疆委員會와 베이징의 중화민국 임시정부 그리고 난징의 중화민국 유신정부 등의 기존 친일정권들, 일본의 평화적 해결 방안을 받아들인다는 조건하의 충칭정부라는 네 세력을 통합하는 형태로 신정권이 구성되어야 한다는 점을 분명히 했다.[113] 말하자면 일본 당국은 처음부터 왕징웨이나 그 휘하의 국민당이 주축이 된 중앙정권을 수립해서는 안 된다는 한계선을 분명히 그은 상태였다.

이런 상황에서도 왕징웨이는 일본을 떠나기 직전에, 중국의 주권을 존중해주기를 요청한다는 의견을 다시 제시했다.[114] 물론 왕징웨이의 희망이 일본 당국에 받아들여지기는 처음부터 어려웠다. 같은 해 11월까지 진행된 왕징웨이 측과 일본 당국의 협상은 중국의 주권을 보장받기는커녕 전면적으로 침탈당하는 결과에 이르고 말았다.[115] 왕징웨이는 결과가 고노에 성명과 커다란 차이를 보였다며 실망감을 감추지 못했고, 당시 일본 측을 대표하여 협상을 이끈 가게사조차도 일본 당국의 가혹함을 비난했다.[116]

신중앙정부 수립 구상을 둘러싸고 나타난 왕징웨이와 일본 당국의 기본적인 시각 차이는 그가 일본에서 돌아온 직후 '임시정부'와 '유신정부' 지도자들과 접촉한 자리에서도 그대로 드러났다. 6월 27일 베이징의 친일정권인 중화민국 임시정부의 수반 왕커민을 만난 왕징웨이는 그로부터 새로운 중앙정부 수립에 대한 기본적 동의를 받아냈으나,[117] 왕커민이 사실상 반대 입장이었다는 점은 당시 누구나 아는 일이었다.[118] 또한 난징의 괴뢰정권인 유신정부 수반 량훙즈는 왕징웨이에 대한 반감을 훨씬 노골적으로 드러냈다. 6월 29일에 열린 1차 회담에서 유신정부의 합병 문제는 거론조차 못했으며, 7월 5일의 2차 회담에서 합병이 논의되기 시작했지만 이때도 량훙즈는 현재 유신정부에 참여하고 있는 인사들을 기반으로 하여 새로운 중앙정권이 만들어져야 한다는 점을 분명히 함으로써 왕징웨이의 주도권에 대한 거부를 확실히 표명했다.[119]

기존 친일정권인 임시정부와 유신정부의 신중앙정부 참여 지분은 두 달 뒤인 1939년 9월 중순 난징에서 열린 왕징웨이, 왕커민, 량훙즈 사이의 3자회담에서 매듭지어졌다. 국민당 전국대표대회 형식이 아닌 중앙정치회의 구성과 소집을 통한 신중앙정부 건립을 준비하되, 중앙정치회의는 왕징웨이 중심의 국민당이 1/3, 임시정부와 유신정부 인사가 1/3, 그리고 몽강위원회 및 기타 각 당파가 1/3을 차지하는 형식으로 구성되도록 합의되었다.[120] 즉, 신중앙정부는 왕징웨이나 그 휘하의 국민당이 주도하는 형태가 아니라 기존 친일정권 및 친일인사들과 대등하게 연합하는 형태로 구성되었다. 왕징웨이가 희망했던 정치적 주도권이나 독자성은 처음부터 완전히 배제되었던 것이다.

신중앙정부 수립을 둘러싼 과정을 살펴보면, 일본 당국의 양해와 협력을 바탕으로 정치적 독립과 독자성을 확보할 수 있을 것이라는 왕징웨이의 희망은 지나치게 낙관적이면서 비현실적이었다는 사실을 알 수 있다. 그런 점에서 왕징웨이의 비극은 스스로 자초한 것이라는 비난을 피할 수 없다. 다만 한 가지 확인할 수 있는 부분은, 비록 그의 판단이 부정확하고 비현실적이었으며 결과적으로 실패할 수밖에 없었다 하더라도 그가 신중앙정부 수립 과정에서 끊임없이 자신의 정치적 독자성을 확보하기 위해 '나름대로' 노력했다는 점이다.

3. 신민회 조직과 구성

신중앙정부가 수립되는 과정에서 왕징웨이가 일본 당국이나 기존 친일정권과 갈등을 빚은 원인 중 하나는 이른바 화북 지역의 특수성을 둘러싼 논란이었다. 일본 정부는 왕징웨이의 방일 전부터 화북이 국방상, 경제상 특수한 지역이므로 분치합작주의 원칙에 입각하여 독자적 권한을 가지도록 해야 한다는 점을 분명히 했다.[121] 왕징웨이도, 비록 화중華中, 화남華南 지역에 대한 일본의 지위를 인정하지 않기 위해서였다고는 하지만 결국 화북의 특수한 상황을 인정하기에 이르렀다.[122] 그러나 량훙즈조차 왕징웨이가 도쿄의 협상에서 화북 지방의 특수화를 배제하지 않음으로써 일본의 화북

지배를 인정해준 것을 비판했다.[123] 말하자면 화북의 특수성을 인정한 일은 왕징웨이가 모색하는 정치적 독립과는 정면으로 배치되었다.

화북의 특수성을 인정하는 문제는 결국 1939년 12월에 체결된 '일화신관계조정요강日華新關係調整要綱'에서 화북에 대한 일본의 군사·경제·정치적 지배권을 명문화하고,[124] 1940년 1월 하순 칭다오에서 열린 '임시정부', '유신정부', '몽강정부' 대표와의 회담에서 베이징에 화북정무위원회華北政務委員會를 설치하도록 함으로써[125] 일본의 독점적 지배권을 전면 인정하는 쪽으로 매듭지어졌다.

화북의 특수성을 인정하는 문제, 그리고 화북정무위원회와 왕징웨이정권의 갈등은 이미 여러 연구에서 언급되었다. 여기서는 화북 지역의 대민 선전 단체였던 신민회와 왕징웨이정권의 갈등을 통하여 이 문제에 접근하려 한다. 신민회는 중일전쟁이 발발한 직후인 1937년 8월 중순부터 베이징에 친일정권이 설립되는 과정에서 점령군인 북지나방면군 특무부가 주도하여 '정권을 지지할 단체'로 계획되었다. 만주 협화회協和會 설립을 주도한 오자와 가이사쿠小澤開作가 중심이 되어 '국민당을 대신할 사상단체'로 만든 신민회는[126] 임시정부가 세워진 1937년 12월 14일에서 열흘이 지난 12월 24일에 창설되었다.

신민회는 표면적으로는 청년 훈련, 농촌 구제를 목표로 내걸었으나 실제로는 친일정권에 대한 중국인들의 반대를 무마하고 친일사상을 확산시키는 것이 주요 목표였으며, 말 그대로 임시정부의 별동대 역할을 했다.[127] 실제로 임시정부는 북지나방면군 사령관의 (내면)지도 아래 있었고, 신민회는 북지나방면군 특무부 총무과의 지휘 아래[128] 흥아원興亞院 화북연락사무소 정무국의 통제를 받았다.[129] 특무부 총무과와 화북연락사무소 정무국은 대민 친일사상 확산을 전담하는 부서였던 것이다. 신민회의 예산은 전액이 임시정부의 국고 지원금으로 충당되었는데, 임시정부 행정위원회의 예산보다 많았기 때문에 임시정부 정비政費에서 가장 많은 부분을 차지했다.[130] 요컨대 신민회는 민간 사상단체의 외피를 띠고는 있었지만, 점령군 당국의 통제를 받는 임시정부의 대민 선전조직이었다.

초기 신민회의 조직이 임시정부의 행정기구에 맞추어 설정된 것도 이 단체의 성격을 잘 드러낸다. 1938년 3월에 만들어진 '신민회장정'에 따르면 임시정부 수반이 회장을 맡도록 명시되었고, 회장이 임명하는 중앙지도부장이 베이징(중앙)의 회무를 총괄하며 그 아래에 각 성省, 각 도道, 각 현 지도부를 두도록 규정되었다.[131] 실제로 각 성과 도, 현의 지도부장은 각 행정 단위의 장관이 겸임했다.[132] 즉, 신민회는 임시정부의 행정조직에 포함된 조직이었다. 신민회 조직에서 실제적인 권한을 행사했다고 보이는 중앙지도부 차장 하야카와 사부로早川三郎와 감찰부 차장 다나카 다케오田中武雄는 각각 일본 경시청장과 조선총독부 경무국장을 역임한 인물이었다. 또한 초창기 신민회 직원 900명 가운데 400명이 일본인이었다는 점 등은[133] 신민회가 중국인에 대한 사상 탄압과 정보 수집이 주된 임무인 특무부 내지 고등경찰의 하부조직 역할을 했음을 잘 보여준다.

신민회의 사상적 기반은 이른바 신민주의新民主義로 표현된다. 신민주의는 왕도의 실현이라는 유교적 보수주의와 국민당 및 공산당에 대한 반대〔滅黨反共〕를 내걸고 '일중친선'의 친일 이념 확산을 목표로 했다.[134] 실로 봉건사상과 파시즘의 혼합물이라는 평가가[135] 어울리는 주장이었다. 신민주의는 신민회 성립 과정에서 가장 핵심적인 직책인 중앙지도부장을 맡은 머우빈이 창안했다고 알려져 있으나,[136] 사실 왕도정치를 비롯한 기본적인 내용은 앞서 언급한 북지나방면군 특무부가 화북 괴뢰정권을 준비하는 단계에서부터 이미 틀이 짜여 있었다.[137] 말하자면 일본 점령군 당국의 작품이었던 셈이다.

왕징웨이정권이 성립하자 신민회 조직은 불가피하게 어느 정도 변화할 수밖에 없었다. 특히 반공과 함께 '국민당에 대한 반대'를 기본적 목표로 내걸었던 신민회로서는, 비록 상당한 한계를 가졌으나 국민당 기반의 왕징웨이정권이 중앙정부 지위를 차지한 이상 '국민당 반대'를 철회할 수밖에 없었다. 또한 임시정부 행정위원장 왕커민의 실토대로 신민회가 수신제가修身齊家와 같은 보수적 사상으로는 친일정권의 정당성을 충분히 마련할 수 없었다는 점에서도[138] 조직이나 역할을 재조정하는 일은 불가피했다.

1940년 5월 1일자로 시행된 신민회 개조는 화북정무위원회 위원장 왕이탕王揖唐이 회장을 맡도록 하고 중앙지도부를 중앙사무총부로 개편하여 중앙의 지도력 강화를 시도하는 동시에 농촌분회 활동과 농촌 합작사운동을 통해 지방조직의 활성화를 꾀하는 쪽으로 진행되었다.[139] 또한 북지나방면군 특무부 휘하의 치안 정보조직이었던 선무반을 신민회에 통합시켜 그동안 선무반과 신민회가 이중으로 담당한 치안 안정과 정보 수집 업무를 단일화했다.[140] 아울러 신민회의 기본 목표였던 국민당과 공산당 반대, 즉 '멸당반공滅黨反共'을 수정하여 '멸당' 부분을 삭제하고 '실시반공實施反共'으로 고쳤다.

그러나 이러한 방향 전환은 신민회 내부에서 일부의 반발을 불러일으켰다. 이는 화북의 특수성을 둘러싸고 벌어진 왕징웨이 측과 일본 당국 혹은 기존 임시정부 측의 갈등과 동일한 맥락에서 나왔음을 쉽게 짐작할 수 있다. 1940년 12월 9일부터 12일까지 베이징 중난하이中南海에서 열린 신민회 제1회 전체연합협의회에서는 화북정무위원회와 중앙정부(왕징웨이정권)의 관계 및 신민회와 중앙정부의 관계에 대한 심각한 비판이 제기되었다.[141] 신민회와 왕징웨이정권의 이러한 갈등과 대립은 앞으로 살펴볼 동아연맹과 신민회의 갈등에서 더욱 잘 드러나고 있다.

4. 신민회와 동아연맹의 갈등

1938년 가을부터 일본에서 정치 운동의 하나로 추진된 동아연맹론은 일본 군부의 온건파 지도자들과 일부 정치인들이 중일전쟁의 조속한 해결 방안으로 제기한 것이다. 동아연맹론은 왕징웨이의 충칭 탈출의 직접적인 계기가 된 고노에 성명에도 영향력을 행사하는 등 중일전쟁의 진전에 적지 않은 영향을 미쳤다.[142] 동아연맹론은 중국과 일정한 타협을 하여 일본의 '내면적 지도'를 실현하고 중국의 정치적 독립을 인정하는 한편 경제적 수탈을 안정화시키고 '공동국방'의 군사적 기지로서 중국을 활용하자는 내용이다.[143] 따라서 일본의 동아연맹운동은 초기 단계에서부터 중국으로의 확산을 시도하고 있었으며 이에 호응한 것이 왕징웨이정권이었던 셈이다.

중국의 동아연맹운동에 대해서는 앞의 제2장에서 자세히 언급했는데,[144] 간단히 정리하면 다음과 같다. 중국에 만들어진 최초의 동아연맹 단체는 1940년 5월 베이징에 설립된 동아연맹협회였는데 곧이어 비슷한 단체가 난징, 광저우 등지에 만들어졌고, 이들 단체를 통합 관리하는 전국적 동아연맹 단체인 동아연맹중국총회가 1941년 2월 난징에 설립되었다. 이 단체들은 중국에 주둔한 일본군부와 일부 친일 중국 정치지도자들이 일본에서 시작된 동아연맹운동을 중국에 확산시키기 위해 조직했다. 이 때문에 그 이념이나 조직이 기존 친일정권 아래 만들어졌던 신민회와 중복되거나 심지어 충돌할 가능성이 처음부터 클 수밖에 없었다. 예컨대, 베이징에 동아연맹 단체인 동아연맹협회가 창설된 1940년 5월은 공교롭게 신민회 개조가 시행된 시기이기도 하다. 당시 신민회의 입장에서 보면, 동아연맹협회 창설은 그리 반갑지 않은 일이었다. 동아연맹은 중국의 '정치적 독립'을 어느 정도 인정하려 했는데, 이러한 입장은 일본에 대한 거의 완전한 종속을 기본 전제로 했던 신민회와는 정면으로 대립했기 때문이다.

동아연맹과 신민회의 입장 차이와 갈등은 신민회의 지도자였다가 동아연맹협회의 지도자로 변신한 머우빈을 통해서도 잘 드러난다. 앞에서 상술했듯이[145] 국민당의 중견간부라고 할 만한 머우빈은 강경한 반공주의자이면서 왕도주의를 주장하는 유교적 복고주의를 지향한 인물이다. 그가 동아연맹론에 관심을 갖기 시작한 것은 1935년 말부터였는데, 이 시기부터 그는 일본 측의 동아민족 단결(동아신질서) 요구와 중국 측의 자유 독립 요구가 일치할 수 있다는 생각을 갖기 시작했다.[146] 신민회 창설 초기에 중앙지도부장을 맡은 머우빈은 1939년 10월 일부 조직이 개편되면서 왕이탕, 안도 기사부로安藤紀三郎와 함께 부회장에 취임했는데, 베이징 동아연맹협회가 만들어진 1940년 5월에 신민회 부회장직을 사임한 것으로 보아 이 시기부터는 동아연맹협회의 일만 맡은 것 같다.[147] 이후 1941년 2월 동아연맹중국총회가 만들어지자 중국총회 산하 문화위원회 주임을 맡았다.[148]

이처럼 신민회의 주요 지도자에서 동아연맹의 주요 지도자로 변신한 머우빈은 신민회가 개조된 것처럼 자신의 주장을 어느 정도 수정할 수밖에 없었을 것이다. 동아연맹협회의 기관지 『동아연맹』 창간호에 실린 「신민정신적 삼민주의新民精神的三民主義」에는[149] 그의 사상적 변화 혹은 조율 과정이 나타나 있다. 그는 이 장문의 글에서 중국 전통 사상의 핵심인 '명덕신민明德新民'이야말로 신민사상의 핵심이며, 이러한 신민사상이 실은 쑨원의 삼민주의에도 일관되고 있기 때문에 신민주의와 삼민주의는 결국 같은 사상이라고 주장했다. 물론 이러한 해석은 극단적인 보수적 입장에서 나왔다. 그는 삼민주의가 서양사상을 수용하여 성립되었다고 보지 않고 '수기치인修己治人'과 같은 중국 고유의 사상에서 근거했다고 봤다. 또한 민족주의를 이야기하면서 서양 열강의 침략에 저항하는 방법으로 아시아 민족의 단합을 강조하는 한편, 친일을 합리화하고 민생주의를 공산주의에 반대하는 것으로 해석했다.

한편 머우빈은 『동아연맹』 창간사에서 반공과 반소를 위해 중일 합작이 필요하다고 주장하며 중일 간의 군사·경제적 합작의 선결 조건으로 중국의 '정치적 독립'을 강조하고 나섰다. 그는 또한 공산당이 화북에서 발호하는 이유는 치안이 확립되지 못했기 때문인데, 치안이 확립되지 못한 가장 중요한 원인은 중국인의 주권이 분명하지 않기 때문이라고 주장하기도 했다.[150] 물론 이러한 정치적 독립은 일본의 사상적, 기능적 지도가 바탕이 되어야 하며, 일본의 내면적 지도가 전제조건이라고 밝히기는 했지만,[151] 중국의 정치 독립에 대한 이러한 주장은 신민회 시기와 비교할 때 커다란 변화였다. 그가 1935년 말부터 동아연맹론의 영향을 받은 것이 사실이라면 정치 독립에 관한 생각이 바뀐 시기는 신민회 활동 이전인 듯하다. 신민회 활동 당시에는 나타내지 못하다가 동아연맹운동을 벌이며 표출한 듯하다.

머우빈의 정치적 주장은 같은 잡지에 발표된 베이징 동아연맹의 또 다른 중심인물인 장쥔형張君衡의 글에서도 확인된다. 장쥔형은 동아연맹의 국방의 공동화, 경제의 일체화, 정치 독립의 의미가 현재로서는 많은 논란의 여지가 있지만 그중에서도 정치적 독립이 가장 중요하다고 지적했다.[152] 이처럼 베이징에서 동아연맹이 조직되던 초기부터 주도적으로 참여한 중국 측 인사들은 정치 독립의 중요성을 강조했다. 물론 이들이 제기한 정치 독립은 일본 동아연맹의 주장을 빌려 와 약간 바꾼 것이기 때문에 기본적으로는 일본 동아연맹의 주장을 답습했다고 볼 수 있다.[153] 그러나 이러한 주장이 베이징 동아연맹협회에 이어 난징, 광저우 등지의 동아연맹 단체들에서도 동일하게 제기되었으며, 이 운동에 왕징웨이의 측근들이 직접 관여한 점을 감안하면 정치 독립이 왕징웨이정권의 주장이었다고 봐도 무리가 없을 것이다.[154]

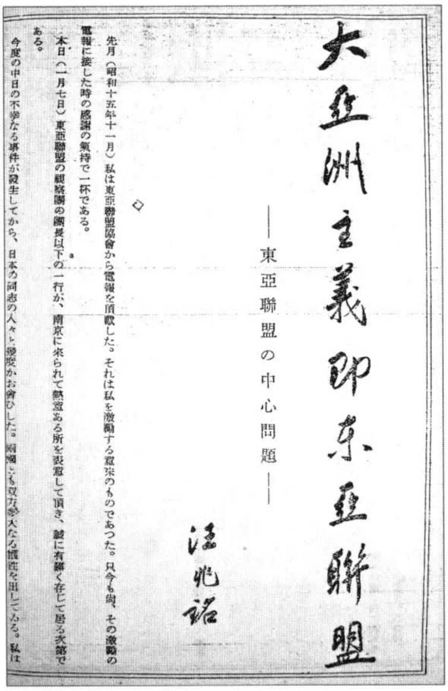

大亞洲主義卽東亞聯盟

——東亞聯盟の中心問題——

汪兆銘

先月（昭和十五年十一月）私は東亞聯盟協會から電報を頂戴した。それは私を激勵する意味のものであつた。只今も尚、その激勵の電報に接した時の感謝の氣持で一杯である。

本日（一月七日）東亞聯盟の視察團の團長以下の一行が、南京に來られて熱意ある所を表明して頂き、誠に有難く存じて居る次第である。

今度の中日の不幸なる事件が發生してから、日本の同志の人々と幾度かお會ひした。兩國とも双方多大なる犧牲を出してゐる。私は

도쿄에서 발행된『동아연맹』1941년 3월호에 실린 왕징웨이의 글「대아시아주의가 곧 동아연맹」.

왕징웨이정권과 동아연맹은 한 걸음 더 나아가, 화북의 신민회 운동이 계몽적 역할을 했으나 이제 그 사명이 다했다며[155] 부분적 비판을 가하는가 하면, 신민회와 동아연맹이 결국 같은 '동아신질서' 형성을 목표로 하기 때문에 동아연맹중국총회 조직으로 통합되어야 한다는[156] 파격적인 주장을 하기도 했다.

이러한 동아연맹의 주장에 맞서 일본의 점령군인 북지나방면군과 신민회가 견제에 나선 사실이 확인된다. 1941년 12월 초 북지나방면군 총사령관 오카무라 야스지岡村寧次 대장은 병단장들과 모인 자리에서 '신민회육성대강' 문건을 배포했다. 여기서 오카무라는 국민당이나 동아연맹과는 '동지익우同志益友'로서 사상과 정신을 함께하는 관계지만, 신민회와 국민당은 어디까지나 종속 관계가 아니라 대등한 관계이며 오히려 신민회가 국민당보다 선각자의 지위에 있다고 밝혔다. 나아가 오카무라는 "현재 국민당이 화북에 진출하려 하는 것은 자신의 본분인 화중과 화남〔中南支〕을 소홀히 하는 것이며 결코 허용될 수 없는 일이다"라고 주장했다. 요컨대 국민당이나 동아연맹의 화북 진출 시도에 대하여 신민회는 주동적이고 지도적인 입장을 취해야 하며 수세적이어서는 안 된다는 주장이었다.[157]

물론 신민회의 이러한 비판과 규제는 1941년 1월 이후부터 일본 내에서

1941년 4월, 난징에서 열린 왕징웨이정권 성립 1주년 기념 퍼레이드.

나타난 동아연맹운동 비판과도 관련이 있을 가능성이 있다. 이 비판은 동아연맹이 제기하는 아시아 각국의 '평등적 결합'이 일본의 지도성을 망각한 것이라는 점, 동아연맹이 주장하는 왕도가 일본의 천황제 국체를 위배했다는 점, 그리고 민족협화와 같은 관념이 조선의 독립을 자극할 우려가 있다는 점 등에 집중되었다.[158] 동아연맹을 규제해야 한다는 신민회의 주장도 바로 이러한 면모에 대한 우려에서 나왔다고 보인다.

요컨대 1940년 5월에 베이징 동아연맹협회가 성립한 후 화북 지역에서 나타난 신민회와 동아연맹의 갈등과 대립은 기본적으로 왕징웨이정권과 일본 점령군 혹은 화북정무위원회 사이의 갈등과 궤를 같이했다. 신민회 성립 당시 지도자였던 머우빈이 동아연맹 지도자로 변신하는 과정은 두 단체의 괴리와 갈등을 잘 보여준다.

5. 실패한 '정치 독립'

왕징웨이정권이 성립하는 과정에서 왕징웨이에게 절실한 문제는 자신을 중심으로 한 국민당세력이 새로 구성될 신중앙정부의 정치적 주도권을 잡는 일이었다. 그는 1939년 6월에 일본을 방문하여 일본 정치지도자들을 면담하고 협상을 벌여 중국의 정치적 독립 보장과 자신의 국민당 세력이 중심이 된 중앙정권 수립을 줄기차게 요구했다. 물론 그의 주장은 일본 당국의 정책과 처음부터 커다란 괴리가 있었다. 일본 측은 국민당 중심의 신정권 성립은 불가하다고 판단하고, 임시정부와 유신정부를 비롯한 기존 친일정권 및 기타 당파와 연합한 신정권 수립의 청사진을 왕징웨이와 협상하기 전에 마련한 상태였다.

이른바 화북 지역의 특수성 문제는 왕징웨이 측과 일본 당국 혹은 기존의 친일정권인 임시정부 사이의 주도권 다툼과 대립을 잘 보여준다. 임시정부와 유신정부가 왕징웨이정권으로 통합되는 과정에서 일본 측은 화북의 특수성을 내세워 화북에 대한 독자적 자치권을 요구하였고, 그 결과는 1939년 12월에 체결된 '일화신관계조정요강'과 1940년 1월 칭다오회담에서 화북정무위원회를 구성하고 일본의 독점적 지배권을 인정하는 것으로 나타났다. 임시정부 성립과 동시에 일본 화북 지역 점령군인 북지나방면군이 만든 신민회는 조직이나 운영, 예산 등 모두 일본 점령군의 통제를 받았다. 왕징웨이정권이 성립되자 신민회는 '국민당 반대'를 철회하는 등 얼마간의 방향 수정을 했다. 그러나 다른 한편으로 일본 점령군 휘하의 치안 정보기구였던 선무반과 통합한 것처럼 신민회의 조직을 오히려 강화하려는 시도가 나타났다. 또한 중앙정부인 왕징웨이정권에 대한 종속 문제를 둘러싸고 신민회 내부에서도 상당한 불만과 비판이 제기되었는데, 이 또한 왕징웨이정권과 일본 측 혹은 기존 친일정권의 갈등을 보여준다.

1940년 베이징에 처음 설립된 동아연맹은 일본 동아연맹협회와 일부 일본 군부 지도자의 영향력으로 만들어졌으나, 신민회 중앙지도부장이었던 머우빈이 동아연맹 지도자로 변신한 것처럼 신민회 조직 자체에 큰 영향을 미쳤다. 특히 머우빈을 비롯한 베이징 동아연맹협회 가담자들이 동아연맹의 3대 조건 중에서 '정치 독립'을 특별히 강조하고 나선 일은 신민회를 곤혹스럽게 만들었다. 베이징에 이어 난징과 광저우 등지에서도 동아연맹이 잇달아 결성되었고, 1941년 2월에는 이 조직들을 통합한 전국조직인 동아연맹중국총회가 세워졌다. 베이징 동아연맹이 주장한 정치 독립은 왕징웨이정권이 자신들의 정당성 확보를 위한 노력의 일환으로 내세운 정치 독립과 방향이 일치했다.

신민회 측으로서는 화북에서 동아연맹 조직이 확산되자 이를 견제할 수밖에 없었다. 태평양전쟁 발발 직전인 1941년 12월 초 일본 점령군은 국민당과 동아연맹의 화북 진출을 강력히 억제해야 한다는 강령을 내놓기에 이르렀다. 이러한 견제는, 왕징웨이정권이 성립하는 과정부터 정치적 주도권을 확보하려 한 데 대한 일본의 대응이었다.

왕징웨이정권의 성립 과정과, 화북의 특수성을 둘러싸고 왕징웨이 측과 일본 측이 벌인 대립, 그리고 신민회와 동아연맹의 갈등은 왕징웨이 측과 일본 당국 혹은 기존 친일정권의 권력투쟁 양상을 보여주는 동시에 '정치적 독립'으로 표현된 왕징웨이의 독자적 정권 수립 구상이 어떻게 진행되었으며 어떻게 실패할 수밖에 없었는지를 잘 드러낸다.

나오는 말

왕징웨이와 현대 중국 민족주의의 굴절

1. 이 책의 내용 요약

이 책의 주제인 현대 중국 민족주의의 전개와 굴절이라는 관점에서 그간의 논의를 요약하면 다음과 같다. 제1편에서는 왕징웨이 민족주의의 출발점이 된 신해혁명 시기의 반만민족주의와 1919년 전후의 5·4운동 시기 반제민족주의로 변화하는 과정 및 그러한 변화의 의미를 검토했다.

먼저 신해혁명 전후 시기 왕징웨이의 정치활동과 반만민족주의를 살펴보자. 왕징웨이가 공화혁명과 반만민족주의에 눈을 뜨게 된 계기는, 1904년 광둥 성의 관비유학생으로 뽑혀 도쿄로 유학을 떠나 법정대학 속성과에 입학하여 법학을 비롯한 서구 학문을 접하면서부터였다. 그가 1905년 8월 도쿄에서 창립된 중국혁명동맹회에 가입하였을 뿐 아니라 주도적인 역할을 하게 된 원인은 바로 서구 학문을 바탕으로 공화혁명의 필요성을 확실히 인식하게 되고 쑨원의 최측근으로서 그의 공화혁명 사상을 적극 받아들이고 선전하는 데 앞장섰기 때문이다.

다른 한편으로 당시 왕징웨이의 정치활동과 정치사상에 큰 영향을 미친 것으로는 무정부주의를 들어야 할 것이다. 1910년 3월 말, 왕징웨이가 결성한 소규모 암살단의 섭정왕 암살 기도는, 혁명을 위하여 희생을 강조하는 그의 '영웅적 심리'와 관련이 있다. 이러한 심리의 근저에는 혁명가의 '자기희생'을 강조하는 러시아 무정부주의자들의 영향이 자리 잡고 있었다. 또한 우창기의 발발 직후 석방된 왕징웨이가 일부 무정부주의자들과 함께 진덕회라는 단체를 조직하고 혁명가의 도덕적 순결성을 강조하며 모든 관료직을 거부한 이유도 혁명을 위해 개인적 희생을 강조하는 무정부주의 때문으로 보인다.

신해혁명 시기에 그가 제시한 정치사상의 핵심인 반만민족주의는, 이민족인 만주족의 부당한 지배를 타도하고 국민주권에 기초한 공화국을 건설하는 길만이 망국의 위기에 처한 중국을 구하는 길이며, 따라서 공화혁명은 민족혁명을 동반한다는 주장이다. 이 주장은 당시 경쟁 관계였던 보황파의 입헌군주제와 대립되었다. 특히 청조의 존재 여부와 혁명이 과분을 가져올지의 여부를 둘러싸고 벌어진 혁명파(『민보』)와 보황파(『신민총보』)의 논전과, 뒤이어 1907년 이후 동남아에서 벌어진 『중흥일보』와 『남양총회보』의 논전에서 잘 드러난 대로 왕징웨이는 청조의 존재가 오히려 과분을 재촉할 것이라고 주장하고 무능한 만주왕조를 타도해야 공화에 이를 수 있다고 생각했다.

왕징웨이의 반만민족주의의 내면에는, 타도의 대상으로 제시한 만주족에 대한 멸시와 천대뿐만 아니라 몽골족, 티베트족, 회족 등 중국 내 소수민족들을 한족을 중심으로 융화하려 하는 한족우월주의 혹은 중화주의가 강하게 작용했다. 뿐만 아니라 이 시기의 반만민족주의는 신해혁명이 진전되며 터져 나온 몽골이나 티베트 등 변방의 독립 요구와 같은 실제적인 과분의 위기에 대한 대처에도 일정한 한계가 있었다. 쑨원을 위시한 혁명파 지도자들이 위기를 해결하기 위해 임시변통으로 받아들인 오족공화론도 표면적으로는 변방 소수민족들에 대한 민족적 평등과 통합을 강조했지만, 실제로는 한족 중심의 민족융합을 극복하지 못하는 한계를 나타냈다.

공화혁명의 목표는 국민주권을 실현하는 진정한 의미의 공화국 수립에 있다고 볼 수 있다. 신해혁명은 황제 체제 타도를 통한 제도적인 공화제 수립을 목표로 제기했다는 점에서 1차적 의미를 가진다. 그러나 진정한 의미의 공화제 내지 공화 의식을 가져오기에는 역부족이었음을 부정할 수 없다. 따라서 진정한 공화제는 신해혁명의 다음 단계인 5·4운동에 가서야 가능해졌다고 볼 수 있다. 이런 의미에서 신해혁명을 첫 번째 공화혁명으로, 5·4운동을 두 번째 단계의 공화혁명으로 보는 시각은[1] 상당한 설득력이 있다. 왕징웨이의 반만민족주의가 만한 간의 불평등 해소와 한족 중심의 민족융합에만 집착함으로써 상당한 한계를 드러낸 것은, 첫 번째 단계의 공화혁명이 가지는 한계의 한 측면으로 이해된다.

신해혁명 단계에 한계를 드러낸 반만민족주의는 5·4운동을 거치면서 보다 객관성을 띤 반제민족주의로 변화, 발전해갔다. 이 점은 5·4운동이 일어나기 직전에 열린 파리평화회의에서 왕징웨이가 벌인 활동을 통해 확인된다. 1918년 11월 말부터 시작된 파리평화회의에 참여할 중국대표단 구성을 둘러싼 논란에서 알 수 있듯이 지방정권으로 치부당한 광둥 호법정부는 공식 대표로 참여하기가 불가능했다. 따라서 왕징웨이가 대표단의 일원으로 평화회의에 참석하는 것도 처음부터 불가능했다. 이런 상황에서 파리로 떠난 왕징웨이의 목표는 처음부터 현지에서 평화회의를 관찰하고 중국대표단의 활동을 감시하며 화교들이나 유학생들 속에서 여론을 진작하는 것과 같은 이른바 '국민외교' 활동이었다.

실제로 1919년 5월 초부터 9월 하순까지 파리에서 왕징웨이가 벌인 활동은 '국민외교' 활동에 초점이 맞추어졌다. 그는 거의 매일 중국인들의 집회 혹은 외국인들과 연대한 대중 집회에 참석하여 연설을 하고, 산둥 이권에 대한 일본의 요구가 불법임을 강조하는 글을 발표하는 등의 언론 활동에 주력했다. 그는 일본의 요구를 일본 제국주의의 만행으로 규정하고, 이러한 만행을 거부하지 못하는 베이징정부의 친일정책을 비판하는 한편 파리평화회의 강화조약을 거부할 것을 주장했다. 왕징웨이의 활동은 곧이어 중국 내에서 전개된 5·4운동의 반일(반제) 시위운동으로 이어졌으니, 파리평화회의에서 벌어진 국민외교 활동은 5·4운동의 시발점이라고 할 수 있다. 그래서 당시 왕징웨이의 반제운동이 5·4운동 발발에 일정한 영향을 미쳤다고 볼 수 있는 것이다.

그러나 당시 왕징웨이의 반제 인식에는 결정적인 한계가 있었다. 이 점은 지나치게 낙관적인 그의 국제관에서 확인된다. 파리평화회의 전후 시기의 연설이나 문장에서 그는 전승국, 곧 협약국의 공리에 대한 믿음을 고수했다. 평화회의 전부터 협약국의 승리를 "강권에 대한 공리의 승리", "군국주의에 대한 민주주의의 승리"로 규정했던 그는 평화회의에서 산둥반도의 독일 이권이 협약국들의 승인 아래 일본에 계승되는 '배신'을 당한 후에도 협약국에 대한 신뢰를 버리지 않았다. 오히려 그는 협약국들이 공리를 저버린 이유는 단지 일시적인 사정 때문이며, 협약국들의 상황이 정상적 상태로 돌아오면 결국 공리가 회복될 것이라고 기대했다.

또한 국제연맹이 성립된 이후 미국이 불참하여 운영이 순조롭지 못할 것이라는 관측이 지배적인 시점에도 왕징웨이는 미국의 국제연맹 가입과, 국제연맹을 통한 중국문제의 순리적 해결을 낙관했다. 이러한 낙관론의 저변에는 인류사회의 진화를 경쟁이 아닌 인류공존주의의 발전 결과로 보고 상호공존에 희망을 건 크로폿킨 호조론의 영향이 강하게 자리 잡고 있었다. 왕징웨이는 신해혁명 이전인 1906년부터 파리에서 간행된 무정부주의 잡지 『신세기』를 통해 크로폿킨의 사상을 접했다.

제1차세계대전과 파리평화회의를 겪은 왕징웨이는 중국의 대외적 독립을 구속하고 있는 제국주의와 그에 대한 저항의 필요성을 절감했고, 일본에 대한 인식과 마찬가지로 반제 인식을 가지기에 이르렀다. 그러나 그가 공리라고 본 제1차세계대전 전승국들에 대한 기대를 끝까지 유지한 점이나 국제연맹에 대한 기대가 강했다는 점 등에서 보이는 것처럼 그의 반제 인식에는 상당한 한계와 모순이 내재했다. 5·4운동 단계에서 확인되는 이러한 반제민족주의는 다음 단계인 국민혁명에 가서 보다 객관적인 반제민족주의의 면모를 갖추게 된다.

제2편에서는 현대 중국의 국민국가 성립 단계로 받아들여지고 있는 국민혁명 당시 왕징웨이의 반제 인식과 그 성격을 살펴보았다. 국민국가의 기본적 요소 가운데 하나인 대외적 독립의 측면에서 볼 경우, 국민혁명 당시 제기된 '반제 실천'은 큰 중요성을 가진다. 제1차 국공합작을 적극 지지한 국민당 좌파의 지도자 왕징웨이가 이 '반제 실천'에 가장 앞장섰던 인물이라는 점에서 볼 때 당시 그의 반제민족주의와 그 실천의 의미를 탐구하는 것은 매우 중요하다.

우선 국민혁명 시기 '반제 실천'의 전면에 섰던 왕징웨이가 처한 정치적 현실을 구체적으로 그려보기 위해서는 그와 장제스의 권력투쟁(장왕 관계)의 실체를 살펴볼 필요가 있다. 쑨원이 사망한 후 왕징웨이와 장제스가 국민당의 지도자로 부상하였으나, 둘 사이의 주도권은 군사권을 장악한 장제스에게 있었다. 이는 1926년 3월에 일어난 중산함사건과 그 결과로 인해 왕징웨이가 외유를 떠난 사건을 통해 분명히 드러난다. 장제스의 주도권에 대한 국민당 내외의 견제는 결국 영왕운동으로 나타났고, 그 결과 1927년 4월 초 왕징웨이의 귀국이 가능해졌다. 그러나 북벌을 통하여 더욱 강력해진 장제스의 군사, 정치적 주도권 앞에서는 영왕운동이라는 정치적 지지기반을 가진 왕징웨이로서도 입지를 구축하는 데 실패할 수밖에 없었다. 이런 의미에서 국민혁명 시기 장제스와 왕징웨이의 관계는, 군사가 정치나 혁명을 압도한 국민혁명의 기본적 성격을 가장 잘 보여준다. 다른 한편으로는 국공합작의 국면에서 국민당(우파)과 공산당의 중간에 위치할 수밖에 없었던 좌파의 절충적 지향과 그 최고 지도자 왕징웨이가 가질 수밖에 없는 이념적 양면성 및 그로부터 연유한 권력의 한계를 잘 보여준다.

1927년 4월에 귀국한 왕징웨이가 우한정부에 참여한 후 장제스의 난징정부와 재연합하는 과정에서 나타난 양상은, 그가 우한정부 내에서 담당한 역할을 통해서도 살펴볼 수 있듯 장제스가 중심이 된 군부세력의 정치적 독주에 비하여 매우 나약한 측면이 있었다. 그는 장제스 일파와 벌인 권력투쟁에서 쉽게 기반을 잃을 수 있는 한계를 노정했다. 이러한 한계는 실제 정치 무대에서 왕징웨이와 국민당 좌파의 정치적 지향 중 하나였던 '반제 실천'에도 한계로 작용했다고 해석된다.

쑨원의 최측근으로서 국민당 개진과 개조를 거치면서 국공합작 노선의 방향 설정을 주도한 왕징웨이는, 코민테른과 중국공산당의 노선 수정 요구를 받아들이는 형식으로 레닌과 코민테른의 연합전선 이론에 기반한 반제 이론을 수용했다. 이 이론은 부르주아 계급의 반제 민족해방운동과 공산주의운동이 1차적으로 공동 전선을 만들 필요가 있으며, 중국과 같은 반식민지 국가에서는 공산당이 부르주아 계급의 반제 민족혁명운동에 참가하여 그것을 주도해야 한다는 내용이었다. 따라서 개진 단계에서 국민당이 제시했던 '조약 개정에 힘써 국가의 독립을 이룬다'는 원론적 반제 입장에서부터, 개조 단계에 가서 '평민계급의 조직화에 의한 불평등조약 철폐'라는 보다 적극적인 반제로 정강을 바꾸어간 것은 모두 코민테른 혹은 중국공산당의 반제 이론을 그대로 수용한 결과였다.

특히 국민혁명 시기에는 민중의 시위와 같은 혁명운동을 기반으로 하여 불평등조약 철폐와 조계 회수 등의 외교문제를 해결하려 한 '혁명외교'가 추진되었다. 왕징웨이는 적어도 중산함사건으로 외유를 떠나기 전까지는 이를 적극 지지했을 뿐 아니라 일선에서 강력하게 추진했다. 혁명외교의 최고조 단계에 일어난 한커우와 주장의 조계 회수 사건에 대한 왕징웨이의 입장은, 당시 그가 외유를 떠나 있었기 때문에 확인하기 어렵다. 그러나 앞뒤의 여러 정황들로 보아 그가 조계 회수를 지지했을 것이라는 추측이 어렵지 않다.

그러나 1927년 4월에 귀국한 후 직접 우한정부를 이끌게 된 그는 공산당이 주도하는 과격한 민중운동이나 토지혁명을 반대하기 시작했다. 이와 같은 맥락에서 과격한 혁명외교에 대해서도 반대 입장을 취하기 시작하였음이 확인된다. 당시 중국이 처한 외교적 상황뿐만 아니라, 장제스가 이끄는 우파와 대립하는 상황에서 왕징웨이가 이끄는 국민당 좌파가 처했던 정치적 곤경 또한 과격한 '반제 실천'을 보장해줄 수 없었다. 이로써 국민혁명의 와중에 제기된 '혁명외교'는 실천 기반을 전혀 가지지 못했음이 분명히 드러났다.

제3편에서는 국민혁명 시기에 고조된 왕징웨이의 반제민족주의가 1937년 중일전쟁의 발발 이후 어떻게 '친일'이라는 정반대 방향으로 굴절되었는지를 집중적으로 검토했다. 우선 1931년 만주사변(9·18사변) 발발 직후 재건된 장·왕 연합체제의 성립 과정을 살펴보고, 당시의 연합체제가 부저항주의와 장기항전론, 일면저항 일면교섭 등 장제스와 왕징웨이 두 사람의 대일 인식 혹은 대일 정책이라는 공통분모 위에 만들어졌다는 점을 지적했다. 1935년 11월에 일어난 왕징웨이 피격사건은 이러한 연합체제를 기반으로 형성된 국민정부의 유화적 대일 정책에 대한 불만 때문에 일어났다. 일본의 중국 침략에 대한 왕징웨이의 기본적 대응은 부저항, 항전준비론, 일면저항 일면교섭 등으로 요약된다. 당시 국민당 내외에서는

이에 대한 비판과 반대 여론이 거세게 일었다. 특히 상하이사변의 결과로 정전협정이 체결된 후 왕징웨이는 국민당 내에서 급기야 '친일파'로 지탄받고 감찰원의 탄핵을 받기에 이르렀다. 그의 대일 태도에 대한 이 같은 당내외의 불만과 비판이 결국 피격사건으로 이어졌던 것이다.

피격사건으로 입은 부상 때문에 정치 일선에서 물러난 왕징웨이는 당내의 비판과 저항으로 인해 결국 요양을 명분으로 외유를 떠나야 했다. 이후 유럽을 전전한 그가 귀국을 결심하게 된 결정적인 계기는 1936년 12월에 일어난 시안사변이었다. 그러나 귀국한 이후 그가 보인 정치적 입장은, 시안사변 이후 급변하고 있던 당시의 정치 상황 변화를 따라잡지 못했다. 예를 들어 내전 종식과 일치항전 수용이라는 맥락에서 공산당과 합작하는 노선이 자리를 잡고 있었으나, 왕징웨이는 '선안내 후양외'를 고수하며 여전히 공산당 토벌(선안내)의 중요성을 강조했다. 장제스 중심의 국민정부 측이 시안사변과 뒤이은 제2차 국공합작 성립을 계기로 '선항일'로 선회한 반면, 왕징웨이는 여전히 '후항일'을 고집했던 것이다. 1937년 2월 중순에 열린 국민당 제5계 3중전회를 통하여 국공합작의 기본틀이 만들어지고 장·왕 연합체제가 복원되었으나, 왕징웨이가 이러한 인식을 고집하자 국민당이나 국민정부 내에서 적지 않은 불협화음이 나타났다. 이를 통해 장·왕 연합체제의 공통분모 중 하나였던 대일 인식 혹은 대일 정책에서 장제스의 국민정부와 왕징웨이 사이에 분기가 생기기 시작했음이 확인된다. 이러한 분기는 다음 단계에서 나타나는 친일 전향 가능성을 보여주는 것으로 이해할 수 있다.

다음으로 1938년 8월부터 본격 추진된 왕징웨이 측과 일본의 화평 교섭 과정을 살펴보자. 화평 교섭을 추진한 국민당 내의 화평파, 즉 저조구락부의 대두와 구성, 주장 등을 보면, 당시 '대일화평론'이 왕징웨이 개인의 특수한 입장이 아니라 국민정부 내에서 하나의 조류로 존재했다는 사실이 확인된다. 화평파와 반대 입장에 섰던 장제스조차도 화평 교섭에 대한 가능성을 부분적으로 열어두고 있었다는 점을 보면 화평론 그 자체를 국가와 민족에 대한 배반이라는 이분법적 시각으로 평가할 수는 없다고 하겠다. 뿐만 아니라 대일 화평 교섭 진행 과정에서 나타난 바와 같이 왕징웨이 중심의 화평파가 국가적 독립의 최소 수준인 '정치적 자치'를 보장받기 위하여 상당한 노력을 기울인 점을 볼 때 화평운동이나 화평 교섭 자체가 일방적 투항과 협력이라는 평가를 받는 것 또한 온당치 않다고 할 수 있다. 그러나 1938년 11월 왕징웨이가 충칭을 떠나고 일본과 교섭한 결말을 놓고 볼 때 그들의 '정치적 자치 확보'는 처음부터 달성되기 어려운 일이었고, 이 점에서 그의 정치적 판단에 중대한 착오가 있었음을 부인할 수 없다.

왕징웨이가 화평운동으로 기울어지게 된 데에는 그의 정치 일생에서 확인되는 여러 경험들이 복합적으로 작용했다고 생각된다. 쑨원 사후 끈질기게 이어진 장제스와의 권력투쟁에서 맛봐야 했던 좌절과 패배, 국민당 좌파의 지도자로서 경험한 공산당과의 합작 실패와 그로 인한 철저한 반공, 국민혁명 시기에 경험한 반제 실천의 한계와 그로 인한 반제 실천으로서의 항일에 대한 좌절감과 무력감, 혁명을 위한 무정부주의적 자기희생 등은 바로 이러한 경험적 요인들 중 가장 중요한 측면들이다.

다음으로 제4편에서 살펴보고자 한 것은, 왕징웨이 친일정권이 성립한 후 정권 유지의 핵심인 정치적 정통성을 확보하기 위해 기울인 노력들이다. 쑨원이 주창한 대아시아주의의 변용, 일본의 대중국 화평 전략의 기초가 된 동아연맹론 수용과 활용, 그리고 만주국에서 통치 이념 확립을 위해 설립된 친일단체 신민회와의 관계 문제 등을 꼽을 수 있다. 이를 통하여 친일로 굴절된 이후 왕징웨이 자신과 그의 친일정권이 겪게 된 민족주의의 왜곡 혹은 정치적 곤경의 실상을 살펴보았다. 대강의 내용은 다음과 같다.

먼저 왕징웨이와 쑨원이 주장한 대아시아주의의 관련성 문제이다. 왕징웨이와 그의 추종자들이 자신들의 이른바 '화평건국론'은 원래 쑨원이 주장한 것이며, 그 점에서 자신들이야말로 쑨원의 진정한 후계자라고 주장한 사실을 주목해보자. 왕징웨이는 반공이야말로 쑨원의 본래 뜻이라고 주장했으며, 그러므로 방공을 주장하는 자신이 쑨원의 유지를 이은 진정한 후계자라고 강조했다. 또한 그는 쑨원이 주장한 대아시아주의의 진정한 정신을 재검토하여 중국과 일본이 제휴를 이루어야만 비로소 중화민국 건설을 완성하고 동아의 평화까지 보장할 수 있다고 주장했다. 이러한 주장들은 왕징웨이 친일정권 측이 출판한 『대아시아주의』를 비롯한 잡지들에서 확인할 수 있다. 이러한 대아시아주의 계승 주장은 이 잡지들의 명칭 변경과 폐간 과정에서 확인할 수 있듯이, 결국 일본의 아시아 침략 이념인 동아연맹론이나 대동아공영권론에 통합, 흡수되고 말았다. 즉, 왕징웨이 정권은 자신들의 화평건국운동과 친일정권 수립의 정당성을 쑨원의 대아시아주의에서 찾으려 하였으나 결국에는 독자성을 잃어버린 하나의 부역자로 전락할 수밖에 없었으니, 이 과정은 왕징웨이 친일정권이 처한 곤경을 잘 보여주고 있다.

대아시아주의와 함께 왕징웨이정권이 또 다른 이념적 기반으로 삼고자 했던 것은 일본에서 형성된 동아연맹론이다. 동아연맹론을 수용하는 과정에서 왕징웨이정권이 특별히 강조한 것은 국방의 공동화, 경제의 일체화, 정치 독립이라는 이른바 3대 조건 가운데 '정치 독립' 항목이다. 군사동맹이나 경제협력보다 정치 독립을 앞세우는 이러한 주장은, 대아시아주의의 경우와 마찬가지로 왕징웨이정권이 일본 측에 평등한 관계를 요구하는 수단으로 이용하려 했던 측면과 함께 중국인들에게 자신들의 정치적 정당성을 선전하고 설득하는 도구로 활용한 측면도 있었다. 그러나 이 주장도 엄연한 현실적 한계를 가질 수밖에 없었다. 중일전쟁이 진행되면서 일본 내에서 설 자리를 잃게 된 동아연맹론은 태평양전쟁 발발 이후에는 거의 영향력을 상실했고, 이에 따라 일본의 양해를 바탕으로 해야 하는 왕징웨이 친일정권의 '정치 독립'은 더욱 설 자리가 없었기 때문이다.

일본군이 베이징을 점령한 직후 화북 지역 점령군(북지나방면군)이 만든 신민회는 성립 초부터 조직이나 운영, 예산 등에서 모두 일본 점령군의 직접적인 통제를 받는 대민 선전 조직이었다. 신민회는 통합 친일정권인 왕징웨이정권이 수립되자 당초의 '국민당 반대(멸당)' 주장을 철회하지 않을 수 없었다. 이러한 움직임은 신민회가 왕징웨이 친일정권의 지지자 역할을 했음을 보여준다. 그러나 다른 한편으로 일본 점령군 휘하의 치안 정보 기구였던 선무반과 통합하는 과정에서 나타난 것처럼 왕징웨이 친일정권이 성립한 후에도 신민회가 자체 조직을 강화하려 한 사실을 보면, 왕징웨이 중앙정부에 대한 종속 문제를 둘러싸고 신민회 내부에서 상당한 불만과 비판이 나타날 만큼 신민회와 왕징웨이정권의 대립과 갈등 또한 상당했음을 알 수 있다.

1940년 베이징에 처음 만들어진 동아연맹은 일본 동아연맹협회와 일부 일본 군부 지도자의 직접적인 영향력 아래 설립되었다. 동아연맹은 신민회 중앙지도부장으로서 중심적인 지도자였던 머우빈이 동아연맹 지도자로 변신한 데서 나타난 것처럼 신민회 조직 자체에도 적지 않은 영향을 미쳤다. 특히 머우빈을 비롯한 베이징 동아연맹협회 가담자들이 동아연맹의 3대 기본 조건인 국방 공동, 경제 일체화, 정치 독립 가운데에서 '정치 독립'을 특별히 강조한 것은 신민회의 입장을 곤혹스럽게 만들었다. 베이징 동아연맹협회 결성에 이어 난징과 광저우 등지에서도 동아연맹이 잇달아 결성되었고, 1941년 2월에는 이 조직들을 통합하는 전국 조직으로 동아연맹중국총회가 만들어졌다. 이 동아연맹 단체들도 정치 독립을 강조했다. 말하자면 베이징 동아연맹의 '정치 독립'은 왕징웨이정권이 자신들의 정당성을 확보하기 위해 내세운 '정치 독립'과 궤를 같이했다.

신민회 측으로서는 이러한 동아연맹 조직이 화북에서 확산되자 견제를 가할 수밖에 없었다. 결국 태평양전쟁 발발 직전인 1941년 12월 초 일본 점령군은 국민당과 동아연맹의 화북 진출을 강력하게 억제해야 한다는 강령을 내놓기에 이르렀다. 신민회의 이러한 견제는, 왕징웨이정권의 정치적 주도권 확보 노력과 이에 대한 일본 측의 견제를 보여주는 대목이다. 왕징웨이정권 성립 과정, 화북의 특수성을 둘러싼 왕징웨이 측과 일본 측의 대립, 그리고 신민회와 동아연맹의 갈등과 대립은 왕징웨이 일파와 일본 당국 혹은 기존 친일정권 간의 권력투쟁 양상을 보여주는 동시에 '정치적 독립'으로 표현된 왕징웨이의 독자적 정권 수립 구상이 어떠한 곤경에 처해 있었으며, 또한 어떻게 실패할 수밖에 없었는지를 보여준다.

2. 현대 중국 민족주의의 굴절과 의미

이 책의 논의를 통하여 확인되는 현대 중국 민족주의의 변화 과정과 거기에 드러난 특징, 그것이 가지는 의미는 다음과 같다.

첫째, 현대 중국 민족주의는 신해혁명이라는 첫 번째 공화혁명을 거치면서 반만민족주의라는 형식을 띠고 나타났다. 이 반만민족주의는 과분의 위기로 표현되는 망국의 위기 속에서 국민주권의 공화제 국가를 수립하기 위한 공화혁명으로 이민족 왕조인 청조를 타도하자는 주장에서 나왔다. 반만민족주의는 공화혁명 단계에서 요구되는 형태의 민족주의였던 셈이다.

신해혁명 발발 이후 오족공화론을 수용하며 나타난 반만민족주의의 변화 과정에는, 전통적 중화주의의 잔재가 그대로 남아 있는 한족 중심의 종족적 민족주의로는 변경 지역들의 독립 요구로 표면화되고 있던 '과분의 위기' 속에서 국내 민족들 간의 진정한 통합을 이끌어낼 수 없다는 역사적 경험이 내재해 있었다. 물론 그렇다고 해서 중국 내 민족들 간의 대립과 모순이 완전히 해결될 수는 없었다. 쑨원에서 확인되는 바와 같이 1920년대 이후에도 한족 중심의 민족융화 주장으로 회귀하는 현상은 거듭 나타났다.[2] 이런 점에서 반만민족주의가 가지는 종족주의로서의 한계, 즉 중화주의적 잔재의 청산은 오늘날까지도 극복해야 할 문제로 남아 있다.

둘째, 5·4운동을 거치며 대두한 반제민족주의는 국가적 독립이 전제조건인 국민국가를 수립하는 과정에서 요구되는 민족주의의 형태였다. 왕징웨이의 경우처럼 반제민족주의는 5·4운동이라는 거국적 반일(반제)운동을 경험하면서 수용되었다. 5·4운동 단계의 반제민족주의는 국제연맹과 미국을 비롯한 협약국에 대한 낙관적 기대에서 보이는 것처럼 상당한 한계를 안고 있었다. 이후 1924년 1월의 국민당 1전대회를 계기로 본격화한 제1차 국공합작과 함께 코민테른 및 중국공산당의 반제 이념을 받아들이게 되면서 불평등조약 철폐와 조계 회수와 같은 보다 적극적인 반제민족주의가 자리 잡기 시작했다. 그러나 국민혁명의 전개 과정은, 불평등조약 철폐와 조계 회수라는 반제민족주의의 실천이 민중의 시위와 같은 혁명적 방법으로는 불가능하다는 사실을 보여주기에 충분했다. 이른바 '혁명외교'의 실패는 반제민족주의가 갖는 시대적 한계를 잘 드러냈다. 이러한 반제민족주의의 실천적 목표는 국민국가, 곧 난징 국민정부가 수립된 후인 1930년대 초에 달성되었으니, 이때에야 불평등조약 철폐와 조약 개정이 이루어질 수 있었다. 그러나 조계나 할양지의 완전한 회수는 1997년의 홍콩 반환에서 성사되었다고 할 수 있으니, 그만큼 반제민족주의의 목표는 최근까지도 유용했다.

셋째, 왕징웨이의 경우, 반제민족주의로부터 친일로의 변화는 중일전쟁 발발 직전인 시안사변 이후 시기부터 확인된다. 1936년 말 시안사변을 계기로 유럽에서 귀국한 왕징웨이는 다시 한 번 연합체제를 구성하며 정계에 복귀하지만, 시안사변의 결과로 만들어진 제2차 국공합작의 진전과 함께 장제스 및 국민정부의 기본 정책은 '선항일'로 바뀌고 있었다. 반면에 왕징웨이는 여전히 '선안내', 곧 '후항일'을 고수했다. 양측의 이러한 분기가 적극 항일과 소극 항일로 나뉘는 사실상의 출발점이 되었다고 보인다. 이 점에서, 중일전쟁 발발 이후 나타난 왕징웨이 중심의 화평운동과 그 연장인 친일정권 수립 구상은 전쟁 발발 이전부터 잉태되었다고 할 수 있다. 따라서 친일 전향 혹은 굴절은 앞에서 말한 반제민족주의의 실천적 한계의 연장선이었다.

넷째, 왕징웨이와 그 추종자들의 친일정권 수립 구상에는 단순히 '민족배반'이나 반제민족주의의 포기로는 설명할 수 없는 다양하고 복잡한 역사적 경험이 내포되었음을 확인할 수 있다. 왕징웨이와 그 추종자들의 친일 전향은, 개인적 선택이라기보다는 다양한 시대적 경험으로 구성된 하나의 역사적 산물이었다는 의미이다.

다섯째, 그간의 연구들에서 덜 강조되어왔던 것으로, 친일정권 성립 과정에서 '정치적 독립'에 대한 모색이 부단히 제기된 점을 주목할 필요가 있다. 친일정권 성립을 둘러싸고 일본 당국과 협상하는 과정뿐만 아니라 친일정권 성립 이후 정치적 정당성을 얻기 위해 추진한 여러 정책들, 예컨대 대아시아주의의 변용이나 동아연맹운동 수용, 신민회 동원 등에서 이러한 '정치적 독립'에 대한 모색이 확인된다. 물론 그렇다고 해서 왕징웨이 일파의 잘못된 선택 그 자체를 부인할 수는 없으며, 이 '정치적 독립' 모색도 결국 아무런 성과 없이 물거품이 되고 말았지만, 친일정권 내지 민족배반자라는 한 가지 측면만을 강조해온 그간의 연구들에 비추어 볼 때 이러한 면모에 대한 주목도 필요하다.

여섯째, 왕징웨이의 정치 일생이 보여주는 민족주의의 변화 과정이 중국 현대 민족주의의 기본적인 흐름을 대변한다고 볼 수 있을까? 전체적으로 보았을 때 반만에서 반제로, 다시 반제 실천의 좌절로 변화한 과정이 중국 현대 민족주의의 본류를 구성한다는 데 대해서는 별다른 이견이 없을 듯하다. 이에 비하여 왕징웨이 정치 일생의 최후 단계에 해당하는 친일 전변을 중국 현대 민족주의의 흐름에서 예외적인 것으로 볼 것인지, 아니면 하나의 흐름으로 볼 것인지를 둘러싸고 적지 않은 논란이 진행되었고 앞으로도 진행될 것으로 예상된다. 다만 이 책에서 강조한 점은, 왕징웨이와 그의 추종자들인 이른바 화평파가 친일로 옮아간 동기(출발점)에는, 승산이 없어 보이는 장기적인 전쟁의 참화에서 중국 민족을 구하겠다는 의도가 포함되어 있다는 점과, 친일정권 성립 후에도 정치적 독립을 확보하기 위해 지속적으로 노력한 점이 분명히 확인된다는 것이다.

이 점에서 왕징웨이 일파의 주장이 비록 굴절, 왜곡된 형태를 띠게 되었고 결과적으로 목적을 이루는 데 실패했다 하더라도 또 다른 형태의 '민족주의'[3]에 속한다고 볼 수 있을 것이다. 이러한 관점은 그간의 연구, 특히 중국의 연구들이 친일 전향을 "일부 민족 배반자들의 민족 배반 행위" 혹은 "반민족주의 행위"로 간주하는 등 지나치게 단선적으로 평가하는 데서 벗어나는 계기가 될 뿐만 아니라, 나아가 중국 현대 민족주의의 폭넓고 다양한 면모를 있는 그대로 보여줌으로써 민족주의의 실체에 보다 실증적으로 접근하게 한다는 점에서 의미가 있다.

일곱째, 왕징웨이의 경우에서 확인되는 현대 중국 민족주의의 변화와 굴절 과정은 현대 중국 민족주의의 다양한 측면을 그대로 나타내고 있다. 바로 이 점이 오늘날 중국이 마주하고 있는 새로운 민족주의의 전망과 관련하여 여러 시사점을 제공한다. 이는 중국이 처한 시대적 환경과 요구에 맞추어 민족주의의 모습이 언제든 다양하게 변할 수 있다는 사실을 보여주며, 민족주의에 대한 매우 신축성 있는 전망이 필요함을 일깨워준다. 특히 고대로부터 현대에 이르기까지 중국은 통일의 시대보다 긴 분열의 시기를 겪었다는 사실과, 현재도 소수민족들의 분리 독립 움직임이 끊이지 않는 사실을 볼 때, 앞으로 민족주의라는 측면에서 중국이 보여줄 다양한 면모들은 섣부른 예측이 불가능할 정도이다. 중국의 주변에 위치하여 중국 민족주의의 영향을 강하게 받을 수밖에 없는 한국은 왕징웨이의 민족주의 사상이 변화하는 과정에서 나타난 다양한 면모들을 충분히 음미할 필요가 있다.

여덟째, 21세기 들어 세계적 초강대국 지위를 확고히 차지한 중국으로서도 협애한 자기중심적 민족주의의 한계를 넘어선 보다 성숙한 민족주의가 무엇보다 필요한 시점이다. 이 점에서 민족주의를 둘러싼 왕징웨이의 다양한 경험은 중국인들에게도 중요한 역사적 교훈을 줄 수 있을 것이다. 오늘날 중국에서 나타나고 있는 격렬한 애국주의는 어떤 면에서 왕징웨이 친일정권을 비판하는 한간론에 나타난 지나친 이분법적 애국주의를 계승한 측면이 강하다는 점에 유의할 필요가 있다. 예컨대 오늘날 전개되고 있는 중국 내 여러 소수민족들의 독립 요구와 그에 대한 공산당 정부의 강압적 통제정책, 그리고 주변국들과 벌이고 있는 영토분쟁 및 역사분쟁들은 이러한 이분법적 애국주의의 연장선상에 있다고 평가할 수 있다. 중국이 초강대국으로서 국제적 책임을 다하기 위해서는 이처럼 협애한 이분법적 민족주의를 넘어 보다 성숙한 민족주의로 나아갈 필요가 있다. 이런 점에서 왕징웨이가 겪은 반만, 반제, 친일 등 약자로서의 민족주의의 역사적 경험을 반면교사로 삼을 필요가 어느 때보다 크다.

주註

들어가는 말—왕징웨이와 현대 중국 민족주의를 바라보는 시각

1 李理·夏潮, 『汪精衛評傳』, 武漢: 武漢出版社, 1988; 蔡德金, 『汪精衛評傳』, 成都: 四川人民出版社, 1987; 王關興, 『汪精衛傳』, 合肥: 安徽人民出版社, 1993; 蔡德金·王升 編著, 『汪精衛生平紀事』, 北京: 中國文史出版社, 1993 등.

2 山中德雄, 『和平は賣國か-汪兆銘傳』, 東京: 不二出版, 1992; 杉森久英, 『人われを漢奸と呼ぶ-汪兆銘傳』, 東京: 文藝春秋社, 1998.

3 土屋光芳, 『汪精衛と民主化の企て』, 東京: 人間科學社, 2000.

4 閔斗基, 「韓國における中國現代史研究について」, 『近きに在りて』 10(1986. 11); 裴京漢, 「韓國的中國現代史研究現況與前景」, 『從韓國看的中華民國史』, 北京: 社會科學文獻出版社, 2004.

5 문명기, 「中日戰爭 初期(1937~39) 汪精衛派의 和平運動과 和平理論」, 『동양사학연구』 71(2000. 7); 裴京漢, 「汪僞政權與大亞洲主義」, 『民國檔案』 1998年 第3期(1998); 배경한, 「汪精衛政權과 新民會」, 『동양사학연구』 93(2005. 12); 배경한, 「중국에서의 東亞聯盟운동과 汪精衛政權」, 『중국근현대사연구』 21(2004. 3); 김정현, 「중일전쟁기 周佛海를 통해 본 친일협력」, 『아시아문화연구』 11(2006. 12); 박상수, 「중일전쟁기 중국의 대일 '協力'(Collaboration)에 관한 연구 시각과 전망: 구미학계를 중심으로」, 『사총史叢』 61(2005. 9); 박상수, 「총론—식민지 점령지 협력자 형성의 면면: 일제하 한국, 중국, 만주, 대만, 베트남 및 독일 치하의 유럽의 경험 비교」, 『아세아연구』 49-4(2006. 12); 박상수, 「중일전쟁기 화북의 대일 '협력자': 국내정치의 역학관계를 통해 본 협력정권의 형성」, 『아세아연구』 49-4(2006. 12); 박상수, 「중일전쟁 전후 대일협력자 '汪精衛集團'의 형성(1928~1938)」, 『사

총』 65(2007. 9); 김승욱, 「汪精衛의 화평론과 동아시아론」, 『중국근현대사연구』 32(2006. 12) 등.

6 이재령, 「第一次國共合作期 汪精衛의 정치적 역할과 혁명전략의 변화」, 『사학지』 25-1(1992. 7); 이재령, 「汪精衛의 國民革命觀」, 『단국대대학원학술논총』 17(1993. 12).

7 2001년 臺灣에서 출판된 재미 중국학자 王克文의 책(『汪精衛, 國民黨, 南京政權』, 臺北: 國史館, 2001)은 심리적 접근에 치중함으로써 일부 해석상의 문제가 없지 않지만, 전체적으로 왕징웨이에 대한 객관적 평가에 상당히 접근하고 있어 주목된다.

8 李育民, 「廢約運動與中國近代的民族主義」, 鄭大華·鄒小站 主編, 『中國近代史上的民族主義』, 北京: 社會科學文獻出版社, 2007, 394～398쪽.

9 小坂井敏晶, 방광석 옮김, 『민족은 없다』, 서울: 뿌리와 이파리, 2003.

10 베네딕트 앤더슨, 윤형숙 옮김, 『상상의 공동체: 민족주의의 기원과 전파에 대한 성찰』, 서울: 나남출판, 2002.

11 배경한, 「19세기 말 20세기 초 中華體制의 위기와 중국민족주의」, 『역사비평』 51(2000).

제1편 반만에서 반제로

Ⅰ. 신해혁명 시기의 왕징웨이와 반만민족주의

1 張憲文, 「辛亥革命與近代中國筆談: 新時期再議辛亥革命」, 『近代史硏究』 2011年 4期(2011), 12～13쪽.

2 汪精衛, 「自述」, 『東方雜誌』 31-1(1934. 1), 1～2쪽 ; 北京圖書館 編, 『汪精衛先生年報』(北京圖書館藏珍本年報叢刊 第199冊), 北京, 1999, 671～675쪽.

3 北京圖書館 編, 『汪精衛先生年報』, 675쪽; 趙矢元·田毅鵬, 「辛亥革命時期的孫中山和汪精衛」, 『社會科學戰線』 1986年 第4期(1986), 180쪽.

4 汪精衛, 「自述」, 東方雜誌』 31-1(1934. 1), 2쪽.

5 법정대학 속성과 이외에 중국유학생을 위하여 東京에 설립된 예비학교로는 日華學堂(1898년 설립), 東京同文書院(1901), 弘文書院(1902), 振武學校(1903), 東斌學校(1903), 經緯學堂(1904) 등이 있었다. 伊原澤周, 「留日期中的汪精衛及其革命思想」, 『中華民國建國八十年學術討論集』 第2冊, 臺北: 近代中國出版社, 1991, 27쪽.

6 졸업고사에서 주즈신은 2등, 후한민은 12등을 차지하였다. 伊原澤周, 「留日期中的汪精衛及其革命思想」, 『中華民國建國八十年學術討論集』 第2冊, 臺北: 近代中國出版社, 1991, 29쪽.

7 胡漢民, 「自傳」, 中國國民黨黨史會 編, 『胡漢民先生文集』 第2冊, 臺北: 中央文物拱應社, 1978, 11쪽.

8 汪精衛, 「自述」, 東方雜誌』 31-1(1934. 1), 2쪽.

9 陳錫祺 主編, 『孫中山年報長編』 上冊, 北京: 中華書局, 1991, 339～345쪽; 鄒魯, 『中國國民

黨史稿』, 臺北: 商務印書館, 1965, 36~37쪽.

10 宋敎仁, 「我之歷史」, 陳旭麓 主編, 『宋敎仁集』 下册, 北京: 中華書局, 1981, 537쪽.

11 「東京中國同盟會籌備會莅會人員姓名錄」, 杜元載 主編, 『革命文獻 第65輯(中國同盟會革命史料)』, 臺北: 中央文物供應社, 1974, 144~145쪽.

12 창립 당초 동맹회는 산하에 執行, 評議, 司法의 三部를 두기로 되어 있었다. 田桐, 「同盟會成立記」, 羅家倫 主編, 『革命文獻 第2輯(中國同盟會史料)』, 臺北: 中央文物供應社, 1978, 2~3쪽.

13 전체 15조로 이루어진 取締規則은 표면적으로는 일본 학교의 규칙이라고 할 수 있지만, 실제적으로는 중국인 학생들의 宿所(제9조)와 性行(제10조)을 단속함으로써 상당한 속박을 가하는 것으로 받아들여졌다. 이에 대한 반대가 치열하게 전개되었으며 동맹휴업罷課과 退學歸國 사태로까지 진전되었다. 取締規則을 둘러싼 유학생들의 대응에 대해서는 黃福慶, 『清末留日學生』(近代史硏究所專刊 34), 臺北: 中央硏究院近代史硏究所, 1983, 276~304쪽을 참조.

14 胡漢民, 「自傳」, 中國國民黨黨史會 編, 『胡漢民先生文集』 第2册, 臺北: 中央文物拱應社, 1978, 20~21쪽; 曼華, 「同盟會時期民報始末記」, 杜元載 主編, 『革命文獻 第66輯(中國同盟會革命史料 2)』, 臺北: 中央文物供應社, 1974, 193쪽.

15 王克文, 『汪精衛, 國民黨, 南京政權』, 臺北: 國史館, 2001, 10~11쪽. 당시 쑨원은 일본에 있지 않았기 때문에 이 사건에 직접 개입하지는 않았다고 하지만, 12월에 왕징웨이에게 전보를 보내 유학생들의 귀국을 막으라고 지시했다. 蔡德金·王升 編著, 『汪精衛生平紀事』, 北京: 中國文史出版社, 1993, 3쪽.

16 蔡德金·王升 編著, 『汪精衛生平紀事』, 北京: 中國文史出版社, 1993, 5~8쪽.

17 趙金鈺, 「革命黨與保皇黨在新加坡的論戰」, 中華書局編輯部 編, 『辛亥革命與近代中國』 下册, 北京: 中華書局, 1992, 956쪽.

18 杜元載 主編, 『革命文獻 第66輯(中國同盟會革命史料 2)』, 臺北: 中央文物供應社, 1974, 212쪽.

19 陳錫祺 主編, 『孫中山年報長編』 上册, 北京: 中華書局, 1991, 406~407쪽.

20 楊天石, 「同盟會的分裂與光復會的重建」, 『楊天石文集』, 上海: 辭書出版社, 2005, 51~75쪽.

21 王克文, 『汪精衛, 國民黨, 南京政權』, 臺北: 國史館, 2001, 14쪽.

22 馮自由, 『中華民國開國前革命史』, 臺北: 世界書局, 1954, 230쪽.

23 Don C. Price, *Russia and the Roots of the Chinese Revolution*, Cambridge, Mass.: Harvard University Press, 1974, p. 204.

24 楊天石, 「同盟會的分裂與光復會的重建」, 『楊天石文集』, 上海: 辭書出版社, 2005, 60~61쪽.

25 蔣永敬 編, 『胡漢民先生年報』, 臺北: 中央文物供應社, 1978, 102~103쪽.

26 쑨원과 황싱이 도쿄를 떠난 1907년 이후 동맹회의 조직은 크게 축소되어 서무, 외무, 군사, 암살과의 4개 科만 존재했다. 암살단의 멤버였던 팡쥔잉方君瑛은 암살과 과장을 맡고 있던 인물이다. 따라서 왕징웨이의 암살모의는 실제로 동맹회의 활동이었던 셈이다. 이 시기의 동맹회 조직과 팡쥔잉에 대해서는 鄭憲, 『同盟會: 其領導, 組織與財務』, 臺北: 近代中國出版社, 1985, 114~115쪽을 참조.

27 蔡德金·王升 編著, 『汪精衛生平紀事』, 北京: 中國文史出版社, 1993, 9쪽.

28 汪精衛, 「革命的決心」, 『民報』 第26號(1910. 2. 1), 8쪽.

29 雷鳴, 『汪精衛先生傳』, 南京: 政治月刊社, 1944, 50~51쪽; 蔡德金·王升 編, 『汪精衛生平紀事』, 北京: 中國文史出版社, 1993, 9쪽.

30 희생을 강조하는 왕징웨이의 이러한 주장은 이후 그의 전 생애를 통하여 일관된다. 예컨대 왕징웨이가 프랑스에 가 있던 1916년의 9월에 발표한 한 논설에서도 희생의 중요성을 강조하고 있고〔「犧牲的意義」, 『旅歐雜誌』 第3期(1916. 9. 15), 4~8쪽〕 심지어 중일전쟁 중에 친일정권을 만들기 위하여 충칭重慶을 탈출해 베트남 하노이로 갔을 때도 마찬가지로 혁명가 내지 정치가의 희생을 강조했다. 이 점에서 '희생에 대한 강조'는 왕징웨이의 정치적 행동을 이해하는 데 중요한 특성 중 하나라고 생각되지만, 이러한 특성이 어디서 연유했는지에 대해서는 보다 자세한 연구가 필요하다.

31 이상 암살 계획과 실패 과정에 대해서는 張江裁 編, 『汪精衛先生行實錄』, 南京: 中華民國史料編刊會, 1943; 黃斗寅, 「庚戌年謀炸載灃別紀」, 丘權政 選編, 『辛亥革命史料選輯』, 長沙: 湖南人民出版社, 1983, 79~92쪽을 참조.

32 王克文, 『汪精衛, 國民黨, 南京政權』, 臺北: 國史館, 2001, 17쪽.

33 雷鳴, 『汪精衛先生傳』, 南京: 政治月刊社, 1944, 69~70쪽.

34 위안스카이의 보석에 의해 왕징웨이가 석방되었다는 주장도 있다. 이는 뒤에 위안스카이가 왕징웨이를 이용하기 위하여 선심을 써서 석방을 주선했다는 해석을 가능케 한다는 점에서 주목된다. 胡鄂公, 『辛亥革命北方實錄』, 上海: 中華書局, 1948, 78쪽.

35 胡漢民, 「自傳」, 中國國民黨黨史會 編, 『胡漢民先生文集』 第2册, 臺北: 中央文物拱應社, 1978, 58쪽.

36 蔡德金·王升 編著, 『汪精衛生平紀事』, 北京: 中國文史出版社, 1993, 12쪽.

37 李宗一, 『袁世凱傳』, 北京: 中華書局, 1980, 183~184쪽.

38 胡鄂公, 『辛亥革命北方實錄』, 上海: 中華書局, 1948, 104~105쪽.

39 蕭致治, 『黃興評傳』, 南京: 南京大學出版社, 2001, 216~219쪽.

40 聞少華, 「汪精衛與"國事共濟會"」, 『南開學報』(1985. 3), 22~23쪽.

41 쑨원도 위안스카이를 잘못 판단하여 위안스카이에게 혁명의 성과를 팔아먹었다는 비난을 받은 적이 있음을 상기할 필요가 있다.

42 김형종, 「1911년의 汪精衛: 楊度와의 國事共濟會 활동을 중심으로」, 『동아문화』 48(2010. 12), 19~28쪽.

43 김형종, 「1911년의 汪精衛: 楊度와의 國事共濟會 활동을 중심으로」, 『동아문화』 48(2010. 12), 40~44쪽.

44 蔡德金·王升 編著, 『汪精衛生平紀事』, 北京: 中國文史出版社, 1993, 12쪽.

45 이 電報에서 황싱은 위안스카이가 중화민국의 대총통으로 추대되는 것은 의심의 여지가 없는 일이라고 말했다. 「復汪精衛電(1911. 12. 9)」, 湖南省社會科學院 編, 『黃興集』, 北京: 中華書局, 1981, 94쪽.

46 觀渡廬 編, 「南北議和史料」, 中國史學會 主編, 『辛亥革命』 第8册, 上海: 上海人民出版社, 1951, 69~70쪽.

47 南北議和 과정에 대해서는 민두기, 『중국의 공화혁명』, 서울: 지식산업사, 1999, 212～225쪽 참조.

48 상하이에서 왕징웨이가 한 역할에 대해서는 甘簃, 「上海和議之秘史」, 中國史學會 主編, 『辛亥革命』 第8冊, 上海: 上海人民出版社, 1951, 117～118쪽 참조.

49 蔡德金·王升 編著, 『汪精衛生平紀事』, 北京: 中國文史出版社, 1993, 17쪽.

50 『二十世紀之支那』를 『民報』로 개편한 이유는 황싱이 동맹회 성립대회에서 주장했기 때문이다. 宋敎仁, 「我之歷史」, 陳旭麓 主編, 『宋敎仁集』 下冊, 北京: 中華書局, 1981, 550쪽.

51 왕징웨이는 『民報』에 실린 글들에서 精衛 외에 撲滿, 民意, 枝斗抱香者, 守約 등의 필명을 사용했다. 『民報』에 실린 왕징웨이의 문장 목록은 趙矢元·田毅鵬, 「辛亥革命時期的孫中山和汪精衛」, 『社會科學戰線』 1986年 第4期(1986), 181쪽에 나와 있다.

52 曼華, 「同盟會時期民報始末記」, 杜元載 主編, 『革命文獻 第66輯(中國同盟會革命史料 2)』, 臺北: 中央文物供應社, 1974, 199쪽.

53 趙矢元·田毅鵬, 「辛亥革命時期的孫中山和汪精衛」, 『社會科學戰線』 1986年 第4期(1986), 181쪽.

54 汪精衛, 「民族的國家」, 『民報』 第1號(1905. 11. 26), 1～31쪽.

55 량치차오를 비롯한 保皇派의 주장에 대해서는 徐松榮, 『維新派與近代報刊』, 太原: 山西古籍出版社, 1998, 269～272쪽 참조.

56 汪精衛, 「駁新民叢報最近之非革命論」, 『民報』 第4號(1906. 5. 1), 1～43쪽.

57 汪精衛, 「駁革命可以召瓜分說」, 『民報』 第6號(1906. 7. 25), 1～23쪽.

58 『南洋總滙報』는 원래 동맹회 측 지도자인 천추난陳楚楠, 장융푸張永福 등이 관여한 신문이었으나, 함께 투자했던 상인 천윈추陳雲秋가 주도권을 잡은 다음 保皇派 인사들과 합작하여 保皇派의 기관지로 만들었다. 羅家倫 主編, 『革命文獻 第2輯(中國同盟會史料)』, 臺北: 中央文物供應社, 1978, 215쪽.

59 다만 『中興日報』와 『南洋總滙報』 사이의 논전은 『民報』와 『新民叢報』의 논전에 비하여 보다 대중적이고 통속적인 성격을 띠었고 감정에 호소하며 진행된 측면이 강했다고 할 수 있다. 이는 일본의 독자층이 유학생이라는 지식계층에 집중되어 있었으나 싱가포르 등 동남아 지역의 주된 독자층은 주로 상인이나 노동자층이었기 때문이다. 睦銀均, 「淸末 南洋지역 革命派 新聞의 활동」, 中國學論叢編輯委員會 編, 『金俊燁敎授華甲紀念中國學論叢』, 서울: 中國學論叢刊行委員會, 1983, 438쪽 참조.

60 汪精衛, 「申論革命決不致召瓜分之禍」, 『中興日報』(1908. 8. 1).

61 趙金鈺, 「革命黨與保皇黨在新加坡的論戰」, 中華書局編輯部 編, 『辛亥革命與近代中國』 下冊, 北京: 中華書局, 1992, 957～963쪽 참조.

62 宋敎仁,「我之歷史」, 陳旭麓 主編, 『宋敎仁集』 下冊, 北京: 中華書局, 1981, 706쪽 참조.

63 胡漢民, 「自傳」, 中國國民黨黨史會 編, 『胡漢民先生文集』 第2冊, 臺北: 中央文物拱應社, 1978, 18～19쪽.

64 張朋園, 『梁啓超與淸季革命』, 臺北: 中央硏究院近代史硏究所, 1963, 303쪽.

65 金衡鍾, 「辛亥革命에서의 反帝문제의 認識과 實踐」, 『東洋史學硏究』 30(1989. 5), 152～159쪽.

66 배경한, 「동아시아 역사 속의 辛亥革命: 공화혁명의 확산과 동아시아 국제질서의 재편」, 『東洋史學硏究』 117(2011. 12), 233~245쪽 참조.

67 뿐만 아니라 이후 오족공화론은 민국정부의 中小學校 교과서 편찬의 기본 방침이 되는 등 이른바 소수민족 정책의 기본으로 자리 잡기에 이르렀다. 常書紅, 『辛亥革命前後的滿族硏究: 以滿漢關係爲中心』, 北京: 社會科學文獻出版社, 2011, 180~181쪽.

68 村田雄二郎, 「孫中山與辛亥革命時期的'五族共和'論」, 『廣東社會科學』 2004-5期, 121~128쪽; 片岡一忠, 「辛亥革命時期の'五族共和'論をめぐって」, 『中國近現代史の諸問題; 田中正美先生退官記念論集』, 東京: 國書刊行會, 1984.

69 林家有, 『孫中山振興中華思想硏究』, 廣州: 廣東人民出版社, 1996, 159쪽.

70 「在上海中國國民黨本部會議的演說(1920. 11. 4)」, 中山大學孫中山硏究室 等 編, 『孫中山全集』 第5卷, 北京: 中華書局, 1987, 394쪽. 또한 1921년 3월의 연설에서도 거의 같은 논조의 주장을 되풀이하고 있다. 「在中國國民黨本部特設駐粵辦事處的演說(1921. 3. 6)」, 『孫中山全集』 第5卷, 473~474쪽.

71 「在桂林對滇贛粵軍的演說(1921. 12. 10)」, 中山大學孫中山硏究室 等 編, 『孫中山全集』 第6卷, 北京: 中華書局, 1987, 24쪽.

72 Marie-Claire Bergere, *Sun Yat-sen*, Translated from the French by Janet Lloyd, Stanford, Calif.: Stanford University Press, 1998, p. 358.

73 민두기, 『중국의 공화혁명(1901~1913)』, 서울: 지식산업사, 1999, 267~270쪽.

Ⅱ. **5·4운동 시기 왕징웨이와 반제민족주의**—파리평화회의 관련 활동과 반제 인식 형성

74 胡繩武·金冲及, 『辛亥革命史稿』 第4卷, 上海: 上海人民出版社, 1991, 675쪽.

75 왕징웨이 연구의 선구자인 蔡德金 교수는 『汪精衛評傳』(四川人民出版社, 1988)에서 辛亥革命 이후 1920년 전후 시기까지의 왕징웨이를 서술하면서 "小休"라는 소제목을 달아 표현하고 있다.

76 『建設』 雜誌를 비롯한 五四時期 국민당 측의 대응과 이론적 재정립 과정에 대해서는 呂芳上, 『革命之再起』, 臺北: 中央硏究院近代史硏究所, 1989, 60~93쪽; 백영서, 「建設誌와 朱執信의 役割: 五四시기 中國國民黨指導層의 思想的 摸索」, 『동양사학연구』 제19집(1984. 6), 81~124쪽 참조.

77 余英時, 「文藝復興乎?啓蒙運動乎?」, 余英時 等著, 『五四新論: 五四八十周年紀念論文集』, 臺北: 聯經出版社業公司, 1999, 25~26쪽.

78 五四運動과 國民黨의 관련에 대한 연구로는 呂芳上, 『革命之再起』, 臺北: 中央硏究院近代史硏究所, 1989; 劉永明, 『國民黨人與五四運動』, 北京: 中國社會科學出版社, 1990 등이 있다.

79 백영서, 「建設誌와 朱執信의 役割: 五四시기 中國國民黨指導層의 思想的 摸索」, 『동양사학연구』 제19집(1984. 6), 97~101쪽.

80 민두기, 『중국의 공화혁명』, 서울: 지식산업사, 1999, 269쪽.

81 「汪精衛致孫中山函」, 黃彦·李伯新 選編, 『孫中山藏檔選編: 辛亥革命前後』, 北京: 中華書

局, 1986, 625쪽.

82 蔡德金 · 王升 編著, 『汪精衛生平紀事』, 北京: 中國文史出版社, 1993, 23~28쪽.

83 「汪精衛兩院談話」, 『(上海)民國日報』(1918. 10. 13), 第1張 第3版(이하 1-3쪽 등으로 표기).

84 「國會提議遣使赴歐事」, 『(上海)民國日報』(1918. 12. 10), 2-6쪽.

85 「軍府擬定派遣歐洲代表」, 『(上海)民國日報』(1918. 12. 21), 1-3쪽.

86 「軍府發表派遣歐洲和會代表: 一說有停頓之勢」, 『(上海)民國日報』(1919. 1. 14), 1-3쪽.

87 「陸徵祥與本報記者談話」, 『大公報』(1917. 8. 23), 3쪽.

88 石源華, 『中華民國外交史』, 上海: 上海人民出版社, 1994, 134~135쪽; 顧維鈞, 『顧維鈞回憶錄』 1卷, 北京: 中華書局, 1983, 152~155쪽.

89 「中國與和平會議」, 『(上海)民國日報』(1918. 12. 4), 2-6쪽.

90 「國際法上廣東護法政府之地位」, 『(上海)民國日報』(1918. 12. 21), 1-3쪽.

91 「粤中黨人變計之傳聞」, 『(天津)大公報』(1917. 8. 21), 3쪽. 구웨이쥔顧維鈞은 남방이 참전을 반대하는 이유를, 北京政府의 참전을 계기로 協約國들이 베이징정부에 군사원조를 해줄 경우 그 군사력을 가지고 남방을 치게 될 것을 우려했기 때문이라고 보았다. 顧維鈞, 『顧維鈞回憶錄』 1卷, 北京: 中華書局, 1983, 152~153쪽 참조.

92 「軍政府遣使赴歐與北廷」, 『(上海)民國日報』(1918. 12. 25), 1-3쪽.

93 왕정팅王正廷을 중국의 공식 대표로 파견하게 된 것은 개인적으로 미국에 로비한 결과였던 듯하다. 軍政府 인사들 가운데는 그를 남방 대표로 인정하지 않는 입장도 있었다. 이에 관해서는 顧維鈞, 『顧維鈞回憶錄』 1卷, 北京: 中華書局, 1983, 177~179쪽 참조.

94 왕징웨이는 신해혁명 직후인 1912년 8월부터 1913년 6월까지 첫 번째 프랑스 외유를 했다. 이후 1913년 9월부터 1915년 6월까지(두 번째), 1915년 12월부터 1917년 1월까지(세 번째) 세 차례의 외유를 다녀왔다. 蔡德金 · 王升 編著, 『汪精衛生平紀事』, 北京: 中國文史出版社, 1993, 24~28쪽 참조.

95 「陸徵祥已出發」, 『(上海)民國日報』(1918. 12. 5), 2-6쪽.

96 蔣作賓, 「蔣作賓"己未漫遊記"(一)」, 『檔案與歷史』, 上海檔案館, 1989-4期, 15쪽.

97 『時事新報』(1919. 3. 19) 참조(蔡德金 · 王升 編著, 『汪精衛生平紀事』, 北京: 中國文史出版社, 1993, 30쪽에서 재인용).

98 일행의 여행 일정에 대해서는 蔣作賓, 「蔣作賓"己未漫遊記"(一), (二)」, 『檔案與歷史』, 上海檔案館, 1989-4, 5期, 각각 15~22, 1~12쪽 참조.

99 4월 23일 배를 타고 뉴욕을 출발했는데 약 9일 후에 도착한다고 했으므로 5월 2일이나 3일경에 도착했을 것이다〔「汪精衛函述外交狀況」, 『民國日報』(1919. 7. 8) 2-6쪽〕. 또 파리 도착 시에 왕징웨이와 두멍허都孟和가 동행하고 있었음이 확인되는 것으로 보아〔「在法華人之言動」, 『(上海)民國日報』(1919. 7. 8), 1-3쪽〕 뉴욕 도착 후 장쭤빈蔣作賓과는 헤어져 왕징웨이, 두멍허, 궈빙원郭秉文 세 사람만 파리로 향한 것으로 보인다.

100 이것은 護法戰爭 자체가 北京政府의 참전 결정에 반대하는 것이라는 베이징정부 측의 주장을 불식시키기 위한 것으로 제기되었다. 앞의 주 92 참조.

101 「汪精衛函述外交狀況」, 『(上海)民國日報』(1919. 7. 8), 2-6쪽.

102 파리평화회의의 자세한 경과에 대해서는 鄭道德 等編, 『中華民國外交史資料選編(一)』, 北京: 北京大學出版社, 1988, 594~603쪽; 石源華, 『中華民國外交史』, 上海: 上海人民出版社, 1994, 151~168쪽 참조.

103 당시 파리에는 루정샹陸徵祥, 왕정팅王正廷, 스자오지施肇基, 구웨이쥔顧維鈞, 웨이천쭈魏宸組 5명의 정식 대표를 위시하여 많은 중국 외교가, 정치인이 있었는데, 이 가운데 남방 측 인사로는 왕징웨이를 비롯하여 우차오수伍朝樞, 장징장張靜江, 리스쩡李石曾, 궈타이치郭泰祺, 천유런陳友仁, 주녠쭈朱念祖 등이 확인된다. 顧維鈞, 『顧維鈞回憶錄』 1卷, 北京: 中華書局, 1983, 178, 190쪽; 「巴黎和會之經過」, 『(上海)民國日報』(1919. 6. 21), 1-3쪽.

104 우즈후이吳稚暉, 리스쩡李石曾 등을 중심으로 만들어진 留法儉學會에 왕징웨이도 발기인으로 참여하였다. 奇峰, 「留法勤工儉學生經過紀實」, 清華大學中共黨史教研室 編, 『赴法勤工儉學運動史料』 1冊, 北京: 北京出版社, 1979, 122~126쪽; 蔡德金·王升 編著, 『汪精衛生平紀事』, 北京: 中國文史出版社, 1993, 23쪽.

105 2월 26일, 華法教育會에서는 스자오지施肇基, 왕정팅王正廷 등 일부 중국 대표를 초청하여 연설대회를 열고, 中日 간의 密約 공개, 領事裁判權의 철폐, 租借地 반환, 關稅自主權 회복 등 평화회의에 내걸 조건들을 공개적으로 제기하고 나섰다. 「巴黎中國專使與留學生演說大會」, 『民國日報』(1919. 6. 3), 1-3쪽.

106 구웨이쥔顧維鈞은 왕징웨이나 장징장張靜江 등 남방에서 온 정치인들의 목적은 파리평화회의를 관찰하면서 대표단에게 獻策하는 것이었다고 했다. 顧維鈞, 『顧維鈞回憶錄』1卷, 北京: 中華書局, 1983, 190쪽.

107 「在法華人之言動」, 『民國日報』(1919. 7. 8), 1-3쪽.

108 「五月九日巴黎華人之大集會」, 『民國日報』(1919. 7. 9), 1-3쪽.

109 「在法華人之言動」, 『民國日報』(1919. 7. 8), 1-3쪽.

110 鄭道德 等編, 『中華民國外交史資料選編(一)』, 北京: 北京大學出版社, 1988, 602~603쪽 참조.

111 「非法議員主張勿簽約」, 『民國日報』(1919. 5. 15), 1-3쪽.

112 당시 베이징정부 국무총리 돤치루이段祺瑞는 "歐約若不簽字, 國際聯盟不能加入, 所得有利條件一切放棄"라는 이유로 무조건적인 署名을 주장하였다. 鄭道德 等編, 『中華民國外交史資料選編(一)』, 北京: 北京大學出版社, 1988, 603쪽.

113 對德和約(베르사유조약) 서명 저지운동에 대해서는 劉永明, 『國民黨人與五四運動』, 北京: 中國社會科學出版社, 1990, 381~382쪽 참조.

114 「汪精衛君最近之談話」, 『民國日報』(1919. 10. 22), 1-3쪽.

115 顧維鈞, 『顧維鈞回憶錄』1卷, 北京: 中華書局, 1983, 209~211쪽.

116 왕징웨이는 원래 파리로 갈 때와 마찬가지로 유럽에서 미국을 통해 귀국할 계획이었으나, 갑자기 安南을 방문할 일이 생겨 부득이 지중해를 거치는 쪽으로 귀국 행로를 변경했다고 미국의 화교 대표들에게 통지했다. 「汪精衛致美洲同志書」, 『民國日報』(1919. 11. 10), 1-3쪽.

117 「汪精衛過港時之談話」, 『民國日報』(1919. 11. 15), 2-7쪽.

118 「汪精衛演說和約與外交」, 『民國日報』(1919. 12. 6), 2-6쪽.

119 高力克, 『五四的思想世界』, 上海: 學林出版社, 2003, 146~152쪽.

120 「汪精衛演說和約與外交」, 『民國日報』(1919. 12. 6), 2-6쪽.

121 5·4운동 시기에 "시대의 흐름"에 대한 낙관적 전망이 지식인들 사이에 널리 퍼져 있었다. 민두기, 「5·4운동의 역사적 성격」, 『중국근대사연구』, 서울: 일조각, 1973, 425~426쪽 참조.

122 「五月九日巴黎華人之大集會」, 『民國日報』(1919. 7. 9), 1-3쪽.

123 「汪精衛演說和約與外交」, 『民國日報』(1919. 12. 6), 2-6쪽.

124 이른바 윌슨의 도덕 외교는 5·4운동 직전에 한국에서 일어났던 국민적 반일운동인 3·1운동에도 커다란 영향을 미쳤음이 밝혀져 있다. 신용하, 『한국근대민족운동과 사회운동』, 서울: 문지사, 2001, 180~185쪽 참조. 윌슨의 도덕 외교와 이상주의에 대해서는 권용립, 『미국대외정책사』, 서울: 민음사, 1997, 380~404쪽 참조.

125 「汪精衛演說和約與外交(二)」, 『民國日報』(1919. 12. 7), 3-11쪽.

126 「巴黎和議與中日問題」는 왕징웨이가 귀국한 후인 1920년 1월에 간행된 『建設』 제1권 제6호에 다시 게재되는 동시에 『巴黎和議後之世界與中國(第一編)』이라는 제목의 단행본(汪精衛 編輯, 建設社 印行)으로도 출판되었다〔汪精衛 編, 『巴黎和議後之世界與中國(第一編)』, 上海: 建設社, 1920 참조〕. 원래 이 책은 왕징웨이의 말대로 파리평화회의 기간 중에 영국, 프랑스 등지에서 활동하고 있던 중국인 필자들과 함께 집필하여 출판되었는데〔「汪精衛致美洲同志書」, 『民國日報』(1919. 11. 10), 1-3쪽〕, 다른 필자들의 문장이 대개 1919년 8월에 쓰인 것으로 명시한 점으로 보아 「巴黎和議與中日問題」도 평화회의가 열리고 있던 1919년 8월경에 작성된 것으로 추측된다.

127 汪精衛 編, 「巴黎和議與中日問題」, 『巴黎和議後之世界與中國(第一編)』, 上海: 建設社, 1920, 25쪽.

128 「汪精衛演說和約與外交」, 『民國日報』(1919. 12. 6), 2-6쪽.

129 「汪精衛君之魯案意見」, 『民國日報』(1920. 2. 3), 3-10쪽.

130 조지형, 「국제연맹의 집단안전보장과 세계평화회의 이상」, 『이대사원』, 서울: 이화여자대학 사학회 제32집(1999).

131 汪精衛 編, 「巴黎和議後之世界與中國緒論」, 『巴黎和議後之世界與中國(第一編)』, 上海: 建設社, 1920, 1~7쪽. 이 글은 『建設』 제1권 제6호에 「人類之共存」이라는 제목으로 다시 실렸다.

132 리스쩡李石曾이 『신세기』 잡지에 크로폿킨을 소개하는 글을 실은 때는 1907년 10월경이다. 이어서 1908년부터 같은 잡지에 66회에 걸쳐 크로폿킨의 글이 번역되거나 그의 사상이 소개되었다. 박제균, 「중국 파리그룹의 무정부주의 사상과 실천」, 경북대학교 박사학위논문(1996), 27쪽; 조세현, 「동아시아 3국(한중일)에서 크로폿킨 사상의 수용: 상호부조론을 중심으로」, 『중국사연구』 39집(2005), 236~238쪽.

133 1910년 초 왕징웨이는 1908년 이후 간행이 중지된 동맹회 기관지 『민보』를 재간행하며 『신세기』의 도움을 받아 인쇄발행 업무를 함께하기로 했다는 사실을 밝힌 적이 있다. 이러한 사실은 같은 시기에 신세기 그룹과 왕징웨이의 관계가 매우 밀접했음을 잘 보여주는 증거이다. 『民報』 제16호(1910. 2. 1)의 뒷면에 붙어 있는 「本報啓事」; 박제균, 「중국 파리그룹의 무정부주의 사상과 실천」, 경북대학교 박사학위논문(1996), 75~76쪽.

134 「五十年來中國之哲學」, 高平叔 編, 『蔡元培全集』 第4卷, 北京: 中華書局, 1984, 354쪽.

135 蔡德金·王升 編著, 『汪精衛生平紀事』, 北京: 中國文史出版社, 1993, 26~27쪽 참조.

136 汪精衛, 「吾人對於國家之觀念(二)」, 『旅歐雜誌』 第5期(Paris, 1916. 10. 15, 中國國家圖書館 所藏 資料), 4~5쪽 참조.

137 조세현, 『동아시아 아나키즘, 그 반역의 역사』, 서울: 책세상, 2001, 77~78쪽.

138 이러한 국제정치에 대한 왕징웨이의 낙관론은, 신해혁명 이전 단계에서부터 그의 정치행동의 밑바닥에 나타난 '혁명적 낭만주의'와도 관련 있었다고 생각된다.

제2편 반제민족주의의 전개

Ⅰ. 국민혁명 시기 왕징웨이와 장제스의 권력투쟁과 좌파 지도자 왕징웨이의 권력 한계

1 蔣汪 관계를 주제로 한 연구 가운데 볼 만한 것으로는, 張同新 編著, 『蔣汪合作的國民政府』, 哈爾濱: 黑龍江人民出版社, 1988; 蔣永敬, 「國民黨三巨頭胡汪蔣的分合」, 『傳記文學』 62-3(1993), 15~24쪽; 許育銘, 「汪蔣合作走向分歧」, 『汪兆銘與國民政府(1931~1936年)』, 臺北: 國史館, 1999, 325~391쪽; 楊天石, 「1927年汪蔣上海會談辦析」, 『國民黨人與前期中華民國』, 北京: 中國人民大學出版社, 2007, 543~546쪽; 金以林, 「蔣汪胡分合回顧」, 『國民黨高層的派系政治』, 北京: 社會科學文獻出版社, 13~52쪽 등이 있다. 일반적인 읽을거리로 흥미 있는 것은 張殿興, 『蔣介石與汪精衛的恩恩怨怨』, 北京: 人民出版社, 2009가 있다.

2 배경한, 『蔣介石硏究: 國民革命時期의 軍事的, 政治的 擡頭過程』, 서울: 일조각, 1995 참조.

3 왕징웨이 복직운동 과정에서도 "汪精衛가 總理(孫文)의 遺囑을 기초한 가장 충실한 계승자"라는 사실이 무엇보다 강조되고 있었다. 「促汪銷假運動宣傳大綱(一)」, 『廣州民國日報』(1927. 3. 19), 4 참조.

4 中山艦事件의 진상에 대한 부분은 배경한, 『蔣介石硏究: 國民革命時期의 軍事的, 政治的 擡頭過程』, 서울: 일조각, 1995, 66~72쪽을 옮겨 온 것이다. 中山艦事件에 대한 대표적 기존 연구로는 楊天石, 「'中山艦事件'之謎」, 『找尋眞實的蔣介石: 蔣介石日記解讀』, 香港: 三聯書店, 2008, 131~154쪽; 楊奎松, 「蔣介石走向'三二0'之路」, 『國民黨的聯共與反共』, 北京: 社會科學文獻出版社, 2008, 97~126쪽; 배경한, 「中山艦事件的眞相與汪精衛出洋的原因」, 『民國硏究』(南京大學中華民國史硏究中心) 第4輯(1998) 등을 참조.

5 이는 장제스의 일관된 주장이다. 蔣介石, 「呈軍事委員會」, 毛思誠 編, 『民國十五年以前之蔣介石先生』(影印本), 香港: 龍門書店, 1965, 630쪽 下a-631下a 참조(이하 『十五年以前之蔣先生』으로 약칭). 또한 蔣介石, 中國學會 옮김, 『中國 안의 蘇聯』, 서울: 융우사, 1961, 41쪽 참조. 이것은 臺灣 측 연구자들의 일치된 견해이기도 하다. 대표적인 것으로 李雲漢, 『從容共到淸黨』, 臺北: 中國學術著作獎助委員會, 1974, 490~492쪽; 董顯光, 『蔣總統傳』, 臺北: 中國文化學院出版部, 1980, 71쪽 등 참조.

6 共産黨 측의 주장이다. 周恩來, 「關于一九二四至二六年黨對國民黨的關系」, 『周恩來選集』 上卷, 北京: 人民出版社, 1980, 120쪽; 吳賜祿, 「中山艦事件的主謀者是誰?」, 『廣州師院學

報』(1983-2), 57～60쪽; 方慶秋, 「蔣介石的 '奮迹功名' 計劃與 '中山艦事件' 眞相」, 『江蘇史學』 第1期(南京, 1988), 41～46쪽 등 참조. 한편 共産黨 측과 장제스 측 사이의 이러한 관점 차이는 中山艦事件 직후 國民黨 각 지역 黨部에서 國民政府에 보내 온 文件 속에서도 보이는데, 上海市黨部와 江蘇省黨部 등에서는 장제스가 西山會議派 등의 反黨派들이 유포하는 유언비어에 현혹되어서는 안 된다는 주장을 편 반면 紹興縣黨部 등에서는 孫文主義를 해치는 폭도들에 대하여 장제스가 단호히 대처해야 한다고 주장했다〔「國民黨上海特別市黨部等代電」(4.2); 「中國國民黨浙江紹興縣黨部代電」(4.6), 『蔣介石反動陰謀的中山艦事件(1926. 3～4月)』, 第二歷史檔案館 所藏 檔案資料, 文書番號 十九(111) 참조〕.

7 楊天石, 「'中山艦事件' 之謎」, 『歷史硏究』(1988-2), 116～130쪽 참조. 楊天石의 이 논문은, 本稿에서도 이용한 南京第二歷史檔案館 所藏의 『蔣介石日記』와 『鎭壓中山艦案卷』을 주요 자료로 이용하여 당시 사건의 진상을 밝히는 데 중요하게 기여한 勞作이다. 그러나 이 論文이 상당 부분 의존하고 있는 『蔣介石日記』가 사건의 당사자인 장제스의 입장을 擁護하도록 쓰였을 것이라는 점이 보다 심각하게 고려되어야 한다는 지적과(北村稔, 「北伐開始後の第一次國共合作の實態-蔣介石と共産黨の關係お中心に」, 狹間直樹 編, 『中國國民革命の硏究』, 1992, 京都: 京都大學人文科學硏究所, 114～115쪽 참조) 함께 이러한 설명 방식이나 입장 그 자체도 결국은 당시 中國共産黨 측에서 제기한 주장을 계승 보완한 것이라는 사실도 분명하게 지적되어야 할 것이다. 당시 이러한 입장을 보여주고 있는 것으로는 李之龍, 「三二0反革命政變眞相」, 中國廣東省委黨史硏究委員會辦公室 等 編, 『中山艦事件』, 廣州: 中國廣東省委黨史硏究委員會辦公室, 1981, 15쪽; 亞·伊·切列潘諾夫 著, 中國社會科學院近代史硏究所翻譯室 譯, 『中國國民革命軍的北伐: 一個駐華軍事顧問的箚記』, 北京: 中國社會科學出版社, 1981, 358쪽 등 참조.

8 이 각각의 문제들에 대한 필자의 입장은 배경한, 『蔣介石硏究: 國民革命時期의 軍事的, 政治的 擡頭過程』, 서울: 일조각, 1995, 66～107쪽 참조.

9 矛盾, 「照錄李之龍供詞」, 『鎭壓中山艦案卷』, 南京 中國第二歷史檔案館 所藏 檔案資料, 文書番號: 三0四一(1) 참조.

10 馬文車, 「中山艦事件之內幕」(遺稿), 中國廣東省委黨史硏究委員會辦公室 等 編, 『中山艦事件』, 廣州: 中國廣東省委黨史硏究委員會辦公室, 1981, 186쪽 참조(마원처馬文車는 당시 廣州衛戍司令部 소속의 장제스 부관으로 리즈룽李之龍을 최초로 訊問한 인물이다).

11 20일 아침에 왕징웨이를 방문한 천궁보는 汪公館이 별탈 없었다고 하였으나(陳公博 著, 李鍔·汪瑞烱·趙令揚 編註, 『苦笑錄: 陳公博回憶』, 香港: 香港大學亞洲硏究中心, 1979, 58쪽) 마원처나 마오둔矛盾 등은 公安局 소속의 무장병력이 '보호'를 명분으로 汪公館을 포위했다고 말했다(馬文車, 「中山艦事件之內幕」(遺稿), 中國廣東省委黨史硏究委員會辦公室 等 編, 『中山艦事件』, 廣州: 中國廣東省委黨史硏究委員會辦公室, 1981, 186쪽; 矛盾, 「照錄李之龍供詞」, 『鎭壓中山艦案卷』, 南京 中國第二歷史檔案館 所藏 檔案資料, 文書番號: 三0四一(1), 115쪽).

12 「交通股員黎時雍報告」(3. 24), 『中山艦案卷』 所收 原件.

13 「交通股准尉股員王學臣報告」(3. 26), 『中山艦案卷』 所收 原件. 왕쉐천王學臣은, 그날 밤에 순시선 한두 척을 파견하여 巡視(巡査)에 사용하라는 명령이 (敎育長으로부터) 趙科長에게 내려와 있었고, 이에 비추어 전화 내용도 교육장의 명령일 것으로 추측했다고 한다. 趙科長

에게 내려진 명령의 내용이나 사실 여부에 대해서는 알 길이 없다. 한편 왕쉐천이 먼저 파견한 祥富輪은 18일 저녁 8시경에 黃埔에 가서 피습당한 상선이 재습당하지 않도록 보호하는 임무를 수행하고 있었다(「交通股員黎時雍報告」 참조).

14 「馬文車呈文」(3. 23); 「歐楊鐘致海軍局長原函抄呈」, 『中山艦案卷』 所收 文件.

15 「李之龍夫人報告中山艦派往黃埔之經過情形」(3. 31), 『中山艦案卷』 所收 文件. 어우양중歐楊鐘은 다음 날(19일) 아침에 정식 문서를 海軍局에 보냈다. 앞의 주 14에 인용한 「歐楊鐘致海軍局長原函抄呈」이 그것이다.

16 이때 어우양중의 전화를 접수한 사람은 副官 지팡季方이었다. 「副官季方報告」(3. 25), 『中山艦案卷』 所收 文件.

17 中山艦이 廣州를 출발한 시각이 18일 밤 11시경이라는 리즈룽의 말을 받아들인다면, 中山艦이 黃埔에 도착한 시각은 19일 새벽 1시경이 될 것이다(「照錄李之龍供詞」 참조). 한편 장제스는 中山艦이 黃埔에 도착한 때는 18일 酉時(오후 5시에서 7시 사이)라고 말하고 있다. 「蔣中正致軍事委員會呈文」(3. 23).

18 중산함의 대리 함장 장퉁신張同新이 군교에 와서 도착을 보고한 시각은 19일 오전 9시경이었고(「副官黃珍吾報告」), 다시 해군국장의 회항 명령을 받고 廣州로 돌아와 리즈룽의 집을 방문하여 보고한 때는 오후 6시경이었다는 점〔「李之龍夫人報告中山艦派往黃埔之經過情形」(3. 31)〕 등과 일치하기 때문이다.

19 「副官黃珍吳報告」(3. 24), 『中山艦案卷』 所收 文件.

20 소련 참관단의 참관이 끝난 후인 3월 24일에 中常會와 國民政府의 주최로 소련 참관단을 위한 宴會가 준비되고 있었던 점으로〔「中常會第十四次會議錄」(3. 23), 中國第二歷史檔案館 編, 『中國國民黨第一·二次全國代表大會會議史料』(上), 南京: 江蘇古籍出版社, 1986, 513쪽 참조〕 미루어 쩌우이鄒毅의 보고는 사실이었던 듯하다.

21 장제스가 이보다 앞서 中山艦의 이동에 대하여 보고받았을 가능성을 배제할 수 없는데, 공식적인 최초의 보고는 中山艦의 黃埔 도착 보고 직후 軍校 教育長 덩옌다鄧演達로부터 받았을 가능성이 가장 크다.

22 「蔣中正致軍事委員會呈文」.

23 矛盾, 「照錄李之龍供詞」, 『鎭壓中山艦案卷』, 南京 中國第二歷史檔案館 所藏 檔案資料, 文書番號: 三0四一(1); 「李之龍夫人報告中山艦派往黃埔之經過情形」(3. 31), 『中山艦案卷』 所收 文件.

24 矛盾, 「照錄李之龍供詞」, 『鎭壓中山艦案卷』, 南京 中國第二歷史檔案館 所藏 檔案資料, 文書番號: 三0四一(1).

25 李之龍, 「三二0反革命政變眞相」, 中國廣東省委黨史研究委員會辦公室 等 編, 『中山艦事件』, 廣州: 中國廣東省委黨史研究委員會辦公室, 1981, 14~15쪽 참조.

26 배경한, 「中國現代史研究에 있어서 新聞資料의 效用과 限界」, 『서울大東洋史學科論集』 第15輯(1991), 71~73쪽.

27 한편 리즈룽의 이 글 말미에 附錄으로 붙은 「李之龍關于中山艦報告書二則」은 내용이 앞에서 引用한 「李之龍夫人報告」와 완전히 일치하며, 다만 보고의 主體만이 '氏'(夫人의 自稱)에서 '之龍'으로 바뀌었다. 이것이 1927년 4월에 가서 리즈룽에 의해 자신의 것으로 發表된

일은 설명하기 곤란한 문제로 여겨진다.

28 楊天石, 「‘中山艦事件’之謎」, 『歷史硏究』(1988-2) 참조. 특히 楊天石이 사건 자체를 장제스의 배후조종으로 생긴 일이 아니라고 논한 것은 그간의 中國 學界의 시각과 관련해 볼 때 높이 살 만하다.

29 사건 처리 과정에서 어우양거歐陽格, 왕바이링王柏齡, 천자오잉陳肇英, 우톄청吳鐵城 등이 모두 처벌을 받았다는 사실도 이러한 주장의 논거가 될 것이다. 馬文車, 「中山艦事件之內幕」(遺稿), 中國廣東省委黨史硏究委員會辦公室 等 編, 『中山艦事件』, 廣州: 中國廣東省委黨史硏究委員會辦公室, 1981, 191쪽 참조. 우톄청의 경우 구속 처벌된 이유는 공금 유용 때문인 것으로 알려졌다. 「蔣介石又拘捕吳鐵城」, 『時報』(1926. 6. 7) 참조.

30 楊天石, 「‘中山艦事件’之謎」, 『歷史硏究』(1988-2), 128쪽.

31 순시선 파견 요청은 실무직원의 선에서 상급자의 명령 없이도 가능했다고 한다. 「交通股員黎時雍報告」 참조.

32 마원처는 장제스가 이들 孫文主義學會 멤버들과 결탁한 증거로, 처벌 이후에도 장제스가 이들에게 政況의 변화 등을 일일이 알려주었다는 점을 들었다. 이는 처벌이 ‘최소한의 표면적 제재’였다는 증거로 거론될 수 있는 것이다.

33 陳公博 著, 李鍔 · 汪瑞炯 · 趙令揚 編註, 『苦笑錄: 陳公博回憶』, 香港: 香港大學亞洲硏究中心, 1979, 58~59쪽 참조.

34 『十五年以前之蔣先生』, 628쪽 上a; 『蔣介石日記』(3. 20) 참조.

35 『十五年以前之蔣先生』, 629쪽 上a.

36 『蔣介石日記』 3月 25日條 참조.

37 「中常會第十次會議錄(3.23)」, 中國第二歷史檔案館 編, 『中國國民黨第一 · 二次全國代表大會會議史料』(上), 南京: 江蘇古籍出版社, 1986, 512쪽.

38 『蔣介石日記』 3月 25日條 참조.

39 당시 왕징웨이와 장제스 사이의 교섭에서 장징장張靜江이 중개 역할을 한 듯하다. 장제스는 왕징웨이가 잠적한 뒤인 3월 25일에 왕징웨이가 장징장에게 보낸 편지를 보고 그가 다시는 정치를 할 의사가 없음을 알았다고 하였고, 그 후에도 왕징웨이 문제에 대해 장징장에게 상담을 청했다. 『蔣介石日記』(3. 25, 10. 15) 참조.

40 4월 말에 소련에서 돌아온 후한민이 廣州의 상황에 실망하여 5월 11일 배를 타고 香港을 경유하여 上海로 떠났는데, 왕징웨이도 우연히 같은 배로 香港으로 갔다. 그러나 이때 후한민은 의도적으로 왕징웨이를 만나지 않았다고 한다(蔣永敬 編, 『胡漢民年譜』, 臺北: 國民黨中央黨史會, 1978, 377~378쪽 참조). 그런데 『蔣介石日記』 5월 10일조에는 “어제 아침 후한민이 香港으로 가는 배에서 왕징웨이를 만났다는 이야기를 들었다”라고 기록되었다. 『時報』의 5월 13일자에서도 왕징웨이가 香港에 간 날짜가 11일이라고 보도되었으므로, 그가 香港으로 간 때는 11일이 맞다고 여겨진다. 따라서 『蔣介石日記』의 이 부분은, 『蔣介石日記』 자체가 후일에 다시 쓰인 부분이 있거나 아니면 당시 매일 쓰이지 못하고 후일에 한꺼번에 쓰이면서 錯誤가 생긴 부분이 있음을 보여주는 대목으로 주목된다.

41 왕징웨이가 랴오중카이廖仲愷의 뒤를 이어 總黨代表로 결정된 것은 2월 26일의 제8차 中常會會議에서 진궁보가 提案했기 때문이다. 中國第二歷史檔案館 編, 『中國國民黨第一 · 二次

全國代表大會會議史料』(上), 南京: 江蘇古籍出版社, 1986, 492~493쪽 참조.

42 澤田謙, 『敍傳汪兆名』, 東京, 1939, 128~129쪽.

43 H. L. Boorman, "Wang Ching-wei: China's Romantic Radical", *Political Science Quarterly*, Vol.79-4(1964).

44 山田辰雄, 『中國國民黨左派の研究』, 東京: 慶應通信, 1980, 140~141쪽.

45 汪精衛, 「覆駐法總支部函」, 『汪精衛集』 第4卷, 上海: 光明書局, 1929, 14쪽; 安藤德器 編譯, 『汪精衛自敍傳』, 東京: 大日本雄辯會講談社, 1941, 107쪽.

46 『十五年以前之蔣先生』, 426쪽 下b-427上a.

47 李國祁, 「民國十四年汪精衛的爭權」, 『中央研究院近代史研究所集刊』 17(上)(1988. 6), 121~124쪽.

48 李國祁, 「民國十四年汪精衛的爭權」, 『中央研究院近代史研究所集刊』 17(上)(1988. 6).

49 山田辰雄, 『中國國民黨左派の研究』, 東京: 慶應通信, 1980, 134~135쪽 참조.

50 보로딘에 대한 장제스의 정치적 의존도 같은 맥락에서 이해된다.

51 「張和自述得釋之經過」, 『華字日報』(1925. 12. 27).

52 「汪精衛中止南巡之西江問題」, 『華字日報』(1925. 12. 18), 第2張 第2版.

53 왕마오궁王懋功에 대해서는 王永均 編著, 『黃埔軍校三百名將傳』, 南寧: 廣西人民出版社, 1990, 58쪽 참조.

54 『十五年以前之蔣先生』, 621쪽 下b.

55 包惠僧, 『包惠僧回憶錄』, 北京: 人民出版社, 1983, 195~196쪽.

56 中山艦事件 이후인 3월 28일자의 日記에서 장제스는 "某 兄은 처음에는 王懋功으로 하여금 背反하도록 이용하여 이루지 못하더니……"라고 하여 왕징웨이가 왕마오궁을 이용하여 자신을 음해하려 했음을 언급하고 있다. 『蔣介石日記』(1926. 3. 28) 참조.

57 사건 이후인 4월 9일 왕징웨이에게 보낸 편지에서 장제스는, 리푸린李福林, 황사오훙黃紹竑을 각각 제8군장과 제9군장으로 임명하면서 제7군장은 임명하지 않고 공석으로 둔 것은 키산코가 왕마오궁을 장차 제7군장으로 임명하여 수고를 보상해주려고 계획한 것인데 이를 왕징웨이가 알면서도 막지 못한 것은 자주적인 태도를 잃어버린 것이라며 큰 불만을 표하고 있다. 「致汪精衛函」(1926. 4. 9), 『中山艦案卷』 所收 文件. 한편 왕마오궁은 3월 초에 장징장에게 보낸 편지에서 孫文主義學會를 비난하면서 장제스에 대한 충성을 다짐하고 있는데, 이것이 왕징웨이나 키산코의 지시 때문이었는지는 알 수 없다. 「王懋功致張靜江函」(1926. 3. 7), 中國第二歷史檔案館 編, 『中華民國史檔案資料滙編』 第4輯, 南京: 江蘇古籍出版社, 1986, 358~560쪽 참조.

58 「復汪精衛函」(4. 9) 참조. 2월 말에 장제스가 왕징웨이를 방문하여 키산코의 전횡에 대하여 비판한 적이 있다. 이때 왕징웨이는 키산코가 잘못을 깨닫고 사퇴할 뜻을 비쳤다고 하였으나(『蔣介石日記』 2月 27日條), 이는 왕징웨이가 장제스의 불만을 무마하기 위해 한 말인 듯하다.

59 萬仁元·方慶秋 主編, 『蔣介石年譜初稿』, 北京: 檔案出版社, 1992, 539쪽.

60 당시 유행한 流言蜚語는 5가지 정도였다고 한다. (1) 리지천李濟琛의 장제스 타도 음모설, (2) 제1군의 제4군에 대한 무장해제설, (3) 제2, 3, 4, 5군이 연합하여 장제스를 타도한다

는 설, (4) 장제스가 소련인들에 반기를 들어 소련 고문들이 고국으로 돌아갈 것이라는 설, (5) 장제스의 왕징웨이 打倒說 등이었다. 李之龍, 「三二0反革命政變眞相」, 中國廣東省委黨史硏究委員會辦公室 等 編, 『中山艦事件』, 廣州: 中國廣東省委黨史硏究委員會辦公室, 1981, 14쪽.

61 『蔣介石日記』 3月 7, 10日條.

62 『蔣介石日記』 3月 9, 17日條.

63 『蔣介石日記』 3月 19日條.

64 3월 26일자 日記에서는 "汪精衛가 계속 나타나지 않는다면 그의 모함 계획만 드러날 뿐이다"라고 언급했으며, 28일자에서는 "某 兄이 처음에는 王懋功으로 하여금 배반하도록 이용하여 이루지 못하더니 다음에는 교육장을 이용하여 陷害하고도 성공치 못하자 〔이번에는〕 나의 명예를 해치고 各 軍 간의 감정을 이간시키고 있다"라고 말하고 있다(『蔣介石日記』 3月 26, 28日條).

65 이와 관련하여 더 검토해볼 만한 것은 장제스가 4월 20일에 한 연설에서 왕징웨이의 배후 관련을 강력하게 제기하며 주장한 내용이다. 장제스의 주장에 의하면 19일 오전에 廣州에서 한 同志를 만났을 때(이 동지가 누구인지는 밝힐 수 없다고 함) 그가 오늘 몇 시에 黃埔로 돌아가는지를 물었는데, 아직 확정되지 않았다고 대답했더니 그 후 1시간 사이에 세 차례나 전화를 걸어 黃埔로 가는지 여부를 계속 물었다고 한다. 세 번째 전화에서 가지 않게 되었다고 대답하자, 그 후 1시간도 채 못 되어 리즈룽이 中山艦의 회항 여부를 물어 왔다고 한다. 이러한 상황에서 그는, 키산코가 자신을 제거할 음모를 꾸며 이날 廣州에서 黃埔로 돌아가는 자신을 납치하여 모스크바로 보내려 한다는 당시의 유언비어와 中山艦의 돌연한 이동이 관계가 있다고 생각할 수밖에 없었다고 말했다(『十五年以前之蔣先生』, 567쪽). 장제스의 이 주장이 얼마만큼 사실인지는 알 길이 없지만, 왕징웨이에 대한 장제스의 반감이 얼마나 첨예하고 노골적이었는지를 보여주는 참고자료가 될 수 있을 듯하다. 한편 당시 장제스의 현지 부인이었던 천제루陳潔如는 자신의 回憶錄에서 3월 18일 왕징웨이의 부인인 천비쥔陳璧君이 다섯 차례나 전화하여 장제스가 언제 黃埔로 갈 것인지와 어느 埠頭(碼頭)를 통해 출발할 것인지를 물어서 이상하게 생각했다고 말하고 있다(陳潔如, 汪凌石 譯, 『陳潔如回憶錄』, 臺北: 傳記文學, 1992, 147~149쪽 참조). 천제루의 이야기는 장제스의 주장과 상통하는 듯 보이지만, 回憶錄의 내용이 전반적으로 虛構的인 부분이 너무 많아 자료로 이용하기는 어려울 듯하다.

66 亞·伊·切列潘諾夫 著, 中國社會科學院近代史硏究所翻譯室 譯, 『中國國民革命軍的北伐: 一個駐華軍事顧問的箚記』, 北京: 中國社會科學出版社, 1981, 357쪽.

67 陳公博 著, 李鍔·汪瑞烱·趙令揚 編註, 『苦笑錄: 陳公博回憶』, 香港: 香港大學亞洲硏究中心, 1979, 59쪽.

68 陳公博 著, 李鍔·汪瑞烱·趙令揚 編註, 『苦笑錄: 陳公博回憶』, 香港: 香港大學亞洲硏究中心, 1979, 60쪽.

69 黃豪, 「中山艦事件的眞相」, 海天出版社 編, 『現代史料』 第2集, 上海: 海天出版社, 1934(香港: 波文書局 1980 重印本), 104쪽 참조.

70 왕징웨이가 잠적 후 바로 出國하지 않고 5월 11일경까지 廣州에 머문 이유는 4월 말에 廣州로 돌아온 보로딘을 만나기 위해서였다는 說明은(『胡漢民年譜』, 377쪽) 이 대목에서 상당

한 설득력이 있다.

71 소련 고문단측의 이러한 유화적 입장은 사건 직후인 3월 23일경에 나타나고 있다(『十五年以前之蔣先生』, 629쪽 上a). 한편 1926년 9월 22일에 中共 中央은 汪, 蔣 문제에 대한 해결책으로 蔣의 비위를 상하지 않으면서 둘의 合作을 다시 추진하도록 中共 廣東區黨에 지시했다. 그 중 蔣이 9월 17일에 上海의 천두슈陳獨秀에게 사람을 보내 汪이 廣東에 돌아오지 못하도록 해줄 것을 요청했다는 사실은(廣東省檔案館 編, 『廣東區黨, 團研究史料』, 廣州: 廣東人民出版社, 1983, 411~413쪽) 汪의 잠적이 보로딘이나 中共 中央의 정책적 결정에 의한 것이라는 짐작을 가능케 하는 증거로 주목된다.

72 李志毓, 「汪精衛的性格與政治命運」, 『歷史硏究』(2011-1), 121쪽.

73 배경한, 『蔣介石硏究: 國民革命時期의 軍事的, 政治的 擡頭過程』, 서울: 일조각, 1995, 103~135쪽.

74 이하 迎汪運動과 연석회의의 經過에 대해서는 羅弦洙, 「對於1926年的國民黨聯席會議」, 『江原史學』第3輯(1988); 배경한, 『蔣介石硏究: 國民革命時期의 軍事的, 政治的 擡頭過程』, 서울: 일조각, 1995, 154~161쪽을 많이 참조했다.

75 「中國國民黨中央執行委員會常務委員會第28次會議錄(1926. 6. 18)」, 中國第二歷史檔案館 編, 『中國國民黨第一·二次全國代表大會會議史料』(上), 南京: 江蘇古籍出版社, 1986, 549쪽.

76 「中國國民黨中央執行委員會常務委員會第35次會議錄(1926. 6. 18)」; 「中國國民黨中央執行委員會常務委員會第38次會議錄(1926. 6. 29)」; 「中國國民黨中央執行委員會常務委員會第40次會議錄(1926. 7. 13)」, 中國第二歷史檔案館 編, 『中國國民黨第一·二次全國代表大會會議史料』(上), 南京: 江蘇古籍出版社, 1986, 각각 575, 590, 599~600쪽.

77 「瞿秋白由粤回來報告: 廣東政治狀況, 左右派鬪爭及黨的工作等(1926. 9)」, 廣東省檔案館·中共廣東省黨史研究委員會 編, 『廣東區黨·團硏究史料(1921~1926)』, 廣州: 廣東人民出版社, 1983, 415쪽 참조.

78 李雲漢, 『從容共到淸黨』(下), 臺北: 中國學術著作獎助委員會, 1974, 528쪽 참조.

79 「中國國民黨中央執行委員會常務委員會第47次會議錄(1926. 8. 10)」, 『中國國民黨第一·二次全國代表大會會議史料』(上), 南京: 江蘇古籍出版社, 1986, 635쪽.

80 원문은 '請辭去軍務政務, 專辦黨事'이다. 「瞿秋白由粤回來報告: 廣東政治狀況, 左右派鬪爭及黨的工作等(1926. 9)」, 廣東省檔案館·中共廣東省黨史研究委員會 編, 『廣東區黨·團硏究史料(1921~1926)』, 廣州: 廣東人民出版社, 1983, 415쪽 참조.

81 『中國國民黨第一·二次全國代表大會會議史料』(上), 南京: 江蘇古籍出版社, 1986, 651쪽.

82 『十五年以前之蔣先生』, 736쪽.

83 「瞿秋白由粤回來報告: 廣東政治狀況, 左右派鬪爭及黨的工作等(1926. 9)」, 廣東省檔案館·中共廣東省黨史研究委員會 編, 『廣東區黨·團硏究史料(1921~1926)』, 廣州: 廣東人民出版社, 1983, 415쪽 참조.

84 陳公博 著, 李鍔·汪瑞炯·趙令揚 編註, 『苦笑錄: 陳公博回憶』, 香港: 香港大學亞洲硏究中心, 1979, 71~72쪽.

85 「要聞: 本黨召集中央及省執委聯席會議」, 『廣州民國日報』(1926. 9. 9), 3쪽.

86 「中共中央給廣東信: 汪蔣問題最後的決定」, 『廣東區黨·團硏究史料(1921~1926)』, 廣州:

廣東人民出版, 1983, 411～412쪽.

87 「中共中央給粤區的信: 時局變動與我們對于汪蔣問題之新決定(1926. 10. 3)」, 『廣東區黨·團硏究史料(1921～1926)』, 448～449쪽.

88 『蔣介石日記』 1926年 9月 29日條; 『十五年以前之蔣先生』, 801쪽.

89 『蔣介石日記』 1926年 10月 3日條.

90 榮孟源 主編, 『中國國民黨歷次代表大會及中央全會資料』(上), 北京: 光明日報出版社, 1986, 276～278쪽.

91 「汪精衛先生病狀近聞」, 『廣州民國日報』(1926. 10. 2), 3쪽.

92 「汪主席最近行踪」, 『廣州民國日報』(1926. 12. 31), 3쪽.

93 모스크바에서 여러 날을 보낼 계획이었으나 우한 중앙과 장제스의 귀국 독촉 전보를 받아 5일만 머물고 바로 출발할 수밖에 없었으며, 소련의 주요 지도자 3명과 면담을 가졌다고 한다. 「汪精衛同志談話」, 『漢口民國日報』(1927. 4. 17), 1-1; 蔡德金 · 王升 編著, 『汪精衛生平紀事』, 北京: 中國文史出版社, 1993, 89～90쪽.

94 「Report on the Split Between Chiang Kai-shek and T'ang Sheng-chih」, C. M. Wilbur & J. L. HOW, *Missionaries of Revolution: Soviet Advisers and Nationalist China, 1920-27*, Cambridge, Mass.: Harvard University Press, 1989, p.831.

95 武漢 천도를 둘러싼 국민당 내외의 논란에 대해서는 黃東淵, 「武漢國民政府成立期 '遷都論爭'」, 『學林』(延世大學 史學硏究會) 第12·13合輯(1991. 3), 205～261쪽; 朱劍, 「北伐時期的國民政府遷移問題」, 『南京大學學報』(哲學社會科學)(1986-1); 楊天石, 「北伐時期的遷都之爭與宋子文」, 『國民黨人與前期中華民國』, 北京: 中國人民大學出版社, 2007, 489～491쪽 등을 참조.

96 亞·伊·切列潘諾夫 著, 中國社會科學院近代史硏究所翻譯室 譯, 『中國國民革命軍的北伐: 一個駐華軍事顧問的箚記』, 北京: 中國社會科學出版社, 1981, 495쪽.

97 「萬衆歡騰之蔣總司令莅鄂盛況」, 『漢口民國日報』(1927. 1. 13), 1-1쪽.

98 『漢口民國日報』(1927. 1. 13).

99 『蔣介石日記』 1927年 1月 12, 17日條; 「蔣介石在慶祝國民政府建都南京歡宴席上講演詞(4. 18)」, 『(上海)民國日報』(1927. 5 21), 4-3쪽.

100 李雲漢, 『從容共到淸黨』(下), 臺北: 中國學術著作獎助委員會, 1974, 539쪽.

101 『漢口民國日報』에는 한동안 뜸했던 各級 黨部와 각종 단체들의 왕징웨이 復職促求電文이 2월 14일 이후부터 갑자기 大量으로 실렸다.

102 鄧演達, 「現在大家應該注意的是什麻(一·二)」, 『漢口民國日報』(1927. 2. 18, 19), 1-2쪽; 孫科, 「爲什麻要統一黨的指導機關」, 『漢口民國日報』(1927. 2. 20), 1-1쪽.

103 「蔣總司令再次促汪銷假電」, 『廣州民國日報』(1927. 3. 17), 3～4쪽 참조. 이때 장제스는 이 전보를 허샹닝河香凝으로 하여금 발송하게 하고 다시 천밍수陳銘樞를 통해 우한 중앙의 선전부장 구멍위顧孟餘에게 전달하고 구멍위로 하여금 직접 왕징웨이에게 발송하도록 함으로써 자신이 왕징웨이 복직에 진심으로 찬성하고 있음을 보여주려 애썼다.

104 왕징웨이는 上海 도착 직후인 4월 4일에 武漢 중앙에 보낸 전보에서 "〔중앙의〕 명령에 따라 귀국하게 되었으니 어떤 공작을 해야 할지 지시를 기다린다遵命啓程回國 應如何工作,

敬候指示" 라고 했다(강조-필자). 「汪主席到滬後之熱烈表示」, 『上海民國日報』(1927. 4. 5), 2-1쪽.

105 「中執委政治委員會第9次會議速記錄(4. 5)」, 『中國國民黨第一·二次全國代表大會會議史料』(下), 南京: 江蘇古籍出版社, 1986, 1,024쪽.

106 우즈후이吳稚暉도 왕징웨이가 본래 漢口로 가려 했는데 장제스가 마침 上海에 있어서 거기에 들르게 된 것이라고 했다. 「中央監察委在上海開會記錄(4. 2)」, 羅家倫 主編, 『革命文獻 第17輯』(臺北, 1980 影印本), 129쪽.

107 「汪主席已由歐洲啓程歸國-約三星期可抵武漢」, 『廣州民國日報』(1927. 3. 19), 5쪽.

108 「汪主席歸期確訊」, 『廣州民國日報』(1927. 3. 26), 5쪽.

109 三中全會에 대해서는 宋春 主編, 『中國國民黨史』, 長春: 吉林文史出版社, 1990, 224~229쪽; 黃修榮, 『國民革命史』, 重慶: 重慶出版社, 1992, 369~381쪽; 茅家琦 等著, 『中國國民黨史』, 厦門: 鷺江出版社, 2009, 263~264쪽 등을 참조. 三中全會에 대한 장제스의 대응에 관해서는 배경한, 『蔣介石研究: 國民革命時期의 軍事的, 政治的 擡頭過程』, 서울: 일조각, 1995, 159~161쪽을 참조.

110 당시의 報道에 의하면 왕징웨이는 두문불출하면서 신문기자들의 면담 요구도 모두 거절했다고 한다. 「汪主席赴滬有待」, 『上海民國日報』(4. 7), 2-2쪽.

111 「汪精衛同志談話」, 『漢口民國日報』(1927. 4. 17), 1-2쪽.

112 「武漢分共之經過」, 『汪精衛集』 第3集, 上海: 光明書局, 1929, 225~226쪽 참조.

113 「汪主席昨日回國」, 『上海民國日報』(1927. 4. 4), 2-1쪽; 「4月3日字蔣介石之通電」, 이 通電의 원문은 『大公報』(4. 5), 2쪽에 실려 있다.

114 3월 28일에 열린 監察委員會會議에서 차이위안페이蔡元培와 우즈후이 등은 共產黨이 三民主義를 부정하고 無産者 專政을 주장하며 불법적으로 國民黨을 차지하려 한다면서 국민당 내의 共産黨員들을 제명할 것을 제안했다. 4월 1일 우즈후이는 中執委에서 반역의 증거가 있는 공산당원들을 심사하여 직권을 정지시키자는 내용의 呈文을 감찰위원회에 제출하였다. 이어서 4월 2일에 열린 중앙감찰위원회 회의에서는 중앙집행위원회에 보내는 같은 내용의 咨文을 의결 통과시키고 있다. 「中國國民黨中央監察委員會委員吳敬恒呈中央監察委員會文(4. 1)」; 「中央監察委員會在上海開會記錄(4. 2)」, 鄭燦輝 主編, 『四·一二反革命政變資料選編』, 北京: 人民出版社, 1987, 104~114쪽.

115 이는 4월 2일의 監察委員會 會議에서, 우즈후이가 왕징웨이를 만났을 때 들은 것이라고 보고한 내용이다. 鄭燦輝 主編, 『四·一二反革命政變資料選編』, 北京: 人民出版社, 1987, 111~112쪽.

116 왕징웨이는 같은 날짜에 (武漢) 中央의 지시를 요청하는 電文을 동시에 발송했다. 「汪主席到滬後之熱烈表示」, 『上海民國日報』(4. 5), 2-1쪽의 電文 3件 참조.

117 宣言의 文件에는 날짜가 4월 4일로 되어 있다. 「國共兩黨領首聯合宣言」, 『上海民國日報』(4. 5), 2-1쪽.

118 毛里和子, 「國民革命軍の北伐と中國共産黨」, 『お茶の水史學』 13, 51-53쪽. 武漢 측이나 천두슈의 이러한 입장에 대하여, 4·12가 발생한 후 저우언라이周恩來를 비롯한 中共 上海區委 지도자들은 신랄한 비판을 했으나 이들도 이것이 소련이나 코민테른의 착오 때문이라고

지적하지는 않았다. 저우언라이의 천두슈 비판은 中共中央文獻室 編, 『周恩來年譜』, 北京: 中央文獻出版社, 1989, 112쪽 참조.

119 「書汪精衛先生銑電後」, 『廣州民國日報』(1927. 5. 9), 2쪽; 吳稚暉, 「'國共兩黨關係'之說明」, 羅家倫 主編, 『革命文獻 第16輯』(影印再版), 臺北: 中央文物供應社, 1978, 28~29쪽.

120 「昨日國民黨員會議席上之重要談話」, 『上海民國日報』(4. 6), 1~3쪽. 黃紹竑은 4월 5일의 회의에 왕징웨이와 간나이광甘乃光은 참석하지 않았고 당시의 신문 보도가 틀린 것이라고 주장했다(黃紹竑, 「四·一二政變前的秘密反共會議」, 鄭燦輝 主編, 『四·一二反革命政變資料選編』, 北京: 人民出版社, 1987, 448쪽). 그러나 황사오훙黃紹竑이 같은 글의 같은 면에서, 4월 5일의 회의에서 우즈후이가 監察委員會에 呈文을 제출했다고 말한 내용이 잘못된 기억인 것과 같이 5일의 회의에 왕징웨이가 참석하지 않았다는 그의 주장은 신빙성이 낮다.

121 「社論: 歡迎汪精衛同志」, 『漢口民國日報』(1927. 4. 6), 1-1쪽.

122 『蔣介石日記』 1927年 4月 5日條.

123 이른바 '汪蔣共同反共說'의 내용은 4월 3일에 열린 왕징웨이와 장제스를 비롯한 上海 측 주요 인사들과의 협상회의에서 왕징웨이의 주장에 따라 ① 왕징웨이가 책임지고 천두슈에게 통지하여 4월 15일 南京에서 소집될 中執委監察委 聯席會議가 열릴 때까지 공산당원들의 활동을 전면 중지토록 하고, ② 연석회의 소집 이전에는 武漢의 聯席會議가 발한 명령을 받아들이지 않으며, ③ 각지의 각급 黨政機關 내에 소란을 일으키는 자가 있다면 각지의 各軍 지휘관에게 取締를 받을 것이고, ④ 工會糾察隊는 總司令의 지휘에 복종해야 한다는 四個項에 합의하였다는 것이다. 이것은 4월 8일자의 각 신문에 실린 보도기사를 근거로 한 주장이다. 이 기사들은 보도 시기가 원래 열렸다는 회의보다 한참 늦다는 점이라든지 여러 신문에 실린 기사가 완전히 똑같다는 점 등으로 보아 장제스 측에서 자신들에게 유리한 여론을 조성하기 위해 조작해낸 기사일 가능성이 크다.

124 「四月六日寄李石曾書」, 『汪精衛集』 第4卷, 上海: 光明書局, 1929, 1~6쪽. 왕징웨이는, 武漢에 가서 확대회의를 개최하도록 주선하여 모든 문제를 해결하겠다는 通電을 발표하였다. 「汪精衛來往要電彙錄」, 『申報』(4. 8), 13쪽.

125 「中央執行委員會政治委員會第11次會議速記錄(4. 11)」, 中國第二歷史檔案館 編, 『中國國民黨第一二次全國代表大會會議史料』(下), 南京: 江蘇古籍出版社, 1986, 1,049쪽.

126 나중에 장제스 측은 왕징웨이가 결국 이 약속을 지키지 않음으로써 신의를 저버렸다고 비난했다. 「汪精衛先生主張在寧開中央執委會議原函」, 『廣州民國日報』(1927. 5. 9), 2쪽; 「李石曾復汪精衛書」, 『汪精衛集』 第4卷, 上海: 光明書局, 1929, 6~8쪽.

127 왕징웨이의 이러한 처신이 中山艦事件 시기에 그가 취했던 입장이나 정치적 대응과 상당히 흡사한 면을 보여주고 있다는 사실은 매우 흥미롭다.

128 배경한, 『蔣介石研究: 國民革命時期의 軍事的, 政治的 擡頭過程』, 서울: 일조각, 1995, 47~58쪽.

129 민두기, 「中國國民黨의 '改進'과 '改組'」, 『중국 초기혁명운동의 연구』, 서울: 서울대학교 출판부, 1997, 211~235쪽 참조.

130 「中國國民黨宣言(1923. 1. 1)」, 中山大學孫中山硏究室 等編, 『孫中山全集』 第7卷, 北京: 中華書局, 1987, 3쪽 참조.

131 「中國國民黨第一次全國代表大會宣言(1924. 1. 23)」, 中國第二歷史檔案館 編, 『中國國民黨第一二次全國代表大會史料』(上), 南京: 江蘇古籍出版社, 1986, 80~89쪽.

132 왕징웨이의 비서였던 탕량리湯良禮는 1923년 단계에는 왕징웨이가 국공합작에 대해 알지 못했다고 말했으나(T'ang Leang-li, *The Inner History of the Chinese Revolution*, London: G. Routledge & sons, ltd., 1930, pp. 158-159) 사실과 합치하지 않는 주장으로 보인다. 山田辰雄, 「孫文指導下の汪精衛の役割: 1924~1925」, 『中國國民黨左派の硏究』, 東京: 慶應通信, 1980, 115쪽 참조.

133 蔡德金 · 王升 編著, 『汪精衛生平紀事』, 北京: 中國文史出版社, 1993, 37쪽.

134 陳錫祺 主編, 『孫中山年譜長編』 下冊, 北京: 中華書局, 1991, 1,524쪽.

135 배경한, 「汪精衛와 五四運動: 파리평화회의 관련 활동과 反帝認識」, 『중국근현대사연구』 제42집(2009. 6), 87~92쪽; 이 책 제1편 제2장 참조.

136 蔡德金 · 王升 編著, 『汪精衛生平紀事』, 北京: 中國文史出版社, 1993, 44쪽.

137 楊奎松, 『國民黨的聯共與反共』, 北京: 社會科學文獻出版社, 2008, 26~28쪽.

138 이 시기 왕징웨이의 민중운동 방안이 구체성을 결여하고 있다는 지적은 흥미롭다. 山田辰雄, 「孫文指導下の汪精衛の役割: 1924~1925」, 『中國國民黨左派の硏究』, 東京: 慶應通信, 1980, 130쪽 참조.

139 「共産國際第二次代表大會關于民族和植民地問題的補充提綱」, 中國社會科學院近代史硏究所飜譯室 譯, 『共産國際有關中國革命的文獻資料(1919~1928)』 第1輯, 北京: 中國社會科學出版社, 1981, 29~31쪽 참조.

140 다만 「國民黨一全大會宣言」에서 말하는 반제민중운동이란 각종 平民階級을 주체로 하는 것인 반면 코민테른이나 중국공산당에서 말하는 민중이란 노동자, 농민으로 구성되는 프롤레타리아 계급으로 한정한다는 점에서 큰 차이를 보였음을 주목해야 할 것이다. 특히 이 시기 왕징웨이가 혁명의 주체를 '全民'으로 표현한 것도 주목할 점이다. 「怎樣繼能實行民生主義(1924. 5. 21)」, 『汪精衛集』 第3集, 上海: 光明書局, 1929, 46쪽.

141 「中國實業之救濟方法(1924. 8. 8)」, 『汪精衛集』 第3集, 上海: 光明書局, 1929, 37쪽.

142 蔡德金 · 王升 編著, 『汪精衛生平紀事』, 北京: 中國文史出版社, 1993, 55쪽.

143 이승휘, 「國民革命期 '國民會議'에 대한 재검토」, 『중국현대사연구회회보』 3호(1995. 2), 34~42쪽 참조. 쑨원이 국민회의 개최를 북상의 목표로 내세운 것을 둘러싸고 전부터 일부 직업단체를 중심으로 제시된 직업대표제 주장을 쑨원이 이어받은 것이라는 주장이 있다(유용태, 「1919~1924년 중국 各界의 職業代表制 摸索」, 서울대학교동양사연구실 편, 『중국근현대사의 재조명 1』, 서울: 지식산업사, 1999 참조). 필자는 1924년 단계 쑨원의 국민회의 주장은 (그 이후의 국민회의운동과는 별개로) 기본적으로 군벌들과의 담판과 코민테른 및

중국공산당의 지지까지 염두에 둔 정치적 책략이었다고 보고 싶다. 국민회의의 성격이나 쑨원의 입장과 관련한 논의에 대해서는 이병인, 「國民會議와 職能代表制」, 『중국현대사연구』 12집(2001. 12) 참조.

144 「中國國民黨之最大責任」, 『廣州民國日報』(1924. 11. 13), 3쪽.

145 이른바 北上宣言에서 쑨원은 약 한 달 전에 발표한 북벌선언의 내용을 다시 확인하면서, 군벌들이 의존하고 있는 제국주의를 타도하는 것이 북벌의 진정한 목표라고 천명했다. 그 구체적인 방법으로는 불평등조약 철폐와 국민회의 소집을 통한 시국의 해결, 곧 전국의 통일을 당면 목표로 제시했다. 「北上宣言(1924. 11. 10)」, 中山大學孫中山硏究室 等 編, 『孫中山全集』 第11卷, 北京: 中華書局, 1987, 294~297쪽 참조.

146 「國民會議促成會全國代表大會演說(1925. 3. 1)」, 『汪精衛集』 第3集, 上海: 三民公司, 1929, 51쪽.

147 「取消不平等條約之原因與理論」, 『覺悟』(上海 民國日報 附刊, 1925. 3. 24), 1쪽.

148 이 책의 제1편 제1장 참조.

149 孫文의 北上과 일본 방문 경위, 發病 등에 대해서는 배경한, 『쑨원과 한국』, 파주: 한울, 2007, 134~138쪽 참조.

150 배경한, 『蔣介石硏究: 國民革命時期의 軍事的, 政治的 擡頭過程』, 서울: 일조각, 1995, 90~91쪽.

151 金以林, 『國民黨高層的派系政治』, 北京: 社會科學文獻出版社, 2009, 18~21쪽.

152 山田辰雄은 이것을 '統合者'로 표현하고 있다. 山田辰雄, 『中國國民黨左派の硏究』, 東京: 慶應通信, 1980, 170~171쪽.

153 汪精衛의 '조정자' 면모에 대해서는 배경한, 『蔣介石硏究: 國民革命時期의 軍事的, 政治的 擡頭過程』, 서울: 일조각, 1995, 92~95쪽.

154 王克文, 「寧漢分裂前後之汪精衛」, 『汪精衛, 國民黨, 南京政權』, 臺北: 國史館, 2001, 75~76쪽 참조. 中山艦事件에 대해서는 이 책 제2편 제1장 참조.

155 왕징웨이는 아편전쟁부터 1925년까지의 제국주의 침략의 역사를 5단계로 나누어 구분하고 있다. ① 아편전쟁부터 淸日戰爭까지 제국주의자들이 중국에서 이권을 얻기 시작한 시기, ② 淸日戰爭부터 義和團事件까지로 제국주의자들이 이권을 놓고 중국에서 경쟁한 시기, ③ 義和團事件부터 제1차 세계대전까지로 제국주의자들이 중국에서 이권을 마음대로 행사하며 경제 침략을 자행하던 시기, ④ 제1차 세계대전부터 워싱턴회의까지로 일본제국주의자들이 단독 침략하던 시기, ⑤ 워싱턴회의에서부터 현재(1925년)까지로 각 제국주의자들이 공동보조를 맞추며 경제 침략을 행하고 있는 시기. 「國民會議國際問題決議草案」, 『汪精衛集』 第2集, 上海: 三民公司, 1929, 130~193쪽 참조.

156 「國民會議國際問題決議草案」, 『汪精衛集』 第2集, 上海: 三民公司, 1929, 194~209쪽. 조선과 베트남 등의 藩屬國들이 독립되거나 원한다면 중화민국 자치지구로 편입되어도 좋다는 왕징웨이의 언급이 몽골이나 티베트 등 중국인의 입장에서 국내 소수민족이라고 주장하는 변방 약소민족의 경우에는 해당되지 않았음은 물론이다.

157 '革命外交'란 혁명정신과 민중운동의 강력한 지지 속에서, 위압적 혹은 반위압적 방법으로 체결된 불평등조약을 폐지하는 등의 외교적 목표를 달성하려는 것이다. 1926년 6월 외교부

장이 된 천유런陳友仁의 주도하에 시작된 외교정책을 가리킨다. 李恩涵, 『北伐前後的 '革命外交' (1925~1931)』, 臺北: 中央硏究院近代史硏究所, 1993 참조. 당시 후한민은 이것을 '國民外交' 라고 불렀다. 「胡漢民與廣州英文日報記者之談話」, 『廣州民國日報』(1925. 7. 9), 3쪽.

158 박제균, 「中國國民黨의 민족주의 이념과 '혁명외교'」, 『중국근현대사연구』 31집(2006), 62쪽 참조.

159 「沙基烈士週月紀念大會情形」, 『廣州民國日報』(1925. 7. 25), 3쪽; 汪精衛, 「社論: 廣東人民今日應有之決心」, 『廣州民國日報』(1925. 10. 7), 2쪽.

160 왕징웨이는 민중의 개념을 '全民' 이라고 규정하면서도 그 대다수는 농민 · 노동자이므로 민중운동은 곧 농민·노동자운동農工運動인 셈이라고 주장하였다. 汪精衛, 「社論: 什麽是反革命」, 『廣州民國日報』(1925. 10. 31), 2쪽.

161 省港罷工의 경과에 대해서는 배경한, 「北伐과 노동운동: 北伐初期(1926년 6~12월) 廣東國民政府의 노동운동 통제정책을 중심으로」, 민두기 편, 『중국 국민혁명운동의 구조 분석』, 서울: 지식산업사, 1990, 255~262쪽; 전동현, 『두 중국의 기원』, 서울: 서해문집, 2005, 130~135쪽 참조.

162 외유를 결정한 원인에 대해서는 배경한, 「中山艦事件的眞相與汪精衛出洋的原因」, 『民國硏究』 第4輯(南京大學中華民國史硏究中心, 1998); 楊天石, 「汪精衛何以隱匿,出走」, 『國民黨人與前期中華民國』, 北京: 中國人民大學出版社, 2007, 383~385쪽 참조.

163 省港罷工 해결을 둘러싼 광둥 국민정부와 영국 측의 협상 과정에 대해서는 藍裕業, 「省港罷工交涉之經過及其現象」, 廣東哲學社會科學硏究所歷史硏究室 編, 『省港大罷工資料』, 廣州: 廣東人民出版社, 1980, 539~548쪽; 洪鈞培 編, 『國民政府外交史』, 上海, 1930(沈雲龍 主編, 『近代中國史料叢刊』 第28輯, 臺北: 文海出版社, 1968), 21~45쪽 참조.

164 中山艦事件 직후 왕징웨이가 外遊에 나설 수밖에 없었던 이유에 대해서는 배경한, 「中山艦事件的眞相與汪精衛出洋的原因」, 『民國硏究』(南京大學中華民國史硏究中心) 第4輯(1998) 참조.

165 A. B. 巴庫林 著, 鄭厚安 等 譯, 『中國大革命武漢時期見聞錄』, 北京: 中國社會科學出版社, 1985, 39~48쪽.

166 石源華, 『中華民國外交史』, 上海: 上海人民出版社, 1994, 308~309쪽 참조. 漢口 九江 조계 회수협상 관련 외교문서는 高承元 編, 『革命外交文獻』, 上海: 神州國光社, 1933, 37~58쪽에 자세히 설명되어 있다.

167 洪鈞培 編, 『國民政府外交史』, 上海, 1930(沈雲龍 主編, 『近代中國史料叢刊』 第28輯, 臺北: 文海出版社, 1968), 86쪽.

168 혁명외교로 인한 외교적, 군사적 위기에 대해서는 박제균, 「中國國民黨의 민족주의 이념과 '혁명외교'」, 『중국근현대사연구』 31집(2006), 65~66쪽 참조.

169 張圻福, 『中華民國外交史綱』, 北京: 人民日報出版社, 1995, 173~175쪽.

170 당시 중국공산당의 지도를 받고 있던 上海總工會 측에서는 租界 난입설이 反動派(反共派)가 만들어낸 유언비어라고 반박하는 내용의 해명 광고를 上海 지역의 각 신문에 연속 게재하고 있었다. 「總工會重要聲明」, 『上海民國日報』(1927. 4. 6), 2-2쪽; 「上海總工會緊要啓事」, 『申報』(1917. 4. 8), 2쪽 참조.

171 裵京漢,「國民革命時期的蔣介石: 以四一二政變以前蔣汪關係爲中心的探討」, '蔣介石與近代中國' 國際學術硏討會(2010. 4, 杭州) 발표 논문 참조.

172 「汪先生對三大政策之解釋」,『漢口民國日報』(1927. 4. 17), 1-1쪽.

173 「蔣總司令對漢案之言論」,『廣州民國日報』(1927. 1. 24), 3쪽.

174 「武漢分共之經過(1927. 11. 5)」,『汪精衛集』 第3集, 上海: 三民公司, 1929, 229쪽.

175 「武漢分共之經過(1927. 11. 5)」,『汪精衛集』 第3集, 上海: 三民公司, 1929, 230~234쪽.

176 石源華,『中華民國外交史』, 上海: 上海人民出版社, 1994, 314~317쪽;「節制工人運動, 維持洋行開業(1927年 4月 24日, 外交部 公告)」; A. B. 巴庫林 著, 鄭厚安 等 譯,『中國大革命武漢時期見聞錄』, 北京: 中國社會科學出版社, 1985, 297~298쪽 참조.

177 劉繼增 等 著,『武漢國民政府史』, 武漢: 湖北人民出版社, 1986, 391~401쪽; 王克文,「寧漢分裂前後之汪精衛」,『汪精衛, 國民黨, 南京政權』, 臺北: 國史館, 2001, 79~120쪽 참조.

제3편 반제에서 친일로

Ⅰ. 중일전쟁 발발 전야 왕징웨이의 대일 태도—시안사변 전후의 친일 가능성 검토

1 시안사변에 대한 국내의 연구로는 신승하,「西安事變: 그 배경과 평화적 해결을 중심으로」,『중국연구』 제3집(단국대학교 중국연구소, 1981. 5); 김기훈,「Chang Hsuh-liang and the Sian Incident」,『육사논문집』 27집(1984)이 있다. 국외의 연구, 특히 중국의 연구는 열거할 수 없을 정도로 많은데, 그중 최근 가장 주목할 만한 것으로는 楊奎松,『西安事變新探: 張學良與中共關係之硏究』, 臺北: 東大圖書公司, 1995; 蘇墱基,『張學良, 共産黨, 西安事變』, 臺北: 遠流出版事業, 1999; 羅玉明,『西安事變新論』, 北京: 中央文獻出版社, 2000; 趙杰 主編,『文史資料存稿選編 5: 西安事變』, 北京: 中國文史出版社, 2002 등을 들 수 있다.

2 이 책의 제2편 제1장 참조.

3 南京 측과 武漢 측의 통합인 寧漢合流에 대해서는 배경한,『蔣介石硏究: 國民革命時期의 軍事的, 政治的 擡頭過程』, 서울: 일조각, 1995, 194~202쪽 참조.

4 編遣會議의 경과에 대해서는 劉維開,『編遣會議的實施與影響』, 臺北: 臺灣商務印書館, 1989 참조.

5 陳進金,『地方實力派與中原大戰』, 臺北: 國史館, 2002 참조.

6 蔡德金 · 王升 編著,『汪精衛生平紀事』, 北京: 中國文史出版社, 1993, 122쪽.

7 擴大會議에 대해서는 中國青年軍人社 編,『反蔣運動史』, 上海: 中國青年軍人社, 1934, 117~250쪽 참조.

8 蔡德金 · 王升 編著,『汪精衛生平紀事』, 北京: 中國文史出版社, 1993, 139~148쪽.

9 中國青年軍人社 編,『反蔣運動史』, 上海: 中國青年軍人社, 1934, 252~275쪽 참조.

10 蔡德金 · 王升 編著,『汪精衛生平紀事』, 北京: 中國文史出版社, 1993, 148쪽.

11 蔡德金·王升 編著, 『汪精衛生平紀事』, 北京: 中國文史出版社, 1993, 152쪽.

12 『國聞週報』 第8卷 第39期(1931. 9. 24), 1~3쪽.

13 李勇·張仲田 編, 『蔣介石年譜』, 北京: 中共黨史出版社, 1995, 198~200쪽.

14 『中央日報』(1931. 10. 19).

15 『中央日報』(1931. 11. 17).

16 『中央日報』(1932. 2. 8).

17 周美華 編, 『蔣中正總統檔案: 事略稿本』 第12卷, 臺北: 國史館, 2004, 84~85쪽.

18 李勇·張仲田 編, 『蔣介石年譜』, 北京: 中共黨史出版社, 1995, 201쪽.

19 土屋光芳, 『汪精衛と蔣汪合作政權』, 東京: 人間の科學社, 2004, 18~19쪽.

20 宋春 主編, 『中國國民黨史』, 長春: 吉林文史出版社, 1990, 304~309쪽.

21 汪精衛, 「第六次全體會議開會詞」, 『中央黨務月刊』 第88期(1935. 11), 1,012~1,013쪽.

22 피격사건의 자세한 전말에 대해서는 「汪院長遇刺詳情」, 『大公報』(1935. 11. 2), 1쪽; 雷鳴, 『汪精衛先生傳』, 上海: 政治月刊社, 1944, 262~264쪽; 陳公博 著, 李鍔·汪瑞炯·趙令揚 編註, 『苦笑錄: 陳公博回憶』, 香港: 香港大學亞洲硏究中心, 1979, 321쪽 참조.

23 蔡德金·王升 編著, 『汪精衛生平紀事』, 北京: 中國文史出版社, 1993, 225쪽.

24 雷鳴, 『汪精衛先生傳』, 上海: 政治月刊社, 1944, 264쪽. 천궁보의 회고에 의하면 당시 왕징웨이는 부상당한 상태에서 장제스에게 "내가 죽은 다음 당신 혼자 책임을 져야 할 것이다"라고 말했다고 한다. 陳公博 著, 李鍔·汪瑞炯·趙令揚 編註, 『苦笑錄: 陳公博回憶』, 香港: 香港大學亞洲硏究中心, 1979, 322쪽.

25 거사 직전에 독약을 먹은 것이 범인의 사인이라는 주장도 있다. 張同新 編著, 『蔣汪合作的國民政府』, 哈爾濱: 黑龍江人民出版社, 1988, 370쪽.

26 당시 南京 경찰청장 천차오陳焯의 보고에 의하면 사건 직후 경찰이 천광통신사를 조사하러 갔으나 이미 모든 직원들이 도망치고 문서들도 모두 불탄 후였다고 한다. 「汪院長遇刺詳情」, 『大公報』(1935. 11. 2), 1쪽; 「國民黨四屆六中全會記節錄」, 榮孟源 主編, 『中國國民黨歷次代表大會及中央全會資料』 下冊, 北京: 光明日報出版社, 1986, 275~277쪽 참조.

27 「目的似在蔣」, 『大公報』(1935. 11. 2), 2쪽.

28 천궁보는 이 사건의 기소 이후 결과를 아는 사람이 전혀 없다고 말했다. 陳公博 著, 李鍔·汪瑞炯·趙令揚 編註, 『苦笑錄: 陳公博回憶』, 香港: 香港大學亞洲硏究中心, 1979, 324쪽.

29 「致東北各軍事長官電(1931. 8. 16)」, 畢萬聞 主編, 『張學良文集 1』, 北京: 新華出版社, 1992, 473쪽.

30 장제스는 1931년 8월 16일 장쉐량에게 보낸 電文에서 "차후 일본군이 동북을 침략한다 해도 우리 쪽에서는 부저항하면서 충돌을 피해야 한다. 일시적인 憤을 이기지 못하여 국가 민족을 돌아보지 않는 잘못을 범해서는 절대 안 된다"라고 했다. 張友坤·錢進 主編, 『張學良年譜(上)』, 北京: 社會科學文獻出版社, 1996, 569쪽 참조.

31 張憲文 主編, 『中國抗日戰爭史(1931~1945)』, 南京: 南京大學出版社, 2001, 75~79쪽 참조.

32 鹿錫俊, 『中國國民政府の對日政策(1931~1933)』, 東京: 東京大學出版會, 2001, 34~39쪽 참조.

33 彭敦文,『國民政府對日政策及其變化: 從九一八事變到七七事變』, 北京: 社會科學文獻出版社, 2007, 61~62쪽 참조.

34 蔣介石,「東北問題與對日方針(1932年 1月 11日, 奉化武嶺學校紀念週講演)」, 羅家倫 主編,『革命文獻 第35輯』, 臺北: 中央文物供應社, 1978, 7,959쪽.

35「汪委員精衛在二中全會致開會辭」, 國民黨黨史會 所藏 檔案(檔案番號: 240/1192).

36「國民黨中央執行委員會第四屆第四次全體會議政治報告(1934. 1. 23)」, 中國國民黨黨史會 所藏 檔案(檔案番號: 240/12.2).

37 배경한,「日本의 滿洲·華北 침략에 대한 國民政府의 對應: 이른바 不抵抗主義의 이해를 위한 一試論」,『서울대동양사학과논집』 제10집(1997).

38 張憲文 主編,『中國抗日戰爭史(1931~1945)』, 南京: 南京大學出版社, 2001, 109~113쪽.

39「行政院長汪兆銘致代理軍事委員會北平分會委員長何應欽等電(1933. 5. 23)」, 羅家倫 主編,『革命文獻 第38輯』, 臺北: 中央文物供應社, 1978, 8,789~8,790쪽 참조.

40「汪精衛先生在中央黨部紀念週演說詞(1933. 3. 20)」, 中國國民黨黨史會 所藏 檔案(檔案番號: 240/1163).

41「汪兆銘爲政府遷洛致唐紹儀蕭佛成等電(1932. 1. 31)」, 羅家倫 主編,『革命文獻 第36輯』, 臺北: 中央文物供應社, 1978, 8,225쪽.

42「國民黨中央執行委員會第四屆第四次全體會議政治報告(1934. 1. 23)」, 中國國民黨黨史會 所藏 檔案(檔案番號: 240/12.2).

43 家近亮子,『蔣介石と南京國民政府』, 東京: 慶應義塾大學出版會, 2002, 170~171쪽 참조.

44 장제스의 경우도 9·18 이후 일본의 만주 침략을 막아내지 못하고 있음을 통탄하는 한편 공산당 토벌의 중요성을 언급하고 있다.『蔣介石日記』(Stanford University Hoover Institution 所藏 原本), 1931年 9月 20日條; 楊天石,『找尋眞實的蔣介石: 蔣介石日記解讀』, 香港: 三聯書店, 2008, 202쪽 참조.

45「國民黨中央執行委員會第四屆第四次全體會議政治報告(1934. 1. 23)」, 中國國民黨黨史會 所藏 檔案(檔案番號: 240/12.2) 참조.

46「汪委員兆銘在中央紀念週報告詞(1932. 6. 27)」, 中國國民黨黨史會 所藏 檔案(檔案番號: 240/1155).

47 張憲文 主編,『中國抗日戰爭史(1931~1945)』, 南京: 南京大學出版社, 2001, 81~86쪽 참조.

48 孟眞,「監察院與汪精衛」,『獨立評論』 第4輯(1933. 6. 12), 2~3쪽.

49 安藤德器 編譯,『汪精衛自敍傳』, 東京: 講談社, 1941, 140쪽.

50 徐天一,「汪精衛的辭職與復職」,『三民主義月刊』 第6卷 第3期(1935. 9), 13~14쪽. 이것은 許育銘,『汪兆銘與國民政府: 1931至1936年對日問題下的政治變動』, 臺北: 國史館, 1999, 340쪽에서 재인용.

51『申報』(1935. 11. 17).

52 蔡德金·王升 編著,『汪精衛生平紀事』, 北京: 中國文史出版社, 1993, 225쪽.

53 陳公博 著, 李鍔·汪瑞炯·趙令揚 編註,『苦笑錄: 陳公博回憶』, 香港: 香港大學亞洲研究中心, 1979, 325쪽.

54 張同新 編著,『蔣汪合作的國民政府』, 哈爾濱: 黑龍江人民出版社, 1988, 375쪽.

55 許育銘,『汪兆銘與國民政府: 1931至1936年對日問題下的政治變動』, 臺北: 國史館, 1999, 369~370쪽.

56 張同新 編著,『蔣汪合作的國民政府』, 哈爾濱: 黑龍江人民出版社, 1988, 373~374쪽.

57 王克文,『汪精衛, 國民黨, 南京政權』, 臺北: 國史館, 2001, 220~226쪽.

58 陳公博 著, 李鍔 · 汪瑞炯 · 趙令揚 編註,『苦笑錄: 陳公博回憶』, 香港: 香港大學亞洲硏究中心, 1979, 327~329쪽.

59 「在中央政治會議談話會報告(1933. 11. 9)」, 國民黨黨史會 所藏 檔案資料(檔案番號: 240/1235); 王正華,「國防委員會的成立與運作(1933~1937)」, 中國社會科學院近代史硏究所民國史硏究室 編,『一九三0年代的中國』 上册, 北京: 社會科學文獻出版社, 2006, 105~108쪽.

60 「國民黨中央執行委員會第四屆第四次全體會議政治報告(1934. 1. 23)」, 國民黨黨史會 所藏 檔案資料(檔案番號: 240/12.2).

61 「汪精衛電函璧君(1936年 7月 13日)」, 蔡德金 輯,「西安事變前後汪精衛與陳璧君等來往電函」,『近代史資料』 第60號(1986. 1), 119~120쪽.

62 이상 후한민의 정치 행적에 대해서는 周聿峩 · 陳紅民,『胡漢民評傳』, 廣州: 廣東人民出版社, 1989, 266~290쪽 참조.

63 蔡德金 · 王升 編著,『汪精衛生平紀事』, 北京: 中國文史出版社, 1993, 226쪽; 張同新 編著,『蔣汪合作的國民政府』, 哈爾濱: 黑龍江人民出版社, 1988, 383쪽 참조.

64 왕징웨이의 중 · 독 · 일 동맹 구상에 대해서는 許育銘,『汪兆銘與國民政府: 1931至1936年對日問題下的政治變動』, 臺北: 國史館, 1999, 372~382쪽 참조.

65 「十年來和平運動之經過(1942年 7月)」, 國民黨黨史會 所藏 檔案資料(檔案番號: 715.1/174) 참조.

66 왕징웨이 관련 자료에는 모두 羅痕으로만 표기되어 있어 정확한 지명을 확인하기 어려운데, 체코슬로바키아를 통하여 갔다거나 온천도시라고 언급한 점 등으로 미루어 오스트리아 북부의 로헨으로 추정된다.

67 蔡德金 · 王升 編著,『汪精衛生平紀事』, 北京: 中國文史出版社, 1993, 227~234쪽.

68 중국 학계의 가장 대표적인 왕징웨이 연구자라고 할 수 있는 蔡德金 교수가 수집, 정리한 이 시기 왕징웨이와 국내 인물들의 來往書信이나 전보 자료는 南京의 中國第二歷史檔案館에 소장된 왕징웨이 당안자료를 근거로 작성되었다. 누락된 부분이 적지 않을 것으로 짐작되지만, 이 시기의 정치활동이나 정치적 입장을 알 수 있는 가장 중요한 자료임에는 틀림없다. 蔡德金 輯,「西安事變前後汪精衛與陳璧君等來往電函」,『近代史資料』 第60號(1986. 1), 115~136쪽 참조(이하「來往函電」).

69 「陳璧君, 王懋功, 谷正綱等電汪精衛(1936年 12月 4日)」·「陳璧君電汪精衛(1936年 12月 7日)」·「陳璧君電汪精衛(1936年 12月 8日)」,「來往函電」, 129~131쪽.

70 「汪精衛電陳璧君(1936年 6月 16日)」,「來往函電」, 115~116쪽.

71 「汪精衛電陳璧君(1936年 7月 12日)」,「來往函電」, 118쪽.

72 「陳璧君電汪精衛(1936年 7月 18日)」·「陳璧君電汪精衛(1936年 7月 20日)」·「陳璧君電汪

精衛(1936年 7月 21日)」,「來往函電」, 119～122쪽 참조.

73 「陳璧君谷正綱等電汪精衛(1936年 8月 24日)」·「陳璧君電汪精衛(1936年 8月 26日)」·「陳璧君電汪精衛(1936年 10月 3日)」·「陳璧君王懋功谷正綱等電汪精衛(1936年 10月 5日)」,「來往函電」, 122～127쪽 참조.

74 「陳璧君電汪精衛(1936年 8月 28日)」,「來往函電」, 124쪽.

75 「陳璧君電汪精衛(1936年 8月 26日)」,「來往函電」, 123쪽.

76 「張群電汪精衛(1936年 8月 28日)」,「來往函電」, 124쪽.

77 「陳璧君電汪精衛(1936年 8月 28日)」·「陳璧君王懋功等電汪精衛(1936年 9月 21日)」,「來往函電」, 124쪽.

78 張國福,『民國憲法史』, 北京: 華文出版社, 1991, 351～361쪽 참조.

79 王永祥,『中國現代憲政運動史』, 北京: 人民出版社, 1996, 120～122쪽.

80 陳璧君王懋功等電汪精衛(1936年 9月 21日)」,「來往函電」, 124쪽.

81 「陳璧君電汪精衛(1936年 10月 9日)」·「陳璧君電汪精衛(1936年 10月 15日)」,「來往函電」, 127～128쪽.

82 「陳璧君王懋功谷正綱等電汪精衛(1936年 12月 4日)」,「來往函電」, 129쪽.

83 王克文,『汪精衛, 國民黨, 南京政權』, 臺北: 國史館, 2001, 238쪽.

84 「陳璧君電汪精衛(1936年 12月 12日)」,「來往函電」, 131.

85 『蔣介石日記』, 1936年 12月 12日條(Box 39-5) 참조.

86 『大公報』의 경우 사변 발생 직후 南京의 中央通信社로부터 받은 정보가 전부였다. 따라서 적어도 12월 20일 전후까지 장쉐량 측의 通電 내용이 다른 지역에 전해지지 않고 있었음을 확인할 수 있다. 「中央社南京電」,『大公報』(1936. 12. 13·14·16), 각각 3쪽 참조. 14일자 「張學良通電」이라는 제목의 기사에서도 通電의 서명자만 거론하고 있으며 통전의 내용에 대해서는 아무런 언급이 없다.

87 「陳璧君電汪精衛(1936年 12月 13日)」,「來往函電」, 131～132쪽.

88 「陳璧君電汪精衛(1936年 12月 13日 下午2時發)」·「陳璧君電汪精衛(1936年 12月 13日 下午4時半發)」,「來往函電」, 132～133쪽.

89 「汪精衛電陳璧君(1936年 12月 14日)」,「來往函電」, 133쪽.

90 「汪精衛電陳璧君(1936年 12月 14日 下午5時發)」,「來往函電」, 133쪽.

91 蔡德金·王升 編著,『汪精衛生平紀事』, 北京: 中國文史出版社, 1993, 234쪽.

92 顧維鈞,『顧維鈞回憶錄』 第2分册, 北京: 中華書局, 1985, 369～374쪽 참조.

93 「離毆宣言文(1936. 12. 22)」, 國民黨黨史會 所藏 檔案資料(檔案番號: 480/2.1);「汪精衛通電(1936. 12. 22)」,「來往函電」, 135쪽.

94 顧維鈞,『顧維鈞回憶錄』 第2分册, 北京: 中華書局, 1985, 375쪽.

95 「褚民誼電汪精衛(1936年 12月 29日)」·「褚民誼電汪精衛(1936年 12月 30日)」,「來往函電」, 134～135쪽.

96 「汪精衛氏昨夜抵星(1937. 1. 7日字 南洋商報 號外)」, 國民黨黨史會 所藏 檔案資料(檔案番號: 480/2.1);「一月十日過馬尼喇談話大要」, 國民黨黨史會 所藏 檔案資料(檔案番號:

480/2.4).

97 蔡德金 · 王升 編著, 『汪精衛生平紀事』, 北京: 中國文史出版社, 1993, 236쪽.

98 「一月十四日到上海談話」, 國民黨黨史會 所藏 檔案資料(檔案番號: 480/2.2)

99 「回國後的一點感想: 中央黨部紀念週演說詞(1937. 1. 18)」, 國民黨黨史會 所藏 檔案資料(檔案番號: 240/1356)

100 蔣中正(蔣夫人筆錄), 「西安事變對張學良楊虎城之訓詞」, 『黨務月刊』 第101期(1936. 12), 1,293~1,295쪽.

101 「函各中央委員二十六年二月十五日擧行第五屆第三次全體會議」, 『黨務月刊』 第101期(1936. 12), 1,243쪽.

102 『蔣介石日記』, 1937年 1月 10, 14, 16, 18日條.

103 『蔣介石日記』, 1937年 1月 18日條.

104 『蔣介石日記』, 1937年 1月 3日; 「本月反省錄(1937年 1月)」, 『蔣介石日記』, 1937年 1月 31日條.

105 『蔣介石日記』, 1937年 2月 14, 18, 20日條.

106 「本月反省錄(1937年 1月)」, 『蔣介石日記』, 1937年 1月 31日條.

107 「關于根絶赤禍之決議(1937. 2. 21)」, 榮孟源 主編, 『中國國民黨歷次代表大會及中央全會資料』 下册, 北京: 光明日報出版社, 1986, 433~435쪽.

108 張同新 編著, 『蔣汪合作的國民政府』, 哈爾濱: 黑龍江人民出版社, 1988, 464~466쪽; 劉維開, 『國難期間應變圖存問題之硏究』, 臺北: 國史館, 1995, 566~567쪽 참조.

109 「三中全會開幕詞(1937. 2. 15)」, 榮孟源 主編, 『中國國民黨歷次代表大會及中央全會資料』 下册, 北京: 光明日報出版社, 1986, 426~427쪽 참조.

110 『救國日報』(1937. 2. 28), 張同新 編著, 『蔣汪合作的國民政府』, 哈爾濱: 黑龍江人民出版社, 1988, 464쪽에서 재인용.

111 「汪兆銘在外交部紀念週演講詞(1937. 2. 22)」, 國民黨黨史會 所藏 檔案資料(檔案番號: 240/14).

112 「汪兆銘在中央紀念週報告山西綏遠情形原稿(1937. 3. 26)」, 國民黨黨史會 所藏 檔案資料(檔案番號: 240/20)

113 蔡德金 · 王升 編著, 『汪精衛生平紀事』, 北京: 中國文史出版社, 1993, 239~240쪽.

114 문명기, 「中日戰爭 初期(1937~39) 汪精衛派의 和平運動과 和平理論」, 『동양사학연구』 제71집(2000. 7)은 필자가 다루고 있는 부분의 바로 뒤의 시기를 집중적으로 다루었다. 관점에 있어서는 상당 부분 필자의 입장을 지지하고 있으나, 각론에서는 의견이 다른 부분도 적지 않다.

Ⅱ. 중일전쟁 발발 이후의 화평운동과 왕징웨이의 친일 선택

115 왕징웨이, 천비쥔, 저우포하이, 타오시성, 쩡중밍 등 10여 명의 重慶 脫出 經緯는 周佛海, 蔡

德金 編注,『周佛海日記』, 北京: 中國社會科學出版社, 1986, 201～208頁; 蔡德金·王升 編著,『汪精衛生平紀事』, 北京: 中國文史出版社, 1993, 252～254쪽에 자세히 설명되어 있다.

116 중일전쟁 시기 중국의 화평운동이나 화평파 인물들에 대한 국내의 연구들도 민족배반론 내지 한간漢奸론에 입각한 비판적 시각에서 출발하고 있다. 문명기,「中日戰爭 初期(1937～39) 汪精衛派의 和平運動과 和平理論」,『동양사학연구』 제71집(2000. 7), 118～119쪽; 박상수,「중일전쟁기 중국의 대일 "협력Collaboration" 에 관한 연구 시각과 전망: 구미학계를 중심으로」,『사총』 61권(고려대학교 역사연구소, 2005); 박상수,「중일전쟁기 화북의 대일 '협력자': 국내정치의 역학관계를 통해 본 협력정권의 형성」,『아세아연구』 49권(고려대학교 아세아문제연구소, 2006. 12), 86～87쪽; 박상수,「중일전쟁 전후 대일협력자 '왕정위집단汪精衛集團'의 형성(1928～1938)」,『사총』 65(고려대학교 역사학연구회, 2007), 99～101쪽; 김정현,「중일전쟁기 周佛海를 통해 본 친일협력」,『아세아문화연구』 제11집(경원대학교 아시아문화연구소, 2006), 198～199쪽; 황동현,「조우 포하이周佛海의 일기를 중심으로 본 항일전쟁 시기 대일합작對日合作 문제에 대한 한 검토」,『코기토』 62(부산대학교 인문학연구소, 2007), 181～182쪽 등 참조.

117 대표적인 경우로, 타이완 출신의 재미 중국인 학자 왕커원王克文의 연구에 대한 중국 학자들의 대대적인 비판은 학문적 비판을 넘어 '애국'과 '매국'을 가르는 감정적 비판에까지 이르렀다. 蔡德金,「關于抗戰時期汪精衛與汪僞政權的幾個問題之我見」,『抗日戰爭研究』 1999年 1期; 曾業英,「簡評「戰爭與和平: 試論汪政權的歷史地位」」,『抗日戰爭研究』 1999年 1期.

118 蔡德金·王升 編著『汪精衛生平紀事』, 北京: 中國文史出版社, 1993, 240쪽.

119 문명기,「中日戰爭 初期(1937～39) 汪精衛派의 和平運動과 和平理論」,『동양사학연구』 제71집(2000. 7), 121～122쪽.

120 문명기,「中日戰爭 初期(1937～39) 汪精衛派의 和平運動과 和平理論」,『동양사학연구』 제71집(2000. 7), 121～122쪽.

121 이 책의 143쪽.

122 저우포하이의 일기에 의하면 중일전쟁 발발 직후인 1937년 7월 중순부터 화평론을 주장하며 왕징웨이, 타오시성陶希聖, 메이쓰핑梅思平 등과 비관적인 전쟁 상황에 대해 자주 논의했다. 周佛海, 蔡德金 編注,『周佛海日記』, 北京: 中國社會科學出版社, 1986, 7, 20쪽.

123 周佛海,「回憶與前瞻(1939. 7. 22～24)」, 黃美眞·張雲 編,『汪精衛集團投敵』, 上海: 上海人民出版社, 1984, 7쪽.

124 羅君强,「"低調俱樂部"」, 黃美眞·張雲 編,『汪精衛集團投敵』, 上海: 上海人民出版社, 1984, 199～200쪽.

125 이 밖에 장지롼張季鸞, 쭤순성左舜生, 사오리쯔邵力子, 장쥔마이張君勱, 리황李黃, 구주퉁顧祝同, 슝스후이熊式輝, 청창보程滄波 등을 포함시키기도 한다. 胡春惠,「汪精衛與低調俱樂部」,『抗日戰爭研究』 1999年 1期, 38쪽.

126 汪精衛,「大家要老實話大家要負責任」, 黃美眞·張雲 編,『汪精衛集團投敵』, 上海: 上海人民出版社, 1984, 178쪽.

127 周佛海,「回憶與前瞻(1939. 7. 22～24)」, 黃美眞·張雲 編,『汪精衛集團投敵』, 上海: 上海人

民出版社, 1984, 4쪽.

128 「汪精衛發表談話」, 『申報』(上海 復刊本, 1938. 10. 13), 4쪽; 「汪精衛發表談片」, 『申報』(1938. 10. 22), 4쪽.

129 배경한, 「日本의 滿洲·華北 침략에 대한 國民政府의 對應: 이른바 '不抵抗主義'의 이해를 위한 一試論」, 『서울대동양사학과논집』 11(1987).

130 范泓, 「代序: 從政七年如咯血」, 高宗武·陶恒生 譯, 『高宗武回憶錄』, 北京: 中國大百科全書出版社, 2009, 8~11쪽. 트라우트만의 중재 노력과 거기에 대한 장제스의 대응에 관해서는 黃友嵐, 『抗日戰爭時期的"和平"運動』, 北京: 解放軍出版社, 1988, 53~60쪽 참조.

131 1938년 2월 홍콩에 온 가오쭝우는 표면적으로는 쭝지양행宗記洋行이라는 회사를 경영하는 것으로 되어 있었으나, 실제로는 藝文研究會 홍콩분회와 그 아래 소속된 일본문제연구소를 통한 대일 정보 확보가 주임무였다. 范泓, 「代序: 從政七年如咯血」, 高宗武·陶恒生 譯, 『高宗武回憶錄』, 北京: 中國大百科全書出版社, 2009, 11쪽.

132 예문연구회는 장제스와 왕징웨이의 합작으로 설립되었고, 장제스의 자금 지원과 왕징웨이의 지도, 타오시성의 주도로 운영되었다고 알려졌다. 羅君强, 「一個暗中散布反共降日毒素的灰色文化團體-"藝文研究會"」, 黃美眞·張雲 編, 『汪精衛集團投敵』, 上海: 上海人民出版社, 1984, 202쪽; 「陶希聖致胡適(1938. 12. 31)」, 中國社會科學院近代史研究所 中華民國史研究室 編, 『胡適來往書信選』 中册, 香港: 中華書局, 1983, 398쪽.

133 「處理中國事變的根本方針(1938. 1. 11, 御前會議決定)」, 黃美眞·張雲 編, 『汪精衛集團投敵』, 上海: 上海人民出版社, 1984, 73~74쪽.

134 「政府聲明(1938. 1. 16, 第一次近衛聲明)」, 黃美眞·張雲 編, 『汪精衛集團投敵』, 上海: 上海人民出版社, 1984, 76쪽.

135 둥다오닝의 도쿄 방문은 만철 난징사무소장 니시 요시아키西義顯의 권고를 받아들여 이루어졌다. 西義顯, 『日華"和平工作"秘史』, 南京: 江蘇古籍出版社, 1992, 17~25쪽.

136 다다, 이시하라, 가게사, 이마이는 일본 군부에서 이른바 '통제파'에 속한 인물들로서 평화적 담판에 의한 전쟁 종결을 주장했다. 高宗武·陶恒生 譯, 『高宗武回憶錄』, 北京: 中國大百科全書出版社, 2009, 15쪽.

137 陳鵬仁 譯著, 『汪精衛降日秘檔』(影佐禎昭回憶錄), 臺北: 聯經出版社, 1999, 16~17쪽.

138 원문은 "倭確急於求和"이다. 『蔣介石日記』 1938年 4月 5日條.

139 周佛海·蔡德金 編注, 『周佛海日記』(上), 北京: 中國社會科學出版社, 1986, 106쪽, 1938年 5月 30日條.

140 蔡德金·王升 編著, 『汪精衛生平紀事』, 北京: 中國文史出版社, 1993, 243~244쪽.

141 蔡德金·王升 編著, 『汪精衛生平紀事』, 北京: 中國文史出版社, 1993, 246쪽.

142 陳鵬仁, 「日本對汪精衛工作」, 陳鵬仁 譯著, 『汪精衛降日秘檔』(影佐禎昭回憶錄), 臺北: 聯經出版社, 1999, 289쪽.

143 가오쭝우가 배를 타고 홍콩을 떠난 날은 6월 23일인데 장제스가 이 사실을 이튿날인 6월 24일에 알게 되었으니, 당시 장제스의 정보력이 상당했다는 것을 알 수 있다. 『蔣介石日記』 1938年 6月 24日條.

144 『蔣介石日記』 1938年 7月 14日條.

145 『蔣介石日記』 1938年 7月 22, 25日條.

146 「適應時局的對中國謀略(1938. 7. 12, 五相會議決定)」, 黃美眞·張雲 編, 『汪精衛集團投敵』, 上海: 上海人民出版社, 1984, 89쪽.

147 陳鵬仁 譯著, 『汪精衛降日秘檔』(影佐禎昭回憶錄), 臺北: 聯經出版社, 1999, 17, 289~290쪽.

148 8월 11일 장제스는 천부레이를 통하여 저우포하이에게 예문연구회의 성과가 없다고 질책했고, 저우포하이는 이것이 예문연구회에 대한 재정 지원 중단으로 이어질 것을 걱정하고 있었다. 周佛海·蔡德金 編著, 『周佛海日記』(上), 北京: 中國社會科學出版社, 1986, 136쪽.

149 松本重治, 『近衛時代』(上), 東京: 中央公論社, 1986, 37쪽.

150 松本重治, 『近衛時代』(上), 東京: 中央公論社, 1986, 311쪽.

151 문명기, 「中日戰爭 初期(1937~39) 汪精衛派의 和平運動과 和平理論」, 『동양사학연구』 제71집(2000. 7), 133쪽.

152 蔡德金·王升 編著, 『汪精衛生平紀事』, 北京: 中國文史出版社, 1993, 247쪽.

153 「汪精衛發表談話」, 『申報』(上海 復刊版, 1938. 10. 13), 4쪽; 「汪精衛發表談片: 不妨害中國國家之生存可以接受和平條件」, 『申報』(上海 復刊版, 1938. 10. 22), 4쪽.

154 실제로 왕징웨이의 이 담화 소식이 알려지자 상하이에서는 왕징웨이의 진의가 무엇인지 의심스럽다는 반응들이 나타났다. 「各界對汪氏談話嚴重注意」, 『申報』(上海 復刊版, 1938. 10. 23), 3쪽.

155 今井武夫, 「汪蔣爭論和汪逃出重慶」, 黃美眞·張雲 編, 『汪精衛集團投敵』, 上海: 上海人民出版社, 1984, 351쪽.

156 蔡德金 編注, 『周佛海日記』 上, 北京: 中國社會科學出版社, 1986, 173~174쪽, 1938年 10月 22日條.

157 蔡德金 編注, 『周佛海日記』 上, 北京: 中國社會科學出版社, 1986, 177쪽, 1938年 10月 27日條.

158 蔡德金·王升 編著, 『汪精衛生平紀事』, 北京: 中國文史出版社, 1993, 249쪽.

159 今井武夫, 「渡邊工作現況(1938. 11. 15)」, 黃美眞·張雲 編, 『汪精衛集團投敵』, 上海: 上海人民出版社, 1984, 285쪽.

160 黃美眞·張雲 編, 『汪精衛集團投敵』, 上海: 上海人民出版社, 1984, 291~292쪽.

161 黃美眞·張雲 編, 『汪精衛集團投敵』, 上海: 上海人民出版社, 1984, 291~295쪽.

162 黃美眞·張雲 編, 『汪精衛集團投敵』, 上海: 上海人民出版社, 1984, 295~296쪽.

163 蔡德金 編注, 『周佛海日記』 上, 北京: 中國社會科學出版社, 1986, 194~196쪽, 1938年 11月 26~29日條; 천궁보는 최후 단계에서 참여하도록 연락받았으며, 자신의 반대에도 불구하고 충칭 이탈이 추진되었고 하였다. 陳公博, 「和平運動前後的我的主張」, 黃美眞·張雲 編, 『汪精衛集團投敵』, 上海: 上海人民出版社, 1984, 28~29쪽.

164 今井武夫, 「渡邊工作現況(1938. 12. 6)」, 黃美眞·張雲 編, 『汪精衛集團投敵』, 上海: 上海人民出版社, 1984, 302~303쪽.

165 「調整日華新關係的方針(1938. 11. 30, 御前會議決定)」, 黃美眞·張雲 編, 『汪精衛集團投敵』, 上海: 上海人民出版社, 1984, 298~301쪽.

166 일행이 충칭을 떠나는 데는 왕징웨이의 측근인 교통부장 펑쉐페이의 도움이 있었고, 쿤밍을 떠나는 데는 윈난 성 주석 룽윈의 도움이 있었다. 朱子家, 『汪政權的開場與收場』 1冊, 香港: 春秋雜誌社, 1963, 16~17쪽.

167 장제스는 시안 쪽 기후 관계로 비행기가 뜰 수 없어 계속 충칭에 머물렀다. 蕭李居 編輯, 『事略稿本: 蔣中正總統檔案』 第42冊, 臺北: 國史館, 2010, 679쪽.

168 朱子家, 『汪政權的開場與收場』 1冊, 香港: 春秋雜誌社, 1963, 17쪽.

169 上坂冬子, 『我は苦難の道を行く: 汪兆銘の眞實』(上, 下), 東京: 講談社, 1999.

170 장제스가 왕징웨이의 충칭 이탈 사실을 안 날짜에 대해서는 孫彩霞, 「蔣介石對汪精衛叛國投敵之處置」, 『近代史硏究』 2010年 4期, 87쪽 참조.

171 이에 앞서 12월 초에 장제스는 왕징웨이가 쓰촨의 판원화潘文華, 윈난의 룽윈과 결탁했다는 정보를 보고받은 적이 있지만 문제 삼지 않았다. 『蔣介石日記』 1938年 12月 5日條.

172 蔡德金 · 王升 編著, 『汪精衛生平紀事』, 北京: 中國文史出版社, 1993, 253쪽.

173 『蔣介石日記』 1938年 12月 22日條.

174 王世杰, 『王世杰日記』 1938年 12月 27日, 臺北: 中央硏究院近代史硏究所, 1990, 10쪽.

175 蔡德金 · 王升 編著, 『汪精衛生平紀事』, 北京: 中國文史出版社, 1993, 254쪽.

176 "艶" 은 전보에서 '29일' 을 줄여 부르는 용어이다.

177 「艶電」, 黃美眞 · 張雲 編, 『汪精衛集團投敵』, 上海: 上海人民出版社, 1984, 373~375쪽.

178 「艶電」, 黃美眞 · 張雲 編, 『汪精衛集團投敵』, 上海: 上海人民出版社, 1984, 374쪽.

179 고노에 성명에 일본군의 철수 문제가 빠진 것은 육군 측의 강력한 반대 때문이었다고 한다. 影佐禎昭, 「我走過來的路」, 陳鵬仁 譯著, 『汪精衛降日秘檔』(影佐禎昭回憶錄), 臺北: 聯經出版社, 1999, 22쪽.

180 今井武夫, 「汪蔣爭論和汪逃出重慶」, 黃美眞 · 張雲 編, 『汪精衛集團投敵』, 上海: 上海人民出版社, 1984, 302~303쪽. 金雄白(朱子家)은 왕징웨이가 충칭 이탈 후 하야를 발표하며 일반 국민의 입장에서 전쟁의 화평 해결을 주장하고 국민적 심판을 받으려 했다고 썼다. 朱子家, 「汪精衛如何能脫離重慶」, 黃美眞 · 張雲 編, 『汪精衛集團投敵』, 上海: 上海人民出版社, 1984, 344쪽.

181 影佐禎昭, 「我走過來的路」, 陳鵬仁 譯著, 『汪精衛降日秘檔』(影佐禎昭回憶錄), 臺北: 聯經出版社, 1999, 21, 24쪽

182 黃美眞 · 張雲 編, 『汪精衛集團投敵』, 上海: 上海人民出版社, 1984, 291~295쪽.

183 창사에 대화재가 발생한 것은 11월 14일의 일이다. 일본군의 공격을 받기 전에 창사를 방어하고 있었던 중국 군경의 잘못된 정보로 인해 시내에 대방화가 일어나 엄청난 피해를 불러왔다. 왕징웨이는 사건 직후 이에 대하여 통렬한 비판을 가하였다. 汪精衛, 「爲什麽誤解焦土抗戰?」, 『中央日報』(1938. 11. 23).

184 汪精衛, 「復華僑某君書(1939. 3. 30)」, 黃美眞 · 張雲 編, 『汪精衛集團投敵』, 上海: 上海人民出版社, 1984, 391쪽.

185 雷鳴, 「艶電經過和重慶的反響」(節錄), 黃美眞 · 張雲 編, 『汪精衛集團投敵』, 上海: 上海人民出版社, 1984, 403쪽.

186 「汪精衛什麼病?」, 『申報』(上海 復刊本, 1938. 12. 28), 12쪽; 「社評: 汪精衛之怪誕主張」, 『申報』(上海 復刊本, 1938. 12. 31), 4쪽.

187 룽윈의 기억에 의하면 당시 구정딩은 왕징웨이의 외교여권과 여비를 가지고 하노이를 방문했으며 왕복 모두 쿤밍을 거쳤으나 (왕징웨이와의 내통을 우려해) 룽윈에게 알리지 않았다고 한다. 龍雲, 「抗戰前後的幾點回憶」(節錄), 黃美眞·張雲 編, 『汪精衛集團投敵』, 上海: 上海人民出版社, 1984, 364쪽; 蔡德金·王升 編著, 『汪精衛生平紀事』, 北京: 中國文史出版社, 1993, 256쪽.

188 이 사건으로 왕징웨이의 수행비서 쩡중밍曾仲鳴이 사망하고 그의 부인 팡쥔비方君壁가 중상을 입었다. 사건의 자세한 전말에 대해서는 朱子家, 『汪政權的開場與收場』 1冊, 香港: 春秋雜誌社, 1963, 21~24쪽을 참조.

189 高宗武·陶恒生 譯, 『高宗武回憶錄』, 北京: 中國大百科全書出版社, 2009, 33쪽.

190 왕징웨이의 이 질문에 대하여 가오쭝우는 "일본인이 말하는 것은 40% 정도만 믿을 수 있다"고 대답하였다고 한다. 高宗武·陶恒生 譯, 『高宗武回憶錄』, 北京: 中國大百科全書出版社, 2009, 38쪽.

191 影佐禎昭, 「我走過來的路」, 陳鵬仁 譯著, 『汪精衛降日秘檔』(影佐禎昭回憶錄), 臺北: 聯經出版社, 1999, 26쪽.

192 훗날 타오시성과 함께 화평운동에서 빠져 홍콩으로 간 가오쭝우는 왕징웨이가 염전에서 일본군의 철병에 대한 구체적 조건을 요구하지 않은 것이 결정적인 잘못이라고 지적했다. 염전 발표 후 충칭 측으로부터 당적을 박탈당한 것과 함께 기존 지지자들조차 등을 돌리는 사태가 일어난 것은 바로 철병 요구가 관철되지 못했기 때문이라는 것이 그의 주장이다. 高宗武·陶恒生 譯, 『高宗武回憶錄』, 北京: 中國大百科全書出版社, 2009, 37쪽.

193 高宗武·陶恒生 譯, 『高宗武回憶錄』, 北京: 中國大百科全書出版社, 2009, 30~31쪽.

194 蔡德金 編注, 『周佛海日記』 上, 北京: 中國社會科學出版社, 1986, 197쪽, 1938年 12月 1日條; 陳公博, 「和平運動前後的我的主張」, 黃美眞·張雲 編, 『汪精衛集團投敵』, 上海: 上海人民出版社, 1984, 32쪽.

195 土屋光芳, 『汪精衛と蔣汪合作政權』, 東京: 人間の科學社, 2004, 17~18쪽.

196 저우포하이는 염전 발표 직전인 1938년 12월 26일과 28일에 장제스, 천부레이, 천궈푸 등에게 편지를 보내, 이번 하노이행이 절대 반장제스운동에서 나온 것이 아니며 화평을 실행하자는 것뿐임을 강조하였다. 蔡德金 編注, 『周佛海日記』 上, 北京: 中國社會科學出版社, 1986, 211, 212쪽, 1938年 12月 26, 28日條.

197 龍雲, 「抗戰前後我的幾点回憶」, 黃美眞·張雲 編, 『汪精衛集團投敵』, 上海: 上海人民出版社, 1984, 365쪽.

198 黃美眞·張雲 編, 『汪精衛集團投敵』, 上海: 上海人民出版社, 1984, 291~295쪽.

199 高宗武·陶恒生 譯, 『高宗武回憶錄』, 北京: 中國大百科全書出版社, 2009, 27쪽.

200 만주사변 직후 국제연맹을 통한 외교적 해결에 대한 국민정부의 노력에 관해서는 劉維開, 『國難期間應變圖存問題之研究』, 臺北: 國史館, 1995, 13~24쪽 참조.

201 미국의 중립적 태도에는 대일 무역이 주는 경제적 이득에 대한 고려가 들어 있었다. 미국이 중국을 지원하는 것은 처음부터 불가능한 일이었다. 김지환, 「中日戰爭期 重慶國民政府의

對美外交: 美國의 中立政策에 대한 대응을 중심으로」, 『중국사연구』 42집(2006. 6).

202 蔣介石, 「對美國遠東政策之感想(1938. 7. 24)」, 蕭李居 編輯, 『事略稿本: 蔣中正總統檔案』 第42册, 臺北: 國史館, 2010, 92~95쪽.

203 汪精衛, 「尋求與國與團結民衆: 汪主席昨發表論文」, 『申報』(1937. 11. 12, 13), 각 4쪽.

204 문명기, 「中日戰爭 初期(1937~39) 汪精衛派의 和平運動과 和平理論」, 『동양사학연구』 제71집(2000. 7), 125~126쪽.

205 汪精衛, 「擴大紀念周上的講話」, 『新民報』(1938. 8. 11), 蔡德金·王升 編著, 『汪精衛生平紀事』, 北京: 中國文史出版社, 1993, 247쪽에서 재인용.

206 汪精衛, 「致中央常務委員會國防最高會議書(1938. 12.28)」, 黃美眞·張雲 編, 『汪精衛集團投敵』, 上海: 上海人民出版社, 1984, 371쪽.

207 周佛海, 「回憶與前瞻(1939. 7. 22~24)」, 黃美眞·張雲 編, 『汪精衛集團投敵』, 上海: 上海人民出版社, 1984, 5~6쪽.

208 이 책의 162~163쪽.

209 『蔣介石日記』 1938年 12月 22日條.

210 楊奎松, 『國民黨的"聯共"與"反共"』, 北京: 社會科學文獻出版社, 2008, 217~219쪽.

211 蔡德金·王升 編著, 『汪精衛生平紀事』, 北京: 中國文史出版社, 1993, 110~113쪽.

212 당시 공산당의 봉기(廣州起義)를 둘러싼 우즈후이吳稚暉 등 난징 측의 왕징웨이 비판과 이에 대한 왕징웨이의 반박에 대해서는 蔡德金, 『汪精衛評傳』, 成都: 四川人民出版社, 1988, 156~157쪽을 참조.

213 蔣永敬, 「汪精衛的"恐共"與"投日"」, 『抗日戰爭硏究』 1999年 第1期, 42쪽. 왕징웨이는 피격사건 후 요양을 위해 유럽에 가서도 독일과 공동방공 협정 체결을 시도했으나 장제스의 반대로 무산되고 말았다. 이상 이 책의 151쪽 참조.

214 「日華協議記錄」, 黃美眞·張雲 編, 『汪精衛集團投敵』, 上海: 上海人民出版社, 1984, 291~292쪽.

215 汪精衛, 「犧牲之意義」, 『旅歐雜誌』 第3期(1916. 9. 15), 4~8쪽.

216 汪精衛, 「復華僑某君書(1939. 3. 30)」, 黃美眞·張雲 編 『汪精衛集團投敵』, 上海: 上海人民出版社, 1984, 391쪽.

217 周佛海, 「回憶與前瞻(1939. 7. 22~24)」, 黃美眞·張雲 編, 『汪精衛集團投敵』, 上海: 上海人民出版社, 1984, 3, 13쪽.

218 이러한 '자기희생'이 흔히 지적되어온 혁명가로서의 낭만적 성격과 관련되어 나온 것이라는 지적은 적절하다. 李志毓, 「汪精衛的性格與政治命運」, 『歷史硏究』 2011年 第1期.

제4편 친일의 논리와 친일정권의 곤경

Ⅰ. 왕징웨이 친일정권과 대아시아주의의 변용

1 成仁基, 「汪兆銘과 新生支那」, 『朝光』 제5권 제11호(1939. 11), 25쪽.

2 汪精衛, 「艶電(1938. 12. 29)」, 『汪主席和平建國言論集』(上), 上海: 中央宣傳部, 1938, 3쪽. 2년여 뒤에 왕징웨이는 당시 고노에 일본 수상이 발표한 "善隣友好, 共同防共, 經濟提携" 의 三原則에 자신이 주장하여 文化建設 조항을 첨가했다고 하였는데, 이것도 그가 문화사상적 부분을 얼마나 중요시했는지를 보여주는 증거이다. 汪精衛, 「東亞聯盟運動的經過」, 『大亞洲主義』 2-2(1941. 2. 15), 2쪽.

3 張學俊, 「汪精衛集團的民族投降主義理論」, 『唐都學刊』(西安) 1994-1, 35~39쪽; 陳戎杰, 「汪精衛降日賣國的'東亞聯盟'理論剖析」, 『抗日戰爭研究』 1994-3, 180~195쪽.

4 「我對於中日關係之根本觀念及前進目標(1939. 7. 9)」, 『汪主席和平建國言論集』, 39~46쪽.

5 「怎樣實現和平?(1939. 8. 9)」, 『汪主席和平建國言論集』, 62쪽; 「三民主義實現の要諦, 日本との協力に在り: 汪精衛演說, 三民主義の理論と實際」, 『東京朝日新聞』 1939. 12. 4, 1쪽.

6 「和平救國 以外에 中國 更生의 길 없다: 汪氏, 和平意義 再闡明」, 『朝鮮日報』 1939. 12. 30, 1쪽.

7 楢崎觀一, 『興亞建設の基礎知識』, 東京: 大阪屋号書店, 1940, 131쪽.

8 당시 왕징웨이나 일본 측에서는 인민들의 화평에 대한 요구가 매우 크지만 충칭 국민당정부의 압박에 눌려 제대로 자기 의견을 내세우지 못하다가 왕징웨이 일파가 화평운동을 주장하고 나서니 지지여론이 앙등하고 있다고 주장하였다. 「汪精衛의 第二公開狀, 和平運動에 加鞭」, 『朝鮮日報』 1939. 1. 11, 1쪽.

9 成仁基, 「汪政權의 樹立」, 『朝光』 제6권 2호(1940. 2), 62쪽.

10 「對神戶商業會議所等團體的演說(1924. 11. 28)」, 中山大學孫中山研究室 等 編, 『孫中山全集』 第11卷, 北京: 中華書局, 1987, 401~409쪽.

11 「大亞洲主義月刊社概況」, 『大亞洲主義』 2-2(1941. 2. 15), 128~130쪽.

12 周化人, 「大亞洲主義與亞洲聯盟」, 『大亞洲主義』 1-1(1940. 8. 15), 21~25쪽.

13 林柏生, 「對於亞洲主義與東亞聯盟論的一點意見」, 『大亞洲主義』 1-1(1940. 8. 15), 19쪽.

14 陳戎杰, 「汪精衛降日賣國的'東亞聯盟'理論剖析」, 『抗日戰爭研究』 1994-3, 181~182쪽.

15 汪精衛, 「東亞聯盟運動的經過(東亞聯盟中國總會創立會致詞)」, 『大亞洲主義』 2-2(1941. 2. 15), 2쪽.

16 「民族主義與大亞洲主義」, 『大亞洲主義』 1-4(1940. 11. 15), 5쪽.

17 汪精衛, 「所望於中華民國三十年者」, 『大亞洲主義』 2-1(1941. 1. 15), 1쪽.

18 吳壑梧, 「新國民運動與大亞洲主義」, 『大亞洲主義』 4-1(1942. 1. 15), 30쪽.

19 林柏生, 「發刊詞」, 『大亞洲主義與東亞聯盟』 1-1(1942. 7. 1), 1쪽.

20 陳方中, 「中日問題的認識」, 『大亞洲主義與東亞聯盟』 1-2(1942. 8. 1), 1쪽.

21 陳方中, 「時評: 大亞洲主義與東亞聯盟之實踐」, 『大亞洲主義與東亞聯盟』 3-6(1943. 12.

31), 3쪽.

22 「中華民族反英美協會會務摘要」, 『大東亞月刊』 2-1(1942. 9), 68～69쪽.

23 蔡陽東明, 「論建立大東亞新文化運動」, 『大東亞月刊』 2-1(1942. 9), 13～18쪽.

24 陳君源, 「東亞各民族獨立運動的醞釀與演進」, 『大東亞月刊』 3-1(1943. 1), 2～8쪽.

25 橋川文三, 「'大東亞共榮圈'の理念と實態」, 『岩波講座日本歷史』 第21卷, 東京: 岩波書店, 1977, 278～280쪽.

26 咸東珠, 「中日戰爭과 三木淸의 東亞協同體論」, 『東洋史學硏究』 56輯(서울, 1996. 10), 172～184쪽.

27 橋川文三, 「'大東亞共榮圈'の理念と實態」, 岩波講座日本歷史』 第21卷, 東京: 岩波書店, 1977, 286～287쪽.

28 原勝, 『東亞解放論序說』, 東京: 日本靑年外交協會出版部, 1940, 288～292쪽.

29 이에 대한 자세한 논의는 Min Tu-ki(閔斗基), 「Sun Yat-sen in Korea: Korean View of Sun Yat-sen's Idea and Activities in 1920s」, 『東亞文化』 第30輯(서울대학동아문화연구소, 1992)과 배경한, 「孫文의 대아시아주의와 한국」, 『부산사학』 第30輯(1996. 6) 참조.

30 배경한, 「中國現代史硏究에 있어서 新聞資料의 效用과 限界」, 『서울대학동양사학과논집』 第15輯(1991. 12).

31 涉谷太吉, 「東洋平和は內鮮一體より」, 『朝鮮』 1939년 1월호, 28～29쪽; 井田末喜, 「皇國臣民化の敎育に就て」, 『朝鮮』 1939년 4월호, 13～22쪽.

Ⅱ. 일본 동아연맹운동 수용과 왕징웨이 친일정권

32 秦郁彦, 『日中戰爭史』, 東京: 河出書房新社, 1961, 145～146쪽; 胡德坤, 『中日戰爭史』, 武漢: 武漢大學出版社, 1988, 240～244쪽 참조.

33 宮崎正義, 「東亞聯盟運動の基調」, 『東亞聯盟』(東京) 1-1(1939. 10), 8～16쪽.

34 蔡德金·王升 編著, 『汪精衛生平紀事』, 北京: 中國文史出版社, 1993, 252～254쪽; 秦郁彦, 『日中戰爭史』, 東京: 河出書房新社, 1961, 155쪽; 沈予, 「論日本近衛文麿內閣的對華政策」, 『近代史硏究』(北京) 1998-1, 49～15쪽.

35 日本의 대표적인 연구로는 桂川光正, 「東亞聯盟運動史小論」, 古屋哲夫 編, 『日中戰爭史硏究』, 東京: 吉川弘文館, 1984, 363～439쪽을 들 수 있다.

36 張學俊, 「汪精衛集團的民族投降主義理論」, 『唐都學刊』(西安) 1994-1, 35～39쪽; 陳戎杰, 「汪精衛降日賣國的'東亞聯盟'理論剖析」, 『抗日戰爭硏究』 1994-3, 180～195쪽; 史桂芳, 「評東亞聯盟論的內容及實質」, 『抗日戰爭硏究』 1999-1, 154～171쪽; 史桂芳, 「試析中日戰爭時期日本的侵略理論」, 『抗日戰爭硏究』 2002-1, 114～131쪽 등 참조.

37 1998년 9월 北京에서 열린 抗日戰爭時期的汪精衛與汪僞政權硏究學術座談會는 1997년 2월 臺灣 國史館에서 학술 보고된 재미 중국인 학자 王克文의 「戰爭與和平: 試論汪政權的歷史地位」에 대한 전면적인 반박을 위하여 北京의 近代史硏究所와 臺灣의 近代中國雜誌社가 연합

개최한 것으로, 왕징웨이와 왕징웨이政權에 대한 평가가 크게 엇갈리고 있음을 잘 보여준다. 王克文은 이 보고 연설에서 汪政權이 괴뢰정권임은 사실이지만, 전망 없는 전쟁에 반대하여 추진한 왕징웨이의 和平운동이 비록 성공하지는 못했다 하더라도 그 의미를 부정할 수는 없으며, 따라서 그를 漢奸이라고 말할 수 없다는 입장을 밝혔다〔王克文, 林秋敏 紀錄, 「戰爭與和平: 試論汪政權的歷史地位」, 『國史館館刊』(臺北) 22(1997. 6), 19~32쪽〕. 좌담회에 참석한 대부분의 중국, 타이완 학자들은 王의 이러한 입장이 결국 수많은 희생을 치른 항일전쟁의 정당성을 부정하는 것이라고 강하게 반박했다. 좌담회의 대체적인 내용은 『抗日戰爭研究』 1999-1, 1~180쪽에 들어 있는데, 王克文에 대한 비판의 주된 논점에 대해서는 曾業英, 「簡評「戰爭與和平: 試論汪政權的歷史地位」」, 『抗日戰爭研究』 1999-1, 28~34쪽을 참조. 한편 이 좌담회의 참석자인 胡春惠 교수의 주장은, 이른바 低調俱樂部에 대한 검토를 통하여 왕징웨이의 和平運動이 어떠한 동기를 가지고 있는가에 주목하면서 보다 실증적인 연구의 필요성을 강조함으로써 다른 참가자들과 대조적 입장을 보였다는 점이 눈에 띈다.

38 문명기, 「中日戰爭 初期(1937~39) 汪精衛派의 和平運動과 和平理論」, 『동양사학연구』 제71집(2000. 7).

39 이런 점은 특히 史桂芳, 「評東亞聯盟論的內容及實質」, 『抗日戰爭研究』 1999-1, 154~171쪽에 잘 드러나고 있다.

40 石原莞爾, 「滿洲國建國と支那事變」, 『東亞聯盟』(東京) 2-4(1940. 4), 3~9쪽.

41 東亞協同體論에 대해서는 咸東珠, 「中日戰爭과 미키 키요시三木清의 東亞協同體論」, 『동양사학연구』 56(1996) 참조.

42 石原莞爾, 「滿洲建國前夜の心境」, 『東亞聯盟』(東京) 4-3(1942. 3), 36~37쪽.

43 桂川光正, 「東亞聯盟論の成立と展開」, 『史林』 第63卷 第5号(1980. 9), 132~133쪽.

44 宮崎正義, 「東亞聯盟運動の基調」, 『東亞聯盟』 1-1, 8-16쪽; 桂川光正, 「東亞聯盟運動史小論」, 古屋哲夫 編, 『日中戰爭史研究』, 東京: 吉川弘文館, 1984, 369~371쪽.

45 「編輯後記」, 『東亞聯盟』(東京) 1-1(1939. 10), 145쪽; 史桂芳, 「評東亞聯盟論的內容及實質」, 『抗日戰爭研究』 1999-1, 166~170쪽.

46 桂川光正, 「東亞聯盟運動史小論」, 古屋哲夫 編, 『日中戰爭史研究』, 東京: 吉川弘文館, 1984, 378쪽.

47 東亞聯盟 주창자들은 '近衛聲明은 (결국) 東亞聯盟을 목표로 한 것인데, 동아연맹이 結成되기 전까지 임시적인 조건을 제시하고 있는 것'이라고 보았다. 「東亞聯盟論と近衛聲明」, 『東亞聯盟』(東京) 1-1(1939. 10), 7쪽.

48 木村武雄, 「創刊の辭」, 『東亞聯盟』 1-1(1939. 10), 1쪽; 「東亞聯盟協會趣意書」, 「東亞聯盟協會綱領」, 『東亞聯盟』(東京) 2-2(1940. 2), 157쪽.

49 桂川光正, 「東亞聯盟運動史小論」, 古屋哲夫 編, 『日中戰爭史研究』, 東京: 吉川弘文館, 1984, 384쪽.

50 당시 일본 국내에서 제기된 東亞聯盟論에 대한 반대 주장은 동아연맹이 주장하는 평등한 결합 관계가 일본의 指導性을 망각한 것이라는 점과 동아연맹론이 초국가적인 통제기관 설립을 기도하여 일본의 국가적 기강을 무너뜨릴 위험이 있다는 점, 동아연맹이 지도 원리로 내세우는 王道思想이 일본의 천황제 國體를 위배할 가능성이 있다는 점, 그리고 民族協和와

민주주의적 관념이 조선의 분리 독립 주장을 자극할 수 있다는 점 등에 집중되었다(日本東亞聯盟協會調査部, 「駁反對東亞聯盟論」, 『東亞聯盟』(北京) 2-3(1941. 7), 8쪽 참조). 이러한 반대론에 대한 石原莞爾의 反駁에 대해서는 「東亞聯盟と興亞運動」, 『東亞聯盟』(東京) 2-7(1940. 7), 43쪽 참조.

51 桂川光正, 「東亞聯盟運動史小論」, 古屋哲夫 編, 『日中戰爭史硏究』, 東京: 吉川弘文館, 1984, 412~413쪽.

52 「東亞聯盟協會ニュース」, 『東亞聯盟』(日本) 2-6(1940. 6), 120쪽.

53 徐友春 主編, 『民國人物大辭典』, 石家莊: 河北人民出版社, 1991, 1,580쪽.

54 桂川光正, 「東亞聯盟運動史小論」, 古屋哲夫 編, 『日中戰爭史硏究』, 東京: 吉川弘文館, 1984, 381쪽.

55 繆斌, 「我們對於東亞聯盟的意見-代創刊辭」, 『東亞聯盟』(北京), 1-1(1940. 6), 1~3쪽. 이 글은 원래 北京에서 東亞聯盟協會가 조직되기 이전에 『華文大阪每日』 3-8에 발표되었다가 『東亞聯盟』(日本) 잡지에 轉載되었던 것을 『東亞聯盟』(北京)의 創刊辭로 다시 실은 것이다. 따라서 머우빈의 경우 1940년 3월 이전에 이미 東亞聯盟의 熱誠的인 支持者가 되어 있었다고 하겠다〔繆斌, 「東亞聯盟に對する吾人の見解」, 『東亞聯盟』(東京) 2-3(1940. 3), 24~26쪽 참조〕. 繆斌이 주장한 '政治獨立' 문제에 대해서는 뒤에서 상술할 것이다.

56 「專載-東亞聯盟建設綱領」; 「日本東亞聯盟協會綱領」; 「日本東亞聯盟協會規約」, 「情報-東亞聯盟之活動」, 『東亞聯盟』(北京) 1-1, 114-125쪽.

57 參席 要人들의 座席이 좌우에 각각 中國 측과 日本 측 인사들이 앉도록 배치되어 있었다고 한다. 「中華東亞聯盟協會成立盛況」, 『東亞聯盟月刊』(廣州) 1-1(1940. 11), 99~100쪽.

58 「中華東亞聯盟協會成立宣言」, 『東亞聯盟月刊』(廣州) 1-1(1940. 11), 3~4쪽.

59 「中華東亞聯盟協會籌備組經過概況」, 『東亞聯盟月刊』(廣州) 1-1(1940. 11), 106쪽.

60 「各分會三月份會務撮要」, 『東亞聯盟月刊』(廣州) 2-3(1941. 3), 135~138쪽.

61 林汝珩, 「本會第一次全省代表大會開會詞」, 『東亞聯盟月刊』(廣州) 2-8(1941. 8), 6쪽.

62 예컨대 三水縣의 東亞聯盟 대표는 정부에서 소속 기관 및 각급 학교 학생들에게 동아연맹 가입을 명령해줄 것을 요청하고 있고, 中山縣에서도 각급 지방행정 단위(區, 鄕, 鎭)의 장관들이 鄕民들의 전원 가입을 지시해줄 것을 요청하고 있었다. 「本會召開一次全省代表大會概況」, 『東亞聯盟月刊』(廣州) 2-8(1941. 8), 160~161쪽 참조.

63 「華誌東亞聯盟創刊計劃」, 『東亞聯盟』(東京) 2-1(1940.1), 136쪽.

64 周化人, 「大亞洲主義與亞洲聯盟」, 『大亞洲主義』(南京) 1-1(1940. 8. 15), 21~25쪽; 林柏生, 「對於大亞洲主義與東亞聯盟論的一點意見」, 『大亞洲主義』(南京) 1-1, 19쪽. 또 이 점에 대해서는 裴京漢, 「汪僞政權與大亞洲主義」, 『民國檔案』 1998-3, 86~91쪽을 참조.

65 「成立大會紀事」, 『中日文化月刊』(南京), 1-1(1941. 1), 137쪽.

66 표면적으로는 동아연맹이 조직이나 운영 모두 중국인들 스스로의 결정에 의하여 자발적으로 이루어져야 한다는 점이 강조되었다. 日本東亞聯盟協會 編, 「東亞聯盟建設綱領」, 『東亞聯盟』(北京) 1-1(1940. 6), 119~120쪽.

67 「全國支部一覽表」, 『東亞聯盟』(東京) 4-1(1942. 1), 4쪽.

68 「東亞聯盟本部支部各地關係一覽表」, 東亞聯盟中國總會上海分會 編, 『東亞聯盟論文選輯』,

上海, 1942, 211～215쪽. 원래 이 일람표는 日本의『東亞聯盟』3-6(1942. 6)에 실린 것을 옮겨 온 것이다.

69 「編輯後記」,『東亞聯盟』(北京) 1-1(1940. 6), 126쪽.

70 「東亞聯盟運動的經過」,『東亞聯盟月刊』(廣州) 1941年 2, 3合輯, 1～2쪽.

71 林柏生,「東亞聯盟月刊發刊詞」,『東亞聯盟月刊』(南京) 1-1(1941. 7), 2쪽.

72 「東亞聯盟中國總會職員一覽」,『東亞聯盟月刊』(南京) 1-2(1941. 8), 72～81쪽.

73 「東亞聯盟中國總會會務概況」,『東亞聯盟月刊』(南京) 1-1(1941. 7), 76쪽.

74 桂川光正,「東亞聯盟運動史小論」, 古屋哲夫 編,『日中戰爭史研究』, 東京: 吉川弘文館, 1984, 388쪽.

75 일례로 1941년 10월에 중국총회의 부비서장 저우쉐창周學昌이 베이징을 방문하여 동아연맹협회의 현황을 시찰하였으며, 동아연맹협회의 기관지『동아연맹』은 중국 내 각 지역의 동아연맹운동과 함께 일본 동아연맹의 활동을 같은 비중으로 보고했다.「東亞聯盟運動情報」,『東亞聯盟』(北京) 2-6(1941. 12), 105쪽.

76 林柏生,「東亞聯盟月刊發刊辭」,『東亞聯盟月刊』(南京) 1-1(1941. 8. 15), 1쪽.

77 裴京漢,「汪僞政權與大亞洲主義」,『民國檔案』1998-3, 88～89쪽.

78 「本會一年來之會務報告」,『中國與東亞』(上海) 1-1(1943. 1), 157쪽.

79 1942년 6월 6일의 성립대회에는 일본군 특무기관장, 일본군 報道部長, 상하이 주재 일본영사 등이 참석하여 축사를 하고 있고, 성립 이후인 7월과 9월에는 일본 동아연맹 측의 중심 지도자인 기무라 다케오木村武雄와 나카야마 유中山優가 각각 상하이 지부를 방문하고 있다.「本會一年來之會務報告」,『中國與東亞』(上海) 1-1(1943. 1) 참조.

80 「理事會秘書處報告事項」, 東亞聯盟中國總會上海分會 編,『東亞聯盟論文選輯』, 上海, 1942, 197쪽.

81 「全國支部一覽表」,『東亞聯盟』(東京) 4-1(1942. 1), 4쪽.

82 張君衡,「東亞聯盟中國總會成立と華北國民運動」,『東亞聯盟』(東京) 3-12(1941. 12), 79쪽.

83 「我對於中日關係之根本觀念及前進目標(1939. 7. 9)」, 中央宣傳部 編,『汪主席和平建國言論集』, 南京, 1940, 39～46쪽.

84 「怎樣實現和平?(1939. 8. 9)」,『汪主席和平建國言論集』, 62쪽;「三民主義實現の要諦, 日本との協力に在り: 汪精衛演說, 三民主義の理論と實際」,『東京朝日新聞』1939. 12. 4, 1쪽.

85 「和平救國 以外에 中國 更生의 길 없다: 汪氏, 和平意義 再闡明」,『朝鮮日報』1939. 12. 30, 1쪽.

86 楢崎觀一,『興亞建設の基礎知識』, 東京: 大阪屋号書店, 1940, 131쪽.

87 이 책 제4편 1장 2절 참조.

88 「對神戶商業會議所等團體的演說(1924. 11. 28)」,『孫中山全集』第11卷, 北京: 中華書局, 1987, 401～409쪽.

89 文明基,「中日戰爭 初期(1937～39) 汪精衛派의 和平運動과 和平理論」,『동양사학연구』제71집(2000. 7), 144쪽 참조.

90 林柏生,「發刊詞」,『大亞洲主義與東亞聯盟』(南京) 1-1(1942. 7. 1), 1쪽.

91 周化人,『大亞洲主義綱要』, 南京: 大亞洲主義月刊社, 1940, 165쪽.

92 原勝,『東亞解放論序說』, 東京: 日本青年外交協會出版部, 1940, 288~292쪽.

93 宮崎正義,「東亞聯盟運動の基調」,『東亞聯盟』(東京) 1-1(1939. 10), 11쪽.

94 「東亞聯盟中國同志會成立大會汪主席訓詞」,『中日文化月刊』(南京) 1-1(1941. 1), 144쪽.

95 褚民誼,「發刊詞」,『中日文化月刊』(南京) 1-1(1941. 1), 1쪽;「中日文化協會紀事」,『中日文化月刊』(南京) 1-1(1941. 1), 134~136쪽.

96 繆斌,「我們對於東亞聯盟的意見」,『東亞聯盟』(北京), 1-1(1940. 6), 3쪽.

97 張君衡,「中國民族運動與東亞聯盟」,『東亞聯盟』(北京) 1-1(1940. 6), 47쪽.

98 1940년 2월에 南京에서 왕징웨이가 머우빈을 단독으로 만나고 환영하는 만찬을 열기도 하였다(蔡德金 · 王升 編著,『汪精衛生平紀事』, 北京: 中國文史出版社, 1993, 279쪽). 따라서 왕징웨이와 머우빈이 상호의 입장을 충분히 알고 있었을 것으로 추측된다.

99 「中華東亞聯盟協會成立宣言」,『東亞聯盟月刊』(廣州) 1-1(1940. 11), 4~5쪽. 그 밖에 廣東省長 천야오쭈陳耀祖의 성립대회 致辭에서도 정치 독립을 앞세우는 같은 내용이 강조되었다.「名譽會長陳耀祖致辭」,『東亞聯盟月刊』(廣州) 1-1(1940. 11), 101~102쪽.

100 汪精衛,「東亞聯盟運動的經過(在東亞聯盟中國總會創立會致詞)」,『大亞洲主義』(南京) 2-2(1941. 2), 1~2쪽.

101 陳孚木,「東亞聯盟運動的現在與將來」,『中國與東亞』(上海) 1-1(1943. 1), 9쪽.

102 右楓,「論政治獨立」,『中國與東亞』(上海) 1-1(1943. 1), 14~15쪽.

103 東亞聯盟中國總會의 기관지인『大亞洲主義與東亞聯盟』의 경우 1944년 3월호까지는 발행이 정상적으로 이루어지다가 제4권 제2호(1944. 4)부터 매호 약 40면 정도의 油印本 소책자로 축소 발행되기에 이르렀다.

104 한때 일본『東亞聯盟』의 보급소가 서울에 생긴 적도 있지만, 그 후 아무런 보고가 없었던 것으로 미루어 거의 보급되지 못했던 것 같다〔「廣告: 東亞聯盟朝鮮取次所」,『東亞聯盟』(東京) 4-6(1940. 6), 86쪽〕. 東亞聯盟에 대한 일본 국내의 반대론 가운데 東亞聯盟論이 '日鮮分離'를 자극할 우려가 있다는 주장이 있었던 것으로〔「駁反對東亞聯盟論」,『東亞聯盟』(北京) 2-3(1941. 7), 8쪽 참조〕 보아 조선에서 동아연맹론 논의는 완전히 금지되었던 듯하다.

Ⅲ. 왕징웨이 친일정권과 신민회

105 이 책 제4편 1~2장 참조. 또한 裵京漢,「中日戰爭時期中國淪陷區的東亞聯盟運動」·「汪僞政權與大亞洲主義」, 裵京漢 著,『從韓國看的中華民國史』, 北京: 中國社會科學文獻出版社, 2004, 162~187쪽 참조.

106 新民會에 대한 中國 學界의 연구로는 曾業英의 선구적인 연구(「略論日僞新民會」,『近代史研究』, 1992-1)를 시작으로 하여 張洪祥 · 楊琪,「抗戰時期華北淪陷區的新民會」,『史學月刊』 1999-5 등이 있다. 일본 학계의 연구로는 八卷佳子,「中華民國新民會の成立と初期工作狀況」, 藤井昇三 編,『1930年代中國の研究』, 東京: アジア經濟研究所, 1975; 堀井弘一郎,「新民會と華北占領政策」,『中國研究月報』 1993年 1, 2, 3月號; 王强,「日中戰爭期と華北新

民會」,『現代社會文化硏究』 第20號(2001. 3) 등이 있다.

107 費正 等 著,『抗戰時期的僞政權』, 鄭州: 河南人民出版社, 1993, 112~113쪽; 張洪祥·楊琪, 「抗戰時期華北淪陷區的新民會」,『史學月刊』 1999-5, 82~83쪽.

108 蔡德金·王升 編著,『汪精衛生平紀事』, 北京: 中國文史出版社, 1993, 255~256쪽.

109 影佐禎昭,「我走過來的路」, 陳鵬仁 譯,『汪精衛抗日秘檔』, 臺北: 聯經出版社, 1999, 24~27쪽.

110 「汪精衛與平沼會談內容(1939. 6. 10)」, 黃美眞·張雲 編,『汪精衛國民政府成立』, 上海: 上海人民出版社, 1984, 90쪽.

111 「汪精衛與近衛會談內容(1939. 6. 14)」, 黃美眞·張雲 編,『汪精衛國民政府成立』, 上海: 上海人民出版社, 1984, 106~107쪽.

112 「對中國方面提出的 '關于收拾時局的具體判法' 之處理(1939. 6. 5)」, 黃美眞·張雲 編,『汪精衛國民政府成立』, 上海: 上海人民出版社, 1984, 84~85쪽.

113 「樹立新中央政府的方針(1939. 6. 6)」, 黃美眞·張雲 編,『汪精衛國民政府成立』, 上海: 上海人民出版社, 1984, 86쪽.

114 蔡德金·王升 編著,『汪精衛生平紀事』, 北京: 中國文史出版社, 1993, 262쪽.

115 陳鵬仁 譯,『汪精衛抗日秘檔』, 臺北: 聯經出版社, 1999, 198~227쪽.

116 影佐禎昭,「我走過來的路」, 陳鵬仁 譯,『汪精衛抗日秘檔』, 臺北: 聯經出版社, 1999, 47쪽.

117 「汪精衛與王克敏會談內容(1939. 6. 27)」, 黃美眞·張雲 編,『汪精衛國民政府成立』, 上海: 上海人民出版社, 1984, 140~141쪽.

118 內閣情報部,「各種情報資料(王克敏 汪精衛に反對とロイテル報ず)」, アジア歷史資料センタ 資料番號: A03024482400.

119 「汪精衛與梁鴻志會談內容(1939. 6. 29)」·「汪精衛與梁鴻志第二次會談要領(1939. 7. 5)」, 黃美眞·張雲 編,『汪精衛國民政府成立』, 上海: 上海人民出版社, 1984, 142~143, 154~155쪽.

120 「三巨頭會議決定事項(1939. 9. 21)」, 黃美眞·張雲 編,『汪精衛國民政府成立』, 上海: 上海人民出版社, 1984, 391쪽.

121 「樹立新中央政府的方針(1939. 6. 6)」, 黃美眞·張雲 編,『汪精衛國民政府成立』, 上海: 上海人民出版社, 1984, 86쪽.

122 「汪精衛與板垣第二次會談內容(1939. 6. 15)」, 黃美眞·張雲 編,『汪精衛國民政府成立』, 上海: 上海人民出版社, 1984, 115쪽.

123 「汪精衛與梁鴻志會談內容(1939. 6. 29)」, 黃美眞·張雲 編,『汪精衛國民政府成立』, 上海: 上海人民出版社, 1984, 142쪽.

124 '日華新關係調整要綱'에서는 華北뿐만 아니라 內蒙古, 長江 下流, 厦門, 海南島 및 그 인근 島嶼 지역에 대한 특수 지위를 전면적으로 인정하고 있다. 蔡德金·李惠賢 編,『汪精衛僞國民政府紀事』, 北京: 中國社會科學出版社, 1982, 36쪽.

125 蔡德金·李惠賢 編,『汪精衛僞國民政府紀事』, 北京: 中國社會科學出版社, 1982, 39쪽.

126 八卷佳子,「中華民國新民會の成立と初期工作狀況」, 藤井昇三 編,『1930年代中國の研究』, 東京: アジア經濟研究所, 1975, 352~361쪽.

127 「臨時政府之別動隊, 中華民國新民會」, 『每日申報』(서울), 1938. 7. 10, 7쪽.

128 「對支政務指導業務系統一覽表(支那事變關係一件 第14卷)」, アジア歷史資料センタ 資料番號: B02030537800.

129 「興亞院華北連絡部分課規程(支那事變關係一件 第17卷, 1939年 5月)」, アジア歷史資料センタ 資料番號: B02030546500.

130 「國庫支出政費報告表(第七十五回帝國議會興亞院經濟部第四課關係參考資料2)」, アジア歷史資料センタ 資料番號: B02031399000.

131 「新民會章程」, 『新民會報』 第1號(1938. 4. 1), 3쪽.

132 「新民會の動向竝其の概況」, 『外事警察報』 第198號(1939. 1), 44~45쪽.

133 「新民會の動向竝其の概況」, 『外事警察報』 第198號(1939. 1), 43쪽.

134 繆斌, 『新民主義』, 北京: 新民會中央指導部, 1938.

135 曾業英, 「略論日僞新民會」, 『近代史研究』, 1992-1, 255쪽.

136 머우빈이 신민주의 선전에 가장 앞장섰던 것은 사실이다. 「出版物 '新民主義' 送付件(在北平大使館參事官(森島守人)送給外務大臣(廣田弘毅)的報告書, 1939. 1. 26)」, アジア歷史資料センタ 資料番號: H09080050.

137 八卷佳子, 「中華民國新民會の成立と初期工作狀況」, 藤井昇三 編, 『1930年代中國の硏究』, 東京: アジア經濟硏究所, 1975, 354쪽.

138 「汪精衛與王克敏會談內容(1939. 6. 27)」, 黃美眞·張雲 編, 『汪精衛國民政府成立』, 上海: 上海人民出版社, 1984, 140쪽.

139 「新民會章程改正ニ關スル報告(多田部隊參謀長田邊盛武致陸軍次官木村兵太郞的報告, 1941. 5. 6)」, アジア歷史資料センタ 資料番號: C04122935100; 「新民會中央總會機構改革ニ關スル件」, 『月報提出ノ件(五月分, 北支那方面軍司令部)』, アジア歷史資料センタ 資料番號: C04123399200.

140 興亞院靑島出張所 編, 「民衆再組織運動(新民會)ノ趨勢(1940. 5. 12)」, アジア歷史資料センタ 資料番號: B02030702300. 1939年末 新民會의 職員 수가 2,338명이던 것이 宣撫班과 통합한 이후인 1940년 3월에는 5,378명으로 늘어난 것으로 보아 두 조직의 규모가 거의 비슷했던 것을 알 수 있다. 「新民會會務概況(1940. 12)」, アジア歷史資料センタ 資料番號: B02031835900, 第5~6쪽.

141 「中華民國新民會第一回全體聯合協議會狀況關件(在北京總領事土田豊致外務大臣松岡洋右的報告書, 1940. 12. 20)」, アジア歷史資料センタ 資料番號: B02031835900.

142 史桂芳, 「評東亞聯盟論的內容及實質」, 『抗日戰爭硏究』 1999-1; 史桂芳, 「試析中日戰爭時期日本的侵略理論」, 『抗日戰爭硏究』 2002-1.

143 宮崎正義, 「東亞聯盟運動の基調」, 『東亞聯盟』 1-1(東京, 1939. 10), 8~16쪽.

144 이 책의 220~226쪽

145 이 책의 220쪽.

146 桂川光正, 「東亞聯盟運動史小論」, 古屋哲夫 編, 『日中戰爭史硏究』, 東京: 吉川弘文館, 1984, 381쪽.

147 中華民國新民會中央總會, 『第二屆全體聯合會會議錄』, 1941, 6쪽.

148 「東亞聯盟中國總會職員一覽」, 『東亞聯盟月刊』(南京) 1-2(1941. 8), 72~81쪽.

149 繆斌, 「新民精神的三民主義」, 『東亞聯盟』(北京) 1-1(1940. 6), 37~38쪽.

150 繆斌, 「卷頭語-和平與建設」, 『東亞聯盟』(北京) 1-3(1940. 9), 1쪽.

151 繆斌, 「東亞聯盟に對する吾人の見解」, 『東亞聯盟』(東京) 2-3(1940. 3), 24~26쪽.

152 張君衡, 「中國民族運動與東亞聯盟」, 『東亞聯盟』(北京) 1-1(1940. 6), 47쪽.

153 「專載-東亞聯盟建設綱領」; 「日本東亞聯盟協會綱領」; 「日本東亞聯盟協會規約」, 「情報-東亞聯盟之活動」, 『東亞聯盟』(北京) 1-1, 114~125쪽.

154 1940년 2월에 南京에서 왕징웨이가 머우빈을 단독으로 만나고 환영하는 만찬을 열기도 하였다(蔡德金·王升 編著, 『汪精衛生平紀事』, 北京: 中國文史出版社, 1993, 279쪽). 따라서 왕징웨이와 머우빈이 상호의 입장을 충분히 알고 있었을 것으로 추측된다.

155 龔客, 「華北啓發運動與東亞聯盟運動」, 『東亞聯盟』(北京) 2-2(1941. 5), 3~4쪽.

156 龔客, 「思想運動與國民運動」, 『東亞聯盟』(北京) 2-4(1941. 9), 8쪽.

157 防衛廳防衛硏修所戰史室 編, 『北支の治安戰』, 東京: 朝雲新聞社, 1971, 73~74쪽.

158 日本東亞聯盟協會調查部, 「駁反對東亞聯盟論」, 『東亞聯盟』(北京) 2-3(1941. 7), 7~10쪽.

나오는 말—왕징웨이와 현대 중국 민족주의의 굴절

1 민두기, 『중국의 공화혁명』, 서울: 지식산업사, 1999, 269쪽.

2 신해혁명 직후 五族共和論을 수용, 주장했던 쑨원은 1920년 11월 이후 한족 중심의 민족융화가 필요하다는 주장으로 입장을 바꾸었다. 「在上海中國國民黨本部會議的演說(1920. 11. 4)」, 中山大學孫中山硏究室 等 編, 『孫中山全集』 第5卷, 北京: 中華書局, 1987, 394쪽; 배경한, 「신해혁명 전후 시기 孫文의 아시아 인식」, 『중국근현대사연구』 제52집(2011. 12), 13쪽 참조.

3 예컨대 협력적 민족주의cooperative nationalism라는 개념을 쓰는 연구자들도 있다. 협력적 민족주의 개념의 유용성 및 이와 관련된 연구 동향에 관해서는 티모시 브룩, 박영철 옮김, 『근대중국의 친일합작』, 파주: 한울, 2008; 박상수, 「중일전쟁기 중국의 대일 '協力'(collaboration)에 관한 연구 시각과 전망: 구미학계를 중심으로」, 『사총』 61(2005. 9) 등을 참조.

참고문헌

신문, 잡지

『廣州民國日報』(1923～1936, 廣州)
『大公報』(1902～1966 중 1905～1945 부분, 天津)
『大共和日報』(1912～1915, 上海)
『每日申報』(1938～1940, 서울)
『民報』(1905～1908, 1910, 東京)
『民國日報』(1916～1947, 上海)
『民權報』(1912～1914, 上海)
『民立報』(1910～1913, 上海)
『時報』(1904～1939, 上海)
『時事新報』(1911～1948 중 1911～1945 부분, 上海)
『新民叢報』(1902～1907, 横濱)
『申報』(1872～1949, 上海)
『朝鮮日報』(1938～1940, 서울)
『朝日新聞』(1938～1940, 東京)
『中央日報』(1928～1949, 上海, 南京, 重慶)
『中興日報』(1907～1910, 싱가포르)
『漢口民國日報』(1926～1927, 漢口)
『嚮導週報』(1922～1927, 上海)
『華字日報』(1864～1941 중 1910～1941 부분, 香港)

『國聞週報』(1924～1937, 上海, 天津)
『大亞洲主義』(1941～1942, 南京)
『大亞洲主義與東亞聯盟』(1942～1944, 南京)
『大東亞月刊』(1942～1944, 南京)
『獨立評論』(1932～1937, 北京)
『東方雜誌』(1904～1948 중 1905～1945 부분, 上海)
『東亞聯盟』(1939～1943, 東京)
『東亞聯盟』(1940～1943, 北京)
『東亞聯盟月刊』(1940～1943, 廣州)
『東亞聯盟月刊』(1941～1943, 南京)
『三民主義半月刊』(1928～1932, 北京)
『三民主義月刊』(1933～1937, 廣州)
『新民會報』(1938～1942, 北京)
『旅歐雜誌』〔1916～1917, 巴黎(Paris)〕
『外事警察報』(1939～1940, 東京)
『中國與東亞』(1943～1944, 上海)
『中央黨務月刊』(1928～1937, 南京)
『中日文化月刊』(1941～1942, 南京)

당안檔案 자료

『蔣介石反動陰謀的中山艦事件(1926. 3～4月)』, 第二歷史檔案館 所藏檔案資料 文書番號: 十九(111).
「國民黨中央執行委員會第四屆第四次全體會議政治報告(1934. 1. 23)」, 中國國民黨黨史會 所藏檔案(檔案番號: 240/12.2).
「十年來和平運動之經過(1942年 7月)」, 國民黨黨史會所藏 檔案資料(檔案番號: 715.1/174).
「汪委員精衛在二中全會致開會辭」, 國民黨黨史會 所藏檔案(檔案番號: 240/1192).
「汪委員兆銘在中央紀念週報告詞(1932. 6. 27)」, 中國國民黨黨史會 所藏檔案(檔案番號: 240/1155).
「汪精衛先生在中央黨部紀念週演說詞(1933. 3. 20)」, 中國國民黨黨史會 所藏檔案(檔案番號: 240/1163).
「汪精衛氏昨夜抵星(1937. 1. 7日字 南洋商報號外)」, 國民黨黨史會所藏 檔案資料(檔案番號: 480/2.1).
「汪兆銘在外交部紀念週演講詞(1937. 2. 22)」, 國民黨黨史會所藏 檔案資料(檔案番號: 240/14).
「汪兆銘在中央紀念週報告山西綏遠情形原稿(1937. 3. 26)」, 國民黨黨史會所藏 檔案資料(檔案番號: 240/20).
「離歐宣言文(1936. 12. 22)」, 國民黨黨史會所藏 檔案資料(檔案番號: 480/2.1).
「一月十四日到上海談話」, 國民黨黨史會所藏 檔案資料(檔案番號: 480/2.2).
「一月十日過馬尼喇談話大要」, 國民黨黨史會所藏 檔案資料(檔案番號: 480/2.4).

「在中央政治會議談話會報告(1933. 11. 9)」, 國民黨黨史會所藏 檔案資料(檔案番號: 240/1235).
『鎭壓中山艦案卷』, 中國第二歷史檔案館(南京) 所藏 檔案資料 文書番號: 三0四一(1).
「回國後的一點感想: 中央黨部紀念週演說詞(1937. 1. 18)」, 國民黨黨史會所藏 檔案資料(檔案番號: 240/1356).

「國庫支出政費報告表(第七十五回帝國議會興亞院經濟部第四課關係參考資料2)」, アジア歷史資料センタ 資料番號: B02031399000.
內閣情報部,「各種情報資料(王克敏 汪精衛に反對とロイテル報ず)」, アジア歷史資料センタ 資料番號: A03024482400.
「對支政務指導業務系統一覽表(支那事變關係一件第14卷)」, アジア歷史資料センタ 資料番號: B02030537800.
「新民會章程改正ニ關スル報告(多田部隊參謀長田邊盛武致陸軍次官木村兵太郎的報告, 1941. 5. 6)」, アジア歷史資料センタ 資料番號: C04122935100.
「新民會中央總會機構改革ニ關スル件」,『月報提出ノ件(五月分, 北支那方面軍司令部)』, アジア歷史資料センタ 資料番號: C04123399200.
「新民會會務概況(1940. 12)」, アジア歷史資料センタ 資料番號: B02031835900.
「中華民國新民會第一回全體聯合協議會狀況關件(在北京總領事土田豊致外務大臣松岡洋右的報告書, 1940. 12. 20)」, アジア歷史資料センタ 資料番號: B02031835900.
「出版物'新民主義'送付件〔在北平大使館參事官(森島守人)送給外務大臣(廣田弘毅)的報告書, 1939. 1. 26〕」, アジア歷史資料センタ 資料番號: H09080050.
「興亞院華北連絡部分課規程(支那事變關係一件第17卷, 1939年 5月)」, アジア歷史資料センタ 資料番號: B02030546500.
興亞院靑島出張所 編,「民衆再組織運動(新民會)ノ趨勢(1940. 5. 12)」, アジア歷史資料センタ 資料番號: B02030702300.

문집, 연보, 자료집

汪精衛,『雙照樓詩詞藁』, 香港, nd.
汪精衛 編,『巴黎和議後之世界與中國(第一編)』, 上海(建設社), 1920.
『汪精衛文存』, 廣州(民智書局), 1926.
『汪精衛演講錄』, 上海(中國印書館), 1927.
『汪精衛全集』 2卷, 上海(三民公司), 1929.
『汪精衛集』 1~4卷, 上海, 1929~1932.
『汪精衛先生最近言論集』, 香港(南華日報), 1930.
汪精衛,「自述」,『東方雜誌』 31-1期(1934. 1. 1).
『汪精衛文選』(現代名人創作叢書), 上海, 1936.
『汪主席和平建國言論集』(上), 上海, 1938.

金雄白, 汪政權始末記(汪政權的開場與消場) V. 1~5, 香港(春秋雜誌社), 1965.

南華日報社編輯部 編,『汪精衛先生重要建議』, 香港(南華日報社), 1939.
北京圖書館 編,『汪精衛先生年報』(北京圖書館藏珍本年報叢刊 第199册), 北京, 1999.
張江裁 編,『汪精衛先生行實錄』, 南京(中華民國史料編刊會), 1943.
張江裁,『汪精衛先生庚戌蒙難實錄』, 南京(中華民國史料編刊會), 1943.
朱金元 編,『汪僞受審紀實』, 杭州(浙江人民出版社), 1988.
中國國民黨中央宣傳部 編,『汪主席和平建國言論集』, 上海, 1939.
中央通信社 編,『汪主席和平建國言論選集』, 南京(中央通信社), 1944.
陳鵬仁 譯著,『汪精衛降日秘檔』, 臺北(聯經出版公司), 1999.
蔡德金 · 李惠賢 編,『汪精衛僞國民政府紀事』, 北京(中國社會科學出版社), 1982.
蔡德金 編,「西安事變前後汪精衛與陳璧君等來往電函」,『近代史資料』60(1986).
蔡德金 · 王升 編,『汪精衛生平紀事』, 北京(中國文史出版社), 1993.
何孟恒 編,『汪精衛先生政治論述』(未刊原稿, 스탠퍼드대학 동아시아도서관 소장본).
黃美眞 編,『汪精衛國民政府成立』, 上海(上海人民出版社), 1987.
黃美眞 · 張雲 編,『汪精衛集團投敵』, 上海(上海人民出版社), 1984.
黃美眞 編,『僞廷幽影錄-對汪僞政權的回憶紀錄』, 北京(文史出版社), 1991.

『苦笑錄: 陳公博回憶錄』, 香港(香港大學出版社), 1979.
『高宗武回憶錄』, 北京(中國大百科全書出版社), 2009.
『顧維鈞回憶錄』 1~2卷, 北京(中華書局), 1983.
『廖仲愷年譜』(陳福霖 · 余炎光 編), 長沙(湖南出版社), 1991.
『廖仲愷集』, 北京(中華書局), 1983.
『事略稿本(蔣中正總統檔案)』 第1~42册, 臺北(國史館), 2003~2010.
『邵元沖日記』, 上海(上海人民出版社), 1990.
『孫中山史事詳錄(1911~1913)』(王耿雄 編), 天津(天津人民出版社), 1986.
『孫中山年譜長篇』(上, 下), 北京(中華書局), 1991.
『孫中山藏檔選編』, 北京(中華書局), 1986.
『孫中山全集』 1~12卷, 北京(中華書局), 1987.
『孫中山集外集』, 上海(上海人民出版社), 1990.
『孫中山集外集補編』, 上海(上海人民出版社), 1994.
『宋教仁集』 2册(陳旭麓 編), 北京(中華書局), 1981.
『雙淸文集』(上, 下), 北京(人民出版社), 1985.
『王世杰日記』, 臺北(中央研究院 近代史硏究所), 1990.
『李石曾先生文集』 2册, 臺北(國民黨黨史會), 1980.
『李宗仁回憶錄』, 香港(南粵出版社), 1986.
『蔣介石日記』 1917~1945(스탠퍼드대학 후버연구소 소장 원본).
『蔣中正總統檔案: 事略稿本』 第1~47册, 臺北(國史館), 2003~2010.
『章太炎詩文選注』(上, 下), 上海(上海人民出版社), 1976.
『章太炎年譜長編』(上, 下), 北京(中華書局), 1979.
『章太炎全集』(一, 二), 上海(上海人民出版社), 1982.
『張學良文集 1』, 北京(新華出版社), 1992.

『張學良年譜』(上), 北京(社會科學文獻出版社), 1996.
『周佛海日記』(上, 下), 北京(中國社會科學出版社), 1986.
『周恩來選集』 上卷, 北京(人民出版社), 1980.
『周恩來年譜』, 北京(中央文獻出版社), 1989.
『朱執信集』 2冊, 北京(中華書局), 1979.
中國社會科學院近代史硏究所 中華民國史硏究室 編, 『胡適來往書信選』(中冊), 香港(中華書局), 1983.
『陳公博周佛海回憶錄合編』, 香港(春秋出版社), 1971.
「陳公博獄中日記」, 『民國檔案』 1991-4.
『鄒魯回憶錄』 2冊, 臺北(三民書局), 1974.
『胡漢民先生文集』 4冊, 臺北(國民黨黨史會), 1978.
『胡漢民先生年譜』(蔣永敬 編), 臺北(國民黨黨史會), 1978.
『胡漢民自傳』, 臺北(傳記文學社), 1969.
『黃克强先生全集』, 臺北(國民黨黨史會), 1973.
『黃興年譜長編』(毛注青 編), 北京(中華書局), 1991.
『黃興集』(湖南省社會科學院 編), 北京(中華書局), 1981.
萬仁元 · 方慶秋 主編, 『蔣介石年譜初稿』, 北京(檔案出版社), 1992.
毛思誠 編, 『民國十五年以前之蔣介石先生』, 南京, 1936(1968年 香港 龍門書店 影印本).
李勇 · 張仲田 編, 『蔣介石年譜』, 北京(中共黨史出版社), 1995.
王德勝 編, 『蔣總統年表』, 臺北, 1982.

高承元 編, 『革命外交文獻』 上海(神州國光社), 1933.
谷鐘秀, 『中華民國開國史』, 上海, 1914(臺北 文星書店 1962年 影印本).
郭廷以, 『中華民國史事日誌』 第1卷, 臺北(中硏院近代史所), 1979.
廣東省檔案館 編, 『廣東區黨 · 團硏究史料』, 廣州(廣東人民出版社), 1983.
廣東哲學社會科學硏究所歷史硏究室 編, 『省港罷工資料』, 廣州(廣東人民出版社), 1980.
丘權政 選編, 『辛亥革命史料選輯』, 長沙(湖南人民出版社), 1983.
繆斌, 『新民主義』, 北京(新民會中央指導部), 1938.
査建瑜, 『國民黨改組派資料選編』, 長沙(湖南人民出版社), 1986.
榮孟源 主編, 『中國國民黨歷次代表大會及中央全會資料』(上冊), 北京(光明日報出版社), 1985.
李雲漢 編, 『抗戰前華北政局史料』, 臺北(正中書局), 1982.
蔣介石, 『蘇俄在中國』, 臺北, 1956.
蔣永敬 編, 『北伐時期的政治史料: 1927年的中國』, 臺北(正中書局), 1981.
蔣作賓, 「蔣作賓"己未漫遊記"(一), (二)」, 『檔案與歷史』(上海檔案館) 1989-4, 5期.
存萃學社 編輯, 『1927～1934年的反蔣戰爭』(上, 下), 香港(大東圖書公司), 1978.
鄭道德 等編, 『中華民國外交史資料選編(一)』, 北京(北京大學出版社), 1988.
鄭燦輝 主編, 『四 · 一二反革命政變資料選編』, 北京(人民出版社), 1987.
中國廣東省委黨史硏究委員會辦公室 等 編, 『中山艦事件』, 廣州, 1981.
中國史學會 編, 『辛亥革命』 8冊, 上海(上海人民出版社), 1981.
中國社會科學院近代史硏究所飜譯室 編譯, 『共産國際有關中國革命的文獻資料』 第1～5輯, 北京,

1981.
中國第二歷史檔案館 編,『中國國民黨第一·二次全國代表大會會議史料』(上, 下), 南京(江蘇古籍出版社), 1986.
中國第二歷史檔案館 編,『中華民國史檔案資料匯編』第4輯(上, 下), 南京, 1986.
中國第二歷史檔案館 編,『馮玉祥日記』第2, 3册, 南京, 1992.
中國第二歷史檔案館 編,『中華民國史檔案資料匯編』第1輯, 南京(江蘇人民出版社), 1979.
中國青年軍人社 編,『反蔣運動史』, 上海(中國青年軍人社), 1934.
『中華民國開國五十年文獻』, 臺北(正中書局), 1974.
中華民國新民會中央總會,『第二屆全體聯合會會議錄』, 北京(新民會中央總會), 1941.
淸華大學中共黨史硏究室 編,『赴法勤工儉學運動史料』1册, 北京(北京出版社), 1979.
切列潘諾夫 著, 中國社會科學院近代史硏究所飜譯室 譯,『中國國民革命軍的北伐』, 北京(中國社會科學出版社), 1981.
蔡德金 輯,「西安事變前後汪精衛與陳璧君等來往電函」,『近代史資料』第60號(1986. 1).
鄒魯,『中國國民黨史稿』, 臺北(商務印書館), 1976.
巴庫林,『中國大革命武漢時期見聞錄』, 北京(中國社會科學出版社), 1985.
包惠僧,『包惠僧回憶錄』, 北京(人民出版社), 1983.
馮自由,『中華民國開國前革命史』, 臺北(世界書局), 1954.
胡鄂公,『辛亥革命北方實錄』, 上海(中華書局), 1948.
海天出版社 編,『現代史料』第2集, 香港, 1934(香港 波文書局 1980年 重印本).
『革命文獻』(羅家倫 主編) 第1～78輯, 臺北(國民黨黨史會), 1978(影印再版).

日本外務省 編,『日本外交文書』(마이크로 필름)

Tang Learg-li, *Inner History of Chinese Revolution*, London, 1930.
C. M. Wilbur & How ed., *Documents on Communism, Nationalism, and Soviet Advisors in China 1918-1927*, Columbia University Press, 1956.
C. M. Wilbur and How, *Missionaries of Revolution; Soviet Advisors and Nationalist China*, Harvard University Press, 1989.

전기傳記, 기타 자료

成仁基,「汪兆銘과 新生支那」,『朝光』5-11(서울, 1939. 11).
成仁基,「汪政權의 樹立」,『朝光』6-2(1940. 2).

『關於汪精衛叛國』, 重慶(新新出版社), 1939.
朱子家(金雄白),『汪政權的開場與收場』1册, 香港(春秋雜誌社), 1963.
譚天河,『汪精衛生平』, 廣州(廣東人民出版社), 1997.
譚淸虛 編,『汪主席訪日特刊』, 東京(遠東月報社), 1941.
大衆月報社 編印,『賣國賊汪精衛罪狀專集』第2册, 山東(戰郵總局), nd.

陶恒生 譯, 『高宗武回憶錄』, 北京(中國大百科全書出版社), 2009.
雷鳴, 『汪精衛先生傳』, 上海(政治月刊出版社), 1943.
聞少華, 『汪精衛傳』, 臺北(李敖出版社), 1988.
西義顯, 『日華"和平工作" 秘史』, 南京(江蘇古籍出版社), 1992.
王關興, 『汪精衛傳』, 合肥(安徽人民出版社), 1993.
『汪精衛與共産黨』, nd, np(스탠퍼드대학 동아시아도서관 소장본).
王克文, 『汪精衛, 國民政府, 南京政權』, 臺北(國史館), 2001.
李理 · 夏潮, 『汪精衛評傳』, 武漢(武漢出版社), 1988.
林闊, 『汪精衛全傳』, 北京(中國文史出版社), 2002.
程舒仲, 『汪精衛與陳璧君』, 長春(吉林文史出版社), 1988.
中國國民黨中央執行委員會宣傳部 編, 『汪逆精衛之總檢查』, 重慶, 1938.
陳紹禹, 『舊陰謀的新花樣』, 重慶(新華日報社), 1939.
陳鵬仁 譯著, 『汪精衛降日秘檔(影佐禎昭回憶錄)』, 臺北(聯經出版社), 1999.
蔡德金, 『汪精衛評傳』, 成都(四川人民出版社), 1987.
青年社 編, 『汪精衛賣國密約』, 重慶(青年社), 1944.
青章 編, 『汪精衛與日本』, np, 1939.
何卓改, 『汪精衛集團沈浮記』, 成都(四川人民出版社), 1989.
許育銘, 『汪兆銘與國民政府: 1931年至1936年對日問題下的政治變動』, 臺北(國史館), 1999.

山中德雄, 『和平は賣國か: 汪兆銘傳』, 東京(不二出版), 1992.
山中峯太郎, 『汪精衛』, 東京(潮文閣), 1942.
上坂冬子, 『我は苦難の道を行く-汪兆銘の眞實』(上, 下), 東京(講談社), 1999.
杉森久英, 『人われを漢奸と呼ぶ-汪兆銘傳』, 東京(文藝春秋社), 1998.
森田正夫, 『汪兆銘』, 東京(興亞文化協會), 1939.
涉谷太吉, 「東洋平和は內鮮一體より」, 『朝鮮』 1939年 1月號.
松本重治, 『上海時代』(下), 東京(中央公論社), 1978.
松本重治, 『近衛時代』(上), 東京(中央公論社), 1986.
松山悅三, 『新支那の建設と汪精衛』, 東京(人生社), 1940.
安藤德器 編譯, 『汪精衛自敍傳』, 東京(大日本雄辯會講談社), 1941.
原勝, 『東亞解放論序說』, 東京(日本青年外交協會出版部), 1940.
楢崎觀一, 『興亞建設の基礎知識』, 東京(大阪屋號書店), 1940.
田中香苗, 『汪兆銘の新支那』, 東京(日本青年外交協會出版部), 1940.
井田末喜, 「皇國臣民化の教育に就て」, 『朝鮮』 1939年 4月號.
澤田謙, 『汪兆銘』, 東京(春秋社), 1939.

Gerald E. Bunker, *The Peace Conspiracy: Wang Ching-wei and the China War 1933-1941*, Harvard University Press, 1972.
James R. Shirley, *Political Conflict in the Kuomintang: The Career of Wang Ching-wei to 1932*, Ph. D. Dissertation of U. C. Berkelay, 1962.

연구서

강상중, 임성모 옮김, 『내셔널리즘』, 서울(이산), 2004.
고자카이 도시아키, 방광석 옮김, 『민족은 없다』, 서울(뿌리와 이파리), 2003.
권용립, 『미국대외정책사』, 서울(민음사), 1997.
김형종, 『淸末新政期의 硏究』, 서울(서울대출판부), 2003.
로이드 E. 이스트만, 민두기 옮김, 『蔣介石은 왜 敗하였는가』, 서울(지식산업사), 1986.
마스이 야스이치, 정운현 옮김, 『中國·臺灣 친일파 재판사』, 서울(한울), 1995.
閔斗基, 『중국근대사연구』, 서울(일조각), 1973.
閔斗基 편, 『中國國民革命指導者의 思想과 行動』, 서울(지식산업사), 1988.
閔斗基 편, 『중국국민혁명운동의 구조분석』, 서울(지식산업사), 1990
閔斗基, 『中國初期革命運動의 硏究』, 서울(서울대출판부), 1997.
閔斗基, 『中國의 共和革命』, 서울(지식산업사), 1999.
박제균, 『중국 파리그룹의 무정부주의 사상과 실천』, 경북대학교 박사학위논문(1996).
배경한, 『蔣介石硏究: 國民革命時期의 軍事的, 政治的 擡頭過程』, 서울(일조각), 1995.
배경한, 『쑨원과 한국』, 파주(한울), 2007.
베네딕트 앤더슨, 윤형숙 옮김, 『상상의 공동체: 민족주의의 기원과 전파에 대한 성찰』, 서울(나남), 2002.
안쏘니 D. 스미스, 이재석 옮김, 『세계화 시대의 민족과 민족주의』, 서울(남지), 1997.
유현정, 『1930년대 胡漢民의 정세인식과 아시아주의』, 연세대학교 석사학위논문(2005).
윤혜영, 『中國現代史硏究: 北伐前夜 北京政權의 內部的 崩壞過程(1923~1925)』, 서울(일조각), 1991.
윤휘탁, 『日帝下 '滿洲國' 硏究』, 서울(일조각), 1996.
윤휘탁, 『中日戰爭과 中國革命』, 서울(일조각), 2002.
전동현, 『두 중국의 기원』, 서울(서해문집), 2005.
조세현, 『동아시아 아나키즘, 그 반역의 역사』, 서울(책세상), 2001.
체스타 탄, 閔斗基 옮김, 『중국현대정치사상사』, 서울(지식산업사), 1974.
티모시 브룩, 박영철 옮김, 『근대중국의 친일합작』, 파주(한울), 2008.

郭貴儒 等著, 『華北僞政權史稿』, 北京(社會科學文獻出版社), 2007.
郭緖印 主編, 『國民黨派系鬪爭史』, 上海(上海人民出版社), 1995.
郭恒鈺, 『共産國際與中國革命』, 臺北, 1989.
金以林, 『國民黨高層的派系政治』, 北京(社會科學文獻出版社), 2009.
金沖及·胡繩武, 『辛亥革命史稿』 4冊, 上海(上海人民出版社), 1980.
羅玉明, 『西安事變新論』, 北京(中央文獻出版社), 2000.
董顯光, 『蔣總統傳』, 臺北(中國文化大學出版部), 1980.
茅家琦 等著, 『中國國民黨史』, 厦門(鷺江出版社), 2009.
毛磊 等編, 『武漢國民政府史』, 武漢(湖北人民出版社), 1986.
聞黎明, 『抗日戰爭與中國知識分子』, 北京(社會科學文獻出版社), 2009.
費正 等著, 『抗戰時期的僞政權』, 鄭州(河南人民出版社), 1993.

史桂芳,『東亞聯盟論硏究』, 北京(首都師大出版社), 2001.
常書紅,『辛亥革命前後的滿族硏究: 以滿漢關係爲中心』, 北京(社會科學文獻出版社), 2011.
徐松榮,『維新派與近代報刊』, 太原(山西古籍出版社), 1998.
石源華,『中華民國外交史』, 上海(上海人民出版社), 1994.
少石 編,『河內血案: 行刺汪精衛始末』, 北京(檔案出版社), 1988.
蘇增基,『張學良, 共産黨, 西安事變』, 臺北(遠流出版事業), 1999.
蕭致治,『黃興評傳』, 南京(南京大學出版社), 2001.
宋春 主編,『中國國民黨史』, 長春(吉林文史出版社), 1990.
沈予,『日本大陸政策史(1868～1945)』, 北京(社會科學文獻出版社), 2005.
楊奎松,『西安事變新探: 張學良與中共關係之硏究』, 臺北(東大圖書公司), 1995.
楊奎松,『國民黨的聯共與反共』, 北京(社會科學文獻出版社), 2008.
楊天石,『尋求歷史的謎底』, 北京(首都師大出版社), 1993.
楊天石,『從帝制走向共和』, 北京(社會科學文獻出版社), 2002.
楊天石,『楊天石文集』, 上海(辭書出版社), 2005.
楊天石,『國民黨人與前期中華民國』, 北京(中國人民大學出版社), 2007.
呂芳上,『革命的再起』, 臺北(中硏院近代史硏究所), 1989.
余英時 等著,『五四新論: 五四八十周年紀念論文集』, 臺北(聯經出版社業公司), 1999.
王奇生,『革命與反革命: 社會文化視野下的民國政治』, 北京(社會科學文獻出版社), 2010.
王永均 編著,『黃埔軍校三百名將傳』, 南寧(廣西人民出版社), 1990.
劉敬忠,『華北日僞政權硏究』, 北京(人民出版社), 2007.
劉繼增 等著,『武漢國民政府史』, 武漢(湖北人民出版社), 1986.
劉維開,『編遣會議的實施與影響』, 臺北(臺灣商務印書館), 1989.
劉維開,『國難期間應變圖存問題之硏究』, 臺北(國史館), 1995.
劉永明,『國民黨人與五四運動』, 北京(中國社會科學出版社), 1990.
劉熙明,『僞軍-强權競逐下的卒子(1937～1949)』, 臺北(稻鄕出版社), 2002.
李劍農,『最近三十年中國政治史』, 上海(太平洋書局), 1930.
李盈慧,『抗日與附日: 華僑, 國民政府, 汪政權』, 臺北(水牛出版社), 2003.
李守孔,『民初之國會』, 臺北(中國學術著作獎助委員會), 1964.
李新 主編,『民國人物傳』 6冊, 北京(中華書局), 1978～1987.
李雲漢,『從容共到淸黨』(上, 中, 下), 臺北(中國學術著作獎助委員會), 1974.
李恩涵,『北伐前後的'革命外交'(1925～1931)』, 臺北(中央硏究院近代史硏究所), 1993.
李宗一,『袁世凱傳』, 北京(中華書局), 1980.
林家有,『孫中山振興中華思想硏究』, 廣州(廣東人民出版社), 1996.
林慶元·楊齊福,『"大東亞共榮圈" 源流』, 北京(社會科學文獻出版社), 2006.
張國福,『民國憲法史』, 北京(華文出版社), 1991.
張圻福,『中華民國外交史綱』, 北京(人民日報出版社), 1995.
張同新 編著,『蔣汪合作的國民政府』, 哈爾濱(黑龍江人民出版社), 1988.
張同新,『國民黨新軍閥混戰史略』, 哈爾浜(黑龍江人民出版社), 1982.
張朋園,『梁啓超與淸季革命』, 臺北(中央硏究院近代史硏究所), 1963.
蔣永敬,『鮑羅廷與武漢政權』, 臺北(傳記文學出版社), 1972.

張玉法,『民國初年的政黨』, 臺北(中硏院近史所), 1983.
張玉法,『淸季的革命團體』, 臺北(中硏院近史所), 1975.
臧運枯,『七七事變前的日本對華政策』, 北京(社會科學文獻出版社), 2000.
張殿興,『蔣介石與汪精衛的恩恩怨怨』, 北京(人民出版社), 2009.
張憲文 主編,『中國抗日戰爭史(1931～1945)』, 南京(南京大學出版社), 2001.
鄭大華・鄒小站 主編,『中國近代史上的民族主義』, 北京(社會科學文獻出版社), 2007.
周聿峩・陳紅民,『胡漢民評傳』, 廣州(廣東人民出版社), 1989.
中國社會科學院近代史硏究所民國史硏究室 編,『一九三0年代的中國』 上册, 北京(社會科學文獻出版社), 2006.
中華書局編輯部 編,『辛亥革命與近代中國』 上, 下册, 北京(中華書局), 1992.
鄭憲,『同盟會: 其領導, 組織與財務』, 臺北(近代中國出版社), 1985.
趙杰 主編,『西安事變』, 北京(中國文史出版社), 2002.
陳孟堅,『民報與辛亥革命』, 臺北(正中書局), 1986.
陳木杉,『從函電史料觀抗戰時期汪精衛集團治粤楄槪』, 臺北(學生書局), 1996.
陳進金,『地方實力派與中原大戰』, 臺北(國史館), 2002.
蔡德金,『汪僞二號人物陳公博』, 鄭州(河南人民出版社), 1993.
彭敦文,『國民政府對日政策及其變化: 從九一八事變到七七事變』, 北京(社會科學文獻出版社), 2007.
解學詩,『僞滿洲國史新編』, 北京(人民出版社), 1995.
胡德坤,『中日戰爭史(1931～1945)』, 武漢(武漢大學出版社), 1988.
胡繩武・金沖及,『辛亥革命史稿』 4卷, 上海(上海人民出版社), 1991.
胡維革・于秀芹 主編,『共和道路在近代中國』, 瀋陽(東北師範大學出版社), 1991.
洪鈞培 編,『國民政府外交史』, 上海, 1930〔沈雲龍 主編,『近代中國史料叢刊』 第28輯, 臺北(文海出版社), 1968〕.
黃修榮,『國民革命史』, 重慶(重慶出版社), 1992.
黃友嵐,『抗日戰爭時期的"和平"運動』, 北京(解放軍出版社), 1988.

家近亮子,『蔣介石と南京國民政府』, 東京(慶應義塾大學出版會), 2002.
古屋哲夫 編,『日中戰爭史硏究』, 東京(吉川弘文館), 1984.
貴志俊彦 等編,『摸索する近代日中關係』, 東京(東京大學出版會), 2009.
東英記,『日中提携の歷史的系譜』, 東京(文藝社), 2002.
藤井昇三 編,『1930年代中國の硏究』, 東京(アジア經濟硏究所), 1975.
鹿錫俊,『中國國民政府の對日政策(1931～1933)』, 東京(東京大學出版會), 2001.
防衛廳防衛硏修所戰史室 編,『北支の治安戰』, 東京(朝雲新聞社), 1971.
山田辰雄,『中國國民黨左派の硏究』, 東京(慶應通信), 1980.
上坂冬子,『我は苦難の道を行く: 汪兆銘の眞實』(上, 下), 東京(講談社), 1999.
小林英夫,『日中戰爭史論: 汪精衛政權と中國占領地』, 東京(御茶の水書房), 2005.
柴田哲雄,『協力・抵抗・沈默: 汪精衛南京政府のイデオロギーに對する比較史的アプロチー』, 東京(成文堂), 2009.
野澤豐 編,『中國國民革命史の硏究』, 東京(青木書店), 1974.

佐藤愼一 編,『近代中國の思索者たち』, 東京(大修館書店), 1998.
中國現代史硏究會 編,『中國國民政府史の硏究』, 東京(汲古書院), 1986.
秦郁彦,『日中戰爭史』, 東京(河出書房新社), 1961.
土屋光芳,『汪精衛と民主化の企て』, 東京(人間の科學社), 2000.
土屋光芳,『汪精衛と蔣汪合作政權』, 東京(人間の科學社), 2004.
狹間直樹 編,『中國國民革命の硏究』, 京都(京都大學人文科學硏究所), 1992.
横山宏章,『孫中山の革命と政治指導』, 東京(硏文出版), 1983.
横山宏章,『孫文と袁世凱』, 東京(岩波書店), 1996.
横山宏章,『中國の政治危機と傳統支配』, 東京(硏文出版), 1996.

David P. Barrett ed., *Chinese Collaboration with Japan, 1932-1945*, Stanford University Press, 2001.
Marie-Claire Bergere(translated from the French by Janet Lloyd), *Sun Yat-sen*, Stanford University Press, 1998.
John H. Boyle, *China and Japan at War, 1937-1945: The Politics of Collaboration*, Stanford University Press, 1972.
Hsi-sheng Chi, *Nationalist China at War: Military Defeats and Political Collapse, 1937-45*, The University of Michigan Press, 1982.
Parks M. Coble, *Facing Japan: Chinese Politics and Japanese Imperialism, 1931-1937*, Harvard University Press, 1991.
Joshua A. Fogel, Peter G. Zarrow eds., *Imagining the People: Chinese Intellectuals and the Concept of Citizenship, 1890-1920*, M. E. Sharpe Press, 1997.
Philip A. Kuhn, *Origins of the Modern Chinese State*, Stanford University Press, 2002.
Don C. Price, *Russia and the Roots of the Chinese Revolution*, Harvard University Press, 1974.
Edward Roads, *China's Republican Revolution, The Case of Kwangtung, 1895-1913*, Harvard University Press, 1975.
So Wai-chor, *The Kuomintang Left in the National Revolution, 1924-1931*, Oxford University Press, 1991.
Wong Young-tsu, *Search for Modern Nationalism: Zhang Binglin and Revolutionary China, 1869-1936*, Oxford University Press, 1989.

연구논문

김기훈, 「장학량과 서안사건Chang Hsuh-liang and the Sian Incident」, 『육사논문집』27집(1984).
김승욱, 「汪精衛의 화평론과 동아시아론」, 『중국근현대사연구』 32(2006).
김정현, 「중일전쟁기 周佛海를 통해 본 친일협력」, 『아세아문화연구』 32(경원대학 아시아문화연구소, 2006).

김지환, 「중일전쟁기 重慶國民政府의 對美外交: 미국의 중립정책에 대한 대응을 중심으로」, 『中國史硏究』42(2006).
김형종, 「辛亥革命에서의 反帝문제의 認識과 實踐」, 『동양사학연구』30(1989. 5).
김형종, 「1911년의 汪精衛-楊度와의 國事共濟會 활동을 중심으로」, 『동아문화』 48(2010).
羅弦洙, 「武漢政府의 財政的 基盤」, 閔斗基 편, 『中國國民革命運動의 構造分析』, 서울, 1990.
노영순, 「프랑스-일본 제국의 협력과 베트남 친일 협력집단」, 『아세아연구』 49-1(2006).
문명기,「중일전쟁 초기(1937~1939) 汪精衛파의 화평운동과 화평이론」, 『동양사학연구』 71(2000).
목은균, 「淸末 南洋지역 革命派 新聞의 활동」, 『金俊燁敎授華甲紀念中國學論叢』, 서울, 1983.
박상수, 「중일전쟁기 중국의 대일 '協力'(Collaboration)에 관한 연구 시각과 전망: 구미학계를 중심으로」, 『사총』 61(2005).
박상수, 「총론: 식민지 점령지 협력자 형성의 면면—일제하 한국, 중국, 만주, 대만, 베트남 및 독일 치하의 유럽의 경험 비교」, 『아세아연구』 49-4(2006).
박상수, 「중일전쟁기 화북의 대일 '협력자': 국내정치의 역학관계를 통해 본 협력정권의 형성」, 『아세아연구』 49-4(2006).
박상수, 「중일전쟁 전후 대일협력자 '汪精衛集團'의 형성(1928~1938)」, 『사총』 65(2007).
박제균, 「中國國民黨의 민족주의 이념과 '혁명외교'」, 『중국근현대사연구』 31집(2006).
박지향, 「협력자들: 나치 점령기 유럽과 일제치하 조선」, 『서양사론』 103(2009).
배경한, 「일본의 만주 화북 침략에 대한 국민정부의 대응: 이른바 '부저항주의'의 이해를 위한 일시론」, 『서울대동양사학과논집』 11(1987).
배경한, 「中國現代史硏究에 있어서 新聞資料의 效用과 限界」, 『서울大東洋史學科論集』 第15輯(1991).
배경한, 「孫文의 대아시아주의와 한국」, 『부산사학』 第30輯(1996. 6).
배경한, 「19세기 말 20세기 초 中華體制의 위기와 중국민족주의」, 『역사비평』 51(2000).
배경한, 「신해혁명 시기의 汪精衛」, 『중국근현대사연구』 30(2006).
배경한, 「汪精衛政權과 新民會」, 『동양사학연구』 93(2005).
배경한, 「중국에서의 東亞聯盟운동과 汪精衛政權」, 『중국근현대사연구』 21(2004).
배경한, 「汪精衛와 五四運動: 파리평화회의 관련 활동과 反帝認識」, 『중국근현대사연구』 42(2009).
배경한, 「동아시아 역사 속의 辛亥革命: 공화혁명의 확산과 동아시아 국제질서의 재편」, 『동양사학연구』 117(2011. 12).
배경한, 「신해혁명 전후 시기 孫文의 아시아 인식」, 『중국근현대사연구』 52(2011. 12).
白永瑞, 「建設雜誌와 朱執信의 役割: 五四시기 中國國民黨指導層의 思想的 摸索」, 『동양사학연구』 제19집(1984. 6).
서상문, 「汪精衛政權의 방송통제활동: 上海地區를 중심으로」, 『중국사연구』 48(2007).
신승하, 「서안사변: 그 배경과 평화적 해결을 중심으로」, 『중국연구』 제3집(단국대학, 1981).
유용태, 「1919~1924년 중국 各界의 職業代表制 摸索」, 서울대학교동양사연구실 편, 『중국근현대사의 재조명 1』, 서울(지식산업사), 1999.
윤휘탁, 「'만주국'의 통치체제 구축과 현지인 협력자」, 『아세아연구』 49-4(2006).
이병인, 「國民會議와 職業代表制」, 『중국현대사연구』 12(2001).

이병주, 「國民黨 左右派의 革命觀 比較」, 『中國國民革命의 分析的 硏究』, 서울, 1985.
이재령, 「第一次國共合作期 汪精衛의 정치적 역할과 혁명전략의 변화」, 『사학지』 25-1(1992).
이재령, 「汪精衛의 國民革命觀」, 『단국대대학원학술논총』 17(1993).
이승휘, 「國民革命期 '國民會議'에 대한 재검토」, 『중국현대사연구회회보』 3호(1995).
조세현, 「동아시아 3국(한중일)에서 크로포트킨 사상의 수용: 상호부조론을 중심으로」, 『중국사연구』 39집(2005).
조지형, 「국제연맹의 집단안전보장과 세계평화회의 이상」, 『이대사원』 제32집(1999. 12).
함동주, 「중일전쟁과 미키 키요시三木清의 東亞協同體論」, 『동양사학연구』 56(1996. 10).
황동연, 「武漢國民政府成立期 '遷都論爭'」, 『學林』(연세대 사학연구회) 제12 · 13합집(1991. 3).
황동연, 「조우 포하이周佛海의 일기를 중심으로 본 항일전쟁시기 대일합작 문제에 대한 한 검토」, 『코기토』 62(2007).

高丹予, 「南京僞維新政府及其大民會」, 『民國檔案』 2000-2.
劉華明, 「汪精衛叛國出逃探微」, 『民國檔案』 1993-2.
聞少華, 「汪精衛與 '國事共濟會'」, 『南開學報』 1985-3(1985. 5).
方慶秋, 「蔣介石的 '奮迹功名' 計劃與 '中山艦事件眞相」, 『江蘇史學』(南京) 第1期(1988).
裴京漢, 「汪僞政權與大亞洲主義」, 『民國檔案』 1998-4(南京, 1998).
裴京漢, 「中山艦事件的眞相與汪精衛出洋的原因」, 『民國硏究』 第4輯(1998).
史桂芳, 「評東亞聯盟論的內容及實質」, 『抗日戰爭硏究』 1999-1.
史桂芳, 「東亞聯盟與僞滿洲國」, 『日本學論壇』 2000-2.
史桂芳, 「日僞時期北平的東亞聯盟協會」, 『北京黨史』 2000-6.
史桂芳, 「試析中日戰爭時期日本的侵略理論」, 『抗日戰爭硏究』 2002-1.
孫善根 · 曹屯裕, 「鮑羅廷與武漢國民黨關係初探」, 『寧波師院學報(社科版)』 1988-1.
孫彩霞, 「蔣介石對汪精衛叛國投敵之處置」, 『近代史硏究』 2010-4.
孫宏云, 「1905-1907年汪精衛梁啓超關于種族革命的論戰與伯倫知理『國家學』的關係」, 『學術硏究』 2002-6.
沈予, 「論日本近衛文麿內閣的對華政策」, 『近代史硏究』 1998-1.
沈予, 「抗日戰爭前期蔣介石對日議和問題再探討」, 『抗日戰爭硏究』 2000-3.
余子道, 「一面抵抗, 一面交涉政策與淞滬抗戰」, 『軍事歷史硏究』 1992-4.
吳賜祿, 「中山艦事件的主謀者是誰?」, 『廣州師院學報』 1983-2.
吳相湘, 「袁世凱謀取臨時大總統之經過」, 『中國現代史叢刊』 第1册, 臺北(正中書局), 1960.
王克文, 「陳公博爲什麽追隨汪精衛投敵: 民國時期政治忠誠觀念的個案硏究」, 『抗日戰爭硏究』 1992-4.
王克文, 林秋敏 紀錄, 「戰爭與和平: 試論汪政權的歷史地位」, 『國史館館刊』 22(1997. 6).
王升, 「汪精衛與第一次國共合作中的幾個問題」, 『近代史硏究』 1991-1.
牛大勇, 「北伐戰爭時期日蔣關係的演變」, 『江海學刊』(文史哲版, 南京) 1987-2.
李國祁, 「民國十四年汪精衛的爭權」, 『中央硏究院近代史硏究所集刊』 17(上)(1988. 6).
李影, 「汪精衛死因之謎」, 『炎黃春秋』 1993-6.
伊原澤周, 「留日期中的汪精衛及其革命思想」, 『中華民國建國八十年學術討論會論文集』, 臺北(1991).

李育民, 「廢約運動與中國近代的民族主義」, 鄭大華·鄒小站 主編, 『中國近代史上的民族主義』, 北京(社會科學文獻出版社), 2007.
李志毓, 「汪精衛的性格與政治命運」, 『歷史研究』 2011-1.
張生, 「蔣介石對汪精衛投敵遲未公開定性與表態之原因探析」, 『抗日戰爭研究』 2003-2.
蔣永敬, 「胡汪蔣分合關係之演變」, 中央研究院近代史研究所 編, 『近代中國歷史人物論文集』, 臺北(中研院近史所), 1993.
蔣永敬, 「汪精衛的"恐共"與"投日"」, 『抗日戰爭研究』 1999-1.
張學俊, 「汪精衛集團的民族投降主義理論」, 『唐都學刊』(西安) 1994-1.
張憲文, 「"辛亥革命與近代中國'筆談: 新時期再議辛亥革命」, 『近代史研究』 2011-4.
張洪祥 楊琪, 「抗戰時期華北淪陷區的新民會」, 『史學月刊』, 1999-5.
趙矢元·田毅鵬, 「辛亥革命時期的孫中山和汪精衛」, 『社會科學戰線』 1986-4.
趙旭, 「四一二前夕蔣汪上海會談眞相再探」, 『民國檔案』 1990-1.
朱劍, 「北伐時期的國民政府遷移問題」, 『南京大學學報』(哲學社會科學) 1986-1.
周孜正, 「汪僞的留日學生教育」, 『抗日戰爭研究』 2004-3.
曾業英, 「略論日僞新民會」, 『近代史研究』, 1992-1.
曾業英, 「簡評〈戰爭與和平: 試論汪政權的歷史地位〉」, 『抗日戰爭研究』 1999-1.
陳紅民, 「'抗日反蔣'與'聯蔣制日': 胡漢民與兩廣的'抗日'口號與實踐(1932～1936)」, 『抗日戰爭研究』 2002-3.
陳戎杰, 「汪精衛降日賣國的'東亞聯盟'理論剖析」, 『抗日戰爭研究』 1994-3.
蔡德金, 「關于抗戰時期汪精衛與汪僞政權的幾個問題之我見」, 『抗日戰爭研究』 1999-1.
村田雄二郎, 「孫中山與辛亥革命時期的'五族共和'論)」, 『廣東社會科學』 2004-5期.
胡懿選, 「日,汪,蔣拉攏爭取吳佩孚情報一束(1939年)」, 『檔案史料與研究』(重慶市檔案館) 1995-3.
胡春惠, 「汪精衛與低調俱樂部」, 『抗日戰爭研究』 1999-1.

桂川光正, 「東亞聯盟論の成立と展開」, 『史林』 63-5(1980. 9).
桂川光正, 「東亞聯盟運動史小論」, 古屋哲夫 編, 『日中戰爭史研究』, 東京, 1984.
橋川文三, 「'大東亞共榮圈'の理念と實態」, 『岩波講座日本歷史』 第21卷, 東京, 1977.
堀井弘一郎, 「新民會と華北占領政策」, 『中國研究月報』, 1993年 1, 2, 3月號.
閔斗基, 「韓國における中國現代史研究について」, 『近きに在りて』 10(1986. 11)
小林英夫, 「日本帝國主義の中國農業資源に對する收奪過程」, 入淺田喬二 編, 『日本帝國主義下の中國: 中國占領地經濟の研究』, 東京(樂游書房), 1982.
王强, 「日中戰爭期と華北新民會」, 『現代社會文化研究』, 第20號(2001. 3).
永井算巳, 「汪兆銘の庚戌事件とその政治的背景」, 『近代中國政治史論叢』(汲古書院, 1983).
波多野善大, 「辛亥革命期の汪兆銘」, 『愛知學院大學文學部紀要』 12(1982).
八卷佳子, 「中華民國新民會の成立と初期工作狀況」, 藤井昇三 編, 『1930年代中國の研究』, 東京, 1975.
片岡一忠, 「辛亥革命時期の'五族共和'論をめぐって」, 『中國近現代史の諸問題: 田中正美先生退官記念論集』, 東京(國書刊行會), 1984.
土屋光芳, 「寧漢分裂期における幻の蔣汪合作」, 『政經論叢(明治大學)』 60-1, 2(1991).
土屋光芳, 「汪精衛の"刺し違え電報"をめぐつて」, 『政經論叢(明治大學)』 62-2(1994).

土屋光芳,「一面抵抗, 一面交涉の試鍊」,『政經論叢(明治大學)』62-3(1994).

戸部良一,「研究ノート: 汪兆銘のハノイ脫出をめぐつて-關係者の回想と外務省記錄」,『外交史料館報』19(2010).

H. L. Boorman, Wang Ching-wei: China's Romantic Radical, *Political Science Quarterly*, V. 79-4(1964).

Arif Dirlik, Mass Movement and the Left Kuomintang, *Modern China* V. 1-1(1975).

Donald A Jordan, Shifts in Wang Ching-wei's Japan Policy During the Kuomintang Factional Stuggle of 1931-1932, *Asian Profile* V. 12-3(1984).

David P. Barrett, Ideological Foundation of the Wang Jingwei Government: Rural Pacification, the New Citizens Movement, and the Great East Asian War, "近百年來中日關係史國際學術會議" 發表論文, 香港, 1990.

Min Tu-ki(閔斗基),「Sun Yat-sen in Korea: KoreanView of Sun Yat-sen's Idea and Activities in 1920s」,『東亞文化』第30輯(서울대학동아문화연구소, 1992).

So Wai-chor, Race, Culture, and the Anglo-American Powers: The Views of Chinese Collaborators, *Modern China*, V. 37-1(2011).

Wang Ke-wen, The Left Kuomintang in Opposition, 1927-31, *Chinese Studies in History*, V. 20-2(1986).

中文目錄及提要

現代中國民族主義的曲折

一以汪精衛民族主義的變化過程爲中心

目錄

4. 主唱反滿民族主義與其意義

(1) 提起反滿民族主義

(2) 反滿民族主義的實踐與其局限性

5. 結言

II. 五四運動時期汪精衛與反帝民族主義一在法活動與反帝認識的形成

1. 序言

2. 巴黎之行與和議關聯活動

3. 國際認識的變化與反帝民族主義的形成

(1) 對於和議,國際聯盟的理解

(2) 無政府主義, 互助論的影響與反帝認識的局限性

4. 結言

第2篇 反帝的實踐與其局限性

I. 國民革命時期汪精衛與蔣介石之間的權力鬪爭與左派領袖汪精衛的權力限界

1. 序言

2. 中山艦事件(1926. 3)與汪蔣之間的權力鬪爭

(1) 中山艦事件與汪蔣關係

(2) 蔣介石的權力掌握與汪精衛的出洋

3. 北伐開始以後迎汪運動的展開與汪精衛的歸國

(1) 迎汪運動的展開

(2) 蔣介石的對應

(3) 汪精衛的歸國

4. 上海談判(1927. 4)與蔣汪關係的決裂

5. 結言一汪精衛的權力限界

II. 國民革命時期汪精衛與反帝民族主義的實踐問題

1. 序言

2. 國民黨的改進, 改組與反帝民族主義

3. 北上, 國民會議運動與反帝的高揚

4. '革命外交' 與反帝實踐的局限性

5. 結言

第3篇 從反帝到親日

第4篇 親日的邏輯與親日政權的困境

1. 序言

綜觀20世紀前半期的中華民國史, 汪精衛(1883~1944) 是最主要的政治領袖之一, 其比重幷不亞於孫文與蔣介石. 衆所周知, 汪精衛從辛亥革命起直至國民革命、中日戰爭爆發, 在整個中華民國時期一直都處在權力的核心位置. 作爲辛亥革命的主導力量一革命派的核心性人物的革命運動英雄汪精衛, 曾任同盟會機關報《民報》的主要撰稿人幷兼編輯. 1910年武昌起義前夕, 爲刺殺清朝攝政王載灃汪精衛在北京活動時被捕, 武昌起義後獲釋. 可以說汪精衛是辛亥革命, 卽共和革命的核心性理論家和實踐家.

之後在與孫文一起進行革命活動的過程中汪精衛逐漸成爲國民黨左派的中心人物, 幷力促國共合作, 組建左派政權一武漢國民政府. 在1928年蔣介石掌握政治主導權以後又成爲反對蔣介石獨裁的"反蔣運動"的核心. 另外, 直到1930年代末中日戰爭時期, 雖然背負了"親日傀儡政權"的罵名, 但汪精衛政權的作用在整個中日戰爭過程中都是絶不容小覷的. 由此可見汪精衛在整個中華民國史上都是最爲核心性的政治領袖.

但卽使如此, 如汪精衛這般客觀性研究之少, 評價之難, 在中華民國時期的政治領袖中是絶無僅有的. 這主要是因爲汪精衛在其跌宕起伏的政治歷程中出現過多次令人難以理解的政治立場驟變及思想性轉變. 譬如,辛亥革命後汪精衛獲釋, 遂與與革命派立場對立之袁世凱合作在天津成立國事共濟會欲推進南北議和, 此爲其一大轉變; 國民革命時期還以最具有代表性的左派領袖之身分的積極推動與共産黨之合作, 與蘇聯之聯合. 成立武漢政府後時至1927年8月則以"分共"爲轉折點再次變身爲徹頭徹尾反共主義者, 此爲其另一大轉變. 不僅如此, 正値中日戰爭時期的1938年, 時任重慶國民政府第二要職一國民黨副總裁的汪精衛突然潛出重慶, 經越南河內輾轉至日軍控制地區上海, 不久後汪精衛組建全國性的親日政權, 此亦爲其一大轉變.

另外汪精衛政治生涯中幾次反復的"留洋"也是令人費解之處頗多, 可以說這與其政治立場的多次轉變是不無緊密相關的. 尤其是在其晚年汪精衛作爲親日政權最高指導者的一大轉變則是使其背負上民族的叛徒卽"漢奸"之名決定性原因, 時至今日對汪精衛的否定性評價可以說絶大部分也源于其參與傀儡政權一事.

據此, 本研究不僅將擺脫以往强調的汪精衛是民族叛徒的評價, 也不使用"愛國與賣國"的二分法的觀點, 而是將汪精衛的整個政治生涯作爲探討的對象. 首先是探明中日戰爭爆發前汪精衛的思想、活動以及與親日政權無關的具體的實際情況, 幷對其意義進行再評估. 另外對包括親日變節在內的其政治生涯中經常反復出現的各個轉變, 也不應皆作爲獨立事件分開來說明, 而是有必要綜觀其整體的政治思想及政治活動風格幷以此作爲一個整體的脈絡對其諸般轉變進行說明. 幷且有必要對其此種政治風格在現代的中國政治世界內是怎樣被理解和接受的這一問題運用連續的觀點進行說明.

另外如從政治思想史的角度來審視汪精衛, 最受矚目的則是其與民族主義相關聯的主張及活動. 汪精衛在進行早期政治活動的同盟會時期以及之後的辛亥革命時期, 其思想及活動的核心是通過推翻滿洲王朝而建立共和國, 故此階段汪精衛的注意力則主要聚集在所謂的反滿民族主義主張上. 雖然此時的反滿民族主義的性質究竟是以漢族爲中心的種族主義, 亦或是克服民族主義局限性的具有更廣泛意義的民族主義的爭論頗多, 但總之汪精衛早期政治活動都是爲實現民族主義而進行的, 這點是顯然之實.

如果說在接下來的1920年代國民革命最重要的政治目標之一便是反帝民族主義, 那麼爲國民革命最核心領袖中的一員的汪精衛的政治活動則可以說是以反帝民族主義爲軸心進行的. 當然, 强調反帝民族主義的幷非只有汪精衛領導的國民黨左派, 國民黨內部的政治分派及對立現象也幷非僅以民族主義問題能說明的, 故本研究則不得不考慮到國民革命的階級基礎問題、經濟體制的指向問題等各種因素. 只是, 無論是從其國民革命之前的辛亥革命階段汪精衛的反滿民族主義著眼, 亦或是與其之後中日戰爭階段的親日轉變問題相關聯來著眼, 民族主義觀點的變化都可以作爲研究國民革命階段的汪精衛的一個重要的聚焦點.

相同地筆者期待著在說明中日戰爭階段的汪精衛時民族主義問題可以成爲有效的標準. 尙在豫測會與日本爆發全面戰爭的階段時, 汪精衛提出了“長期抗戰論”及“一面抵抗, 一面交涉”等主張, 這些主張不僅是關係到是戰還是協商的戰略層面的問題, 從根本上也是與民族生存和保持國家獨立相關之問題, 所以也是與民族主義的認識和實踐相關之問題. 不僅如此, 汪精衛立場是如何由“長期抗戰論”及“一面抵抗, 一面交涉”之主張轉變爲建立親日政權的, 這個問題也可以看做是民族主義的另一個方面. 時至今日對汪精衛的立場轉向親日一事的評價尙以否定性爲主, 但若從另外的角度來看, 汪精衛之方式雖是一種扭曲之形態, 但畢竟旨在謀求民族之生存, 所以也可以說是民族主義的另外一種變形體. 所以本研究的重點是以嘗試去理解中日戰爭時期的汪精衛的視角來著眼于民族主義的變形及扭曲之方面.

衆所周知近代亞洲地區的民族主義思潮及民族主義運動的興起是以反抗帝國主義列强侵略的形態出現的. 其大部分是以在帝國主義列强侵略下淪爲殖民地或陷入殖民地性的狀態的亞洲弱小國家(或弱小民族)謀求解放和獨立爲目標的, 這也成爲了建立近代國民國家的最重要的原動力. 由此可見民族主義的思想與民族主義運動是近代亞洲地區史上最重要的脈絡之一.

近代中國也不例外, 鴉片戰爭以來反抗列强侵略和爭取獨立的反帝國主義思想及反帝運動被認爲是中國建立近代國民國家最重要的前提條件. 當然, 反帝認識以及抵抗帝國主義的方式也在不斷地變化和發展. 譬如,淸末初期的維新派雖然理解近代國家主權之槪念, 但却未能明確提出國家獨立之主張, 且其早期的民族主義却是以進行擺脫異族王朝淸朝統治的以漢族爲中心的種族主義性民族革命爲目標, 這暴露出了其對反帝認識的局限性.

相反地, 基于對帝國主義正確認識的眞正意義的反帝運動直到1920年代的國民革命時期才成爲可能. 這種變化的背後當然也有列寧領導的共産國際的國際共産主義運動和所謂的聯合陣線戰略的影響. 也可以說, 國共合作以後開始的國民革命提出的中國革命的當前任務卽反帝反軍閥(反封建)的路線, 才是眞正意義上地提出民族獨立、國家獨立這一首要性目標. 而且該反帝目標在1930、40年代抗日戰爭時期也成爲了最首要的目標, 從這一意義上可見以反帝爲中心的民族主義是近現代中國最核心的任務.

雖然現在關于民族主義本身的硏究頗多, 但實際上至今連民族主義的槪念及性質都尙未有明確定論. 正是由于這個緣故最近的一些硏究主張爲區分民族而設定的現有的標準一人種、語言、文化性差別本身幷不存在, 甚至認爲民族主義本身的依據只是神話和想像而已. 本硏究中爲便於論述, 將擁有共同語言、文化及歷史經歷, 幷以此爲基礎區分於其他民族(或集團)的一系列的思想和運動統稱爲民族主義. 當然, 20世紀中國的民族主義也有兩面性, 不僅具有傳統中華主義立場的將周邊少數民族乃至弱小民族包括在內的膨脹主義的一面, 同時也具有反抗西方列强侵略的抵抗性的一面, 這一點是不可忽視的. 但本硏究將注目于20世紀上半期在中國等弱小殖民地國家興起的抵抗帝國主義列强侵略, 謀求國家或民族的生存, 進而追求國家或民族的獨立的理念及運動, 卽所謂的"抵抗性的民族主義".

因此本硏究中將汪精衛民族主義大體分爲4個階段①從辛亥革命時期民族主義的核心任務一漢族反抗滿族統治的理念卽反滿民族主義, 轉變爲反抗西方列强侵略的理念卽反帝民族主義的過程;②國民革命時期反帝民族主義的展開和高昂, 以及"革命外交"中所顯露出的反帝實踐的理念性局限性和國民黨左派領袖汪精衛的權力局限性之間的相關性問題;③1931年滿洲事變以後逐漸顯露出的反帝理念的扭曲現象, 卽從反帝到親日的轉變, 在1938年末脫離重慶後完全的轉變爲"親日和平論"的過程;④1940年汪精衛在成立新的中央政權, 本文將詳細追述這之後其扭曲的民族主義的各個側面：孫文的大亞洲主義的扭曲以及東亞聯盟、新民會的組織和活動問題等.

本研究希望通過上述之探討, 從民族主義的變化過程這一側面觀察汪精衛的整個政治生涯, 將探究其民族主義的變化以及扭曲是如何形成的, 這種民族主義的變化和扭曲具有著怎樣的意義, 另外是否可以將這樣的民族主義的變化過程看作是中國現代民族主義的一般性脈絡, 如不可則該民族主義的變化有著怎樣的特徵. 進而從對汪精衛民族主義的全面地理解的觀點來看, 其所謂的對民族的背叛, 即轉變爲親日立場究竟得到怎樣的評價才爲合適等等問題的實證性答案.

2. 從反滿到反帝

縱觀辛亥革命前後汪精衛的政治活動和反滿民族主義的主張可知, 汪精衛開始接觸的共和革命和反滿民族主義始自留洋期間. 1904年汪精衛以廣東省選撥之官費留學生身份前往東京留學, 在法政大學速成科入學後開始接觸到了法學等西方科學. 汪精衛加入1905年8月在東京創立的同盟會, 并且在同盟會中起著主導性作用, 這正得益於其接觸西學, 并開始明確認識到共和革命之必要性. 同時, 也是因爲汪精衛爲孫文最親信之人, 積極接受并宣傳孫文之共和革命主張.

另外, 無政府主義也對辛亥革命時期汪精衛的政治活動與政治思想產生過巨大的影響. 1910年3月末, 以汪精衛爲首成立了小規模的暗殺團, 企圖暗殺清朝攝政王, 這與强調爲革命犧牲的汪精衛的"英雄主義心理" 有著相當的關聯. 究其英雄主義心理根源, 强調革命家應"自我犧牲" 的俄國無政府主義者的思想對其影響可謂甚巨. 又, 武昌起義爆發後汪精衛獲釋, 其又與一些無政府主義者共同組建"進德會", 該組織强調革命家需保持道德的純潔性, 應拒絶就任一切官僚, 這明顯體現了强調爲革命而進行個人犧牲的無政府主義的影響.

辛亥革命時期反滿民族主義成爲汪精衛的政治思想核心. 該主義認爲主張推

翻異族滿洲族之統治，建設國民主權的共和國才能將正處在亡國之秋的中國解救出來，所以共和革命和民族革命是幷行的．該反滿民族主義與當時的競爭對手保皇派的君主立憲制主張完全對立，特別是圍繞著清朝的存在與否以及革命是否會過火的問題在革命派(《民報》)與保皇派(《新民叢報》)之間已起爭論，之後在1907年以後爭論又在東南亞的《中興日報》與《南洋總滙報》之間展開，汪精衛在此番爭論中主張，清朝的存在只能加速中國被瓜分之勢，應通過推翻無能的滿洲王朝而實現共和．

汪精衛的反滿民族主義實際上不僅對被打倒對象一滿洲族存在著的輕蔑和歧視，對滿蒙回藏等中國內少數民族也有著强烈的以漢族爲中心將其等融合的漢族優越主義或中華主義傾向．不僅如此，此時的反滿民族主義在應對辛亥革命進展的過程中出現的蒙古及西藏等邊境少數民族的獨立要求等實際的“瓜分危機”時也暴露出了一定的局限性．以孫文爲首的革命派領導者們爲解決“瓜分危機”而提出“五族共和論”這一臨時變通之策，表面上强調與邊境少數民族的民族平等與聯合，但實際上却依然存在漢族中心主義的局限性，無法克服以漢族中心的民族融合主張．

共和革命的目標是實現國民主權，建立眞正意義的共和國，而辛亥革命也提出通過推翻君主制而建立了共和制體制，從這點看可以說辛亥革命具有共和革命首要主旨．但是若說到辛亥革命帶來了眞正意義的共和制乃至共和意識尙有力所不逮之處，這點是不容否認的．由此可以看出直到辛亥革命的下一階段五四運動階段才賦予了革命眞正的共和制內涵．從這一層意義上看，有學者主張把辛亥革命看作中國共和革命的第一階段，把五四運動看作共和革命的第二階段的觀點是十分具有說服力的．如此看來辛亥革命時期的民族主義，卽汪精衛所主張的反滿民族主義過分執著于解決滿漢間不平等關係及以漢族爲中心的民族融合，暴露出相當的局限性．這也可以理解爲是第一階段的共和革命所具局限性的一個側面吧．

辛亥革命階段的民族主義一具有局限性的反滿民族主義在經過五四運動階段後才變化發展爲客觀的反帝民族主義. 這一點可以通過五四運動前不久汪精衛在和會期間在巴黎的相關活動可以確認. 1918年11月末開始圍繞著參加巴黎和會的中國代表團的組成問題又起爭端. 由于作爲地方政府的廣東護法政府派遣正式代表參加的希望不大, 所以汪精衛希望作爲代表團一員出席巴黎和會從一開始便是不可能之事. 所以在這種情況下, 汪精衛巴黎之行的目標便是在當地觀察和會及監視中國代表團的的活動, 幷且在巴黎的華僑及中國留學生中激揚輿論等, 進行所謂的"國民外交"活動.

實際上從1918年5月初開始至9月下旬間, 汪精衛在巴黎所進行的活動都是圍繞著"國民外交"這一焦點進行的. 汪精衛不遺餘力的進行著言論活動, 這期間幾乎每日參加中國人集會或與外國人共同的群衆集會幷發表演說, 發表文章强調日本攫取山東權利要求之非法性. 汪精衛稱日本攫取山東權利的要求爲日本帝國主義的野蠻行徑, 幷且一面批判未拒絶這種野蠻行徑的北京政府的親日政策, 一面主張北京政府應拒絶在和約上簽字. 汪精衛在巴黎活動後不久國內就爆發了五四運動的反日(反帝)示威運動, 因此巴黎和會期間的"國民外交"活動也可以說是五四運動的序曲. 也正因爲此當時汪精衛的反帝主張也可以說對五四運動產生了一定的影響.

實際上這一時期的汪精衛的反帝認識具有致命的缺陷, 那便是其十分相信戰勝國卽協約國的公理的過分樂觀的國際觀, 這點可以由其在巴黎和會前後時期所發表之演說及文章確認. 在和會召開之前便稱協約國的勝利是"公理對强權之勝利", "民主主義對軍國主義之勝利", 和會上在協約國認可下將德國在山東半島之權利轉交給日本之後, 卽使在遭受如此"背信"之後汪精衛不但不改其對美國、英國和法國所代表的協約國的信賴, 幷且認爲協約國違背公理不過是一時之擧, 待到協約各國形勢正常化以後便會回歸公理一邊.

另外, 國際聯盟成立以後由于美國沒有參加所以運營的幷不太順利, 卽使到了這個時候汪精衛還一直固守著美國在加入國際聯盟後通過國際聯盟合理地解決中國問題的樂觀立場. 透析汪精衛樂觀論之原因, 是因爲在很大程度上受到了人類社會不是通過競爭, 而是通過人類的共存主義的發展而進化, 寄希望于相互共存的克魯泡特金“互助論”的影響. 克魯泡特金思想對汪精衛的影響從1906年後在巴黎刊行的無政府主義雜志《新世紀》開始, 也就是說在辛亥革命以前階段就已經存在了.

總而言之, 經過第一次世界大戰和巴黎和會的汪精衛, 正如其對日認識中所顯示出的, 他已切實感受到了帝國主義對中國的對外獨立進行的明顯限制, 并且意識到了進行反抗的必要性. 但是另一方面却固執的認爲第一次世界大戰的戰勝國即各協約國會爲中國秉持公理, 并對國際聯盟充滿了列强的幻想, 這些都說明了這一時期汪精衛的反帝意識上具有相當的內在局限性及矛盾. 到了五四運動階段汪精衛的反帝民族主義以更具客觀性反帝民族主義面貌, 這在下一階段的國民革命時期可加以印證.

3. 反帝的實踐與其局限性

接下來將對被認爲是應當建立現代中國的國民國家的國民革命時期的汪精衛的反帝認識及其性質進行探討. 如果把對外獨立看作是國民國家的基本要素之一, 那麼國民革命時期所提出的“反帝實踐”則具有巨大的重要意義. 第一次國共合作的積極支持者, 國民黨左派的領袖汪精衛曾是“反帝實踐”的先驅性人物, 從這一點看來對這一時期汪精衛的反帝民族主義主張及其實踐的意義的探求是非常重要的.

首先, 爲了具體勾畫國民革命時期的站在“反帝實踐”風口浪尖的國民黨左派領袖汪精衛所面臨的政治現實, 下面將對汪精衛與蔣介石之間的權力鬥爭, 即蔣汪關係的實質進行探究. 1926年3月的中山艦事件中已經很明顯地顯露出, 孫文死後變成國民黨內的最核心的兩位政治領導人一汪精衛與蔣介石的關係中, 軍權在握的蔣介石掌握主導權. 爲了牽制以軍事力爲基礎的蔣介石的主導權左派發起了"迎汪運動", 結果雖然汪精衛得以于1927年4月初回國, 但通過北伐而實力日漸壯大的蔣介石已集軍事政治主導權于一身, 此時即使是在"迎汪運動"中擁有政治支持基礎的汪精衛欲再與之爭鋒, 也是必敗無疑的. 從這一意義上講, 國民革命時期的蔣介石與汪精衛之關係能最好地證明軍事壓倒政治及革命的這一國民革命的基本特徵. 另一方面, 也淸晰地顯露了國共合作的局面下被夾處在國民黨右派和共產黨之間的國民黨左派的折中性指向, 以及其最高領導者汪精衛不可避免的兩面性和源自其本身的權力局限性.

1927年4月汪精衛回國, 接下來參與左派政權武漢政府, 再接下來的"分共"和與蔣介石(南京政府)的再聯合過程中可以看出汪精衛所扮演的角色, 通過武漢政府中汪精衛的作用便可窺一斑, 與以蔣介石爲中心的軍部勢力的政治獨角戲相比, 汪精衛一派則顯得十分軟弱, 在于蔣介石一派進行權鬥爭中又顯現出其容易喪失其政治基礎的局限性. 實際在政治舞臺上汪精衛與其一派所顯露出的這一局限性, 也會作用于其與左派的政治指向中的"反帝實踐", 而使之也具有一定的局限性.

作爲孫文最親信的人, 汪精衛經歷了國民黨的改進與改組階段, 幷在制定聯蘇容共的國共合作路線方向時起了主導作用. 正如這一時期所進行的國民黨的改進、改組一樣, 汪精衛以接受共産國際和中國共産黨對國民黨路線修正要求的形式接受了以列寧與共産國際的聯合路線理論的基礎一反帝理論. 該理論認爲資産階級的反帝民族解放運動與共産主義運動首先需要造成聯合戰線, 在中國等半殖民地國家共産黨首先要參加幷領導資産階級的反帝民族革命運動. 所以在改進階段國民黨提出的"著力條約改訂, 實現國家獨立"的反帝的概論性立場, 在改組階段則將"組織平民階級, 撤廢不平等條約"的更積極的反帝主張更換爲國民黨的政綱, 可以說這一切都是國民黨接受共産國際與中國共産黨之反帝主張的結果.

特別是對于國民革命時期汪精衛積極促進的, 以民衆示威等革命運動爲基礎幷且旨在解決廢除不平等條約和回收租界等外交問題的"革命外交", 汪精衛至少在因中山艦事件而出走國外之前不僅是積極的支持者, 也一直是站在一線的積極的促進者. 革命外交的最高潮階段可以說是回收漢口、九江租界, 雖然因爲汪精衛當時正在國外, 很難確認其對該事件的態度, 不過縱觀事件前後的種種情況, 不難推測汪精衛對租界回收是持積極的支持立場的. 但是到了1927年4月汪精衛回國幷入主武漢政府以後的這一階段, 開始對共産黨領導的激進的民衆運動及土地革命提出反對的立場. 與此相同, 對激進的革命外交也開始采取反對的立場. 當時不僅是中國所處的外交環境, 加之與以蔣介石爲中心的右派的對立情況, 使得汪精衛領導的左派深陷困境, 這也令激烈的"反帝實踐"無法得以保障. 可以說, 在國民革命進行中提出的"革命外交"淸晰地暴露出了其完全不具備實踐基礎的局限性.

4. 從反帝到親日

這一部分將集中探究國民革命時期處在高潮階段的汪精衛的反帝民族主義在1937年中日戰爭爆發後緣何扭曲爲與之正相反的"親日"方向的. 首先要探討1931年9.18事變爆發後不久重建的蔣汪聯合體制的成立過程, 幷且要指出此時的蔣汪聯合體制是建立在"不抵抗主義"和"長期抗戰論"、"一面抵抗, 一面交涉"等蔣介石、汪精衛二人的對日態度甚至是對日政策的這個共同分母上的. 由此可見, 1935年11月汪精衛被刺事件也是對以蔣汪聯合體制爲基礎國民政府綏靖的對日政策不滿而引起的. 對于日本的侵華行徑, 汪精衛的基本立場可以概括爲"不抵抗"、"長期抗戰論"、"一面抵抗, 一面交涉"等, 對此國民黨內、外部的批評與反對之輿論相當劇烈. 特別是《淞滬停戰協定》簽訂以後, 汪精衛在國民黨內遭到了猛烈地批判而最終被指控爲"親日派"幷且遭監察院彈劾, 正是汪精衛的對日態度招致黨內外的不滿和批判, 最終才演變成了被刺事件.

由于在被刺事件中負傷, 汪精衛不得不暫離政治前線, 幷且爲躲避黨內批判和抵抗而不得已以療養之名分出走歐洲. 1936年12月西安事變爆發對汪精衛的回國起到了决定性的作用. 但是歸國後汪精衛的政治立場幷沒有隨西安事變後國內驟變的政治形勢而發上改變. 此時應在接受"停止內戰"和"一致抗戰"的大前提下實行與共産黨合作的路線, 可汪精衛却固守著"先安內, 後攘外"的立場, 幷堅持强調對剿共的重要性.

可以說在以蔣介石爲中心的國民政府一方, 以西安事變及其後進行的第二次國共合作爲契機回歸到"先抗日"上, 而相反地汪精衛却依然堅持"後抗日"的主張. 所以通過1937年2月的國民黨第五屆三中全會確定了國共合作的基本框架. 蔣汪聯合體制雖然再次恢復, 但是由于汪精衛固執堅持自己的對日態度, 在國民黨或國民政府內引起了諸多不協和的聲音. 在曾經作爲蔣汪聯合體制共同分母的對日認識甚至是對日政策上, 蔣介石的國民政府開始與汪精衛之間發生了分歧. 正式這種分歧在後來階段有可能使得汪精衛的立場轉向"親日".

接下來再看1938年8月左右開始正式推進的汪精衛方面與日本當局間的和平交涉過程, 從和平交涉的推進者一國民黨內部的主和派, 即低調俱樂部的出現、組成及主張等可以看出, 當時"對日和平論"是幷非僅是汪精衛一個人的特殊立場, 而是國民政府內存在的一種潮流, 就連對此與主和派持相反立場的蔣介石都曾在對日和平交涉一事上部分地留有過餘地. 由此可見, 對于和平論本身不可僅以是否爲對國家和民族的背叛這種兩分法的視角來評價. 不僅如此, 在對日和平交涉的進行過程中, 以汪精衛爲中心的主和派爲確保國家獨立之最低底線"政治獨立"而進行了相當程度的努力. 由此也可以看出, 認爲和平運動或者和平交涉本身是單方的投降和配合的觀點也是有欠妥當的. 只是從1938年12月汪精衛脫離重慶和此後對日交涉的終止來看, 汪精衛的“確保政治獨立”的期待從一開始便是難以實現的, 從這點來看不可否認汪精衛的政治判斷出現了重大的錯誤.

汪精衛之所以傾向于議和乃是其政治生涯中各種可確認的經歷複合作用的結果. 卽, 國民革命階段開始便持續的蔣汪關係的結構與由國民黨左派開始的反共轉變的經歷, 提出的與其國際觀相關聯的“反帝外交”失敗的經歷與因此而導致的對反帝實踐一抗日的挫折感和無力感, 以及自辛亥革命時期起便已表現出的無政府主義傾向和作爲革命家的自我犧牲主張等, 這些是汪精衛做出親日選擇的經歷性要素中最重要的方面.

5. 親日邏輯及親日政權的困境

汪精衛親日政權成立以後政權維持的核心問題是確保政治正統性, 爲此汪精衛做了一系列努力: 易容孫文之大亞洲主義, 接受幷施行日本對華和平戰略的基礎“東亞聯盟論”, 以及處理與在滿洲國成立的旨在確立統治思想的親日團體“新民會”的關係等. 此處將對這些問題進行集中地探討, 借此探究轉向親日後汪精衛自身及汪精衛親日政權所經受的民族主義的歪曲乃至政治困境情況. 其內容大致如下.

首先汪精衛與孫文的大亞洲主義的關聯性問題, 汪精衛及其追隨者的所謂的“和平建國論”原爲孫文提出之主張, 因此汪精衛認爲只有己方才是孫文眞正的後繼之人. 至於反共, 汪精衛表示這是孫文本來之意, 因此認爲主張反共的自己才是孫文遺志的眞正繼承人. 幷且汪精衛還主張對孫文的大亞洲主義眞正的精神進行探討, 只有實現中日合作才只能保障中華民國建設的完成乃至東亞和平, 這些主張可以通過汪精衛親日政權出版的《大亞洲主義》等雜誌加以確認. 正如汪精衛繼承大亞洲主義的主張可以在這些雜誌的更名或停刊的過程中確認一樣,這些主張最後還是爲日本的亞洲侵略政策理念“東亞聯盟論”及“大東亞共榮圈論”所統合了. 可以說汪精衛政權曾試圖在孫文的大亞洲主義中爲自己的和平建國運動及建立親日政權尋找正當性, 但結果却喪失了自主性而只得以附逆者之名收場. 很明顯, 這一過程便是汪精衛親日政權所處之困境.

汪精衛政權的意識形態基礎除了大亞洲主義的主張以外, 同時還有日本提出的東亞聯盟論. 在接受此東亞聯盟論的過程中汪精衛政權特別强調的是東亞聯盟論的三大條件—“共同國防、經濟一體化、政治獨立”中的“政治獨立”這一條. 相對于軍事同盟或者經濟合作更注重“政治獨立”的政治獨立優先主張, 與大亞洲主義的情況相同, 汪精衛政權旣有以之作爲向日方要求平等關係的手段的意圖, 也有借此向中國人宣傳幷解釋己方的政治正當性之目的. 但是此“政治獨立”優先主張不可避免的具有明顯的現實局限性. 東亞聯盟論在戰爭進行過程中在日本國內也漸漸失去了基礎, 最後到了太平洋戰爭爆發以後幾乎喪失了影響力, 所以汪精衛以日本的諒解爲基礎的親日政權的“政治獨立”便更加沒有了根基.

日軍占領北京以後親日政權中華民國臨時政府成立, 同時華北地區占領軍(北支那方面軍)成立新民會, 這些組織自成立伊始便是從組織、運營到預算等都受日本占領軍直接控制的對民宣傳組織. 但是新民會在汪精衛的親日政權成立的同時不得不撤回“反對國民黨(滅黨)”的主張, 從新民會這一動作可以看出, 新民會扮演的是汪精衛親日政權的支持者角色. 但是另一方面, 卽使在汪精衛親日政權成立以後, 新民會依然在極力地强化自身組織, 幷且與日本占領軍麾下的治安情報機關“宣撫班”合幷. 圍繞著將新民會從屬中央政府(汪精衛政權)的問題新民會內部出現了相當程度的不滿及批判之聲, 由此可見新民會與汪精衛政權之間的對立矛盾也是深刻存在的.

1940年東亞聯盟在日本東亞聯盟協會和部分日本軍部指導者的直接授意下在北京成立, 新民會的核心指導者中央指導部長繆斌搖身一變成爲東亞聯盟的指導者, 由此也可見繆斌本身的影響力也必定不小. 尤其是繆斌等北京東亞聯盟協會的參與者們高調强調東亞聯盟的三大基本條件, 卽"共同國防, 經濟一體化, 政治獨立"中的"政治獨立"一條, 使得新民會的立場變得十分尷尬. 另外, 北京東亞聯盟會成立以後在南京、廣州等地也相繼成立了東亞聯盟組織, 到1941年2月這些組織統合爲全國性組織東亞聯盟中國總會, 而這些東亞聯盟團體也都在其主張中强調了"政治獨立". 換言之, 北京東亞聯盟方面政治獨立的主張與汪精衛政權爲確保其政治正當性而提出的政治獨立主張却是如出一轍了.

在新民會看來, 面對東亞聯盟組織在華北地區的擴大局勢, 不得不對其采取牽制政策. 在太平洋戰爭爆發前夕的1941年12月初, 日本占領軍提出了遏制國民黨與東亞聯盟進出華北的綱領. 可以說新民會對東亞聯盟的這種牽制, 是汪精衛在其政權成立過程中就顯露出的企圖確保政治主導權的努力和日方對其牽制的一種表現. 汪精衛政權的成立過程與圍繞著華北的特殊性問題而出現的汪精衛和日方的對立, 新民會與東亞聯盟間的矛盾與對立, 以及汪精衛及其追隨者與日本當局及已有親日政權間的權力鬥爭, 這些都明確地說明了表達爲"政治獨立"的汪精衛的建立獨立性政權的構想遇到了怎樣的困境, 又是如何注定要失敗的.

6. 結論: 現代中國民族主義的曲折

本節中將對本研究在上文探討幷確認的現代中國民族主義的變化過程、所顯露出的特徵以及所具有之意義進行整理, 具體如下.

第一, 中國現代民族主義經過第一次共和革命一辛亥革命表現爲反滿民族主義的形態. 反滿民族主義是在中國面臨"瓜分危機"的存亡之秋時所提出的爲實現建立共和制國家而需要進行共和革命, 其方法便是主張推翻異族王朝淸朝. 換言之, 反滿民族主義可以認爲是共和革命階段所需要民族主義形態.

辛亥革命爆發以後由于接納五族共和主張而出現的反滿民族主義轉變的過程

中，單靠尚帶有傳統的中華主義殘餘的以漢族爲中心的種族性民族主義，是不能在邊境少數民族獨立要求紛起的“瓜分危機”中實現眞正的統合的. 當然，到了辛亥革命以後階段國內的民族間的對立與矛盾也沒能完全解決. 到了1920年代以後，孫文又複而主張以漢族爲中心的民族融合，從這一點來看反滿民族主義所具有的源自種族主義的局限性的克服，卽中華主義殘餘的淸除，至今仍是一個需要克服的問題.

第二，五四運動後出現的反帝民族主義是以國家獨立爲前提條件的，在建立國民國家的過程中所需要的民族主義形態. 正如通過汪精衛所看到的那樣，反帝民族主義的接受是在經過五四運動這一全國的反日(反帝)運動以後才開始的，但五四運動階段的反帝民族主義具有對國際聯盟和美國等協約國盲目樂觀期待的相當的局限性. 1924年1月國民黨第一次全國代表大會召開後第一次國共合作正式開始，與此同時也開始接受共産國際與中國共産黨的反帝理念，廢除不平等條約和收回租界等更加積極的反帝民族主義開始占據主導位置. 但是之後在國民革命的進行過程中，廢除不平等條約和收回租界的反帝民族主義的實踐是很難通過民衆示威等革命方法實現的，這已經得到了充分的證明. 所以所謂的“革命外交”的失敗也暴露了反帝民族主義所具有時代局限性. 反帝愛國主義的實踐目標的達成是在國民國家，卽南京國民政府的建立後的下一個階段1930年代初，直到這時才開始廢除不平等條約和改訂條約. 但租界和割讓地的完全回收則是到了1997年的香港回歸與1999年的澳門回歸才得以實現，因此反帝民族主義的目標直到最近還依然有用.

第三，從反帝民族主義到親日的立場轉變是在中日戰爭爆發不久前的西安事變以後這一階段開始的，這點通過汪精衛可以確認. 1936年末以西安事變爲轉折點從歐洲回國的汪精衛再次重建蔣汪聯合體制，重返政界，但是西安事變後隨著第二次國共合作陣線的形成，蔣介石與國民政府的基本政策已轉向“先抗日”. 與之相反，汪精衛却依然固守“後抗日”的立場，因此兩方實際上的出發點可以分爲積極抗日和消極抗日兩種. 由此看來, 可以說中日戰爭爆發以後以汪精衛爲中心的和平運動及其延伸一成立親日政權的構想在戰爭爆發前階段就已經開始醞釀了, 因此其立場轉向親日甚至是扭曲也可以理解爲上述反帝民族主義的所具有的實踐性局限性的延伸.

第四, 對于汪精衛與主和派人士建立親日政權的構想并不能簡單地定性爲"漢奸"或放棄反帝民族主義, 可以確定這是多種複雜的歷史經歷綜合作用的結果. 從孫文死後便開始的反反覆覆地與蔣介石的聯合、對立以及權力鬥爭, 而最後却總是掌控軍事力的的蔣介石取得主導權的經歷及挫敗感; 作爲左派政權武漢政府的核心領導者與共産黨的決裂, 進行分共, 此後轉變爲激烈的反共主義者的經歷; 國民革命時期處于高潮時期的反帝民族主義及在此基礎上的反帝實踐("革命外交")失敗的經歷以及源于此的抗日的無力感, 爲拯救民族而犧牲自我的無政府主義者的道德觀等這些複雜的背景使得他做出了轉向親日的決定. 不過與其說汪精衛與其追隨者轉向親日乃是他們個人的選擇, 不如說是多樣性的時代性經歷所造就的一個歷史性的結果.

第五, 從個人選擇的角度而言, 先行研究很少强調的是親日政權的成立過程, 以及成立以後汪精衛政權爲確保政治正當性而努力的過程中摸索并强調"政治獨立"的史實, 這些是很值得關注的. 關于親日政權的成立, 不僅是汪精衛與日本當局的協商過程, 還是在親日政權成立以後爲確保其政治正當性而推進的各項措施, 譬如易容大亞洲主義, 接受東亞聯盟運動, 通過新民會動員民衆等活動中都在探索這樣的"政治獨立". 不過當然, 也不能說因爲他們進行了這些"政治獨立"的探索就可以否認汪精衛與其追隨者所做之錯誤抉擇, 并且, 這些"政治獨立"的探索也幾乎都是無果而終. 但對比以前只從親日政權或民族叛徒這一側面進行强調的先行研究, 本研究認爲這些方面也是值得關注的.

第六, 汪精衛政治生涯中所展開的民族主義的變化過程, 是否可以代表中國現代民族主義的基本走向? 縱而觀之, 由反滿到反帝, 然後由于反帝實踐的挫折而轉變, 這便構成了中國現代民族主義的主流, 這是無甚異議的. 與之相比, 汪精衛的政治生涯在最後階段的親日轉變究竟是中國現代民族主義潮流中的一個例外, 還是其也代表了中國民族主義中的一個直流？圍繞著這個問題歷來已有頗多論議, 而且估計論議還會繼續進行下去. 不過本研究希望强調的是汪精衛及其追隨者(所謂的主和派)轉向親日雖然有複雜的歷史背景, 但是于毫無勝算的長期的戰禍中拯救中華民族乃是他們的一個出發點(動機); 另外親日政權在成立以後爲確保"政治獨立"也進行了持續的努力, 這兩點是非常清楚的. 因此, 汪精衛與其追隨者的主張雖然呈現扭曲、歪曲的形態, 并且最終也沒有實現預期的目標而告失敗, 但是筆者認爲這也可以看作是另外一種形態的"民族主義". 先行研究中, 特別是中國大陸的研究中常有將親日的轉變看作是"部分民族背叛者(漢奸)的背叛行爲"或者"反民族主義的行爲"的主張, 本研究這一觀點的提出希望可以爲持有以上主張的研究者擺脫單線式的評價提供一個契機. 不僅如此, 本觀點的提出的意義還在於有益于眞實地展現中國現代民族主義的更廣泛的、更多樣的面貌, 使民族主義實際形態可以更加實證性地加以研究.

第七, 通過汪精衛可以確認的現代中國民族主義的這些變化與曲折的過程, 原原本本地反映了現代中國民族主義的多個側面. 正是這一点可爲當今中國所面臨的新的民族主義的前景問題提供諸多啓迪. 它啓迪我們中國應所處之時代環境與時代要求而生的民族主義形式會呈現出多樣性, 此時代民族主義的前景預期應更具伸縮性. 尤其是縱觀從古至今中國"分"長于"和"的歷史現實與至今尙存的少數民族分裂獨立活動, 將疏難預料今後民族主義會呈現出如何多樣之形態. 因此汪精衛民族主義思想的變化過程所呈現之多樣形態對于地處中國周邊幷不可避免地深受中國民族主義影響的韓國而言也是深値尋味的.

第八, 二十一世後步入幷穩居超强大國行列的中國理應把握現在這一時機, 超越以自我爲中心的狹隘的民族主義局限, 建立更加成熟的民族主義. 因此汪精衛所歷民族主義之諸多經歷對于中國人而言同樣也是重要的歷史教訓. 値得留意的是, 當今中國所出現的强烈的愛國主義活動從某些角度來看與批判汪精衛親日政權的"漢奸論"一樣, 也有過度地繼承過激的二分法愛國主義的一面. 譬如當今中國所面臨的國內少數民族的獨立要求與與之相對的共産黨政府的高壓控制政策、與周邊國家所產生的領土糾紛及歷史糾紛等皆可看做是該二分法愛國主義的一種延伸. 中國要盡到作爲超强大國所應盡之國際責任, 首先須擺脫這種狹隘的二分法民族主義, 建立起更爲成熟的民族主義. 因此當今是比任何時候都更需要將汪精衛所歷反滿、反帝、親日之弱者的民族主義歷史經歷作爲前車之鑒的.

각 장의 출처

제1편 반만에서 반제로

Ⅰ. 신해혁명 시기의 왕징웨이와 반만민족주의

「辛亥革命時期의 汪精衛」, 『중국근현대사연구』 30(2006. 6).

Ⅱ. 5·4운동 시기 왕징웨이와 반제민족주의—파리평화회의 관련 활동과 반제 인식 형성

「汪精衛와 五四運動: 파리평화회의 관련활동과 反帝認識」, 『중국근현대사연구』 42(2009. 6). 이후 「五四時期的汪精衛」, 中國社會科學院近代史研究所 編, 『紀念五四運動九十周年國際學術研討會論文集』(下), 北京(中國社會科學文獻出版社, 2012. 5)로 역재譯載.

제2편 반제민족주의의 전개

Ⅰ. 국민혁명 시기 왕징웨이와 장제스의 권력투쟁과 좌파 지도자 왕징웨이의 권력 한계

「國民革命時期의 蔣介石과 汪精衛: 迎汪運動과 蔣汪上海談判(2007년 4월)을 중심으로」, 『동양사학연구』 112(2010. 9). 이후 「國民革命時期的蔣汪關係」, "蔣介石與近代中國" 國際學術研討會(杭州, 2010年 4月) 발표.

Ⅱ. 국민혁명 시기 왕징웨이와 반제민족주의 실천

「國民革命時期의 汪精衛와 反帝問題」, 『중국근현대사연구』 47(2010. 9).

제3편 반제에서 친일로

Ⅰ. 중일전쟁 발발 전야 왕징웨이의 대일 태도—시안사변 전후의 친일 가능성 검토

「汪精衛와 西安事變」, 『중국근현대사연구』 38(2008. 6). 이후 「汪精衛與西安事變」, 第三屆"近代中國與世界" 暨紀念近代史研究所成立六十周年國際學術研討會(北京, 2010年 5月) 발표.

Ⅱ. 중일전쟁 발발 이후의 화평운동과 왕징웨이의 친일 선택

「中日戰爭 발발 이후의 和平運動과 汪精衛 친일 선택의 배경」, 『중국근현대사연구』 55(2012. 9).

제4편 친일의 논리와 친일정권의 곤경

Ⅰ. 왕징웨이 친일정권과 대아시아주의의 변용

「汪僞政權與大亞洲主義」, 『民國檔案』 1998-3(中國第二歷史檔案館, 1998年 8月).

Ⅱ. 일본 동아연맹운동 수용과 왕징웨이 친일정권

「中日戰爭時期 중국에서의 東亞聯盟運動과 汪精衛政權」, 『중국근현대사연구』 21(2004. 3). 이후 「中日戰爭時期中國的東亞聯盟運動」, 中國社會科學院中日歷史研究中心 編, 『九一八事變與近代中日關係』, 北京(中國社會科學文獻出版社, 2004. 7)로 역재.

Ⅲ. 왕징웨이 친일정권과 신민회

「中日戰爭 시기의 汪精衛政權과 新民會」, 『동양사학연구』 93(2005. 12). 이후 「汪僞政權與新民會」, 中國社會科學院近代史研究所 編, 『一九三0年代的中國』, 北京(中國社會科學文獻出版社, 2006. 9)로 역재.

나오는 말—왕징웨이와 현대 중국 민족주의의 굴절

「現代中國民族主義的曲折－以汪精衛民族主義思想的變化過程爲中心」, "中華民國建國100年" 紀念國際學術會議(臺北, 2012. 9) 발표.

찾아보기

ㄱ

ㅈ

ㅊ

ㅋ

ㅌ

ㅍ

ㅎ

배경한裵京漢

1953년 경북 김천 출생
서울대학교 동양사학과 학부 및 동 대학원 졸업(중국현대사 전공, 문학박사)
중국 난징南京대학 역사연구소 연구교수(1995~1996)
미국 스탠퍼드대학 후버연구소 방문연구원(2006~2007)
중국 저장浙江대학 장제스연구소 객좌교수(2010~2012)
한국중국근현대사학회 회장(2001~2002)
신라대학교 인문사회대학 사학과 교수(1982~현재)

『중국국민혁명의 분석적 연구』(공저, 지식산업사, 1985)
『장개석연구: 국민혁명 시기 군사적·정치적 대두 과정』(일조각, 1995)
『從韓國看的中華民國史』(北京, 社會科學文獻出版社, 2004)
『20세기 초 상해인의 생활과 근대성』(편저, 지식산업사, 2006)
『쑨원과 한국』(한울, 2007)
기타 국내외 공저 13권, 논문 80여 편

현대 중국 민족주의의 굴절
왕징웨이 연구

1판 1쇄 펴낸날 2012년 11월 28일

지은이 배경한
펴낸이 김시연

펴낸곳 (주)일조각
등록 1953년 9월 3일 제300-1953-1호(구 : 제1-298호)
주소 110-062 서울시 종로구 신문로 2가 1-335
전화 734-3545 / 733-8811(편집부)
733-5430 / 733-5431(영업부)
팩스 735-9994(편집부) / 738-5857(영업부)
이메일 ilchokak@hanmail.net
홈페이지 www.ilchokak.co.kr
ISBN 978-89-337-0636-7 93910
값 30,000원

* 지은이와 협의하여 인지를 생략합니다.
* 이 도서의 국립중앙도서관 출판시도서목록(CIP)은
e-CIP홈페이지(http://www.nl.go.kr/ecip)와
국가자료공동목록시스템(http://www.nl.go.kr/kolisnet)에서
이용하실 수 있습니다.
(CIP제어번호 : CIP2012005258)